ROCK 'N' ROLL E OUTRAS PEÇAS

A marca FSC é a garantia de que a madeira utilizada na fabricação do papel deste livro provém de florestas que foram gerenciadas de maneira ambientalmente correta, socialmente justa e economicamente viável, além de outras fontes de origem controlada.

TOM STOPPARD

Rock 'n' roll
e outras peças

Tradução e introdução
Caetano W. Galindo

Copyright © 2006 by Tom Stoppard
Copyright da introdução © 2011 by Caetano W. Galindo

A letra da música "Golden Hair", do álbum *The Madcap Laughs*, lançado em 1970 por Syd Barret, foi reproduzida com a permissão do espólio de Syd Barret; baseada no poema v de *Música de câmara*, "Inclina-te à janela...", de James Joyce, publicado em 1907, reproduzido com a permissão do espólio de James Joyce.

Grafia atualizada segundo o Acordo Ortográfico da Língua Portuguesa de 1990, que entrou em vigor no Brasil em 2009.

Capa
Jeff Fisher

Preparação
Cecília Ramos

Revisão
Thaís Totino Richter
Jane Pessoa

Dados Internacionais de Catalogação na Publicação (CIP)
(Câmara Brasileira do Livro, SP, Brasil)

Stoppard, Tom
   Rock 'n' roll e outras peças / Tom Stoppard ; tradução Caetano W. Galindo — São Paulo : Companhia das Letras, 2011.

   Título original : Rock 'n' roll.
   ISBN 978-85-359-1974-5

   1. Grupo de Rock - Peça de teatro 2. Teatro inglês 3. Teatro inglês - Coletâneas I. Título.

11-10412   CDD-822.33

Índice para catálogo sistemático:
1. Grupos de Rock : Teatro : Literatura inglesa   822.33

[2011]
Todos os direitos desta edição reservados à
EDITORA SCHWARCZ LTDA.
Rua Bandeira Paulista, 702, cj. 32
04532-002 — São Paulo — SP
Telefone (11) 3707-3500
Fax (11) 3707-3501
www.companhiadasletras.com.br
www.blogdacompanhia.com.br

Sumário

7 Introdução — Caetano W. Galindo

15 Arcádia
119 De verdade
203 O verdadeiro Inspetor Cão
251 Pastiches
333 Rock 'n' roll
439 Rosencrantz e Guildenstern morreram
535 O Hamlet de Dogg, o Macbeth de Cahoot

617 Sobre o autor

Introdução

Transformando o passado em futuro

Em 1966, um dramaturgo de 29 anos deu um considerável susto no mundo teatral britânico com a estreia do que se tornaria sua peça mais conhecida, *Rosencrantz e Guildenstern morreram*. O que se via ali era algo fundamentalmente novo. Contudo, ao contrário da cena mais *experimental* que também tentava renovar os palcos de Londres e do resto do mundo, aquela experiência parecia estranhissimamente familiar.

A mera ideia de reencenar a trama de *Hamlet* a partir do ponto de vista de duas personagens menores (e, diga-se de passagem, eticamente dúbias), além de ser um daqueles golpes de gênio que quase parecem óbvios depois de terem sido realizados, já era suficientemente interessante. Mas ela servia também para demonstrar a própria fonte dessa sensação conflitante de familiaridade e inovação, ao apresentar a tradição em novas roupagens, buscar a novidade em uma releitura, uma reapresentação, um recorte de um repertório previamente conhecido.

Tentar mostrar o futuro através do passado.

De certa forma pode-se dizer que se tratava de uma versão daquilo que T.S. Eliot chamou de *método mítico* em seus comentários sobre o *Ulisses* de Joyce: a técnica de encontrar em uma narrativa clássica um referencial simbólico estruturador para embasar uma nova trama, agora referente ao tempo presente, que permitiria simultaneamente fornecer um *verniz* clássico ao tema contemporâneo e, claro, relativizar o aspecto *intocável* do mito e da tradição, fazendo que o adivinho Tirésias caminhasse pela Londres do entre-guerras, que o Odisseu homérico errasse pelas ruelas da Dublin de 1904.

Mas apenas *de certa forma*.

Porque a novidade do método proposto pela peça de Stoppard naquele momento era, de um lado, a transposição não do referencial mítico para o presente, mas do referencial ideológico e estilístico do presente para o passado e, de outro, o fato de que ele se servia não de uma distante tradição helênica, mas do mundo criado por Shakespeare: uma realidade nada *distante* para qualquer pessoa envolvida com teatro em qualquer parte do mundo. Stoppard não estava tão interessado na relação mito—presente, mas sim numa espécie de *comunidade* de todos os textos, num fundo básico e intercambiável formado pela tradição teatral e literária (e por todos e cada um dos momentos dessa tradição), de onde ele não precisava pedir licença para sacar seus materiais.

Membro desse mesmo clube, ele simplesmente se servia sem cerimônia.

E isso também o levava a fazer dialogar momentos diferentes dessa história. Pois na mesma medida em que Shakespeare fornece quase toda a trama daquela peça, a presença que mais assombra o texto como *espírito* (e talvez como fonte de paródia) é a de Samuel Beckett, que naquele momento era (e talvez ainda seja) o nome mais incontornável da tradição dramatúrgica do século xx. E não apenas Beckett, mas precisamente seu texto mais icônico, *Esperando Godot*, é o alvo da voz de Stoppard, que, com isso, consegue unir dois extremos da grande tradição do teatro britânico, relativizando a *seriedade* de cada um deles, servindo-se de seu pronto reconhecimento pelo público e prestando seu tributo aos dois gigantes, ao mesmo tempo que gera um teatro incrivelmente divertido e tremendamente doloroso, um teatro todo seu, dono de seu estilo e de sua autoridade.

Como no caso do procedimento de Eliot e Joyce, ele consegue se transformar em cânone exatamente no mesmo momento em que confirma e questiona o próprio cânone. Simultaneamente.

*

Mas essa leveza de enfoque, de abordagem, ao mesmo tempo que garantia o imediatismo da recepção por parte do público inglês, pôde até desagradar certa crítica literária, àquela altura já mais que acostumada com os malabarismos míticos do alto modernismo. Harold Bloom, por exemplo, deixou muito claro que não gostou de ver essa mistura, assim como declarava já não ter *aprovado* a leitura do *Rei Lear* que enxergava no *Fim de partida* do mesmo Beckett.

E a partir de *Rosencrantz* o teatro de Tom Stoppard seguiu marcado por essas tendências opostas. De um lado, alguma reserva por parte de certa crítica e, de outro, uma aceitação cada vez maior por parte de outra parcela da academia e, principalmente, do público.

Para alguns, ele parecia ser um autor complexo, dedicado às mesmas questões filosóficas e humanas que sempre ocuparam a literatura séria. Como Beckett, na opinião de quase todos os seus contemporâneos, ele seria um pensador original encenando ideias profundas em um formato consideravelmente denso.

Para outros, no entanto, aquela leveza no tratamento da tradição, somada a uma capacidade quase infinita de criação de jogos verbais, um virtuosismo de diálogo de um nível atingido por poucos dramaturgos, podia parecer leviana. Como Shakespeare, na opinião de alguns de seus contemporâneos, ele parecia gostar demais do cômico direto, simples.

A resposta para esse dilema pode ter surgido como *síntese* na peça *Pastiches*, de 1974.

Nessa peça, ele vira suas armas para a altíssima literatura, de Joyce e Tristan Tzara, e as mais sérias questões sociais, como a participação de Lênin na revolução russa de 1917, apenas para partir do fato histórico de que realmente esses três homens tão aparentemente diferentes conviveram na Zurique do começo do século e em seguida transformar a história das vanguardas literárias e sociais em uma reencenação completa de *A importância de ser prudente*, clássico de Oscar Wilde, outro autor fundamental que por vezes penou com a fama de leviano.

Ali, Stoppard consegue escrever toda uma cena nos moldes do trecho preferido de Joyce no *Ulisses* (o diálogo entre Joyce e Tzara no fim do primeiro ato, baseado no de Bloom e Dedalus no final do livro), consegue fazer um diálogo inteiro correr nos moldes do limerick, rimado e metrificado, gerar poemas dadaístas aleatórios e recortar discursos leninistas, tudo isso dentro dos parâmetros fornecidos pelo enredo de uma das mais célebres comédias ligeiras do século XIX; uma comédia romântica, ainda por cima.

Pastiches é, estritamente, ao mesmo tempo, alto teatro de ideias e pastelão direto e sem desculpas. E não há de ser à toa que os dois escritores presentes na peça como personagens, vozes profundamente renovadoras e centrais para a literatura do modernismo, tinham ambos um grande gosto pelo cômico, pelo bizarro, pelo rasteiro.

Era Tom Stoppard, nesse momento, refinando ao máximo sua técnica e dando novo gume a seus questionamentos.

*

Essa relação com o passado, com a reelaboração do passado e a transposição do presente para outros momentos históricos, tomou também outras formas durante as quase cinco décadas da produção do (ainda ativo) Stoppard.

Se ele teve momentos de maior experimentação formal, eles tenderam (como em O verdadeiro Inspetor Cão) a coincidir com o uso de referências a formas muito populares (aqui, o romance policial); se ele voltou ao mundo de Shakespeare em busca novamente de suas peças mais famosas, foi para desconstruí-las à luz da filosofia da linguagem do século xx (em O Hamlet de Dogg, o Macbeth de Cahoot), chegando ao extremo de criar uma língua nova para os diálogos, ao mesmo tempo que homenageia a resistência do teatro checo sob o governo de Husák, na pessoa do encenador Pavel Kohout; se pôde se entregar a um modelo menos irrequieto de teatro, foi precisamente numa peça (De verdade) que se serve de referências ao teatro, a sua relação com a teledramaturgia, e à música pop dos anos 1960 para questionar os limites entre representação e verdade. Entre fato e imagem.

Stoppard levou longe essas tentativas de fusão de novo e velho, popular e erudito, não só em seus temas como também em suas áreas de atuação. Escreveu brilhantes peças para rádio e televisão e belos roteiros de cinema, dos quais os mais conhecidos talvez sejam Brazil: o filme e Shakespeare apaixonado, uma nova brincadeira em torno da vida e da obra do bardo. Mais ainda, adaptou e dirigiu ele mesmo uma versão de Rosencrantz e Guildenstern morreram, em 1990, que acabou ganhando o Leão de Ouro do Festival de Veneza.

Mas é em sua dramaturgia mais recente, em que o tom de comédia tende a se ver mais relativizado, ou no mínimo a não ser mais tão central, que Stoppard vem encontrando formas ainda mais novas de se referir ao passado e de buscar pontes entre momentos anteriores e atuais, começando por recorrer não necessariamente à tradição literária (embora ela ainda possa ser uma referência, como muito bem iconizado no caso da presença/ausência de Byron em Arcádia), mas ao passado histórico e pessoal como fonte de visões diferentes e possibilidades alternativas. Essa é a veia da premiada trilogia *The coast of Utopia* e, aqui, de *Arcádia*, uma de suas maiores realizações, que trata de fractais, poesia, fofoca do mundo literário georgiano, mas, acima de tudo, de amor, de perda, de possibilidades irrealizadas.

E esse tom algo nostálgico de reaproveitamento do passado voltou-se, finalmente, para a biografia de Stoppard e sua relação com sua terra natal e, mais uma vez, com a cultura pop, na peça *Rock 'n' roll*, sua mais recente obra, de 2006, contida neste volume, acompanhada do aparato estabelecido pelo próprio autor, que àquela altura, às vésperas de completar setenta anos, decidia que era o momento de dar um contorno pessoal a sua polêmica relação com o passado, a história, e com o teatro, a ficção, como possibilidade de reflexão, revisão e organização da memória, individual e literária.

*

Um volume como este, que reúne amostras da produção de toda a carreira de Stoppard, selecionadas precisamente para dar uma noção da variabilidade de estilos e de caminhos percorridos pelo dramaturgo, é na verdade uma oportunidade valiosa de fazer pela obra do autor aquilo que essa mesma obra vem fazendo com a tradição literária a que pertence, e que ele acredita que também lhe pertença. O passado e o presente das peças de Stoppard, o passado e o presente nas peças de Stoppard, ficam assim apresentados ao leitor brasileiro, membro e dono daquela mesma tradição e, uma vantagem, proprietário e filho de uma *outra* tradição, que agora ganha também a oportunidade de acolhê-los, de se servir deles, de recontextualizá-los como faz cada ato de leitura e, ainda mais, de encenação, de reencenação.

Tomáš Straüssler, que na escola em Darjeeling foi rebatizado Tom, e que adotou o sobrenome de seu pai adotivo, anglicizando-se em Tom Stoppard, é ele mesmo um migrante, um estrangeiro, um adaptado. Que suas peças tratem tanto de absorção, de apropriação, de convívio de diferenças (geográficas e cronológicas), de *leituras*, afinal, pode não ser uma surpresa. Que ele agora se veja apropriado pelo leitor brasileiro é o melhor destino que poderíamos desejar-lhe.

*

Mas ainda é necessária uma última nota. Traduzir peças cujos registros linguísticos vão da oralidade elisabetana à gíria da psicodelia, passando pela belle époque e pelo romantismo, tem, claro, seus problemas. Como em toda situação desse tipo, espero que a resolução não tenha ficado muito aquém do desejável. Alguns casos, no entanto, merecem uma explicação mais detalhada.

Stoppard faz largo uso de citações e alusões literárias. Em vez de buscar uma hipotética "tradução de referência" para os textos citados, que fosse reconhecível pela ampla maioria dos leitores brasileiros (e já que em quase todas as ocasiões essa tradução de fato não existe), optamos por oferecer versões *ad hoc* dos romances, peças e poemas "pirateados" por Stoppard. Essa solução, além de tudo (como fica mais do que claro no caso do Soneto XVIII, de Shakespeare, em *Pastiches*), propicia a possibilidade de adequar cada tradução às necessidades específicas da peça e do uso que se faz dela.

Assim, tanto *A importância de ser prudente*, de Oscar Wilde, que serve de base para *Pastiches*, quanto trechos do *Ulisses* de Joyce, dos poemas de Tzara e dos textos de Lênin, por exemplo, foram aqui traduzidos especialmente para esta edição.

Um caso à parte é a obra de Shakespeare. *Rosencrantz e Guildenstern morreram* se baseia integralmente em *Hamlet*. Já *O Hamlet de Dogg, o Macbeth de Cahoot* picota e altera as duas peças de que parte. Novamente, em vez de recorrer a traduções consagradas das peças de Shakespeare, preferimos traduzir todo o texto, sempre com o intuito de adequar melhor as citações a seu uso. Traduzir é sempre ler, é sempre escolher, e adotando esse procedimento garantimos a eficácia de trocadilhos e referências internas, e até a coerência de certas cenas.

Quanto ao critério para a tradução de Shakespeare, usamos também uma régua flexível. Quando Stoppard dispõe em versos o texto das peças optamos por metrificar também a tradução, especialmente nos momentos, como em *Rosencrantz*, em que o que se pretende é o contraste entre a prosa contemporânea e o verso mais "formal" do original shakespeariano. Em outros momentos, a metrificação poderia ser um empecilho, por forçar um verniz a mais de obscuridade. E uma peça como *O Hamlet de Dogg*, por exemplo, jamais precisaria de *mais* complexidade. Nesses casos, optamos pela prosa.

Outro problema vem da língua, o dogg, em que se dão os diálogos dessa peça. Mantivemos o absurdo da aparência, assim como a lógica subjacente, e é por isso que um pequeno glossário dogg-português é oferecido junto com as peças. No entanto, o exercício mental de Ludwig Wittgenstein, de que parte a brincadeira de Stoppard, é todo pensado para uma situação de comunicação muito esquemática (ele está logo na abertura das *Investigações filosóficas*), em que apenas substantivos seriam usados. No inglês, língua de morfologia reduzida, Stoppard consegue resolver muito bem o problema. O português, no entanto, exigiria mais recursos morfológicos, e, na impossibilidade (e inadequação) de propor toda uma gramática do dogg usado nesta tradução, apenas lembramos que o leitor deve considerar que não só o vocabulário, mas a estrutura gramatical da língua é diferente da sua.

Outra tentação, e outra situação em que optamos por soluções diferentes conforme as necessidades de textos distintos, é a de traduzir certos nomes de personagens. O Inspetor Cão, por exemplo, poderia perder demais como *Inspector Hound*, mas Dogg não pôde virar Cão e Easy não se tornou Calmo, entre outras coisas, porque isso levaria também a traduzir Fox por Raposa e, além de tudo, descaracterizaria a ordem alfabética dos personagens Abel, Baker, Charlie, Dogg, Easy, Fox...

Cada caso é um caso e, em se tratando de uma tradução de peças de períodos, estilos e técnicas tão diferentes, escolher critérios inflexíveis talvez tivesse sido a maior violência.

Boa leitura.

Caetano W. Galindo

ARCÁDIA

Arcádia estreou no Lyttelton Theatre, Royal National Theatre, em 13 de abril de 1993, com o seguinte elenco:

THOMASINA COVERLY	Emma Fielding
SEPTIMUS HODGE	Rufus Sewell
JELLABY	Allan Mitchell
EZRA CHATER	Derek Hutchinson
RICHARD NOAKES	Sidney Livingstone
LADY CROOM	Harriet Walter
CAPITÃO BRICE, RN	Graham Sinclair
HANNAH JARVIS	Felicity Kendal
CHLOË COVERLY	Harriet Harrison
BERNARD NIGHTINGALE	Bill Nighy
VALENTINE COVERLY	Samuel West
GUS COVERLY & AUGUSTUS COVERLY	Timothy Matthews

Direção	Trevor Nunn
Cenografia	Mark Thompson
Iluminação	Paul Pyant
Música	Jeremy Sams

Personagens

THOMASINA COVERLY, treze anos de idade, e depois dezesseis
SEPTIMUS HODGE, seu tutor, 22 anos, e depois 25
JELLABY, mordomo, meia-idade
EZRA CHATER, poeta, 31
RICHARD NOAKES, paisagista, meia-idade
LADY CROOM, trinta e poucos
CAP. BRICE, RN,[1] trinta e poucos
HANNAH JARVIS, escritora, quase quarenta
CHLOË COVERLY, dezoito anos
BERNARD NIGHTINGALE, professor universitário, quase quarenta
VALENTINE COVERLY, entre 25 e trinta
GUS COVERLY, quinze anos
AUGUSTUS COVERLY, quinze anos

---

1 *Royal Navy*, Marinha Real. (N. T.)

Primeiro ato

CENA 1

Uma sala no jardim de uma casa de campo muito ampla em Derbyshire, em abril de 1809. Hoje, a casa seria chamada de mansão. A parede do fundo do palco é composta basicamente de altas janelas elegantes, sem cortinas, com uma ou mais delas funcionando como portas. Não é preciso dizer ou ver muito do exterior para além delas. Acabamos sabendo que a casa fica no meio de um típico jardim inglês do período. Talvez vejamos uma indicação disso, talvez apenas luz e ar e céu.

A sala parece nua apesar da grande mesa que ocupa seu centro. A mesa, as cadeiras de encosto reto e, única outra peça de mobília, uma prancheta de arquiteto ou atril de leitura seriam todos hoje objetos de colecionador, mas aqui, sobre um piso de madeira sem tapetes, não pretendem ser mais que uma sala de aula, que é de fato a função principal do cômodo neste momento. Qualquer elegância que possa ali existir é arquitetônica, e nada é imponente a não ser a escala. Há uma porta em cada uma das paredes. Elas estão fechadas, mas uma das janelas francesas se abre para uma manhã clara ainda que encoberta.

Há duas pessoas, ambas entretidas com livros e papéis, caneta e tinta, separadamente ocupadas. A pupila é Thomasina Coverly, de treze anos. O tutor é Septimus Hodge, 22. Cada um deles tem um livro aberto. O dela é uma fina cartilha de matemática. O dele, um belo volume in-quarto, grosso, novo em folha, um objeto exibicionista, com fitinhas que se atam para fechar o livro. Seus papéis avulsos etc. ficam guardados em uma pasta rígida que também se fecha com fitas.

Septimus tem um jabuti que é sonolento a ponto de servir de peso de papel.

Também sobre a mesa estão um teodolito antiquado e alguns outros livros empilhados.

THOMASINA Septimus, o que seria conluio carnal?

SEPTIMUS Conluio carnal é a prática de se mancomunar com um bife.

THOMASINA E só?

SEPTIMUS Não... Com um pernil de cordeiro, um lombo de vitela bem confiável, um plano secreto com um ganso... *caro, carnis;* feminino; carne.

THOMASINA E é pecado?

SEPTIMUS Não necessariamente, senhorita, mas quando o conluio carnal é pecaminoso, trata-se de um pecado carnal, CQD. Nós vimos *caro* em nossa Guerra Gálica — "Os bretões vivem de leite e carne" — "*lacte et carne vivunt*". Lamento que a semente tenha caído em solo pedregoso.

THOMASINA Foi esse o pecado de Onan, não foi, Septimus?

SEPTIMUS Sim. Ele deu uma aula de latim à esposa do irmão e ela saiu sabendo tanto quanto sabia antes. Achei que a senhorita estivesse procurando uma prova para o último teorema de Fermat.

THOMASINA É muito difícil, Septimus. Você vai ter que me mostrar.

SEPTIMUS Se eu soubesse, não seria preciso perguntar à *senhorita*. O último teorema de Fermat ocupa as pessoas há cento e cinquenta anos, e eu tinha esperanças de que pudesse manter a *senhorita* ocupada o bastante para eu poder terminar de ler o poema do senhor Chater, uma ode ao amor, sendo distraído apenas por seus próprios absurdos.

THOMASINA Nosso senhor Chater escreveu um poema?

SEPTIMUS Ele acredita que escreveu, sim. Em minha opinião, pode muito bem haver mais carnalidade em sua álgebra que em *O divã de Eros* do senhor Chater.

THOMASINA Ah, não era a álgebra. Eu ouvi Jellaby dizendo à cozinheira que tinham apanhado a senhora Chater em conluio carnal no gazebo.

SEPTIMUS (*pausa*) É mesmo? Teria Jellaby mencionado com quem?

Thomasina pensa nisso, com uma expressão intrigada.

THOMASINA Como assim, com quem?

SEPTIMUS Com o quê? Exatamente. A ideia é absurda. De onde surgiu essa história?

THOMASINA O senhor Noakes.

SEPTIMUS O senhor Noakes!

THOMASINA O paisagista do papai. Ele estava fazendo medições no jardim quando viu — com a luneta — a senhora Chater no gazebo, em conluio carnal.

SEPTIMUS E a senhorita está me dizendo que o senhor Noakes contou ao mordomo?

THOMASINA Não. O senhor Noakes contou ao senhor Chater. Quem contou a *Jellaby* foi o cavalariço, que entreouviu o senhor Noakes contar ao senhor Chater, no estábulo.

SEPTIMUS Sendo que o senhor Chater estava atrás de sua potranca.

THOMASINA Como assim, Septimus?

SEPTIMUS Então, até aqui, as únicas pessoas que sabem dessa história são o senhor Noakes, o paisagista, o cavalariço, o mordomo, a cozinheira e, claro, o marido da senhora Chater, o poeta.

THOMASINA E Arthur, que estava limpando a prataria, e o engraxate. E você agora.

SEPTIMUS Claro. O que mais ele disse?

THOMASINA O senhor Noakes?

SEPTIMUS Não, não o senhor Noakes. Jellaby. Você ouviu Jellaby contando à cozinheira.

THOMASINA A cozinheira mandou ele ficar quieto assim que ele começou. Jellaby não tinha visto que tinham me deixado acabar com a torta de coelho de ontem antes de vir para a aula. Acho que você não foi sincero comigo, Septimus. Afinal, um gazebo não é um açougue.

SEPTIMUS Eu jamais afirmei que minha definição estivesse completa.

THOMASINA Conluio carnal é beijar?

SEPTIMUS Sim.

THOMASINA E abraçar a senhora Chater?

SEPTIMUS Sim. Agora vamos ao último teorema de Fermat...

THOMASINA Eu achava mesmo que sim. Espero que você esteja com vergonha.

SEPTIMUS Eu, senhorita?

THOMASINA Se *você* não me ensinar o sentido verdadeiro das coisas, quem é que vai ensinar?

SEPTIMUS Ah. Sim, estou envergonhado. O conluio carnal é o intercurso sexual, que é a inserção do órgão genital masculino no órgão genital feminino com finalidades procriativas e recreativas. O último teorema de Fermat, no entanto, afirma que quando x, y e z são números inteiros elevados a uma potência n, a soma dos primeiros jamais será igual ao terceiro quando n for maior que 2.

Pausa.

THOMASINA Urghhh!

SEPTIMUS E mesmo assim é um teorema.

THOMASINA É nojento e incompreensível. Agora quando eu crescer e puder praticar, eu não vou conseguir sem ficar pensando em você.

SEPTIMUS Muito grato, senhorita. A senhora Chater desceu hoje de manhã?

THOMASINA Não. Conte-me mais do intercurso carnal.

SEPTIMUS Não há mais nada a se dizer sobre o intercurso carnal.

THOMASINA É o mesmo que o amor?

SEPTIMUS Ah, não, é muito mais divertido. (*uma das portas laterais dá para a sala de música. É a outra porta que agora se abre para dar entrada a Jellaby, o mordomo*) Estou dando aula, Jellaby.

JELLABY Perdão, senhor Hodge, mas o senhor Chater disse que era urgente que o senhor recebesse esta carta.

SEPTIMUS Ah, muito bem. (*Septimus pega a carta*) Obrigado. (*e para liberar Jellaby*) Obrigado.

JELLABY (*sem recuar*) O senhor Chater pediu que eu levasse sua resposta.

SEPTIMUS Minha resposta? (*ele abre a carta. Não tem um envelope propriamente dito, mas uma "cobertura" que, dobrada e selada, presta o mesmo serviço. Septimus joga a cobertura negligentemente de lado e lê*) Bem, minha resposta é que é meu hábito e meu dever para com sua senhoria me ocupar até quinze para meio-dia da educação de sua filha. Quando tiver acabado, e se o senhor Chater ainda estiver lá, terei prazer em esperar por ele (*verifica na carta*) na sala de armas.

JELLABY Eu lhe direi isso, obrigado, senhor.

Septimus dobra a carta e a coloca entre as páginas de O divã de Eros.

THOMASINA O que teremos para o jantar, Jellaby?

JELLABY Presunto cozido com repolho, senhorita, e arroz-doce.

THOMASINA Ah, que bom.

Jellaby sai.

SEPTIMUS Bem, chega do senhor Noakes. Ele posa de cavalheiro, filósofo do pitoresco, visionário que consegue mover montanhas e gerar lagos, mas, no esquema geral do jardim, ele é como a serpente.

THOMASINA Quando você mexe o arroz-doce, Septimus, a colher de geleia se espalha deixando uma trilha vermelha como a figura de um meteoro em meu atlas astronômico. Mas se você mexe ao contrário, a geleia não volta a se reunir. A bem da verdade, o doce não se dá conta e continua a ficar rosa exatamente como antes. Você acha isso estranho?

SEPTIMUS Não.

THOMASINA Bem, pois eu acho. Não se pode desmisturar mexendo.

SEPTIMUS Nunca, de fato, pois o tempo teria de correr ao contrário; e, como ele não corre, temos de ir abrindo nosso caminho a colheradas, misturando tudo enquanto isso, desordem vinda da desordem gerando desordem até que tudo esteja rosa, estável e imutável, e tenhamos desistido para sempre. A isso se chama livre-arbítrio ou autodeterminação. (*ele pega o jabuti e o desloca alguns centímetros, para cima de algumas folhas soltas, como se tivesse tentado fugir, e o censura*) Sentado!

THOMASINA Septimus, você acha que Deus é newtoniano?

SEPTIMUS Etoniano?[2] Quase certo que sim, receio. Precisamos pedir que seu irmão verifique assim que chegar lá.

THOMASINA Não, Septimus, newtoniano. Septimus! Será que eu sou a primeira pessoa a pensar nisso?

SEPTIMUS Não.

THOMASINA Eu não disse ainda.

SEPTIMUS "Se tudo, do mais distante planeta ao menor átomo de nosso cérebro, age de acordo com as leis do movimento de Newton, o que resta do livre-arbítrio?"

THOMASINA Não.

SEPTIMUS Arbítrio divino.

THOMASINA Não.

SEPTIMUS Pecado.

THOMASINA (*ridicularizando-o*) Não!

SEPTIMUS Muito bem, então.

THOMASINA Se fosse possível deter cada átomo em sua posição e direção, e se sua mente pudesse abranger todas as ações assim suspensas, então se você fosse bom, mas bom *mesmo* em álgebra, você poderia escrever a fórmula de todo o futuro; e, embora ninguém possa ser tão esperto assim, a fórmula deve existir exatamente como se alguém pudesse.

SEPTIMUS (*pausa*) Sim. (*pausa*) Sim, até onde eu saiba a senhorita é a primeira pessoa a ter pensado nisso. (*pausa. Com um esforço*) Na margem de sua cópia da *Arithmetica*, Fermat escreveu que tinha descoberto uma prova maravilhosa

---

2 Aluno do Eton College. (N. T.)

de seu teorema, mas que a margem era estreita demais para tal fim e não tinha espaço para que ele a escrevesse. A anotação foi encontrada depois de sua morte, e daquele dia em diante...

THOMASINA Ah! Agora eu entendi! A resposta é perfeitamente óbvia.

SEPTIMUS Dessa vez a senhorita pode ter dado um passo maior do que as pernas. (*a porta se abre, com alguma violência. Chater entra*) Senhor Chater! Talvez minha mensagem não lhe tenha chegado. Estarei livre às quinze para meio-dia, se lhe convier.

CHATER Não convém, senhor. Meu assunto não pode esperar.

SEPTIMUS Então presumo que o senhor pediu a opinião de lorde Croom, sobre seu assunto ser mais importante que a aula da filha de sua senhoria.

CHATER Não pedi, mas, se o senhor quiser, eu peço a sua senhoria que decida nossa questão.

SEPTIMUS (*pausa*) Senhorita, leve nosso Fermat para a sala de música. A senhorita ganha uma colher a mais de geleia se encontrar a prova.

THOMASINA Não existe prova, Septimus. O que ficou perfeitamente óbvio foi que ele escreveu aquilo como uma piada, para deixar vocês loucos.

Thomasina sai.

SEPTIMUS Então, senhor, que assunto é esse que não pode esperar?

CHATER Acho que o senhor sabe. O senhor insultou minha esposa.

SEPTIMUS Insultei? Isso negaria minha natureza, minha conduta, e a admiração que tenho pela senhora Chater.

CHATER Ouvi falar de sua admiração, senhor! O senhor insultou minha esposa no gazebo ontem à tarde!

SEPTIMUS O senhor está equivocado. Eu fiz amor com sua esposa no gazebo. Ela me pediu que a encontrasse, o bilhete dela ainda está em algum lugar, ouso dizer que poderia encontrá-lo para o senhor, e se alguém anda espalhando que eu não compareci, por meu Deus, senhor, é mera calúnia.

CHATER Seu lascivo desgraçado! Você arrastaria na lama a reputação de uma dama apenas para encontrar algum refúgio para sua covardia. Não vai funcionar! Eu o estou acusando!

SEPTIMUS Chater! Chater, Chater, Chater! Meu caro amigo!

CHATER O senhor se atreve a me chamar assim. Exijo satisfações!

SEPTIMUS A senhora Chater exigiu satisfação e agora você exige satisfações. Eu não posso passar o tempo, dia e noite, satisfazendo as exigências da família Chater. Quanto à reputação de sua esposa, ela continua onde sempre esteve.

CHATER Seu pulha!

SEPTIMUS Eu garanto. A senhora Chater é encantadora e animada, tem uma voz agradável e um passo alegre, ela é o epítome de todas as qualidades que a sociedade louva no sexo a que pertence — e no entanto sua principal reputação se deve a uma disposição permanente que a mantém em um tal estado de umidade tropical que se poderiam cultivar orquídeas nas calças dela em pleno mês de janeiro.

CHATER Dane-se, Hodge! Não vou ficar ouvindo essas coisas! Você vai ou não vai duelar?

SEPTIMUS (*definitivamente*) Não! Não há mais que dois ou três poetas de primeiro escalão vivos nos dias de hoje, e eu não vou matar um deles a tiros por causa de um cutucão perpendicular em um gazebo com uma mulher cuja reputação não poderia ser devidamente defendida por um pelotão de mosqueteiros mobilizados em ordem alfabética.

CHATER Rá! Você acha? Quem são os outros? Em sua opinião? — Não... não...! — Isso vai de mal a pior, Hodge. Não serão elogios que vão me desviar de minha rota. Então é isso que você me diz?

SEPTIMUS Sim. E diria a mesma coisa a Milton caso ele não estivesse morto. Não a parte sobre a esposa dele, claro...

CHATER Mas entre os vivos? O senhor Southey?

SEPTIMUS O Southey eu matava assim que visse.

CHATER (*sacudindo a cabeça com tristeza*) É, ele decaiu. Eu admirei "Thalaba" *deveras*, mas "Madoc" (*dá uma risadinha*), ah, Jesus! Mas estamos saindo de nosso assunto aqui — o senhor se aproveitou da senhora Chater, e, como se isso já não bastasse, parece que todo cavalariço e toda criadinha das redondezas...

SEPTIMUS Maldição! O senhor por acaso estava ouvindo o que eu dizia?

CHATER Eu ouvi, senhor, e não vou negar que agradeço sua estima, Deus bem sabe que recebemos pouca apreciação se ficamos de fora do séquito de amadores e inúteis que cercam Jeffrey e o *Edinburgh*...

SEPTIMUS Meu caro Chater, eles julgam os poetas pela disposição das cadeiras na mesa de lorde Holland!

CHATER Céus, o senhor tem razão! E eu gostaria muito de saber o nome do biltre que difamou meu drama em versos *A donzela da Turquia* no *Piccadilly Recreation*, também!

SEPTIMUS *A donzela da Turquia*! Fica em minha cabeceira! Quando não consigo dormir, recorro a *A donzela da Turquia* como a um velho amigo!

CHATER (*recompensado*) Como eu dizia! E o biltre escreveu que não daria a peça como jantar a seu cachorro nem que estivesse coberta de molho e recheada de castanhas. Quando a senhora Chater leu isso, ela chorou, senhor, e não quis se entregar a mim por uma quinzena — o que me faz lembrar meu objetivo...

SEPTIMUS O novo poema, contudo, perpetuará seu nome...

CHATER Não fará diferença se sim ou se não...

SEPTIMUS Não está em questão, senhor. Não há grupinho que se possa opor à aclamação do leitorado. *O divã de Eros* ganhará a cidade.

CHATER É essa a sua avaliação?

SEPTIMUS É minha intenção.

CHATER Intenção, então? Muito bem! Não estou entendendo.

SEPTIMUS Como o senhor pode ver, eu tenho uma cópia prévia — que me foi enviada para resenha. Digo resenha, mas falo de uma ampla apreciação de seus dons e de seu devido lugar na literatura inglesa.

CHATER Bem, ora... Isso é tão... O senhor já escreveu?

SEPTIMUS (*seco*) Ainda não.

CHATER Ah. E quanto tempo...?

SEPTIMUS Para que saia direito, ela primeiro requer cuidadosa releitura de seu livro, de ambos os seus livros, diversas leituras, enquanto defino as obras que servirão para demonstrações de deferência ou de desdém, conforme o caso. Tomo notas, claro, organizo minhas ideias e então, quando tudo está pronto e disponho de *calma em minha mente*...

CHATER (*arguto*) Por acaso a senhora Chater sabia disso quando ela... antes de vocês...

SEPTIMUS Acredito que era muito provável que sim.

CHATER (*triunfante*) Não há nada que aquela mulher não faça por mim! Agora o senhor pode compreender o caráter dela. Sim, meu Deus, ela é a esposa que mereço, senhor!

SEPTIMUS E só por esse motivo, eu já não faria dela uma viúva.

CHATER O capitão Brice fez certa vez o mesmo comentário!

SEPTIMUS O capitão Brice?

CHATER Senhor Hodge, permita-me assinar sua cópia com feliz expectativa. A caneta de lady Thomasina nos servirá bem.

SEPTIMUS Sua ligação com suas senhorias se deve a um duelo com o irmão de lady Croom?

CHATER Não! Era tudo uma bobagem, senhor — uma blague! Mas um afortunado equívoco, senhor. Que me trouxe como patrono um capitão da Marinha de Sua Majestade e irmão de uma condessa. Não acredito que o senhor Walter Scott possa dizer o mesmo, e cá estou eu, um respeitado hóspede de Sidley Park.

SEPTIMUS Bom, o senhor pode se considerar satisfeito.

Chater já está assinando o livro, usando a pena e o tinteiro que estão sobre a mesa. Noakes entra pela porta usada por Chater. Ele traz plantas baixas enroladas. Chater, assinando, ignora Noakes. Noakes, ao ver os ocupantes, entra em pânico.

NOAKES Oh!

SEPTIMUS Ah, senhor Noakes — meu canalha de espírito frouxo! Onde está a luneta?

NOAKES Peço licença — achei que lady Croom... perdão...

Constrangido, ele está batendo em retirada quando é pregado ao chão pela voz de Chater. Chater lê sua dedicatória em tons reverberantes.

CHATER "Para meu amigo Septimus Hodge, que se ergueu e deu o melhor de si em prol do autor — Ezra Chater, em Sidley Park, Derbyshire, 10 de abril de 1809." *(dando o livro a Septimus)* Eis, senhor — algo para mostrar a seus netos!

SEPTIMUS Isso é mais do que mereço, é muito elegante, o que você acha, Noakes?

Eles são interrompidos pelo surgimento, do outro lado da janela, de lady Croom e do capitão Edward Brice, RN. As primeiras palavras dela chegam pela porta aberta.

LADY CROOM Ah, não! O gazebo não! *(ela entra, seguida por Brice, que carrega um caderno de esboços encadernado em couro)* Senhor Noakes! Que história é essa?

BRICE E não somente o gazebo, mas a casa dos barcos, a ponte chinesa, os arbustos...

CHATER Por Deus, senhor! Impossível!

BRICE O senhor Noakes sustenta que sim.

SEPTIMUS Senhor Noakes, isso é uma monstruosidade!

LADY CROOM Fico feliz por ouvir isso do *senhor*, senhor Hodge.

THOMASINA (*abrindo a porta da sala de música*) Posso voltar agora?

SEPTIMUS (*tentando fechar a porta*) Ainda não...

LADY CROOM Sim, deixe que ela fique conosco. Uma aula de sandice vale duas de sabedoria.

Brice leva o caderno de esboços para o atril, onde fica aberto. O caderno é obra do senhor Noakes, que é obviamente um admirador dos "Livros vermelhos" de Humphry Repton.[3] As páginas, em aquarelas, mostram vistas da paisagem "antes" e "depois", e são cortadas de maneira inteligente para permitir que estas se sobreponham àquelas, embora Repton fizesse o contrário.

BRICE Sidley Park será o jardim de um cidadão inglês ou o covil de piratas corsos?

SEPTIMUS Não hiperbolizemos, senhor.

BRICE É uma violação, senhor!

NOAKES (*defendendo-se*) É o estilo mais moderno.

CHATER (*tão equivocado quanto Septimus*) Lamentável, é claro, mas de fato é.

Thomasina vai examinar o livro de esboços.

LADY CROOM Senhor Chater, o senhor demonstra demasiada submissão. Senhor Hodge, apelo ao senhor.

SEPTIMUS Madame, lamento pelo gazebo, sinceramente lamento pelo gazebo — e a casa dos barcos, em certa medida — mas a ponte chinesa? Fantasias! E os arbustos eu renego com desdém! Senhor Chater... O senhor aceitaria a

---

[3] Humphry Repton (1752-1818) era o paisagista mais importante do período, um dos responsáveis pela transição para o estilo "gótico" do século XIX, que será tema da peça. Seus *Red Books* eram cadernos, com um recurso semelhante ao descrito aqui, que usava para demonstrar seus projetos aos clientes. (N. T.)

palavra de um jardineirozinho petulante que vê conluio carnal em todos os cantos da paisagem?!

THOMASINA Septimus, eles não estão falando de conluio carnal, não é, mamãe?

LADY CROOM Claro que não. O que é que você sabe de conluio carnal?

THOMASINA Tudo, graças a Septimus. Em minha opinião, o esquema do senhor Noakes para o jardim é perfeito. É um Salvator!

LADY CROOM De que ela está falando?

NOAKES (*respondendo a pergunta errada*) Salvator Rosa, vossa senhoria, o pintor. Ele é de fato o melhor exemplo do estilo pitoresco.

BRICE Hodge, o que é isto?

SEPTIMUS Ela fala movida pela inocência, não pela experiência.

BRICE O senhor chama isso de inocência? Ele arruinou você, criança?

Pausa.

SEPTIMUS Responda a seu tio!

THOMASINA (*para Septimus*) Em que uma criança arruinada é diferente de um castelo em ruínas, por exemplo?

SEPTIMUS Nesses assuntos eu cedo a palavra ao senhor Noakes.

NOAKES (*sem querer entrar no assunto*) Um castelo em ruínas é pitoresco, certamente.

SEPTIMUS É essa a diferença principal. (*para Brice*) Eu leciono autores clássicos. Se não elucidar seu sentido, quem há de fazê-lo?

BRICE Como tutor da menina, o senhor tem o dever de mantê-la ignorante.

LADY CROOM Não fique brincando com paradoxos, Edward, você corre o risco de ser espirituoso sem querer. Thomasina, espere em seu quarto.

THOMASINA (*retirando-se*) Sim, mamãe. Eu não pretendia arranjar problemas para você, Septimus. Sinto muito mesmo. Está claro que há certas coisas que uma menina pode entender, e elas incluem toda a álgebra, mas há outras, como se mancomunar com um bife, que devem ser mantidas longe dela até que tenha idade para ter sua própria carcaça.

LADY CROOM Um momento.

BRICE De que ela está falando?

LADY CROOM Carne.

BRICE Carne?

LADY CROOM Thomasina, é melhor você ficar. Seu conhecimento do estilo pitoresco obviamente supera o que podemos oferecer. Senhor Hodge, a ignorância deve ser como um vaso vazio à espera de ser enchido no poço da verdade — e não um gabinete de curiosidades. Senhor Noakes, agora enfim é sua vez...

NOAKES Obrigado, vossa senhoria...

LADY CROOM Seus desenhos são uma transformação maravilhosa. Eu não teria reconhecido meu jardim, não fosse seu engenhoso caderno — não é? —, olhem! Eis o parque como nos surge hoje, e ei-lo aqui como pode ser quando o senhor Noakes tiver terminado. Onde existe hoje o familiar refinamento pastoral de um jardim inglês, há a erupção de uma floresta sombria e de rochedos elevados, de ruínas onde nunca houve casas, de água arremessada contra rochas onde nunca houve fonte nem pedra que eu não pudesse jogar à distância de um campo de críquete. Meu canteiro de jacintos tornou-se um covil de duendes, minha ponte chinesa, que me asseguram ser superior à de Kew, e até onde eu sei, à de Pequim, é usurpada por um obelisco caído coberto de urze...

NOAKES (*balindo*) Lorde Little tem um muito semelhante...

LADY CROOM Não posso aliviar as desgraças de lorde Little aumentando as minhas. Por favor, o que é esse casebre rústico que pretende se sobrepor a meu gazebo?

NOAKES Trata-se do eremitério, madame.

LADY CROOM Estou desorientada.

BRICE É tudo irregular, senhor Noakes.

NOAKES Sim, senhor. A irregularidade é um dos maiores princípios do estilo pitoresco...

LADY CROOM Mas Sidley Park já é uma pintura, e uma pintura das mais agradáveis, diga-se. As colinas são verdes e delicadas. As árvores se agrupam amistosamente com intervalos que as exibem melhor. O ribeiro é uma fita serpentina que se desenrola do lago pacificamente contido por campinas nas quais a quantidade justa de ovelhas está disposta com bom gosto — em resumo, é a natureza conforme os planos de Deus, e posso dizer com o pintor, "*Et in Arcadia ego!*". "Eis-me aqui na Arcádia", Thomasina.

THOMASINA Sim, mamãe, se a senhora quer assim.

LADY CROOM Ela está corrigindo meu gosto ou minha tradução?

THOMASINA Nenhum dos dois está acima de suspeitas, mamãe, mas foi sua geografia que provocou a dúvida.

LADY CROOM Alguma coisa aconteceu com essa menina desde a última vez em que falei com ela, e com certeza isso foi ontem. Quantos anos você tem hoje de manhã?

THOMASINA Treze anos e dez meses, mamãe.

LADY CROOM Treze anos e dez meses. Ela não deveria ficar impertinente antes de seis meses, no mínimo, ou ter noções de gosto ainda por muito tempo. Senhor Hodge, considero sua a responsabilidade. Senhor Noakes, voltemos a seu...

NOAKES Obrigado, vossa...

LADY CROOM O senhor anda lendo demais os romances da senhora Radcliffe, é minha opinião. Trata-se de um jardim para *O castelo de Otranto* ou *Os mistérios de Udolfo*...

CHATER *O castelo de Otranto*, vossa senhoria, é de Horace Walpole.

NOAKES (*empolgado*) O senhor Walpole, o jardineiro?!

LADY CROOM Senhor Chater, o senhor é bem-vindo como hóspede em Sidley Park, mas enquanto for essa sua condição, *O castelo de Otranto* terá sido escrito por quem quer que eu diga que foi seu autor, caso contrário que sentido faz ser hóspede ou ter um hóspede? (*ouvem-se os distantes estalidos de armas*) Bem, a caçada chegou ao cimo da colina — falarei com sua senhoria a respeito disso, e logo veremos. (*ela fica olhando para fora*) Ah! Seu amigo pegou um pombo, senhor Hodge. (*grita*) Bravo, senhor!

SEPTIMUS O pombo, tenho certeza, foi vítima de seu marido ou de seu filho, vossa senhoria — meu colega jamais foi um homem de esportes.

BRICE (*olhando para fora*) Sim, foi Augustus! Bravo, rapaz!

LADY CROOM (*fora*) Bem, vamos! Onde estão meus soldados? (*Brice, Noakes e Chater seguem-na, obedientemente; Chater faz um desvio para apertar com vigor a mão de Septimus*)

CHATER Meu caro senhor Hodge!

Chater sai também. Ouvem-se novamente as armas, um pouco mais perto.

THOMASINA Pop, pop, pop... Cresci ao som de armas como uma criança sitiada. Pombos e corvos fora da temporada, tetrazes a partir de agosto, e depois os faisões — perdiz, narceja, galinhola e cerceta — pop — pop — pop, e a separação das reses. Papai não precisa do anjo registrador, a vida dele está escrita no livro de caça.

SEPTIMUS Um calendário de chacinas. "Até na Arcádia eu estou!"

THOMASINA Ah, bolas para a Morte! (*ela molha a caneta e a leva para o atril*) Vou acrescentar um eremita, pois de que serve um eremitério sem um eremita? Você está apaixonado por minha mãe, Septimus?

SEPTIMUS A senhorita não deve ser mais inteligente que os mais velhos. É falta de educação.

THOMASINA Eu sou mais inteligente?

SEPTIMUS Sim. Muito.

THOMASINA Bem, sinto muito, Septimus. (*ela se detém em meio ao desenho e tira um pequeno envelope do bolso*) A senhora Chater foi à sala de música com um bilhete para você. Ela disse que era pouco importante e que eu devia levá-lo até você com toda segurança, urgência e discrição. O conluio carnal amolece os miolos?

SEPTIMUS (*pegando a carta*) Invariavelmente. Obrigado. Basta de educação por hoje.

THOMASINA Pronto. Desenhei o eremita como João Batista no deserto.

SEPTIMUS Que pitoresco.

Ouve-se lady Croom longe dali chamar Thomasina, que sai correndo para o jardim, animada, uma menina sem complicações. Septimus abre o bilhete da senhora Chater. Ele amassa o envelope e o joga fora. Lê o bilhete, dobra-o e o insere entre as páginas de O divã de Eros.

Cena 2

As luzes sobem na mesma sala, no mesmo tipo de manhã, nos dias de hoje, como fica imediatamente claro pelo aparecimento de Hannah Jarvis; e por nada mais.
Algo há de ser dito sobre isso tudo. A ação da peça se alterna entre o começo do século XIX e os dias de hoje, sempre na mesma sala. Os dois períodos devem compartilhar o estado da sala, sem as adições e subtrações que seriam normalmente esperadas. A aparência geral da sala não deve ofender nenhum dos períodos. No caso dos objetos de cena — livros, papéis, flores etc. — não há a necessidade absoluta de se removerem os indícios de um período para dar espaço ao outro. Contudo, livros etc. usados nos dois períodos devem existir tanto em versões antigas quanto novas. A paisagem do lado de fora, como ficamos sabendo, sofreu mudanças. De novo, o que vemos não deve nem mudar nem contradizer. Segundo esse princípio, a tinta, as canetas etc. da primeira cena podem ficar. Livros e papéis ligados à pesquisa de Hannah, na cena 2, podem estar sobre a mesa desde o começo da peça. E assim por diante. Com o correr da peça, a mesa vai reunindo uma e outra coisa, e onde o objeto de uma cena seria um anacronismo na outra (uma caneca de café, por exemplo), ele simplesmente passa a ser considerado invisível. Quando a peça termina, a mesa reuniu um inventário de objetos.
Hannah está folheando o caderno de esboços do senhor Noakes. Também à mão, abertos e fechados, estão diversos volumes pequenos como diários (depois saberemos que são os "cadernos de jardim" de lady Croom). Após alguns segundos, Hannah leva o caderno de esboços para a janela, comparando a vista com o que foi desenhado, e então o recoloca no atril.
Ela não usa roupas fúteis. Seus sapatos são adequados ao jardim, que é aonde vai agora depois de pegar o teodolito na mesa. A sala fica vazia por alguns segundos.
Uma das outras portas se abre para dar entrada a Chloë e Bernard. Ela é filha dos donos da casa e se veste de maneira informal. Bernard, o visitante, veste terno e gravata. Tem uma tendência a roupas exuberantes; relaxou um pouco para esta ocasião, mas não muito. Um lenço que lembra uma pena de pavão aparece no bolso de seu paletó. Ele carrega uma grande sacola de couro que lhe serve de pasta.

CHLOË Ah! Bom, ela *esteve* aqui...
BERNARD Ah... a porta francesa...
CHLOË Isso. Espere aqui.

Chloë sai pela porta do jardim e desaparece de vista. Bernard espera ali. A segunda porta se abre e Valentine espia para dentro.

VALENTINE Merda.

Valentine sai novamente, fechando a porta. Chloë volta, carregando um par de galochas de borracha. Ela entra, senta e começa a trocar os sapatos pelas botas, enquanto fala.

CHLOË O melhor é você esperar aqui, pra não se sujar e tal. Ela passa bastante tempo no jardim, como você pode imaginar.
BERNARD Sim. Por quê?
CHLOË Bom, ela está escrevendo a história do jardim, você não sabia?
BERNARD Não, eu sabia que ela estava trabalhando com os documentos da família Croom, mas...
CHLOË Bom, não é exatamente uma história do jardim. Eu vou deixar Hannah explicar. Tem tudo a ver com aquela trincheira em que você quase caiu de carro. Eu ia dizer fique à vontade, mas é quase impossível, tiraram tudo daqui, ficava no caminho do banheiro mais próximo.
BERNARD Tudo?
CHLOË Não, esse cômodo aqui. O banheiro químico feminino foi demais para eles.
BERNARD Sim, entendo. Você disse Hannah?
CHLOË Hannah, sim. Você vai ficar bem? *(ela levanta usando as botas)* Eu não vou... *(mas ela perdeu contato com ele)* Senhor Nightingale?
BERNARD *(acordando)* Sim. Obrigado. A senhorita Jarvis é Hannah Jarvis, a escritora?
CHLOË Isso. Você leu o livro dela?
BERNARD Ah, sim. Li, sim.
CHLOË Aposto que ela está no eremitério, daqui não dá para ver por causa da marquise...
BERNARD Vocês vão fazer uma festa no jardim?
CHLOË Um baile da comarca, a nossa bebedeira generalizada e fantasiada de todos os anos. Os velhos não querem nada disso dentro de casa, uma vez a gente teve que recuperar um bule na Christie's na última hora, então tudo que possa ser destruído, roubado ou em que se possa vomitar foi delicadamente removido; indelicadamente, eu diria...

Ela está prestes a sair.

BERNARD Hum... olhe só... será que você diria para ela... será que você poderia não mencionar o meu nome neste momento?
CHLOË Ah. Tudo bem.
BERNARD (*sorrindo*) É mais divertido se for surpresa. Você se incomoda?
CHLOË Não. Mas ela vai perguntar... Invento outro nome, por enquanto?
BERNARD Sim, por que não?
CHLOË Talvez outro pássaro, você não combina mesmo com um rouxinol.[4]

Ela sai novamente. Bernard dá uma olhada nos livros sobre a mesa. Ele larga sua sacola. Ouve-se o distante pop-pop de uma espingarda. Isso leva Bernard distraidamente até a janela. Ele olha para fora. A porta por onde entrou agora se abre e Gus olha para a sala. Bernard se vira e o vê.

BERNARD Oi.

Gus não fala. Ele nunca fala. Talvez não consiga falar. Ele não tem compostura e, diante de um estranho, desmonta e sai de novo. Um segundo depois a outra porta se abre e Valentine atravessa a sala, não exatamente ignorando Bernard, e contudo ignorando-o.

VALENTINE Merda, merda, merda, merda, merda, merda...

Ele repete até sair pela outra porta, que agora fecha atrás de si. Do outro lado, podem-se ouvir seus gritos de Chlo! Chlo! O desconforto de Bernard aumenta. A mesma porta se abre e Valentine retorna. Ele olha para Bernard.

BERNARD Ela está no jardim, procurando a senhorita Jarvis.
VALENTINE Cadê tudo?
BERNARD Foi tudo removido para o, ahn...
VALENTINE A festa é só na tenda, não é?
BERNARD Sim, mas essa é a rota até o banheiro mais próximo.
VALENTINE Eu preciso do penico.

4 Nightingale. (N. T.)

BERNARD Ah. Você não pode usar o banheiro?
VALENTINE Os livros de caça estão todos lá dentro.
BERNARD Ah. Do banheiro ou do penico?
VALENTINE Alguém está cuidando de você?
BERNARD Sim. Obrigado. Meu nome é Bernard Nigh... Eu vim ver a senhorita Jarvis. Escrevi para lorde Croom, mas infelizmente nunca recebi uma resposta, então eu...
VALENTINE Você datilografou?
BERNARD Datilografei...?
VALENTINE A sua carta era escrita à máquina?
BERNARD Era.
VALENTINE O meu pai nunca responde cartas escritas à máquina. (*ele percebe um jabuti que estava meio escondido em cima da mesa*) Ah! Onde é que você tinha se escondido, Corisco? (*ele pega o jabuti*)
BERNARD Então eu telefonei ontem e acho que falei com você...
VALENTINE Comigo? Ah! Isso! Desculpa! Você vai fazer uma palestra sobre — alguém — e queria perguntar — alguma coisa — para Hannah...
BERNARD Sim. Pois é. Espero que a senhorita Jarvis tenha a bondade.
VALENTINE Duvido.
BERNARD Ah, você conhece os mecanismos de pesquisa?
VALENTINE Eu conheço Hannah.
BERNARD Ela está aqui há muito?
VALENTINE Tomou posse do lugar, eu diria. A minha mãe leu o livro dela, sabe. Você leu?
BERNARD Não. Sim. O livro dela. Pois é.
VALENTINE Ela está horrendamente satisfeita consigo mesma.
BERNARD Bem, eu ouso dizer que se eu escrevesse um best-seller...
VALENTINE Não, por ter lido. A minha mãe basicamente lê livros de jardinagem.
BERNARD Ela deve estar encantada por ter Hannah Jarvis escrevendo um livro sobre o seu jardim.
VALENTINE Na verdade é sobre eremitas. (*Gus retorna pela mesma porta e se vira para sair novamente*) Está tudo bem, Gus — o que você quer? (*mas Gus foi embora novamente*) Bom... Eu vou levar o Corisco para dar uma corrida.
BERNARD Na verdade, nós já nos conhecemos. Em Sussex, há alguns anos, num congresso...

VALENTINE Ah. Eu estava lá?

BERNARD Sim. Um dos meus colegas achava que tinha provado que um conto era de D. H. Lawrence, e ele fez uma análise no computador da casa dele, muito interessante, talvez você se lembre da discussão.

VALENTINE Acho que não. Mas é bem normal eu ficar sentado de olhos fechados, e isso não significa necessariamente que eu esteja acordado.

BERNARD Bem, comparando estruturas sintáticas e tal, esse sujeito mostrava que havia uma chance de noventa por cento de que aquele conto tivesse realmente sido escrito pelo autor de *Mulheres apaixonadas*. Para meu indizível prazer, um dos seus amiguinhos da matemática conseguiu mostrar que com a mesma base estatística havia noventa por cento de chances de Lawrence também ter escrito vários livros infantis e boa parte dos jornais regionais do dia anterior.

VALENTINE (*pausa*) Ah, Brighton. Isso. Eu estava lá. (*e olhando para fora*) Ah — lá vem ela, eu vou deixar vocês conversarem. Por falar nisso, o Mazda vermelho é seu?

BERNARD Sim.

VALENTINE Se você quer uma dica, eu colocaria o carro para lá do arco dos estábulos, escondido, antes de o meu pai chegar. Ele não aceita ninguém aqui dentro com um carro japonês. Você é gay?

BERNARD Não, na verdade não.

VALENTINE Bom, nem assim.

Valentine sai, fechando a porta. Bernard continua encarando a porta fechada. Atrás dele, Hannah chega à porta do jardim.

HANNAH Senhor Peacock?[5]

Bernard olha em torno distraidamente e então olha por cima do ombro em busca do pavão em questão, daí se recupera e aciona a amabilidade dos Nightingale.

BERNARD Ah... oi! Olá. Senhorita Jarvis, claro. Que prazer. Eu fiquei desorientado por um momento — a fotografia não lhe faz justiça.

5 Pavão. (N. T.)

HANNAH Fotografia?

Os sapatos dela ficaram enlameados e ela os tira.

BERNARD No livro. Sinto muito ter que trazê-la para dentro de casa, mas lady Chloë insistiu que...
HANNAH Não faz mal — você ficaria com os sapatos sujos.
BERNARD Quanta consideração. E que bondade sua me conceder um pouco de seu tempo.

Ele está exagerando. Ela lhe lança um olhar.

HANNAH Você é jornalista?
BERNARD (*chocado*) Não!
HANNAH (*retomando*) Eu passei por aquela cerca enterrada, que as pessoas chamam de *ha-ha*, e estava muito enlameado.
BERNARD (*inesperadamente*) Ha-há!
HANNAH Como?
BERNARD Uma teoria que eu tenho. *Ha-há*, e não *ha-ha*. Se você estivesse passeando pelo jardim e de repente o chão sumisse debaixo dos seus pés, você não ia gritar "ha-ha", e é essa a história por trás da etimologia, você ia pular para trás e soltar um "ha-há!", ou, mais provavelmente, "Puta que o pariu!"... embora eu pessoalmente ache que essa história seja furada — porque na França, sabe, eles usam "ha-ha" para se referir a uma mulher particularmente feia, que é uma aposta muito melhor para dar o nome de algo que mantém as vacas longe do jardim.

As coisas não estão indo bem para Bernard, mas ele parece animado e inconsciente disso. Hannah o encara por um momento.

HANNAH Senhor Peacock, em que posso lhe ser útil?
BERNARD Bem, para começar, você pode me chamar de Bernard, que é o meu nome.
HANNAH Obrigada.

Ela vai até a porta do jardim para bater um sapato contra o outro e raspar a maior parte da lama.

BERNARD O livro! O livro é uma revelação! Ver Caroline Lamb pelos seus olhos é realmente vê-la pela primeira vez. Me envergonha dizer que nunca leio a ficção dela, e como você está certa, aquilo é extraordinário — o começo do século XIX é o meu período preferido.

HANNAH Você dá aula?

BERNARD Sim. E escrevo, como você, como todos nós, apesar de eu nunca ter feito alguma coisa que tenha vendido tão bem quanto *Caro*.

HANNAH Eu não dou aula.

BERNARD Não. Tanto mais crédito. Reabilitar um escritor esquecido, acho que se pode dizer que esse é o maior objetivo de um professor universitário de literatura.

HANNAH Não dar aula?

BERNARD Santo Deus, não, aqueles pirralhos que se entendam sozinhos. Enfim, meus parabéns. Imagino que alguém agora vá publicar a obra de Caroline Lamb.

HANNAH Sim, imagino que sim.

BERNARD Que maravilha! Bravo! Como um documento que lança uma luz direta sobre o caráter de Byron, seguramente será...

HANNAH Bernard. Você disse Bernard, não disse?

BERNARD Disse.

HANNAH Eu vou calçar os sapatos de novo.

BERNARD Ah. Você não vai sair?

HANNAH Não, vou te dar um chute no saco.

BERNARD Certo. Reconheço. Ezra Chater.

HANNAH Ezra Chater.

BERNARD Nascido em Twickenham, Middlesex, 1778, autor de duas narrativas em versos, *A donzela da Turquia*, 1808, e *O divã de Eros*, 1809. Nada depois de 1809, some completamente.

HANNAH Sei. E?

BERNARD (*pegando sua sacola*) Há uma ligação com Sidley Park. (*ele tira* O divã de Eros *da sacola. Lê a dedicatória*) "Para meu amigo Septimus Hodge, que se ergueu e deu o melhor de si em prol do autor — Ezra Chater —, em Sidley

Park, Derbyshire, 10 de abril de 1809." (*ele dá o livro a ela*) Estou em suas mãos.

HANNAH *O divã de Eros*. É bom?

BERNARD Bem surpreendente.

HANNAH Acha que vale um livro?

BERNARD Não, não — um artigo talvez para o *Journal of English Studies*. Não há quase nada sobre o Chater, nenhuma palavra no dicionário bibliográfico Oxford, claro — àquela altura ele já estava completamente esquecido.

HANNAH Família?

BERNARD Nadinha. Só há um Chater na base de dados de literatura inglesa.

HANNAH Mesmo período?

BERNARD Sim, mas ele não era poeta como o nosso Ezra, era um botânico que descreveu uma dália-anã na Martinica e morreu lá depois de ser mordido por um macaco.

HANNAH E Ezra Chater?

BERNARD Ele tem duas referências no índice onomástico, uma para cada livro, nos dois casos uma resenha de fôlego no *Piccadilly Recreation*, um jornal in-fólio com três edições semanais, mas sem detalhes especiais.

HANNAH E onde estava isso aqui (*o livro*)?

BERNARD Coleção particular. Eu tenho que dar uma palestra na semana que vem, em Londres, e acho que Chater é interessante, então qualquer coisa a respeito dele, ou desse Septimus Hodge, Sidley Park, qualquer dica... Eu ficaria muitíssimo agradecido.

Pausa.

HANNAH Bom! Isso é uma experiência nova para mim. Um acadêmico de joelhos.

BERNARD Ah, eu não diria isso.

HANNAH Ah, é sim. Todos os acadêmicos que resenharam o meu livro me trataram com condescendência.

BERNARD Certamente não.

HANNAH Certamente sim. O bando dos byronianos abriu a braguilha e saiu espirrando condescendência por toda parte. Onde é que você não gosta de dar aula, por falar nisso?

BERNARD Ah, bem, Sussex, na verdade.

HANNAH Sussex. (*ela pensa por um momento*) Nightingale. Isso; mil palavras no *Observer* pra se livrar de mim com um tapinha na bunda. Você deve conhecer o cara.
BERNARD Como eu disse, estou nas suas mãos.
HANNAH Exatamente. Então diga por favor.
BERNARD Por favor.
HANNAH Sente, então.
BERNARD Obrigado.

Ele puxa uma cadeira. Ela continua de pé. Talvez ela seja fumante; se for, talvez acenda um cigarro agora. Uma piteira curta parece ser adequada também. Ou cigarrilhas marrons.

HANNAH Como você sabia que eu estava aqui?
BERNARD Ah, eu não sabia. Falei com o filho deles ao telefone, mas ele não mencionou o seu nome... e aí ele esqueceu de mencionar o meu.
HANNAH Valentine. Ele está em Oxford, tecnicamente.
BERNARD Sim, eu o conheci. Vomitórias de Brideshead.
HANNAH Meu noivo.

Ela não desvia os olhos.

BERNARD (*pausa*) Eu vou arriscar aqui. Você está mentindo.
HANNAH (*pausa*) Muito bem, Bernard.
BERNARD Jesus.
HANNAH Ele me chama de noiva.
BERNARD Por quê?
HANNAH É uma piada.
BERNARD Você recusou o pedido?
HANNAH Não seja bobo, por acaso eu pareço a próxima condessa de...
BERNARD Não, não — só mais uma. A piada que consola. Meu jabuti Corisco, minha noiva Hannah.
HANNAH Ah. Sim. Você tem lá o seu estilo, Bernard. Não sei bem se gosto.
BERNARD O que ele está fazendo, Valentine?
HANNAH Pós-graduação. Biologia.
BERNARD Não, ele é matemático.

HANNAH Bom, ele estuda tetrazes.

BERNARD Tetrazes?

HANNAH Não tetrazes de verdade. Tetrazes de computador.

BERNARD Quem é o sujeito que não fala?

HANNAH Gus.

BERNARD Qual é o problema dele?

HANNAH Não perguntei.

BERNARD O pai parece divertido.

HANNAH Ah, sim.

BERNARD E a mãe é a jardineira. O que é que está acontecendo aqui?

HANNAH Como assim?

BERNARD Eu quase arranquei a cabeça dela — ela estava dentro de uma trincheira na ocasião.

HANNAH Arqueologia. A casa tinha um jardim formal italiano até cerca de 1740. Lady Croom se interessa pela história dos jardins. Eu mandei meu livro pra ela — ele contém, como você sabe, se leu — o que não estou presumindo, aliás —, uma descrição bem razoável do jardim de Caroline em Brocket Hall. Estou aqui agora ajudando Hermione.

BERNARD (*impressionado*) Hermione.

HANNAH Os registros são singularmente completos e nunca foram examinados.

BERNARD Estou começando a admirar você.

HANNAH Antes era enrolação?

BERNARD Completamente. Sua fotografia lhe faz justiça, não sei bem se o livro faz.

Ela o considera. Ele espera, confiante.

HANNAH Septimus Hodge era o tutor.

BERNARD (*baixinho*) Boa menina.

HANNAH A pupila dele era a filha dos Croom. Havia um filho em Eton. Septimus morava na casa: o livro de pagamentos especifica verbas para vinho e velas. Então, não exatamente um hóspede, mas bem mais que um cavalariço. A carta de autorrecomendação que ele escreveu está preservada entre os documentos. Posso localizá-la para você. Até onde eu lembro ele estudava matemática e filosofia natural em Cambridge. Um cientista, portanto, acima de tudo.

BERNARD Estou impressionado. Obrigado. E Chater?
HANNAH Nada.
BERNARD Ah. Nada mesmo?
HANNAH Receio que não.
BERNARD E a biblioteca?
HANNAH O catálogo foi compilado nos anos 1880. Eu examinei tudo.
BERNARD Os livros ou o catálogo?
HANNAH O catálogo.
BERNARD Ah. Que pena.
HANNAH Sinto muito.
BERNARD E as cartas? Nenhuma menção?
HANNAH Receio que não. Eu fui bem criteriosa com o seu período porque, claro, é o meu período também.
BERNARD É mesmo? Para falar a verdade não sei direito o que você está...
HANNAH O eremita de Sidley.
BERNARD Ah. Quem é ele?
HANNAH É o meu jeito de entender o colapso nervoso da imaginação romântica. Estou estudando paisagismo e literatura entre 1750 e 1834.
BERNARD O que aconteceu em 1834?
HANNAH Meu eremita morreu.
BERNARD Claro.
HANNAH Como assim, claro?
BERNARD Nada.
HANNAH Você queria dizer alguma coisa.
BERNARD Não, não... No entanto, Coleridge também morreu em 1834.
HANNAH Foi mesmo. Que golpe de sorte. (*mais branda*) Obrigada, Bernard. (*ela vai até o atril e abre o caderno de esboços de Noakes*) Olhe — está aqui.

Bernard vai ver.

BERNARD Hum.
HANNAH A única representação conhecida do eremita de Sidley.
BERNARD Muito bíblico.
HANNAH Desenhada por outra pessoa, claro. O eremitério nem existia quando Noakes fez os desenhos.

BERNARD Noakes... o pintor?

HANNAH Paisagista. Ele fazia esses livros para os clientes, como um tipo de prospecto. (*ela demonstra*) Antes e depois, sabe. Era assim que o jardim estava até, digamos, 1810 — suave, ondulado, serpentino —, água a céu aberto, grupos de árvores, uma casa de barcos clássica...

BERNARD Lindo. A verdadeira Inglaterra.

HANNAH Você já pode parar de ser bobo, Bernard. O paisagismo inglês foi inventado por jardineiros imitando pintores estrangeiros que evocavam autores clássicos. A coisa toda veio na bagagem das viagens pela Europa. Aqui, olhe só — Capability Brown brincando de Claude, que estava brincando de Virgílio. Arcádia! E aqui sobreposta por Richard Noakes, natureza indomada ao estilo de Salvator Rosa. É o romance gótico transformado em paisagismo. Tudo menos os vampiros. Há um relato sobre o meu eremita em uma carta de seu parente ilustre.

BERNARD Florence?

HANNAH Como?

BERNARD Nada. Continue.

HANNAH Thomas Love Peacock.

BERNARD Ah, sim.

HANNAH Encontrei em um ensaio sobre eremitas e anacoretas publicado na *Cornhill Magazine* nos anos 1860... (*ela procura a revista entre os livros que estão na mesa e encontra*) 1862... Peacock o chama de (*ela cita de memória*) "Não um daqueles campônios simplórios que assustam as senhoras, mas um sábio entre os idiotas, um gênio da sandice".

BERNARD Um sujeito anta-gônico, digamos.

HANNAH (*ocupada*) Isso. Como?

BERNARD Nada.

HANNAH (*ela achou o lugar*) Aqui está. "Uma carta que nos foi mostrada, escrita pelo autor de *Headlong hall* quase trinta anos atrás, narra uma visita à propriedade do conde de Croom, Sidley Park..."

BERNARD A carta era para Thackeray?

HANNAH (*detida subitamente*) Não sei. Faz diferença?

BERNARD Não. Desculpe. (*mas os intervalos que ele deixa para ela são falsas promessas — e ela não é rápida o bastante. É assim que acontece*) Só que Thackeray editou a *Cornhill* até 1863, quando, como você sabe, morreu. O pai dele tinha trabalhado para a Companhia das Índias Orientais, onde Peacock, claro, teve o cargo de auditor, então é bem possível que se o ensaio fosse de Thackeray, a *carta*... Desculpe. Vá em frente. É claro que a Biblioteca da Companhia das Índias Orientais tem quase todas as cartas de Peacock, então ia ser bem fácil... Desculpe. Posso dar uma olhada? (*em silêncio, ela lhe entrega a* Cornhill) Sim, foi refilada em cima e embaixo, claro. Podia valer a pena... Continue. Estou ouvindo... (*folheando o ensaio, ele subitamente dá uma risadinha*) Ah, sim, é o Thackeray mesmo... (*ele fecha o livro com um baque*) Insuportável... (*ele o devolve a ela*) O que você estava dizendo?

HANNAH Você é sempre assim?

BERNARD Assim como?

HANNAH A questão é que os Croom, claro, ficaram com o eremita embaixo do nariz por vinte anos, então não acharam que ele valia nem um comentário. Como estou descobrindo. A carta de Peacock ainda é a fonte principal, infelizmente. Quando li isso (*a revista em suas mãos*), bom, foi um daqueles momentos que definem qual vai ser o próximo livro. O eremita de Sidley Park foi a minha...

BERNARD Entrada.

HANNAH Epifania.

BERNARD Epifania, é isso.

HANNAH O eremita foi *colocado* na paisagem exatamente como alguém poderia pôr um gnomo de cerâmica. E ali ele passou a vida como um enfeite de jardim.

BERNARD Ele fazia alguma coisa?

HANNAH Ah, ele era muito ocupado. Quando morreu, o chalé estava entupido de papel. Centenas de páginas. Milhares. Peacock diz que suspeitavam que ele era um gênio. No final, é claro, só era louco. Tinha coberto todas as folhas com provas cabalísticas de que o mundo estava chegando ao fim. É perfeito, não é? Um símbolo perfeito, eu quero dizer.

BERNARD Ah, sim. De quê?

HANNAH De toda a balbúrdia romântica, Bernard! Foi o que aconteceu com o Iluminismo, não foi? Um século de rigor intelectual virado contra si próprio. Uma mente vítima do caos sob suspeita de genialidade. Em um cenário de emoções baratas e sentimentos falsos. A história do jardim diz tudo, de maneira linda. Há uma gravura de Sidley Park em 1730 que faz a gente querer chorar. O paraíso na idade da razão. Por volta de 1760 tudo era passado — as sebes, piscinas e terraços, fontes, uma alameda de limoeiros —, toda a geometria sublime foi arada por Capability Brown. A grama ia do limiar da porta até o horizonte, e a melhor cerca viva de Derbyshire tinha sido arrancada para fazer um "ha-ha" para os idiotas poderem fingir que estavam morando nas campinas de Deus. E aí vem Richard Noakes para atualizar Deus. Quando ele terminou estava tudo assim (*o caderno de esboços*). O declínio do pensamento ao sentimento, sabe.

BERNARD (*julgando*) Isso ficou muito bom. (*Hannah olha para ele sondando a ironia, mas ele é profissional*) Não, não vai desmontar.

HANNAH Obrigada.

BERNARD Eu, pessoalmente, gosto do "ha-ha". Você gosta de cercas vivas?

HANNAH Eu não gosto de sentimentalismo.

BERNARD Ah, entendi. Tem certeza? Você parece bem sentimental quanto à geometria. Mas o eremita é muito bom. O gênio local.

HANNAH (*satisfeita*) É o meu título!

BERNARD Claro.

HANNAH (*menos satisfeita*) Claro?

BERNARD Claro. Quem era esse sujeito quando não estava sendo um símbolo?

HANNAH Eu não sei.

BERNARD Ah.

HANNAH Quer dizer, ainda.

BERNARD Certamente. O que foi que eles fizeram com aquele papel todo? Peacock diz?

HANNAH Fizeram uma fogueira.

BERNARD Ah, bom.

HANNAH Eu ainda tenho os cadernos de jardinagem de lady Croom para examinar.

BERNARD Livros de contabilidade ou diários?

HANNAH Um pouco de cada. Eles têm suas lacunas, mas cobrem o período.

BERNARD Verdade? Você verificou o nome de Byron por lá? Só por interesse.

HANNAH Uma primeira edição de *A peregrinação de Childe Harold* na biblioteca, e *Bardos ingleses*, acho.

BERNARD Dedicatórias?

HANNAH Não.

BERNARD E ele não aparece em nenhuma das cartas?

HANNAH E por que deveria? Os Croom não aparecem nas dele.

BERNARD (*casualmente*) Isso é verdade, claro. Mas Newstead não fica assim tão longe. Será que você se incomodaria muito se eu desse uma fuçada por aqui? Só nos papéis em que você já mexeu, claro.

Hannah percebe algo.

HANNAH Você está estudando Byron ou Chater?

Chloë entra só de meias por uma das portas laterais, carregando álbuns de couro semelhantes uns aos outros. Ela faz um desvio para pegar seus sapatos.

CHLOË Desculpa — só cortando caminho... Tem chá na despensa se vocês não se incomodarem com as canecas...
BERNARD Que gentileza.
CHLOË Hannah leva você lá.
BERNARD Deixe eu ajudar você aqui.
CHLOË Não, está tudo bem... (*Bernard abre a porta do outro lado para ela*) Obrigada — eu estava guardando os livros de caça do Val. Obrigada.

Bernard fecha a porta.

BERNARD Que menina mais fofa.
HANNAH Hum.
BERNARD Verdade?
HANNAH Verdade o quê?

A porta de Chloë se abre novamente e ela põe a cabeça pela abertura.

CHLOË Esqueci de dizer, não se preocupe se meu pai fizer algum comentário sobre o seu carro, senhor Nightingale, ele não gosta muito de... (*e como o Nightingale já havia voado*) hã... ah, que tal a surpresa? Ainda não, hein? Ah, bom — desculpa aí — chá, pelo menos... Sinto muito se eu...

Constrangida, ela sai novamente, fechando a porta. Pausa.

HANNAH Seu bosta.

Ela se dirige à porta.

BERNARD A questão é que existe uma ligação com Byron, também.

Hannah para e o encara.

HANNAH Não me interessa.
BERNARD Devia. O bando dos byronianos vai ficar com o pinto preso no zíper.
HANNAH (*pausa*) É mesmo?
BERNARD Se nós trabalharmos juntos.
HANNAH Em quê?
BERNARD Sente-se, que eu vou lhe contar.
HANNAH Vou ficar de pé por enquanto.
BERNARD Esta cópia de *O divã de Eros* era de Lord Byron.
HANNAH Era de Septimus Hodge.
BERNARD Originalmente, sim. Mas estava na biblioteca de Byron que foi vendida para pagar suas dívidas quando ele saiu definitivamente da Inglaterra em 1816. O catálogo da venda está na British Library. *Eros* foi o lote 74A e foi comprado pelo livreiro e editor John Nightingale, de Opera Court, Pall Mall... cujo nome sobrevive na firma Nightingale e Matlock, sendo que o Nightingale atual é meu primo. (*ele se detém. Hannah hesita e então senta à mesa*) Só vou fazer um resumo. 1939, estoque removido para a casa de campo dos Nightingale em Kent. 1945, estoque devolvido à livraria. Enquanto isso, caixa esquecida de livros do começo do século XIX apodrece no sótão da casa de campo até que o imóvel é vendido para abrir caminho para uma conexão com o Eurotúnel. *Eros* descoberto com etiqueta da venda de 1816 ainda presa ao livro — fotocópia disponível para verificação.

Ele tira esse material da sacola e o entrega a Hannah, que o examina.

HANNAH Tudo bem. Estava na biblioteca de Byron.
BERNARD Diversas passagens foram sublinhadas. (*Hannah pega o livro e folheia*) Todas elas, e apenas elas — não, não, olhe para mim, não para o livro —, todas as passagens sublinhadas, *verbatim*, foram usadas como citações na resenha

de *O divã de Eros* no *Piccadilly Recreation* de 30 de abril de 1809. O resenhista começa chamando a atenção para seus comentários anteriores, no mesmo periódico, a respeito de *A donzela da Turquia*.

HANNAH O resenhista é obviamente Hodge. "Meu amigo Septimus Hodge, que se ergueu e deu o melhor de si em prol do autor."

BERNARD É essa a questão. O *Piccadilly* ridicularizou os dois livros.

HANNAH (*pausa*) As resenhas parecem coisa do Byron?

BERNARD (*tirando duas fotocópias da mala*) Elas parecem muito mais coisas do Byron do que a resenha de Wordsworth que Byron publicou no ano anterior.

Hannah olha as fotocópias.

HANNAH Estou vendo. Bom, parabéns. É possível. Duas resenhas desconhecidas do jovem Byron. É só isso?

BERNARD Não. Por causa das fitas, três documentos sobreviveram imperturbados dentro do livro. (*ele abre cuidadosamente um pacote que saiu de sua sacola. Está com os originais. Ele os segura cuidadosamente, um de cada vez*) "Senhor — temos um assunto a resolver. Esperarei na sala de armas. E. Chater, Esq." "Meu marido mandou buscarem pistolas na cidade. Negue o que não pode ser provado — por caridade —, fico hoje em meu quarto." Sem assinatura. "Sidley Park, 11 de abril de 1809. Senhor — eu o chamo de mentiroso, lascivo, caluniador na imprensa e ladrão de minha honra. Espero sua disposição de me oferecer satisfações como homem e como poeta, E. Chater, Esq."

Pausa.

HANNAH Soberbo. Mas nada definitivo. O livro teve sete anos para ir parar nas mãos de Byron. Isso não liga Byron a Chater, ou a Sidley Park. Ou a Hodge, para falar a verdade. Além disso, não há a menor menção nas cartas de Byron, e esse tipo de incidente é a última coisa que ele teria deixado de comentar.

BERNARD *Incidente?*

HANNAH Ele teria feito uma tirada cômica.

BERNARD Tirada cômica uma ova! (*uma pausa dramática*) Ele matou Chater!

HANNAH (*com desdém*) É mesmo?

BERNARD Chater estava com 31 anos. Autor de dois livros. Não se ouve mais falar dele depois de *Eros*. Ele desaparece completamente depois de abril de 1809.

E Byron — Byron acabava de publicar sua sátira, *Bardos ingleses e críticos escoceses*, em março. Ele estava começando a fazer seu nome. E no entanto foi para Lisboa assim que conseguiu achar um navio, e ficou dois anos fora. Hannah, *isto é a fama*. Em algum lugar, entre os documentos dos Croom, vai haver *alguma coisa*...

HANNAH Não tem. Eu olhei.

BERNARD Mas você estava procurando outra coisa! Não vai pular na sua cara, "Lord Byron comentou espirituosamente no café da manhã!".

HANNAH Mesmo assim, a presença dele não teria passado despercebida. Mas nada sugere que Byron esteve aqui, e eu não acho que esteve.

BERNARD Tudo bem, mas me deixe dar uma olhada.

HANNAH Você vai acabar com a minha festa.

BERNARD Meu anjo, eu sei me comportar com...

HANNAH E não me chame de anjo. Se eu achar alguma coisa sobre Byron, Chater ou Hodge, passo para você. Nightingale, Sussex.

Pausa. Ela levanta.

BERNARD Obrigado. Sinto muito por essa história com o meu nome.

HANNAH Não se preocupe...

BERNARD Qual era a faculdade de Hodge, aliás?

HANNAH Trinity.

BERNARD Trinity?

HANNAH Isso. (*ela hesita*) Isso. A faculdade de Byron.

BERNARD Que idade tinha Hodge?

HANNAH Eu teria que verificar, mas era um ou dois anos mais velho que Byron. Vinte e dois...

BERNARD Eram contemporâneos em Trinity?

HANNAH (*cansada*) Sim, Bernard, e sem dúvida os dois estavam no time de críquete quando Harrow jogou contra Eton no Lord's!

Bernard se aproxima e para perto dela.

BERNARD (*sem se alterar*) Você está dizendo que Septimus Hodge estudou com Byron?

HANNAH (*vacila levemente*) Sim... ele deve ter estudado... na verdade.
BERNARD Muito bem, sua vaca estúpida.

Com um amplo gesto de pura felicidade, Bernard envolve Hannah em um abraço e lhe dá um grande beijo estalado no rosto. Chloë entra e testemunha o fim dessa cena.

CHLOË Hã, é... pensei em trazer para vocês.

Ela está carregando uma bandejinha com duas canecas.

BERNARD Eu tenho que ir cuidar do meu carro.
HANNAH Vai escondê-lo?
BERNARD Esconder? Eu vou vender! Existe algum bar em que eu possa deixar o carro na cidade? (*ele se volta para elas no momento em que sai pelo jardim*) Vocês não estão felizes por eu estar aqui?

Ele sai.

CHLOË Ele disse que conhecia você.
HANNAH Não teria como.
CHLOË Não, talvez não. Ele disse que queria que fosse surpresa, mas imagino que era outra coisa. Tinha muita energia sexual aqui, você não achou?
HANNAH O quê?
CHLOË Ele estava saltitante, sabe, não tem erro. Convido ele por você?
HANNAH Para quê? Não.
CHLOË Você pode convidar — fica melhor. Ele pode vir como seu acompanhante.
HANNAH Pare com isso. Obrigada pelo chá.
CHLOË Se você não quiser ficar com ele, eu fico. Ele é casado?
HANNAH Não tenho a menor ideia. Você não ia ganhar um pônei?
CHLOË Só estou tentando arrumar um par para você, Hannah.
HANNAH Acredite em mim, vai ficando menos importante.
CHLOË Eu estou falando do baile. Ele pode ir como o seu Beau Brummel.[6]
HANNAH Eu não quero me fantasiar e não quero um parceiro de dança, muito menos o senhor Nightingale. Eu não sei dançar.

6 Dândi esnobe, personagem de uma peça epônima de Clyde Fitch, 1890. (N. T.)

CHLOË Não seja tão pudica. Você estava dando um beijo nele, afinal.

HANNAH Ele estava me beijando, e só por entusiasmo generalizado.

CHLOË Bom, não venha dizer que eu não dei chance para você. Meu irmão gênio vai ficar muito aliviado. Ele está apaixonado por você, como acho que já sabe.

HANNAH (*nervosa*) É uma piada!

CHLOË Não é piada para ele.

HANNAH Claro que é — mas nem como piada... Como é que você pode ser tão ridícula?

Gus entra do jardim, com sua falta de jeito habitual e calado.

CHLOË Oi, Gus, o que foi que você trouxe?

Gus trouxe uma maçã que acaba de ser colhida, com uma ou outra folha ainda presas. Ele oferece a maçã a Hannah.

HANNAH (*surpresa*) Ah... Obrigada!

CHLOË (*saindo*) Eu disse.

Chloë fecha a porta quando sai.

HANNAH Obrigada. Ah, querido.

Cena 3

A sala de aula. Na manhã seguinte. Estão presentes: Thomasina, Septimus, Jellaby. Já vimos essa composição: Thomasina a seu lugar na mesa; Septimus lendo uma carta que acabou de chegar; Jellaby esperando, pois acabou de entregar a carta. O divã de Eros está diante de Septimus, aberto, junto com as folhas de papel em que ele estava escrevendo. Seu portfólio está na mesa. Plauto (o jabuti) é o peso de papéis. Há também uma maçã na mesa agora, a mesma maçã, pelo que se pode perceber.

SEPTIMUS (*com os olhos na carta*) Por que você parou?

Thomasina está examinando uma folha de papel, uma lição de tradução latina. Está tendo alguma dificuldade.

THOMASINA Solio insessa... in igne... sentada em um trono... no fogo... e também em um navio... sedebat regina... estava sentada a rainha...
SEPTIMUS Não há resposta, Jellaby. Obrigado.

Ele dobra a carta e a coloca entre as páginas de O divã de Eros.

JELLABY Eu direi isso então, senhor.
THOMASINA ... o vento cheirando doce... purpureis velis... por, com ou de velas roxas...
SEPTIMUS (*para Jellaby*) Eu teria algo para o correio, se você tiver a bondade.
JELLABY (*saindo*) Sim, senhor.
THOMASINA ... era como — alguma coisa — por, com ou de amantes... Ah, Septimus!... musica tibiarum imperabat... música das flautas imperava...
SEPTIMUS "Comandava" é melhor.
THOMASINA ... os ramos de prata — excitando o oceano — como se... como que... amoroso...
SEPTIMUS Isso ficou muito bom.

Ele apanha a maçã. Retira o galhinho e as folhas, colocando-os na mesa. Com um canivete, corta uma fatia da maçã e, enquanto come, corta outra fatia, que oferece a Plauto.

THOMASINA *Regina reclinabat*... a rainha — estava se reclinando... *praeter descriptionem*... indescritivelmente — em uma tenda dourada... como Vênus e contudo mais...
SEPTIMUS Tente pôr um pouco de poesia.
THOMASINA Como eu posso fazer isso se o latim não tem poesia?
SEPTIMUS Ah, uma mente crítica!
THOMASINA É a rainha Dido?
SEPTIMUS Não.
THOMASINA Quem é o poeta?
SEPTIMUS A senhorita conhece.
THOMASINA Conheço?
SEPTIMUS Não é um romano.
THOMASINA O senhor Chater?
SEPTIMUS Sua tradução lembra muito Chater.

Septimus pega a caneta e continua a escrever.

THOMASINA Eu sei quem é, é seu amigo Byron.
SEPTIMUS Lord Byron, por favor.
THOMASINA A mamãe está apaixonada por Lord Byron.
SEPTIMUS (*absorto*) Sim. Bobagem.
THOMASINA Não é bobagem. Eu vi os dois juntos no gazebo. (*a caneta de Septimus para de se mover, ele levanta finalmente os olhos para ela*) Lord Byron estava lendo para ela sua sátira, e mamãe estava rindo, com a cabeça na melhor posição.
SEPTIMUS Ela não entendeu a sátira, e estava demonstrando polidez para com um convidado.
THOMASINA Ela está contrafeita com papai por sua determinação em alterar o parque, mas só isso não pode explicar ela ser polida com um convidado. Ela desceu horas antes do costume. Lord Byron estava muito divertido no café da manhã. Ele teceu elogios a você, Septimus.
SEPTIMUS Teceu?
THOMASINA Disse que você era um camarada espirituoso, e ele sabia quase de cor um artigo que você escreveu sobre... bem, agora esqueci, mas dizia respeito a um livro chamado *A donzela da Turquia* e como você seria incapaz de dá-lo para seu cachorro comer.

SEPTIMUS Ah. O senhor Chater estava à mesa, claro.
THOMASINA Estava, ao contrário de certos preguiçosos.
SEPTIMUS Ele não tem latim e matemática para corrigir.

Ele pega o caderno de Thomasina debaixo de Plauto e o joga pela mesa para ela.

THOMASINA Corrigir? E o que havia de incorreto? (*ela olha o caderno*) A menos, A-? Bah! Por que o menos?
SEPTIMUS Por ter feito mais do que se pedia.
THOMASINA Você não gostou de minha descoberta?
SEPTIMUS Um delírio não é uma descoberta.
THOMASINA Uma tirada não é uma refutação. (*Septimus termina o que está escrevendo. Ele dobra as páginas para formar uma carta. Ele segura a cera de lacre e pretende derretê-la. Sela a carta e escreve na cobertura. Enquanto isso...*) Você está azedo comigo porque mamãe está prestando atenção em seu amigo. Bem, que fujam, eles não podem deter o avanço do saber. Acho que é uma descoberta excelente. Toda semana eu traço suas equações ponto a ponto, x contra y em tudo quanto é relação algébrica, e toda semana os desenhos que surgem são pura geometria banal, como se o mundo das formas fosse apenas arcos e ângulos. Juro por Deus, Septimus, se existe uma equação para uma curva em formato de sino, deve haver uma equação para uma curva em formato de campânula, e se campânula, por que não uma rosa? Nós acreditamos que a natureza se escreve em números?
SEPTIMUS Acreditamos.
THOMASINA Então por que as suas equações só descrevem formatos de manufaturados?
SEPTIMUS Eu não sei.
THOMASINA Armado assim, Deus só poderia fazer um armário.
SEPTIMUS Ele domina equações que levam a infinitos aonde não podemos segui-lo.
THOMASINA Que espírito mais fraco! Nós temos de começar do meio do labirinto e trabalhar para sair. Vamos começar por algo simples. (*ela pega a folha da macieira*) Eu vou fazer o gráfico desta folha e deduzir sua equação. Você será famoso por ter sido meu tutor quando Lord Byron estiver morto e esquecido.

Septimus termina o que tinha de fazer com a carta. Põe a carta no bolso.

SEPTIMUS (*com firmeza*) Voltemos a Cleópatra.

THOMASINA É Cleópatra? Eu odeio Cleópatra!

SEPTIMUS Odeia? Por quê?

THOMASINA Com ela tudo vira amor. Amor novo, amor ausente, amor perdido — nunca vi uma heroína que faça tão má figura de nosso sexo. Basta um general romano baixar âncora na frente da janela e lá se vai o império como uma xícara velha para uma loja de penhor. Se a rainha Elizabeth tivesse sido da dinastia dos Ptolomeu a história teria sido bem diferente — estaríamos admirando as pirâmides de Roma e a grande Esfinge de Verona.

SEPTIMUS Deus nos proteja.

THOMASINA Mas em vez disso a tapada egípcia fez conluio carnal com o inimigo que incendiou a grande biblioteca de Alexandria sem nem cobrar uma multa por todos os livros atrasados. Ah, Septimus!... Como é que você suporta? Todas as peças perdidas dos atenienses! Pelo menos duzentas de Ésquilo, Sófocles, Eurípides — milhares de poemas —, a biblioteca do próprio Aristóteles levada ao Egito pelos ancestrais da tapada! Como é que nós conseguimos dormir com essa dor?

SEPTIMUS Contando o nosso estoque. Sete peças de Ésquilo, sete de Sófocles, *dezenove* de Eurípides, minha senhorita! A senhorita não deve lamentar mais a perda das outras que a de uma fivela perdida de seu primeiro par de sapatos, ou seu caderno de escola que se perderá quando a senhorita ficar mais velha. Nós perdemos pelo enquanto apanhamos coisas pelo caminho, como viajantes que têm de carregar tudo nos braços, e o que deixamos cair será apanhado pelos que vêm atrás. A procissão é longuíssima e a vida, muito curta. Morremos no caminho. Mas nada existe fora do caminho, então nada pode ser perdido nele. As peças perdidas de Sófocles vão ressurgir, peça a peça, ou serão reescritas em outra língua. Antigas curas para certas doenças vão se revelar uma vez mais. Descobertas matemáticas vislumbradas e desaparecidas terão seu tempo outra vez. A senhorita por acaso não supõe que se Arquimedes estivesse escondido na grande biblioteca de Alexandria nós estaríamos desesperados sem saca-rolhas? Não tenho dúvidas de que a evoluída máquina de calor movida a vapor, que causa êxtase no senhor Noakes pelo fato de ele e ela e a era moderna concidirem todos no tempo, estivesse descrita em algum papiro. O vapor e o latão não foram inventados em Glasgow. Agora, onde estamos? Deixe-me ver se consigo tentar uma tradução livre para a senhorita. Em Harrow eu era melhor nisso que Lord Byron. (*ele pega o papel dela e o examina detidamente, testando uma ou outra expressão latina especulativamente antes de se decidir*) Sim — "A barca em que sentava, qual polido trono... ardia sobre as águas...". A — alguma coisa — "a popa era forjada em ouro, roxas velas, e" — o que é isso? Ah, sim... "tão perfumadas que"...

THOMASINA (*entendendo agora, e furiosa*) Trapaceiro!

SEPTIMUS (*imperturbavelmente*) "... encantavam todo o vento..."

THOMASINA Trapaceiro!

SEPTIMUS "... argênteos eram os remos que ao tocar das flautas marcavam o ritmo..."

THOMASINA (*erguendo-se de um salto*) Trapaceiro! Trapaceiro! Trapaceiro!

SEPTIMUS (*como se fosse fácil demais e o esforço nem valesse a pena*) "... e faziam com que a água que batiam os seguisse mais presta, como que *encantada* por seus golpes. Quanto a ela, era simplesmente indescritível — ela se estendia em seu pavilhão..."

Thomasina, chorando de raiva, está saindo às pressas pelo jardim.

THOMASINA Espero que você morra!

Ela quase tromba com Brice, que está entrando. Ela some de vista correndo. Brice entra.

BRICE Santo Deus, rapaz, o que foi que você disse a ela?
SEPTIMUS Disse a ela? Disse o quê?
BRICE Hodge!

Septimus olha pela porta, levemente compungido por Thomasina, e vê que Chater está deprimido em algum canto.

SEPTIMUS Chater! Meu caro amigo! Não fique aí escondido — entre, senhor!

Chater deixa que o atraiam, humilhado, para a sala, onde Brice está parado com toda sua dignidade.

CHATER O capitão Brice me fará as honras — o que quero dizer, senhor, é que seja lá o que o senhor tenha a me dizer, dirija-se ao capitão Brice.

SEPTIMUS Que coisa mais incomum. (*para Brice*) Sua esposa não apareceu ontem, senhor. Estará adoentada?

BRICE Minha esposa? Eu não tenho esposa. O que diabos o senhor está dizendo?

Septimus não responde, mas hesita, intrigado. Ele se volta para Chater.

SEPTIMUS Não estou entendendo o esquema, Chater. A quem eu me dirijo quando quero falar com o capitão Brice?

BRICE Ah, ardiloso, Hodge — ardiloso!

SEPTIMUS (*para Chater*) Aliás, Chater... (*ele se interrompe e se volta novamente a Brice, e continua como antes*) Aliás, Chater, tenho notícias espantosas para lhe dar. Alguém deu para escrever cartas enlouquecidas e alucinadas em seu nome. Recebi uma delas há menos de meia hora.

BRICE (*enraivecido*) Senhor Hodge! Preste atenção em sua honra, senhor! Se não pode negociar comigo sem essa tolice toda, escolha um padrinho que possa resolver a questão como se entre cavalheiros. Sem dúvida seu amigo Byron lhe prestaria esse serviço.

Septimus desiste do jogo.

SEPTIMUS Ah, claro, ele me prestaria o serviço. (*seu humor muda, ele se volta para Chater*) Senhor — arrependo-me de tê-lo injuriado. O senhor é um camarada honesto que não tem mais malícia que poesia dentro de si.

CHATER (*feliz*) Ah, sim! Agora está melhor! (*tomado pela dúvida*) Ele está pedindo desculpas?

BRICE Resta ainda a injúria a sua propriedade conjugal. Quanto à... da senhora Chater, a culpa do senhor Hodge ainda...

CHATER Abunda, senhor!

BRICE Como queira, senhor — quanto à bunda da senhora Chater. Não obstante...

Mas eles são interrompidos por lady Croom, que também entra pelo jardim.

LADY CROOM Ah — que encontro mais feliz! Senhor Chater, isso vai agradá-lo demasiado. O senhor Byron implora por uma cópia de seu novo livro. Ele está morrendo de vontade de lê-lo e pretende incluir seu nome na segunda edição de seu *Bardos ingleses e críticos escoceses*.

CHATER *Bardos ingleses e críticos escoceses*, vossa senhoria, é um pasquim contra os mais velhos e mais competentes que Byron. Se ele pretende me incluir, pretende me insultar.

LADY CROOM Bem, é claro que pretende, senhor Chater. O senhor por acaso preferia que ele achasse que o senhor nem vale o insulto? O senhor deveria ter orgulho de estar na companhia de Rogers, Moore e Wordsworth... Ah! *O divã de Eros*! (*pois ela percebeu o exemplar de Septimus sobre a mesa*)

SEPTIMUS É meu exemplar, madame.

LADY CROOM Tanto melhor — para que servem os livros dos amigos senão para serem emprestados?

(Nota: O divã de Eros *contém agora as três cartas, e deve fazê-lo sem chamar atenção para o fato. É por isso que o volume foi descrito como um in-quarto grosso.*)

LADY CROOM Senhor Hodge, o senhor tem de falar com seu amigo e fazer com que ele desista dessa afetação de pretender nos deixar. Não hei de tolerar uma ideia dessas. Ele diz que está determinado a embarcar no correio de Malta que sai de Falmouth! A cabeça dele está plena de Lisboas e Lesbos, e sua valise, de pistolas, e eu lhe disse que isso é impensável. A Europa inteira está em um surto napoleônico, todas as melhores ruínas estarão fechadas, as estradas inteiramente tomadas pelo movimento dos exércitos, todos os albergues terão virado casernas e a moda desse republicanismo ateu ainda não terá chegado a sua reversão natural. Ele diz que persegue a poesia. Não se persegue a poesia armado de pistolas. Poetas, talvez. Eu ordeno que o senhor tome posse de suas pistolas, senhor Hodge! Ele não está seguro com elas. Aquele coxear, ele me confessou, é integralmente consequência de seu hábito de infância de se dar tiros no pé. O que é esse *barulho*?

O barulho é um piano mal tocado na sala ao lado. Vem se ouvindo há algum tempo, desde que Thomasina saiu.

SEPTIMUS O novo pianoforte Broadwood, madame. Nossas aulas de música ainda estão em um estágio incipiente.

LADY CROOM Bem, restrinja suas lições ao lado *piano* do instrumento e solte a menina no *forte* quando ela tiver aprendido alguma coisa.

Lady Croom, segurando o livro, singra novamente para o jardim.

BRICE Pois bem! Se aquele não era Deus quem falava através de lady Croom, então ele jamais falou através de alguém!

CHATER (*reverente*) Tome posse das pistolas de Lord Byron!

BRICE O senhor ouviu, senhor Chater — como vai responder?

Septimus estava observando o trajeto de lady Croom pelo jardim. Ele se volta a eles.

SEPTIMUS Matando o sujeito. Estou cansado dele.

CHATER (*espantado*) Ahn?

BRICE (*satisfeito*) Ah!

SEPTIMUS Ah, dane-se sua alma, Chater! Ovídio teria permanecido advogado e Virgílio, fazendeiro, se soubessem o quanto seria meloso o amor em seus sátiros animados e suas ninfas tapadas! Eu estou a sua disposição para pôr uma bala de meia onça no meio de seu cérebro. Posso lhe dar a satisfação — atrás da casa de barcos ao nascer do sol... digamos, cinco horas? Mande lembranças à senhora Chater — não tema por ela, não lhe faltará proteção enquanto o capitão Brice tiver um guinéu no bolso, ele mesmo lhe disse isso.

BRICE O senhor é um mentiroso!

SEPTIMUS Não, senhor. A senhora Chater, talvez.

BRICE Isso é uma mentira, ou o senhor terá de responder a mim!

SEPTIMUS (*cansado*) Ah, muito bem — eu posso encaixar o senhor às cinco e cinco. E depois disso é tomar o correio de Malta em Falmouth. Os dois estarão mortos, meu colega na penúria ficará para ser tutor de lady Thomasina, e eu acredito que todos, inclusive lady Croom, ficarão satisfeitos!

Septimus bate a porta ao sair.

BRICE Ele está cheio de vento. Mas fique tranquilo, Chater, que vou esvaziar essa bolha.

Brice sai pela outra porta. A tranquilidade de Chater dura apenas um momento. Quando ele percebe a falha do raciocínio...

CHATER Ah! Mas...

Sai correndo atrás de Brice.

Cena 4

Hannah e Valentine. Ela está lendo em voz alta. Ele, ouvindo. Corisco, o jabuti, está sobre a mesa e não é facilmente distinguível de Plauto. Diante de Valentine está o portfólio de Septimus, reconhecível como tal, mas naturalmente algo desbotado. Ele está aberto. Principalmente associados ao portfólio (conquanto possa conter também folhas de papel em branco) estão três itens: uma fina cartilha de matemática; uma folha de papel de desenho em que alguém rabiscou um diagrama e algumas notações matemáticas, flechas etc.; e o caderno de matemática de Thomasina, i.e., aquele em que ela escreve, que Valentine está folheando enquanto ouve Hannah lendo a cartilha.

HANNAH "Eu, Thomasina Coverly, descobri um método realmente maravilhoso pelo qual todas as formas da natureza devem nos entregar seus segredos numéricos e se transformar em desenhos apenas através dos números. Como essa margem é muito cruel para meus propósitos, o leitor deve procurar alhures pela Nova Geometria das Formas irregulares descoberta por Thomasina Coverly." (*pausa. Ela entrega o caderno a Valentine. Valentine olha o que ela estava lendo. Na sala ao lado, ouve-se um piano, começando a soar baixinho, discreto, de modo improvisado*) E isso quer dizer alguma coisa?

VALENTINE Não sei. Não sei o que isso quer dizer, a não ser matematicamente.

HANNAH Eu queria dizer matematicamente.

VALENTINE (*agora com o caderno novamente*) É um algoritmo iterado.

HANNAH E o que é isso?

VALENTINE Bom, é... Jesus... é um algoritmo que foi... iterado. Como é que eu posso...? (*ele faz um esforço*) As páginas da esquerda são gráficos do que os números estão fazendo nas páginas da direita. Mas tudo está em uma escala diferente. Cada gráfico é uma pequena seção do anterior, ampliada. Como quando a gente amplia um detalhe de uma fotografia, e aí um detalhe de um detalhe, e assim por diante, para sempre. Ou, no caso dela, até acabarem as páginas.

HANNAH E isso é difícil.

VALENTINE A matemática não é difícil. É o que você fazia na escola. Te dão uma equação de x e y. Cada valor de x te dá um valor de y. Aí você põe um pontinho no lugar certo tanto em x quanto em y. Aí você pega o próximo valor de x, que te dá outro valor de y, e quando você fez isso algumas vezes, você liga os pontos e o que aparece é o gráfico de uma equação qualquer.

HANNAH E é isso que ela está fazendo?

VALENTINE Não exatamente. Não mesmo. O que ela está fazendo é que, cada vez que ela descobre um valor para y, ela usa *isso* como o próximo valor de x. E assim por diante. Como um *feedback*. Ela está realimentando a equação com os resultados, e aí resolvendo de novo. Iteração, sabe.

HANNAH E isso é surpreendente, então?

VALENTINE Bom, um pouquinho. É uma técnica que eu estou usando nos meus números das tetrazes, e não está disponível há muito mais que, sei lá, uns vinte anos.

Pausa.

HANNAH E por que ela ia fazer uma coisa dessas?

VALENTINE Não tenho ideia. (*pausa*) Achei que você estava mexendo com o eremita.

HANNAH Estou. Ainda estou. Mas o Bernard, desgraçado... Acaba que o tutor da Thomasina tinha umas ligações interessantes. O Bernard está revirando a biblioteca que nem sabujo. O portfólio estava em uma cristaleira.

VALENTINE Tem muita coisa por aí. O Gus adora mexer naquilo. Nada de pinturas dos mestres antigos nem nada...

HANNAH A cartilha de matemática que ela estava usando era dele — do tutor; ele escreveu o nome dele.

VALENTINE (*lendo*) "Septimus Hodge."

HANNAH Por que você acha que guardaram essas coisas?

VALENTINE E por que é que precisa ter uma razão?

HANNAH E o diagrama, é de quê?

VALENTINE Como é que eu vou saber?

HANNAH Por que você está irritado?

VALENTINE Eu não estou. (*pausa*) Quando a sua Thomasina estava mexendo com matemática, a matemática era a mesma havia já uns dois mil anos. Clássica. E ainda um século depois da Thomasina. Aí a matemática deixou o mundo real pra trás, exatamente como a arte moderna, na verdade. A natureza era clássica, a matemática de repente virou Picasso. Mas agora a natureza está rindo por último. No final parece que a loucura mesmo está na matemática do mundo natural.

HANNAH Essa coisa do *feedback*?

VALENTINE Por exemplo.

HANNAH Bom, será que a Thomasina podia...

VALENTINE (*explode*) Não, claro que não, merda!

HANNAH Certo, você não está irritado. O que você quis dizer quando falou que estava fazendo a mesma coisa que ela? (*pausa*) O *que* você está fazendo?

VALENTINE A bem da verdade eu estou fazendo de trás pra frente. Ela começava com uma equação e fazia virar um gráfico. Eu tenho um gráfico — dados reais — e estou tentando achar a equação que ia gerar o gráfico se você fizesse que nem ela fez. Iterando.

HANNAH Pra quê?

VALENTINE É o jeito de olhar as mudanças de população na biologia. Peixinhos dourados em um tanque, por exemplo. Nesse ano eram x peixinhos. No ano seguinte vão ser y peixinhos. Uns nascem, outros são comidos pelas garças, sei lá. A natureza manipula o x e faz virar um y. Aí y peixinhos é a sua população de base para o ano seguinte. Bem igual a Thomasina. O valor de y se torna o próximo valor de x. A questão é: o que está acontecendo com x? Qual é a manipulação? Seja qual for, ela pode ser escrita matematicamente. É o que a gente chama de algoritmo.

HANNAH Não pode ser a mesma coisa todo ano.

VALENTINE Os detalhes mudam, você não pode contabilizar tudo, não é a natureza dentro de uma caixinha. Mas conhecer os detalhes não é necessário. Quando você põe todos eles juntos, você vê que a população está obedecendo a uma regra matemática.

HANNAH Os peixinhos?

VALENTINE Isso. Não. Os números. Não se trata do comportamento dos peixes. É o comportamento dos números. Esse negócio funciona pra qualquer fenômeno que se alimente dos seus próprios números — epidemias de rubéola, médias pluviométricas, o preço do algodão, a coisa toda já é um fenômeno natural. Doido.

HANNAH E funciona com as tetrazes?

VALENTINE Ainda não sei. Quer dizer, claro que funciona, mas é difícil de mostrar. Tem muito mais ruído com as tetrazes.

HANNAH Ruído?

VALENTINE Distorção. Interferência. Os dados do mundo real são bagunçados. Tem mil acres de terras com tetrazes, sempre, até perto de 1930. Mas ninguém contava as tetrazes. Eles matavam as tetrazes. Aí você conta as tetrazes que eles matam. Mas as queimadas interferem, porque melhoram o suprimento de alimento. Um ano bom para as raposas interfere no outro sentido, elas comem os pintinhos. E aí tem o clima. É tudo muito, muito cheio de ruído por aí. Muito difícil sacar a melodia. Que nem um piano na outra sala, está tocando a sua música, mas infelizmente está tudo zoneado, faltando umas cordas, e o pianista é desafinado e está bêbado — quer dizer, tanto *ruído*! É impossível!

HANNAH E o que é que você faz?

VALENTINE Você começa a tentar adivinhar qual seria a música. Você tenta pegar no meio do ruído. Tenta isso, tenta aquilo, começa a sacar alguma coisa — é mal-ajambradinho, mas você começa a acrescentar as notas que estão faltando ou que não estão muito certas... e pouco a pouco... (*ele começa a larirar a melodia de "Parabéns a você"*) Lararira, caro Va-len-tine, lararira de vi-da — o algoritmo perdido!

HANNAH (*sobriamente*) Sei, entendi. E aí?

VALENTINE Aí eu publico.

HANNAH Claro. Desculpa. Muito bem.

VALENTINE A teoria é essa. As tetrazes são muito sacanas, comparando com os peixinhos dourados.

HANNAH Por que você escolheu as tetrazes?

VALENTINE Os livros de caça. Minha verdadeira herança. Duzentos anos de dados reais de bandeja.

HANNAH Alguém anotava tudo que eles matavam?

VALENTINE Bom, é pra isso que serve um livro de caça. Eu só estou usando a partir de 1870, quando começaram a usar batedores e atiradores em posição fixa.

HANNAH Então os livros de caça vão até o tempo da Thomasina?

VALENTINE Vão sim. Antes até. (*e aí se adiantando ao que ela está pensando*) Não — não *mesmo*. Eu juro. Eu te *juro*. Não uma menininha que morava numa casa de campo em Derbyshire em mil oitocentos e bolinha!

HANNAH Bom, e o que ela estava fazendo?

VALENTINE Ela estava só brincando com os números. O negócio é esse, ela não estava fazendo nada.

HANNAH Ela devia estar fazendo alguma coisa.

VALENTINE Rabiscando. Nada que ela entendesse.
HANNAH Um macaco datilografando?
VALENTINE É. Tocando piano, digamos.

Hannah pega o caderno de álgebra e lê.

HANNAH "... um método realmente maravilhoso pelo qual todas as formas da natureza devem nos entregar seus segredos numéricos e se transformar em desenhos apenas através dos números." Isso do *feedback*, isso é um jeito de criar imagens de formas da natureza? Só me diga se é ou não é.
VALENTINE (*irritado*) Pra mim é. Imagens de turbulência — crescimento — mudança — criação... Não é um jeito de desenhar um elefante, pelo amor de Deus!
HANNAH Sinto muito. (*ela pega uma folha de macieira da mesa. Ainda se sente tímida para forçar o assunto*) Então não daria para criar uma imagem dessa folha iterando um negócio desses?
VALENTINE (*sem pensar*) Ah, sim, dava pra fazer.
HANNAH (*furiosa*) Bom, então me diga! Sério, eu tinha vontade de te matar!
VALENTINE Se você conhecesse o algoritmo e ficasse realimentando, sei lá, dez mil vezes, cada vez ia aparecer um ponto em algum lugar da tela. Você nunca ia saber onde esperar o próximo ponto. Mas gradualmente você ia começar a ver uma forma, porque cada ponto estaria dentro do formato dessa folha. Não ia *ser* uma folha, ia ser um objeto matemático. Mas, sim. O imprevisível e o predeterminado se desenrolam juntos pra fazer tudo ser como é. É como a natureza se cria, em todas as escalas, o floco de neve e a nevasca. Me deixa tão feliz. Estar no começo de novo, sabendo quase nada. As pessoas andavam falando do fim da física. Parecia que a relatividade e a mecânica quântica, juntas, iam dar conta de resolver o problema todo. Uma teoria de tudo. Mas elas só explicavam o muito grande e o muito pequeno. O universo, as partículas elementares. As coisas de tamanho normal, que são a nossa vida, os temas dos poemas — nuvens — narcisos — quedas--d'água — e o que acontece numa xícara de café quando alguém põe leite — essas coisas são cheias de mistérios, são tão misteriosas pra nós quanto o céu era pros gregos. Nós somos melhores em prever eventos nos limites da galáxia ou dentro do núcleo de um átomo do que em saber se vai chover

na festinha no jardim da casa da tia daqui a três domingos. Porque no fim o problema é diferente. A gente não consegue prever o próximo pingo de uma torneira quando ela fica irregular. Quando você mete os números no computador, dá pra ver na tela. O futuro é a desordem. Uma janela dessas abriu só cinco ou seis vezes desde que a gente parou de andar de quatro. É o melhor momento pra estar vivo, quando quase tudo que você achava que sabia está errado.

Pausa.

HANNAH O clima é bem previsível no Saara.
VALENTINE A escala é diferente mas o gráfico sobe e desce do mesmo jeito. Seis mil anos no Saara são a mesma coisa que seis meses em Manchester, eu aposto.
HANNAH Quanto?
VALENTINE Tudo que você tiver pra perder.
HANNAH (*pausa*) Não.
VALENTINE Muito bem. É por isso que tinha milho no Egito.

Hiato. Ouve-se novamente o piano.

HANNAH O que ele está tocando?
VALENTINE Não sei. Ele inventa.
HANNAH A Chloë chama ele de "gênio".
VALENTINE É o que a minha *mãe* diz também — só que *ela* está falando sério. Ano passado um expert qualquer fez ela ficar cavando no lugar errado por meses pra achar sei lá o quê — as fundações da casa de barcos de Capability Brown — e o Gus corrigiu o sujeito de primeira.
HANNAH Ele falava antes?
VALENTINE Ah, falava. Até os cinco anos. Você nunca perguntou dele. Aqui você ganha altos pontos por boa educação.
HANNAH É, eu sei. Eu sempre ganhei crédito pela minha despreocupação.

Bernard entra extremamente empolgado e triunfante.

BERNARD *Bardos ingleses e críticos escoceses*. Uma anotação a lápis. Ouça e beije as ligas das minhas meias! (*ele está trazendo o livro. Lê*)
"Oh servo de Morfeu, não publicado,
Querendo assim não ser achincalhado!
Maldito Chater do divã erótico,
A minha pena ostenta teu narcótico!"
Viu? *Tem que olhar cada página*.
HANNAH É a letra dele?
BERNARD Ah, por *favor*.
HANNAH Claro que não.
BERNARD Meu Deus, você quer mais o quê?
HANNAH Provas.
VALENTINE Muito bem. Vocês estão falando de quem?
BERNARD Provas? *Provas*? Você ia ter que estar lá, sua vaca estúpida!
VALENTINE (*delicadamente*) Amigo, você está falando da minha noiva.
HANNAH Especialmente quando eu tenho um presente pra você. Adivinha o que eu achei. (*mostrando o presente de Bernard*) Lady Croom escrevendo de Londres ao marido. O irmão dela, capitão Brice, casou com uma certa senhora Chater. Em outras palavras, podemos imaginar, uma viúva.

Bernard olha a carta.

BERNARD Eu *disse* que ele estava morto. Que ano? 1810! Ai, Jesus. 1810! Muito *bem*, Hannah! Por acaso você vai querer me dizer que é outra senhora Chater?
HANNAH Ah, não. É ela mesma. Veja bem o nome de batismo.
BERNARD Charity. Caridade... "Negue o que não pode ser provado, por Caridade!"
HANNAH Não me beije!
VALENTINE Ela não deixa ninguém beijar.
BERNARD Está vendo! Eles escreviam — eles rabiscavam — eles punham as coisas no papel. Era como eles se ocupavam. Como eles se divertiam. Papel era o que eles tinham. E vai ter mais. Sempre tem mais. Nós podemos encontrar!
HANNAH Essa empolgação. Primeiro o Valentine, e agora você. É comovente.
BERNARD O amigo aristocrata do tutor — embaixo do mesmo teto do pobre coitado cujo livro ele detonou... A primeira coisa que ele faz é seduzir a mulher

do Chater. Tudo é descoberto. Há um duelo. Chater morto, Byron foge! P.S. quer mais?, a viúva casou com o irmão de sua senhoria! Você acha mesmo que ninguém escreveu alguma coisa? Como seria possível! Ficou despercebido em algum lugar, mas nós vamos escrever novamente essa história!

HANNAH Você pode escrever, Bernard. Eu não vou levar crédito, eu não fiz nada.

A mesma ideia ocorreu a Bernard. Ele fica imediatamente sem expressão.

BERNARD Puxa, isso — é muito delicado... generoso...
HANNAH Prudente. O Chater pode ter morrido de qualquer coisa, em qualquer lugar.

Foi-se a falta de expressão.

BERNARD Mas ele duelou com Byron!
HANNAH Você nem demonstrou que houve um duelo. Você nem estabeleceu que era Byron. Pelo amor de Deus, Bernard, você nem estabeleceu que Byron sequer tenha estado aqui!
BERNARD Sabe qual é o seu problema? Falta de colhão.
HANNAH Não me diga!
BERNARD Ou seja, falta de uma crença visceral em você mesma. Instinto. Aquela parte de você que não raciocina. A certeza que não tem garantias. Porque o tempo corre ao contrário. Taque, tique, faz o universo, e aí se recupera, mas foi o suficiente, você esteve lá e *sabe*, cacete.
VALENTINE Vocês estão falando de Lord Byron, o poeta?
BERNARD Não, idiota de merda, nós estamos falando de Lord Byron, o contador.
VALENTINE (*sem se ofender*) Ah, bom, *ele* esteve aqui sim, o poeta.

Silêncio.

HANNAH Como é que você sabe?
VALENTINE Ele está no livro de caça. Acho que matou uma lebre. Eu li tudo uma vez quando tive caxumba — pessoalzinho bem interessante...
HANNAH Cadê o livro?
VALENTINE Não é dos que eu estou usando — muito antigo, claro...

HANNAH 1809.
VALENTINE Eles ficavam sempre na cômoda. Pergunte pra Chloë.

Hannah olha para Bernard. Bernard fica calado porque simplesmente não consegue falar. Ele parece ter entrado em um transe em que só sua boca tenta funcionar. Hannah dá um passo na direção dele e lhe dá um beijo casto no rosto. Funciona. Bernard sai se esgueirando para o jardim, de onde se podem ouvir seus grunhidos de "Chloë... Chloë!".

VALENTINE A minha mãe emprestou a bicicleta dela pra ele. Emprestar a bicicleta é uma forma de sexo seguro, possivelmente a mais segura de todas. A minha mãe está toda encantada com o Bernard, e ele não é bobo. Ele deu uma primeira edição de Horace Walpole pra ela, e agora ela emprestou a bicicleta. (*ele recolhe os três itens — a cartilha, o caderno e o diagrama — e os coloca no portfólio*) Posso ficar com essas coisas um tempo?
HANNAH Pode, claro.

O piano para. Gus entra hesitante da sala de música.

VALENTINE (*para Gus*) Acabei sim... já vou. (*para Hannah*) Eu estou tentando entender o diagrama.

Gus concorda com a cabeça e sorri, para Hannah também, mas ela está concentrada.

HANNAH O que eu não entendo é... por que ninguém tinha feito antes isso do *feedback* — não é como a relatividade, você não precisa ser Einstein.
VALENTINE Ninguém ia saber o que procurar. A calculadora eletrônica foi o que o telescópio foi pro Galileu.
HANNAH Calculadora?
VALENTINE Antes não tinha tempo. Não havia *lápis* que desse conta! (*ele faz um floreio com o caderno de Thomasina*) Isso deve ter custado não sei quantos dias pra ela e ela nem arranhou a tinta. Agora ela só ia precisar apertar um botão, o mesmo botão, várias vezes. Iteração. Por alguns minutos. E o que eu fiz em uns meses, só com um *lápis* eu ia levar o resto da vida para fazer de novo — milhares de páginas — dezenas de milhares — e um *tédio*!

HANNAH Você está dizendo...? *(ela para porque Gus está puxando a manga de Valentine)* Você está dizendo...?
VALENTINE Tudo bem, Gus, já vou.
HANNAH Você está dizendo que esse era o único problema? Tempo? E papel? E o tédio?
VALENTINE A gente vai montar o camarim pras pessoas se trocarem.
HANNAH *(levada a erguer a voz)* Val! É isso que você está dizendo?
VALENTINE *(surpreendido por ela. Delicadamente)* Não, eu estou dizendo que você ia precisar de um motivo pra fazer. *(Gus sai correndo dali, chateado. Pedindo desculpas)* Ele odeia gente gritando.
HANNAH Sinto muito. *(Valentine começa a seguir Gus)* Mas... mais alguma coisa?
VALENTINE Bom, a outra coisa é que você ia ter que ser louco.

Valentine sai. Hannah fica, pensativa. Depois de um momento, ela se vira para a mesa e pega a Cornhill Magazine. Olha brevemente para ela, depois a fecha, e sai da sala, levando a revista. A sala vazia. A luz muda para o começo de uma manhã. De muito longe, vem o som de uma pistola. Um momento depois vêm os gritos de dúzias de corvos espantados de árvores invisíveis.

Segundo ato

Cena 5

Bernard está andando de um lado para o outro, lendo em voz alta um punhado de folhas datilografadas. Valentine, Chloë e Gus são sua plateia. Gus está sentado um pouco afastado dos outros, talvez prestando menos atenção. Valentine está com seu jabuti e come um sanduíche do qual retira retalhos de alface e oferece ao jabuti.

BERNARD "Terá acontecido? Seria possível? Indubitavelmente, sim. Não mais que três anos antes o poeta irlandês Tom Moore surgiu no campo de combate para vingar-se de uma resenha de Jeffrey no *Edinburgh*. Tais situações eram raramente fatais e, muitas vezes, burlescas, mas potencialmente, ao menos, o duelista era visto pela lei como um assassino. Quanto ao assassinado, um poeta menor como Ezra Chater poderia encontrar sua morte em um campo de Derbyshire tão despercebido e tão esquecido quanto seu contemporâneo que portava o mesmo nome de família, o botânico de segunda ordem que morreu nas florestas das Índias Ocidentais, tão olvidado pela história quanto o macaco que o mordeu. No dia 16 de abril de 1809, alguns dias antes de sair de Sidley Park, Byron escreveu a seu representante legal, John Hanson: 'Se as consequências de eu deixar a Inglaterra fossem dez vezes mais terríveis do que você descreve, não tenho alternativas; há circunstâncias que o tornam absolutamente indispensável, e sair do país é o que devo fazer de imediato'. Texto que assim anota o editor das Cartas Reunidas: 'Jamais foi revelado quais seriam os motivos urgentes que Byron teria para deixar a Inglaterra'. A carta foi escrita da casa da família, Newstead Abbey, em Nottinghamshire. A um dia inteiro a cavalo, rumo noroeste, fica Sidley Park, a propriedade dos Coverly — uma família muito mais nobre, que recebeu de Carlos II o ducado de Croom..."

Hannah entra com rispidez, trazendo uma folha de papel.

HANNAH Bernard!... Val...
BERNARD Você se incomoda?

Hannah larga o papel diante de Valentine.

CHLOË (*irritada*) Hannah!
HANNAH O quê?
CHLOË Ela é *tão* mal-educada!
HANNAH (*surpresa*) Como? Eu?
VALENTINE O Bernard está lendo a palestra dele pra nós.
HANNAH É, eu sei. (*então, se recompondo*) Certo, certo... foi mal-educado mesmo. Desculpa, Bernard.
VALENTINE (*com a folha de papel*) O que é isso?
HANNAH (*para Bernard*) Na mosca — a Biblioteca da Companhia das Índias Orientais. (*para Valentine*) Um fac-símile da carta do Peacock, mandaram pra mim...
CHLOË *Hannah!* Fique quieta!
HANNAH (*sentando*) Certo, desculpa.
BERNARD Não faz mal, eu leio em voz baixa.
CHLOË *Não.*

Hannah estende a mão e pega de novo a carta de Peacock.

HANNAH Continue, Bernard. Perdi alguma coisa? Desculpa.

Bernard lhe lança um olhar sinistro, mas depois continua a ler.

BERNARD "Os Byron de Newstead em 1809 compreendiam uma viúva excêntrica e seu filho sem grandes talentos, o 'pirralho coxo', que até os dez anos de idade, quando assumiu o título de lorde, foi sendo jogado de uma estalagem do interior para outra por sua mãe grosseira, vulgar e horrenda..." (*Hannah levanta a mão*) Protesto negado — "e que, quatro meses depois de seu vigésimo primeiro aniversário, era senhor apenas de suas dívidas e de seu gênio. Entre os Byron e os Coverly não havia igualdade social, e não era de esperar que houvesse. A conexão, até hoje escondida da posteridade, era Septimus Hodge, amigo de Byron em Harrow e no Trinity College..." (*Hannah levanta novamente a mão*) Acatado... (*ele faz uma correção imediata com um lápis prateado*) "... contemporâneo de Byron em Harrow e no Trinity College, e agora tutor residente, encarregado da educação da filha dos Croom, Thomasina Coverly. As cartas de Byron nos dizem onde ele estava nos dias 8 e 12 de abril. Em Newstead. Mas no dia 10 ele estava em Sidley Park, conforme atesta um livro de caça preservado no local: 'Dez de abril de 1809 — manhã. Altas nuvens, seco, e sol entrementes, vento sudeste. Eu — Augustus — Lord Byron. Catorze pombos, uma lebre (Lord B.)'. Mas, como agora sabemos, o drama de vida e morte em Sidley Park não era questão de pombos, mas de sexo e literatura."

VALENTINE A não ser que você fosse um pombo.

BERNARD Eu não tenho que fazer isso. É uma cortesia com vocês.

CHLOË Ignore, Bernard — continue, vá até o duelo.

BERNARD A Hannah nem está prestando atenção.

HANNAH Estou sim, estou assimilando tudo. Eu sempre trabalho com o rádio ligado.

BERNARD Ah, obrigado, então!

HANNAH Ainda falta muito?

CHLOË *Hannah!*

HANNAH Não, é fascinante. Eu só estava imaginando quanto ainda tinha. Eu tenho que perguntar pro Valentine sobre isto (*a carta*) — desculpa, Bernard, continue, eu espero.

VALENTINE Isso — desculpa, Bernard.

CHLOË Por favor, Bernard!

BERNARD Onde eu estava?

VALENTINE Pombos.

CHLOË Sexo.

HANNAH Literatura.

BERNARD Vida e morte. Certo. "Nada pode ser mais eloquente quanto a isso que os três documentos que citei: a seca exigência de que se resolva uma questão em particular; a nota desesperada que diz 'meu marido mandou buscar pistolas'; e, no dia 11 de abril, a luva do desafio que é jogada ao chão pelo autor ferido e traído, Ezra Chater. As coberturas não foram preservadas. O que é certo é que todas as cartas estavam entre os bens de Byron quando seus livros foram vendidos em 1816 — preservadas entre as páginas de *O divã de Eros*, que sete anos antes, em Sidley Park, Byron tinha emprestado de Septimus Hodge."

HANNAH Emprestado?

BERNARD Perguntas no final da palestra. Comentários construtivos serão bem-vindos. O que na verdade é o meu motivo para esse teste na província antes da estreia em Londres sob os auspícios da Byron Society, antes da publicação. Por falar nisso, Valentine, você quer crédito? "O livro de caça recentemente descoberto por"?

VALENTINE Nunca esteve perdido, Bernard.

BERNARD "Conforme recente indicação de." Normalmente eu não gosto de dar os devidos créditos, mas nos artigos acadêmicos, como nos divórcios, há uma certa distinção em se citar um membro da aristocracia. Eu vou comentar de passagem na hora da fala, e mencionar você no *release* do livro. Que tal?

VALENTINE Bondade sua.

HANNAH Livro? E a história do *Journal of English Studies*?

BERNARD Isso vem depois com o aparato, e com o tom adequado — muito seco, muito modesto, absolutamente desprovido de empáfia, e no entanto inequivocamente "Morram de inveja, seus dorminhocos desgraçados". Mas antes é "Professor e astro da mídia, agende previamente para evitar decepções". Onde eu estava?

VALENTINE Livro de caça.

CHLOË Eros.

HANNAH Emprestado.

BERNARD Certo. "... emprestado de Septimus Hodge. Será possível que as cartas já estivessem no livro quando Byron o emprestou?"

VALENTINE Sim.

CHLOË Cale a boca, Val.

VALENTINE Mas seria possível.

BERNARD "Será *provável* que Hodge tivesse emprestado o livro sem antes remover as três cartas particulares?"

VALENTINE Olha, desculpa — eu só estava pensando que o Byron pode ter pegado o livro sem pedir.

HANNAH Isso é verdade.

BERNARD Se fosse assim, por que o Hodge não recuperou as cartas?

HANNAH Não sei, eu não estava lá.

BERNARD Isso mesmo, não estava, cacete.

CHLOË Continue, Bernard.

BERNARD "É o terceiro documento, o desafio propriamente, que nos convence.

Chater, 'como homem e como poeta', aponta o dedo a quem o 'caluniou' na imprensa. Nem como homem nem como poeta Ezra Chater foi figura notória a ponto de ser regularmente caluniado ou sequer mencionado na imprensa. É certamente indiscutível que a calúnia era a resenha de *A donzela da Turquia*, no *Piccadilly Recreation*. Teria Septimus Hodge alguma ligação com periódicos londrinos? Não. Teria Byron? Sim! Ele havia resenhado Wordsworth dois anos antes, e dois anos depois resenharia Spencer. E acaso temos alguma ideia das opiniões de Byron sobre Chater como poeta? Sim! Quem se não Byron poderia ter escrito as quatro linhas a lápis que constam da cópia de lady Croom de *Bardos ingleses e críticos escoceses*?"...

HANNAH Praticamente qualquer um.

BERNARD Querida...

HANNAH Não me chame de querida.

BERNARD Mula, então, será provável que o homem que Chater chama de seu amigo Hodge seja o mesmo homem que comeu a mulher dele e estraçalhou o seu último livro?

HANNAH Dito assim, é quase certo.

CHLOË (*com franqueza*) Você foi muito magoada no passado, não foi, Hannah?

HANNAH Nada que se compare a ouvir isso aqui. Por que não há nada sobre as resenhas do *Piccadilly* nas cartas de Byron?

BERNARD Exato. Porque ele matou o autor.

HANNAH Mas a primeira, *A donzela da Turquia*, foi um ano antes. Ele era clarividente?

CHLOË Cartas desaparecem.

BERNARD Obrigado! Exato! Existe uma carta platônica que confirma tudo — desaparecida mas indelével, como vozes do rádio serpenteando pelo universo por toda a eternidade. "Meu caro Hodge — cá estou eu na Albânia e tu és a única pessoa no mundo todo que sabe por quê. Pobre C! Nunca lhe quis mal — exceto, claro, no *Piccadilly*... Foi a mulher que me incitou ao prato, caro Hodge! Que história trágica, mas graças a Deus ela terminou bem para a poesia. Teu, sempre, B. P.S. Queime esta carta."

VALENTINE Como foi que Chater descobriu que o autor da resenha era Byron?

BERNARD (*irritado*) Eu não sei, eu não estava lá, não é? (*pausa. Para Hannah*) Você quer dizer alguma coisa?

HANNAH *Moi?*

CHLOË Eu sei. O Byron contou pra senhora Chater na cama. No dia seguinte ele deu um pé na bunda dela, aí ela dedurou o homem, e o acusou de estupro.
BERNARD (*enfadonho*) Estupro? Como assim, estupro?
HANNAH Dez de abril.

Bernard explode. Todos falam alto e uns por cima dos outros enquanto Bernard ameaça sair e é convencido a continuar.

BERNARD Certo!... Esqueçam!
HANNAH Desculpa...
BERNARD Não — eu só recebi sarcasmo e interrupções infantis...
VALENTINE O que foi que eu fiz?
BERNARD Nenhum reconhecimento pelo que provavelmente é a descoberta literária mais incrível deste século...
CHLOË Acho que vocês foram muito injustos — é ciúme, Bernard...
HANNAH Eu não vou mais abrir a boca...
VALENTINE Isso, continue, Bernard — nós juramos.
BERNARD (*a conclusão*) Bom, se pelo menos você parasse de ficar *dando comida ao jabuti*!
VALENTINE Bom, é a hora do almoço dele.
BERNARD E com a condição de que me seja concedida a cortesia que é de regra entre estudiosos...
HANNAH Vaca amarela total até você acabar...
BERNARD E, depois disso, quaisquer comentários hão de ser vazados em termos condizentes com a academia e seu...
HANNAH Rigor — você tem razão, Bernard.
BERNARD ... respeito.
HANNAH Respeito. Sem sombra de dúvida. A língua dos eruditos. Pode contar com isso.

Depois de ter largado as folhas que tinha na mão num gesto dramático, Bernard as recolhe e encontra o ponto em que estava, lançando olhares furtivos e cheios de suspeita para os outros três, em busca de sinais de leviandade.

BERNARD Último parágrafo. "Sem dúvida, Ezra Chater lançou um desafio a *al-*

guém. Se houve um duelo em meio à neblina da aurora de Sidley Park em abril de 1809, seu oponente, pelo que nos mostram os documentos, era um crítico com um talento para a sátira cruel e um pendor para a sedução. Precisamos procurar muito? Sem dúvida, a senhora Chater estava viúva em 1810. Se buscamos a ocasião da morte precoce e não registrada de Ezra Chater, precisamos procurar muito? Sem dúvida, Lord Byron, no preciso momento em que surgia como figura literária, deixou o país em uma nuvem de pânico e mistério, e ficou no exterior por dois anos em um tempo em que as viagens para o continente europeu eram incomuns e perigosas. Se demandamos seus motivos — *precisamos procurar muito?*"

Leitor de bom nível, ele fica satisfeito com o efeito de sua peroração. Há um silêncio significativo.

HANNAH Asneira.
CHLOË Bom, eu acho que é verdade.
HANNAH Você deixou de fora tudo que não encaixa. Byron andava cantando aos quatro ventos fazia meses que ia embora da Inglaterra — tem uma carta de *fevereiro*...
BERNARD Mas ele não foi, não é mesmo?
HANNAH E aí ele só foi pegar o navio em julho!
BERNARD Tudo era mais lento naquele tempo. O tempo era diferente. Ele ficou duas semanas em Falmouth esperando o vento ou sei lá o quê...
HANNAH Bernard, eu não sei por que estou me dando o trabalho — você é arrogante, ambicioso e imprudente. Você saiu de um brilho nos olhos para uma coisa líquida e certa em um pulinho, sem nem olhar pra trás. Você merece o que recebe e eu acho que você está louco. Mas eu não consigo me conter, você é como uma criancinha irritante pedalando seu triciclo pra beira de um precipício, e eu tenho que fazer alguma coisa. Então me escute. Se Byron matou Chater num duelo, eu sou Joana de Espanha. Você vai acabar com tanta *fama* que não vai sair de casa sem um saco de papel na cabeça.
VALENTINE A bem da verdade, Bernard, como cientista, sua teoria é incompleta.
BERNARD Mas eu não sou cientista.
VALENTINE *(paciente)* Não, *como cientista*...
BERNARD *(começando a berrar)* Ainda não ouvi um argumento decente.

HANNAH Ninguém ia matar um sujeito e depois sentar o pau no livro dele. Quer dizer, não nessa ordem. Então ele deve ter pegado o livro emprestado, escrito a resenha, *postado* a resenha, seduzido a senhora Chater, participado de um duelo e partido, tudo dentro de dois ou três dias. Quem é que ia fazer uma coisa dessas?

BERNARD Byron.

HANNAH É inútil.

BERNARD Você nunca entendeu Byron, como já demonstrou na sua historinha.

HANNAH Na minha o quê?

BERNARD Ah, me desculpe — você achava que se tratava de uma obra de revisionismo histórico? Byron como o menino mimado que o espírito da época ergueu mais alto do que seu talento garantia! E Caroline, a intelectual enrustida que uma sociedade masculina abafou!

VALENTINE Eu li isso em algum lugar...

HANNAH É a resenha dele.

BERNARD E bem dito pra cacete, também! (*as coisas estão ficando meio feias, e Bernard parece disposto a levá-las ainda mais longe*) Você entendeu tudo ao contrário, querida. Caroline era uma escoteirinha romântica sem nenhum talento, e Byron era um racionalista setecentista tocado pela asa do gênio. E ele matou Chater.

HANNAH (*pausa*) Se não for tarde demais pra eu mudar de opinião, eu queria que você fosse em frente.

BERNARD E eu pretendo. Olhe a palha no seu próprio olho!... Você até pôs o camarada errado na capa!

HANNAH Capa?

VALENTINE E o meu modelo de computador? Você não vai mencionar?

BERNARD Não é definitivo.

VALENTINE (*para Hannah*) É que as resenhas do *Piccadilly* não batem muito bem com as outras resenhas de Byron.

HANNAH (*para Bernard*) Como assim, o camarada errado?

BERNARD (*ignorando-a*) As outras resenhas não batem muito bem umas com as outras, não é?

VALENTINE Não, mas de outro jeito. Os parâmetros...

BERNARD (*zombeteiro*) Parâmetros! Não se pode enfiar a cabeça de Byron em um notebook! O gênio não é como uma tetraz qualquer.

VALENTINE (*casualmente*) Bom, é tudo trivial mesmo.

BERNARD Tudo o quê?

VALENTINE Quem escreveu o quê, quando...

BERNARD Trivial?

VALENTINE Personalidades.

BERNARD Perdão, mas... você disse trivial?

VALENTINE É um termo técnico.

BERNARD Não lá em casa.

VALENTINE As perguntas que você está fazendo não têm importância, sabe? É como discutir quem chegou antes ao cálculo integral. Os ingleses dizem que foi Newton, os alemães dizem que foi Leibniz. Mas não tem *importância*. Personalidades. O que importa é o cálculo. O progresso científico. O conhecimento.

BERNARD É mesmo? Por quê?

VALENTINE Por que o quê?

BERNARD Por que o progresso científico é mais importante que as personalidades?

VALENTINE Ele está falando sério?

HANNAH Não, ele é trivial. Bernard...

VALENTINE (*interrompendo, para Bernard*) Evite passar esse ridículo, isso não vai dar em nada.

BERNARD Ui, você vai me atacar com penicilinas e pesticidas. Me poupe que eu te poupo da bomba e do aerosol. Mas não confunda progresso com possibilidade de perfeição. Um grande poeta é sempre atemporal. Um grande filósofo é uma necessidade premente. Não há pressa por Isaac Newton. A gente estava bem contente com o cosmos de Aristóteles. Eu, pessoalmente, até preferia. Cinquenta e cinco esferas de cristal no compasso ditado pela alavanca de Deus é a minha ideia de um universo agradável. Eu não consigo imaginar coisa mais trivial que a velocidade da luz. Quarks, quasares — big bangs, buracos negros —, ninguém dá a mínima! Como é que vocês conseguem engrupir a gente e conseguir esse status todo? Esse dinheiro todo? E por que vocês estão tão satisfeitos com o que fazem?

CHLOË Você é contra a penicilina, Bernard?

BERNARD Não dê comida aos animais. (*de novo para Valentine*) Eu me encarregaria de empurrar vocês todos de um abismo, pessoalmente. A não ser o cara da cadeira de rodas, acho que eu ia perder um pouco de popularidade antes de as pessoas pensarem direito.

HANNAH *(alto)* Que porra é essa história de capa?

BERNARD *(ignorando-a)* Se o conhecimento não é autoconhecimento ele não serve pra muita coisa, amigo. O universo está se expandindo? Ou será que está se contraindo? Será que ele está parado numa perna só cantando uma música de cabaré? Me deixe fora dessa. Eu posso expandir o meu universo sem vocês. "Caminha linda, como o céu de climas claros e estrelados; e luz e breu num só painel em seu olhar traz combinados." E pronto, ele escreveu isso na volta de uma festa. *(com ofensiva educação)* O que é mesmo que você está fazendo com as tetrazes, Valentine? Eu ia adorar saber.

Valentine levanta e subitamente fica claro que ele está tremendo e à beira das lágrimas.

VALENTINE *(para Chloë)* Ele não é contra penicilina, e ele sabe que eu não sou contra poesia. *(para Bernard)* Eu desisti das tetrazes.

HANNAH Não desistiu, Valentine!

VALENTINE *(saindo)* Eu não consigo.

HANNAH *Por quê?*

VALENTINE Muito ruído. Tem ruído *demais, cacete*!

E com isso Valentine sai da sala. Chloë, contrafeita e às lágrimas, levanta de um salto e bravamente soca Bernard sem qualquer efeito.

CHLOË Você é um filho da puta, Bernard!

Ela segue Valentine e é seguida em disparada por Gus. Pausa.

HANNAH Bom, acho que foi todo mundo. Agora você pode sair, e dê um pontapé no Corisco no caminho.

BERNARD É, eu sinto muito. Não tem graça quando não é entre profissionais, né?

HANNAH Não.

BERNARD Enfim... *(ele começa a guardar as folhas com a palestra na pasta, e isso lhe lembra...)* Você quer saber sobre a capa do seu livro? "Lord Byron e Caroline Lamb na Academia Real"? Estudo a tinta feito por Henry Fuseli?

HANNAH O que é que tem?
BERNARD Não são eles.
HANNAH (*ela explode*) Quem foi que disse?

Bernard tira o Byron Society Journal *da pasta.*

BERNARD Um especialista em Fuseli, no *Byron Society Journal*. Eles me mandaram o último... como convidado especial para o evento.
HANNAH Mas claro que são eles! Todo mundo sabe...
BERNARD Só tradição popular. (*ele está encontrando o artigo na revista*) É aqui. "Não anterior a 1820". Ele analisou. (*oferece-lhe a revista*) Leia com calma.
HANNAH (*ela soa como Bernard, zombando*) Analisou?
BERNARD Um desenhinho lindo, é claro, mas Byron estava na Itália...
HANNAH Mas, Bernard — eu *sei* que são eles.
BERNARD Como?
HANNAH Como? Simplesmente *são* eles. "Analisou" lá pras negas dele!
BERNARD Olha a língua!
HANNAH Ele está errado.
BERNARD Ah, assim, por instinto?
HANNAH (*simplesmente*) Ele está errado.

Bernard fecha a pasta.

BERNARD Bom, é tudo trivial, não é? Por que você não vem?
HANNAH Pra onde?
BERNARD Comigo?
HANNAH Pra Londres? Pra quê?
BERNARD Pra quê.
HANNAH Ah, a sua palestra.
BERNARD Não, não, dane-se a palestra. Sexo.
HANNAH Ah... Não. Obrigada... (*então, protestando*) Bernard!
BERNARD Você devia tentar. É bem subestimado.
HANNAH Não tenho nada contra.
BERNARD Tem sim. Você devia se soltar um pouco. Você podia ter feito um livro melhor. Ou pelo menos o livro certo.

HANNAH Sexo e literatura. Literatura e sexo. Os seus assuntos, se te deixam falar, não vão muito longe. São duas bolinhas de gude rolando numa tigela de pudim. Uma é sempre sexo.

BERNARD Ah, bom, claro. Homens, sempre.

HANNAH Sem dúvida. Einstein — relatividade e sexo. Chippendale — sexo e mobiliário. Galileu — "Será que a terra se moveu?". Qual é o problema com vocês? Uns caras já quiseram casar comigo, como se eu não tivesse coisa melhor para fazer. Sexo à disposição contra não ter permissão pra peidar na cama. Como assim o livro certo?

BERNARD Só uma romântica faria Caroline Lamb virar uma heroína. Você era feita pro Byron.

Pausa.

HANNAH Então, tchauzinho.

BERNARD Ah, eu vou voltar pra festa, sabe. A Chloë me convidou.

HANNAH As intenções dela eram boas, mas eu não danço.

BERNARD Não, não — eu vou com ela.

HANNAH Ah, entendi. Mas eu não danço mesmo.

BERNARD Eu sou o par dela. Confidencial. Não conte pra mãe.

HANNAH Ela não quer que a mãe dela fique sabendo?

BERNARD Não — *eu* não quero que a mãe dela fique sabendo. É a minha primeira experiência com a aristocracia de verdade. E, vou te dizer, estou boquiaberto.

HANNAH Bernard! Você não seduziu aquela menina?

BERNARD Seduzir? Cada vez que eu me virava ela estava em cima de uma escadinha na biblioteca. No fim eu cedi. O que me faz lembrar — eu vi uma coisa entre as pernas dela que me fez pensar em você. (*ele imediatamente recebe um belo tapa estalado no rosto, mas consegue ficar totalmente inalterado. Ele já está tirando um livrinho do bolso. Sua voz mal chegou a hesitar*) O viajante e cronista de Peaks, James Godolphin, 1832 — sem ilustrações, infelizmente. (*ele abriu o livro em um lugar marcado*) "Sidley Park em Derbyshire, propriedade do duque de Croom..."

HANNAH (*inerte*) O mundo está indo pras cucuias, ladeira abaixo...

BERNARD "Quinhentos acres incluindo quarenta de lago — o parque projetado por Brown e Noakes tem traços encantadores no estilo horrífico — viaduto, gruta etc. —, um eremitério ocupado por um lunático há vinte anos sem discurso ou companhia salvo um jabuti de estimação, de nome Plauto, que permite que as crianças toquem, a pedidos." (*ele lhe estende o livro*) Um jabuti. Deve estar incluído no pacote.

Depois de alguns segundos Hannah pega o livro.

HANNAH Obrigada.

Valentine vem até a porta.

VALENTINE Sim... obrigado... Ah — o Peacock valeu a pena?
HANNAH Pra alguns.
BERNARD Nome e curriculum vitae do eremita? (*ele apanha e examina a carta de Peacock*) "Meu caro Thackeray..." Nossa, como eu sou bom nisso. (*ele larga a carta*) Bom, me desejem boa sorte... (*vagamente, para Valentine*) Desculpe o... você sabe... (*e para Hannah*) e sobre a sua...
VALENTINE Se manda, Bernard.
BERNARD Certo.

Bernard sai.

HANNAH Não deixe o Bernard te irritar. É só cena, sabe. Retórica. Eles ensinavam isso antigamente, que nem educação física. Não é questão de ter razão, pra isso eles tinham a filosofia. A retórica era o talk show deles. A indignação do Bernard é meio que uma aeróbica para quando ele chegar a estar na televisão.
VALENTINE Não me incomoda ver o esfarrapado rindo de mim. (*ele está olhando a carta*) O *o quê* do lunático?

Hannah retoma a carta e lê para ele.

HANNAH "O testamento do lunático serve como uma admoestação contra as tendências galicizantes... pois foi a matemática da França que lhe trouxe a melancólica certeza de um mundo sem luz e sem vida... como um forno a lenha que deve consumir-se a si próprio até que sejam um só a cinza e o forno, e o calor tenha se ido da terra."

VALENTINE (*satisfeito, surpreso*) Olha!

HANNAH "Ele morreu aos quarenta e sete anos de idade, hirsuto qual Jó e esquálido tal pé de repolho, resistindo ainda a prova de sua previsão a seus bons esforços em nome da restituição da esperança através da boa álgebra inglesa."

VALENTINE Só isso?

HANNAH (*faz que sim*) Alguma coisa nisso?

VALENTINE No quê? Nós todos condenados? (*casualmente*) Ah, sim, claro — é a chamada segunda lei da termodinâmica.

HANNAH E isso era conhecido?

VALENTINE Por poetas e lunáticos desde a aurora dos tempos.

HANNAH Sério.

VALENTINE Não.

HANNAH Tem alguma coisa a ver com a... você sabe, com a descoberta da Thomasina?

VALENTINE Ela não descobriu nada.

HANNAH O caderno.

VALENTINE Não.

HANNAH Coincidência, então?

VALENTINE O quê?

HANNAH (*lendo*) "Ele morreu aos quarenta e sete anos de idade." Isso foi em 1834. Então ele nasceu em 1787. Então ele era o tutor. Ele diz isso na carta que ele escreveu a lorde Croom para se recomendar para o emprego. "Data de nascimento — 1787." O eremita nasceu no mesmo ano que Septimus Hodge.

VALENTINE (*pausa*) Por acaso o Bernard mordeu a sua perna?

HANNAH Você não está entendendo? Eu achava que o meu eremita era um símbolo perfeito. Um idiota na paisagem. Mas isso aqui é melhor ainda. A Era do Esclarecimento banida para a selva romântica! O gênio de Sidley Park vivendo em uma choupana de eremita!

VALENTINE Você não *sabe* com certeza.

HANNAH Ah, mas sei sim. Em algum lugar há de ter *alguma coisa*... é só eu conseguir achar.

Cena 6

A sala está vazia. Uma reprise: começo da manhã — um distante tiro de pistola — o som dos corvos. Jellaby entra no lusco-fusco com uma lamparina. Ele vai até as janelas e olha para fora. Vê alguma coisa. Ele volta para largar a lamparina na mesa, e então abre as janelas francesas e sai.

JELLABY *(fora)* Senhor Hodge!

Septimus entra, seguido por Jellaby, que fecha a porta do jardim. Septimus está usando um sobretudo.

SEPTIMUS Obrigado, Jellaby. Eu já contava ficar trancado do lado de fora. Que horas são?
JELLABY Cinco e meia.
SEPTIMUS É isso que eu ganho. Bom — que experiência empolgante! *(ele tira duas pistolas de dentro do casaco e as coloca sobre a mesa)* A aurora, sabe. Inesperadamente animada. Peixes, aves, rãs... coelhos... *(tira um coelho morto de dentro do casaco)* e muito lindos. Se apenas não ocorresse assim tão cedo. Trouxe um coelho para lady Thomasina. Você cuida dele?
JELLABY Ele está morto.
SEPTIMUS Sim. Lady Thomasina adora torta de coelho.

Jellaby pega o coelho sem entusiasmo. Há um pouco de sangue no animal.

JELLABY Sentiram sua falta, senhor Hodge.
SEPTIMUS Decidi passar a noite na casa dos barcos. Por acaso vi uma carruagem saindo do parque?
JELLABY A carruagem do capitão Brice, com o senhor e a senhora Chater, também.
SEPTIMUS Partiram?!
JELLABY Sim, senhor. E trouxeram o cavalo de Lord Byron às quatro e meia.
SEPTIMUS Lord Byron também!
JELLABY Sim, senhor. A casa já está a pleno vapor.
SEPTIMUS Mas eu estou com as pistolas de caça dele! O que é que devo fazer com as pistolas de caça dele?

JELLABY Procuraram pelo senhor em seu quarto.
SEPTIMUS Quem?
JELLABY Vossa senhoria.
SEPTIMUS Em meu quarto?
JELLABY Direi a sua senhoria que o senhor está de volta.

Ele se move para sair.

SEPTIMUS Jellaby! Por acaso Lord Byron teria deixado um livro para mim?
JELLABY Um livro?
SEPTIMUS Ele estava com um livro meu emprestado.
JELLABY Sua senhoria nada deixou em seu quarto, senhor, nem uma moeda.
SEPTIMUS Ah. Enfim, tenho certeza que ele teria deixado uma moeda se moeda tivesse. Jellaby — eis um meio guinéu para você.
JELLABY Muito obrigado, senhor.
SEPTIMUS O que aconteceu?
JELLABY Nada se diz aos criados, senhor.
SEPTIMUS Ora, ora, será que meio guinéu não compra coisa melhor?
JELLABY (*suspira*) Lady Croom encontrou a senhora Chater no meio da noite.
SEPTIMUS Onde?
JELLABY No limiar do quarto de Lord Byron.
SEPTIMUS Ah. Quem saía e quem entrava?
JELLABY A senhora Chater deixava o quarto de Lord Byron.
SEPTIMUS E onde estava o senhor Chater?
JELLABY O senhor Chater e o capitão Brice bebiam cherry. Deixaram o valete cuidando do fogo até três horas da manhã. Houve uma violenta altercação no primeiro patamar, e...

Lady Croom entra na sala.

LADY CROOM Muito bem, senhor Hodge.
SEPTIMUS Vossa senhoria.
LADY CROOM Tudo isso para matar uma lebre?
SEPTIMUS Coelho. (*ela lhe dá um de seus olhares*) Não, deveras, uma lebre, conquanto de aparência mui cunicular...

Jellaby está prestes a sair.

LADY CROOM Meu infuso.
JELLABY Sim, vossa senhoria.

Ele sai. Lady Croom traz duas cartas. Não as vimos antes. Cada uma delas corresponde a um envelope rasgado. Ela as arremessa sobre a mesa.

LADY CROOM Como o senhor ousa!
SEPTIMUS Não se pode exigir que eu responda pelo que foi escrito como registro íntimo e lido sem consideração para com a decência.
LADY CROOM Dirigidas a minha pessoa!
SEPTIMUS Deixadas em meu quarto, para o caso de minha morte...
LADY CROOM Bah!... De que pode servir uma carta de amor d'além-túmulo?
SEPTIMUS Certamente tanto quanto uma d'aquém. A segunda carta, contudo, não era dirigida a vossa senhoria.
LADY CROOM Tenho o direito materno de abrir uma carta que o senhor escreve para minha filha, seja no caso de sua vida, de sua morte, ou de sua imbecilidade. O que o senhor pretende escrevendo-lhe sobre arroz-doce quando ela acaba de sofrer o choque de uma morte violenta entre nós?
SEPTIMUS Morte de quem?
LADY CROOM A sua, imprestável!
SEPTIMUS Sim, entendo.
LADY CROOM Não sei qual de seus delírios é o mais insano. Um envelope cheio de arroz-doce, o outro das mais insolentes familiaridades a respeito de diversas partes de meu corpo, mas não tenho dúvida de qual me é mais intolerável.
SEPTIMUS Qual?
LADY CROOM Ah, mas como somos petulantes quando estamos de malas prontas! Nosso amigo partiu antes do senhor, e despachei a hetaira Chater e seu marido — e também meu irmão por tê-los trazido. É esta a sentença, o senhor sabe, para quem escolhe mal suas relações. Exílio. Lord Byron é um biltre e um hipócrita, e quanto antes ele zarpar rumo ao Levante, tanto antes se encontrará entre pessoas que combinem com seu caráter.
SEPTIMUS Foi uma noite de prestações de contas.

LADY CROOM Deveras. Quisera eu que ela se tivesse passado em paz, com o senhor e o senhor Chater disparando tiros um contra o outro com o decoro devido a uma residência civilizada. O senhor não tem mais segredos, senhor Hodge. Eles jorraram entre gritos e pragas e lágrimas. Felizmente toda uma vida de devoção às armas de caça limitou a audição de meu marido ao ouvido em cima do qual ele dorme.

SEPTIMUS Receio não ter ideia do que ocorreu.

LADY CROOM Sua rameirazinha foi encontrada no quarto de Lord Byron.

SEPTIMUS Ah. Encontrada pelo senhor Chater?

LADY CROOM E quem mais seria?

SEPTIMUS Lamento muitíssimo, madame, por ter me servido de sua generosidade para trazer meu amigo imerecedor de sua atenção. Ele terá de se explicar diante de mim, a senhora pode ter certeza.

Antes que lady Croom possa responder a essa ameaça, Jellaby entra na sala com o "infuso". Trata-se de algo muito elaborado: uma bandeja de estanho com pequenos pezinhos em que fica uma chaleira suspensa sobre uma chama de álcool. Há uma xícara e um pires e o "cesto" de prata que contém as folhas secas para o chá. Jellaby coloca a bandeja na mesa e está a ponto de oferecer mais ajuda com ela.

LADY CROOM Eu cuido disso.

JELLABY Sim, vossa senhoria. (*para Septimus*) Lord Byron deixou-lhe uma carta com o valete, senhor.

SEPTIMUS Obrigado.

Septimus pega a carta da bandeja. Jellaby se prepara para sair. Lady Croom estica os olhos para a carta.

LADY CROOM Quando foi que ele deixou a carta?

JELLABY Quando estava saindo, vossa senhoria.

Jellaby sai. Septimus põe a carta no bolso.

SEPTIMUS Se a senhora me permite.

Como ela não se manifesta em contrário, ele lhe serve uma xícara de chá. Ela aceita.

LADY CROOM Não sei se é adequado o senhor receber uma carta escrita dentro de minha casa por alguém que nela não é bem-vindo.
SEPTIMUS Muito inadequado, concedo. A falta de delicadeza de Lord Byron é uma lástima para seus amigos, entre os quais não mais me incluo. Não lerei esta carta enquanto não o tiver seguido portão afora.

Ela considera isso por um momento.

LADY CROOM Isso pode desculpar a leitura, mas não a escrita.
SEPTIMUS Vossa senhoria deveria ter vivido na Atenas de Péricles! Os filósofos teriam se digladiado com os escultores por suas horas vagas!
LADY CROOM *(protestando)* Ora!... *(protestando menos)* ora... *(Septimus tirou a carta de Byron do bolso e agora está queimando um canto dela com a pequena chama de álcool da bandeja)* Ora... ora... *(o papel arde nas mãos de Septimus e ele o larga e deixa que termine de queimar na bandeja de metal)*
SEPTIMUS Ora, vejam só — uma carta de Lord Byron que jamais será lida por viv'alma. Eu me despedirei daqui, madame, no momento em que vossa senhoria assim o desejar.
LADY CROOM Rumo às Índias?
SEPTIMUS As Índias! Por quê?
LADY CROOM Para seguir a tal da Chater, claro. Ela não lhe contou?
SEPTIMUS Ela não trocou meia dúzia de palavras comigo.
LADY CROOM Imagino que não gostasse de perder tempo tão precioso. A Chater embarcará com o capitão Brice.
SEPTIMUS Ah. Como membro da tripulação?
LADY CROOM Não, como esposa do senhor Chater, recolhedor de vegetais na expedição de meu irmão.
SEPTIMUS Eu sabia que ele não era poeta coisa nenhuma. O que eu não sabia é que era botânica disfarçada.
LADY CROOM Ele também nada tem de botânico. Meu irmão pagou cinquenta libras para que ele fosse publicado, e vai pagar cento e cinquenta para ter o senhor Chater catando flores nas Índias durante um ano enquanto sua senhora brinca de senhora dos aposentos do capitão. O capitão Brice tem

uma paixão mórbida pela senhora Chater, e para levá-la nesta viagem não teve escrúpulos em enganar o almirantado, a sociedade Lineu e Sir Joseph Banks, botânico de Sua Majestade em Kew.

SEPTIMUS Sua paixão não é assim tão mórbida.

LADY CROOM É um defeito do humor de Deus, o fato de ele conduzir nossos corações por toda parte, exceto rumo àqueles que têm direito a eles.

SEPTIMUS Deveras, madame. (*pausa*) Mas o senhor Chater está sendo enganado?

LADY CROOM Ele insiste. E encontra provas da virtude de sua esposa em sua própria prontidão em defendê-la. O capitão Brice *não* está sendo enganado, mas não consegue se conter. Ele morreria por ela.

SEPTIMUS Penso, vossa senhoria, que ele preferiria ver o senhor Chater morrer, por ela.

LADY CROOM Deveras. Jamais conheci mulher que valesse um duelo, ou vice-versa. Sua carta para mim combina muito mal com sua conduta para com a senhora Chater, senhor Hodge. Já tive oportunidade de ser traída antes que a tinta secasse, mas ser traída antes sequer de se molhar a pena, e com a égua em que todos cavalgam, o que é que devo pensar de tal desempenho?

SEPTIMUS Lady, estava eu sozinho com meus pensamentos no gazebo quando a senhora Chater me jogou ao chão, e estando eu em tamanha paixão, em uma agonia de desejo sem alívio...

LADY CROOM Oh...!

SEPTIMUS ... pensei em minha loucura que a tal da Chater com as saias viradas por sobre a cabeça poderia me dar a ilusão momentânea da felicidade a que eu não ousava dar um rosto.

Pausa.

LADY CROOM Não me lembro de jamais ter recebido elogio tão incomum, senhor Hodge. Espero poder dar melhor conta que a senhora Chater com a cabeça em um balde. Ela usa calçolas?

SEPTIMUS Usa.

LADY CROOM Sim, ouvi dizer que andam usando calçolas agora. Não é natural que as mulheres montem como peões. Não posso aprovar. (*ela se vira com um rodopio das saias e se move para sair*) Nada sei de Péricles ou dos filósofos atenienses. Posso lhes conceder uma hora, em minha sala de estar, quando tiver tomado meu banho. Sete horas. Traga um livro.

Ela sai. Septimus pega as duas cartas, as que ele escreveu, e começa a queimá-las na chama de álcool.

Cena 7

Valentine e Chloë estão à mesa. Gus está na sala. Chloë está lendo dois jornais de sábado. Ela está usando roupas cotidianas de época, um vestido do período da Regência, sem chapéu. Valentine está catando milho em um computador portátil. Ele também usa roupas desleixadas do período da Regência. As roupas evidentemente vieram de um grande cesto de roupa suja, de que Gus está tirando mais roupas que ele mesmo pretende provar. Encontra um casaco do mesmo período e começa a vesti-lo. Os objetos na mesa agora incluem dois sólidos geométricos, pirâmide e cone, com cerca de meio metro de altura, do tipo que se usa em uma aula de desenho; e um pote de dálias-anãs (que não se parecem com as dálias modernas).

CHLOË "Mesmo na Arcádia — Sexo, Literatura e Morte em Sidley Park". Retrato de Byron.

VALENTINE Não do Bernard?

CHLOË "Byron participou de duelo fatal, diz professor de literatura"... Valentine, você acha que eu sou a primeira pessoa a pensar isso?

VALENTINE Não.

CHLOË Eu nem disse ainda. O futuro está todo programado como um computador — isso é uma teoria propriamente dita, não é?

VALENTINE O universo determinista, sim.

CHLOË Certo. Porque tudo, inclusive a gente, é só um monte de átomos quicando uns nos outros que nem bolas de sinuca.

VALENTINE É. Teve alguém, não lembro o nome, anos 1820, que apontou que com as leis de Newton dava pra prever tudo que ainda não tinha acontecido — quer dizer, você ia precisar de um computador do tamanho do universo mas a fórmula ia existir.

CHLOË Mas não funciona, né?

VALENTINE Não. No final a matemática era diferente.

CHLOË Não, é por causa do sexo.

VALENTINE É mesmo?

CHLOË É o que eu acho. O universo é determinístico sim, bem como Newton disse, quer dizer, ele tenta, mas a única coisa que dá errado são as pessoas gostarem de pessoas que não deviam estar naquela parte do esquema.

VALENTINE Ah. A atração que Newton desconsiderou. Lá desde a maçã no jardim. É. (*pausa*) É, acho que você é a primeira pessoa a pensar isso.

Hannah entra, trazendo um tabloide e uma caneca de chá.

HANNAH Vocês viram isso? "Byron abobado matou poeta."
CHLOË (*satisfeita*) Deixa eu ver.

Hannah lhe dá o jornal, sorri para Gus.

VALENTINE Ele fez direitinho, não fez? Como é que todo mundo sabia?
HANNAH Não seja ridículo. (*para Chloë*) Seu pai quer de volta.
CHLOË Tudo bem.
HANNAH Que idiota.
CHLOË Ciumenta. Eu acho genial. (*ela levanta para sair. Para Gus*) É, ficou perfeito, mas não de tênis. Vem, eu te empresto um par de sapatos baixos, em você vai parecer de época...
HANNAH Oi, Gus. Vocês todos estão tão românticos com essas roupas.

Gus, saindo atrás de Chloë, hesita, sorri para ela.

CHLOË (*seca*) Você vem?

Ela segura a porta aberta para Gus e sai depois dele, deixando atrás de si uma sensação de censura.

HANNAH O importante é não dar pelota pro que os mais novos pensam de você.

Ela vai dar uma olhada nos outros jornais.

VALENTINE (*ansioso*) Você não acha por acaso que ela está meio ligada no Bernard?
HANNAH Eu se fosse você não me preocupava com a Chloë, ela já tem idade pra votar com um pé nas costas. "Byron participou de duelo fatal, diz professor universitário." Ou, melhor... (*ceticamente*) "Diz professor universitário!"
VALENTINE No final podem provar que era verdade mesmo.

HANNAH Não tem como provarem que era verdade, só dá pra provar que não era.

VALENTINE (*satisfeito*) Bem que nem a ciência.

HANNAH Se o Bernard conseguir evitar que lhe puxem o tapete enquanto ele estiver vivo, ele vai ser um sucesso.

VALENTINE *Bem* que nem a ciência... o medo final é da posteridade...

HANNAH Eu, pessoalmente, não acho que vá demorar tanto assim.

VALENTINE ... e aí tem a vida após a morte. Não sei se ia ser uma coisa assim tão boa. "Ah... Bernard Nightingale, acho que você não conhece Lord Byron." Deve ser o paraíso, lá.

HANNAH Você não pode acreditar na vida após a morte, Valentine.

VALENTINE Ah, você finalmente vai me decepcionar.

HANNAH Vou? Por quê?

VALENTINE Ciência e religião.

HANNAH Não, não mesmo. Já fiz dessas. Muito chato.

VALENTINE Ah, Hannah. Noivinha. Tem dó. Será que não dava pra gente ter um casamento de teste, e eu cancelo de manhã?

HANNAH (*sorrindo*) Não me lembro de ter recebido uma proposta mais incomum.

VALENTINE (*interessado*) E já teve outras?

HANNAH É feio ficar falando.

VALENTINE Bom, e por que não? Essa sua reserva clássica é só um maneirismo; e meio neurótico.

HANNAH Você precisa da sala?

VALENTINE Você não ganha nada se não dá nada.

HANNAH Não estou pedindo nada.

VALENTINE Não, fique.

Valentine volta a trabalhar com o computador. Hannah se instala entre suas obras de referência no "seu" lado da mesa. Ela está com uma pilha de volumes tamanho de bolso, os "livros de jardim" de lady Croom.

HANNAH O que é que você está fazendo? Valentine?

VALENTINE O conjunto dos pontos sobre um plano complexo gerado por...

HANNAH São as tetrazes?

VALENTINE Ah, as tetrazes. Malditas tetrazes.

HANNAH Você não pode desistir.

VALENTINE Por quê? Você não concordava com o Bernard?

HANNAH Ah, isso. *Tudo* é trivial — as suas tetrazes, o meu eremita, o Byron do Bernard. Comparar o que a gente está procurando não dá em nada. É querer saber o que move a gente. Caso contrário a gente vai embora do mesmo jeito que chegou. É por isso que você não pode acreditar na vida após a morte, Valentine. Acredite no após, sinta-se à vontade, mas não na vida. Acredite em Deus, na alma, no espírito, no infinito, acredite até nos anjos se quiser, mas não na grande festinha celestial pra todo mundo trocar ideias. Se as respostas estão no fim do livro eu posso esperar, mas que coisa mais tediosa. É melhor seguir lutando sabendo que o fracasso é definitivo. (*ela olha por cima do ombro de Valentine, para a tela do computador. Reagindo*) Nossa! Mas... que lindo!

VALENTINE O conjunto Coverly.

HANNAH O conjunto Coverly! Santo Deus, Valentine!

VALENTINE Me empresta um dedo aqui. (*ele pega o dedo dela e aperta uma das teclas do computador diversas vezes*) Está vendo? Em um oceano de cinzas, ilhas de ordem. Padrões que se criam do nada. Eu não posso te mostrar como isso é profundo. Cada imagem é um detalhe da anterior, ampliado. E assim por diante. Pra sempre. Bem bacana, hein?

HANNAH Isso é importante?

VALENTINE Interessante. Publicável.

HANNAH Muito bem!

VALENTINE Pra mim não. É da Thomasina. Eu só passei as equações dela pelo computador uns milhões de vezes mais do que ela conseguiu fazer a lápis. (*do velho portfólio ele tira o caderno de Thomasina e o dá a Hannah. Começa-se a ouvir o piano*) Pode ficar com isso de volta, agora.

HANNAH O que isso aí significa?

VALENTINE Não o que você queria que significasse.

HANNAH Por que não?

VALENTINE Bom, pra começo de conversa, ela ia ser famosa.

HANNAH Não, não ia. Ela morreu antes de ter tempo de ficar famosa...

VALENTINE Ela morreu?

HANNAH ... queimada.

VALENTINE (*se dando conta*) Ah... a menina que morreu no incêndio!

HANNAH Na noite da véspera do aniversário de dezessete anos. Dá pra ver onde

uma das janelas das águas-furtadas não combina com as outras. Era o quarto dela, na mansarda. Tem um monumento no parque.
VALENTINE (*irritado*) Eu sei — é minha casa.

Valentine volta sua atenção para o computador. Hannah volta a sua cadeira. Ela folheia o caderno.

HANNAH Val, Septimus era tutor dela — ele e Thomasina teriam...
VALENTINE Você cuida das suas coisas.

Pausa. Dois pesquisadores. Lorde Augustus, quinze anos, usando roupas de 1812, irrompe pela porta que não leva à sala de música. Está rindo. Ele se enfia debaixo da mesa. Perseguindo-o vem Thomasina, dezesseis anos e furiosa. Ela imediatamente encontra Augustus.

THOMASINA Você jurou! Jurou por Deus!

Augustus sai disparado de debaixo da mesa e Thomasina o persegue.

AUGUSTUS Eu vou contar à mamãe! Vou contar à mamãe!
THOMASINA Seu animal!

Ela pega Augustus bem quando Septimus entra pela outra porta, trazendo um livro, um decantador e um copo, e seu portfólio.

SEPTIMUS Ora! O que é isso? Senhor meu Deus! Ordem, ordem! (*Thomasina e Augustus se separam*) Muito grato.

Septimus vai para seu lugar à mesa. Ele se serve um copo de vinho.

AUGUSTUS Então, muito bom dia ao senhor, senhor Hodge!

Ele sorri por algum motivo. Thomasina obedientemente apanha um caderno de desenho e se senta para desenhar os sólidos geométricos. Septimus abre seu portfólio.

SEPTIMUS O senhor fica conosco nesta manhã, lorde Augustus? É nossa aula de desenho.

AUGUSTUS Eu sou mestre em desenho lá em Eton, senhor Hodge, mas nós só desenhamos mulheres nuas.

SEPTIMUS O senhor pode fazer de memória.

THOMASINA Revoltante!

SEPTIMUS Agora ficaremos em silêncio, por favor.

Do portfólio Septimus tira o caderno de Thomasina e o arremessa para ela; devolvendo sua lição de casa. Ela agarra o caderno e abre.

THOMASINA Sem comentários? Você não gostou de minha equação-coelho?

SEPTIMUS Não vi qualquer semelhança com um coelho.

THOMASINA Ela come seus rebentos.

SEPTIMUS (*pausa*) Não percebi isso.

Ele estende a mão pedindo o caderno. Ela o devolve a ele.

THOMASINA Não tenho mais espaço para ampliar.

Septimus e Hannah folheiam os cadernos sobrepostos no tempo. Augustus indolentemente começa a desenhar os modelos.

HANNAH Você quer dizer que o mundo está salvo, afinal?

VALENTINE Não, ainda está condenado. Mas se foi assim que começou, de repente é assim que o próximo vai chegar.

HANNAH Da boa e velha álgebra inglesa?

SEPTIMUS Vai dar no infinito, ou em zero, ou em estupidez.

THOMASINA Não, se você separar as raízes negativas elas deixam radicalmente de ser estúpidas.

Septimus vira páginas. Thomasina começa a desenhar os modelos. Hannah fecha o caderno e volta sua atenção a sua pilha de "livros de jardim".

VALENTINE Olha só — você sabe que o seu chá está esfriando.

HANNAH Eu gosto frio.

VALENTINE (*ignorando esse comentário*) Eu estou te dizendo uma coisa. O seu chá esfria sozinho, ele não esquenta sozinho. Você acha isso estranho?

HANNAH Não.

VALENTINE Mas é. O calor vira frio. É uma rua de mão única. O seu chá vai acabar em temperatura ambiente. O que está acontecendo com o seu chá está acontecendo com tudo em todo lugar. O sol e as estrelas. Vai demorar um pouquinho mas todo mundo vai acabar em temperatura ambiente. Quando o seu eremita entrou no ramo ninguém tinha entendido isso. Mas digamos que você esteja certa, em 1800 e sei lá o que ninguém sabia mais de calor que esse doido rabiscante que morava em um barraco em Derbyshire.

HANNAH Ele passou por Cambridge — um cientista.

VALENTINE Digamos que era. Eu não estou questionando. E a menina era a pupila dele, ela tinha um gênio como tutor.

HANNAH Ou vice-versa.

VALENTINE Como você quiser. Mas não *isso*! Seja o que for que ele pensava que estava fazendo pra salvar o mundo com a boa e velha álgebra inglesa, não era isso aqui!

HANNAH Por quê? Porque eles não tinha calculadoras?

VALENTINE Não. Sim. Porque existe uma ordem impossível pras coisas acontecerem. Você não pode abrir uma porta enquanto não existe casa.

HANNAH Eu achava que era isso que queria dizer gênio.

VALENTINE Só pra lunáticos e poetas.

Pausa.

HANNAH "Eu tive um sonho que nem sonho foi.
    O claro sol sumira, e as estrelas
    No espaço eterno erravam se apagando,
    Sem raios e sem trilhas, fria, a terra
    Girava cega e negra sem a lua..."

VALENTINE É seu?

HANNAH Byron.

Pausa. Dois pesquisadores novamente.

THOMASINA Septimus, você acha que eu hei de me casar com Lord Byron?
AUGUSTUS Quem é esse?
THOMASINA O autor de *A peregrinação de Childe Harold*, o mais poético e patético e bravo herói de qualquer livro que eu jamais tenha lido, e o mais moderno e mais belo, pois Harold é o próprio Lord Byron para quem o conhece, como eu mesma e como Septimus. Então, Septimus?
SEPTIMUS (*concentrado*) Não.

Então ele guarda o caderno da menina no portfólio e apanha seu próprio livro para ler.

THOMASINA Por que não?
SEPTIMUS Para começo de conversa, ele nem tem consciência de sua existência.
THOMASINA Trocamos muitos olhares significativos quando ele esteve em Sidley Park. Estranho um pouco o fato de ele estar já há um ano de volta de suas aventuras e não ter me escrito uma só linha.
SEPTIMUS É de fato improvável, vossa senhoria.
AUGUSTUS Lord Byron!... Ele reclamou minha lebre, embora meu tiro fosse anterior! Disse que eu errei por um fio de cabelo de lebre. Muito facecioso. Mas acho que Lord Byron não vai se casar contigo, Thom, pois era somente coxo, e não cego.
SEPTIMUS Por favor! Paz até quinze para meio-dia. É intolerável que um tutor tenha seus pensamentos interrompidos por seus pupilos.
AUGUSTUS O senhor não é *meu* tutor, senhor. Estou de visita em sua aula por meu livre-arbítrio.
SEPTIMUS Se o senhor está assim determinado.

Thomasina ri com isso tudo, a piada é para ela. Augustus, deixado de fora, fica irritado.

AUGUSTUS Sua paz de nada me vale, senhor. O senhor não tem poder sobre mim.
THOMASINA (*repreendendo*) Augustus!
SEPTIMUS Não tenho poder aqui, meu senhor. Inspiro através da reverência à educação e da exaltação ao conhecimento por meio do qual o homem pode se aproximar de Deus. Haverá paga de um shilling pelos melhores cones e pirâmides desenhados em silêncio no *mínimo* até quinze para meio-dia.
AUGUSTUS O senhor não vai comprar meu silêncio com um shilling. O que posso contar vale muito mais que isso.

E, jogando seu caderno e seu lápis, ele sai da sala com sua dignidade, fechando a porta rispidamente. Pausa. Septimus olha intrigado para Thomasina.

THOMASINA Eu contei a ele que você me beijou. Mas ele não vai contar.
SEPTIMUS Quando foi que eu beijei você?
THOMASINA Como! Ontem!
SEPTIMUS Onde?
THOMASINA Nos lábios!
SEPTIMUS Em que condado?
THOMASINA No eremitério, Septimus!
SEPTIMUS Nos lábios do eremitério! Aquilo? Aquele beijo não valia um shilling! Eu não pagava seis pence para tê-lo de volta. Eu já tinha quase esquecido.
THOMASINA Ah, cruel! Esqueceu nosso trato?
SEPTIMUS Deus me ajude! Nosso trato?
THOMASINA De me ensinar a valsar! Selado com um beijo, e outro beijo devido quando eu souber dançar como mamãe!
SEPTIMUS Ah, sim. Deveras. Andamos todos valsando como camundongos em Londres.
THOMASINA Tenho de valsar, Septimus! Serei desprezada se não valsar! É a mais elegante e alegre e ousada invenção que se pode conceber — e começou na Alemanha!
SEPTIMUS Eles que fiquem com a valsa, já que não podem ter o cálculo.
THOMASINA Mamãe trouxe da cidade um livro inteiro de valsas para piano, para tocar com o conde Zelinsky.
SEPTIMUS Não preciso ouvir o que mal posso suportar. O conde Zelinsky martelando aquele piano sem folga já me põe em tempo de valsa.
THOMASINA Ah, sebo! O que é esse livro?
SEPTIMUS Um ensaio premiado pela Academia de Ciências de Paris. O autor merece sua indulgência, senhorita, pois é seu profeta.
THOMASINA Eu? Sobre o que ele escreve? A valsa?
SEPTIMUS Sim. Ele demonstra a equação da propagação de calor em um corpo sólido. Mas ao fazer isso descobriu uma heresia — uma contradição natural de Sir Isaac Newton.
THOMASINA Ah!... Ele contradiz o determinismo?
SEPTIMUS Não!... Bem, talvez. Ele mostra que os átomos não seguem Newton.

O interesse dela mudou seus modos altivos — ela foi até ele para pegar o livro.

THOMASINA Deixe-me ver... Ah! Em francês?
SEPTIMUS Sim. Paris é a capital da França.
THOMASINA Mostre-me onde ler.

Ele pega o livro de novo dela e encontra a página para ela. Enquanto isso, a música do piano na sala ao lado dobrou suas notas e sua emoção.

THOMASINA A quatro mãos, agora! Mamãe está apaixonada pelo conde.
SEPTIMUS Ele é conde na Polônia. Em Derbyshire ele é afinador de pianos.

Ela pegou o livro e já está imersa nele. A música do piano se torna rapidamente mais passional, e então se interrompe subitamente em meio a uma frase. Há um silêncio expressivo na sala ao lado, que faz Septimus erguer os olhos. Thomasina nem sequer percebe. O silêncio nos deixa ouvir o pulso regular do motor a vapor de que se vai falar. Alguns momentos depois lady Croom entra da sala de música, parecendo surpresa e levemente aturdida ao descobrir que a sala de aula está ocupada. Ela se recompõe, fechando a porta atrás de si. E fica observando, sem o que fazer e sem chamar a atenção, como se não quisesse interromper a aula. Septimus se levantou e ela faz um sinal para que ele volte a sua cadeira. Chloë, vestida à moda da Regência, entra pela outra porta. Ela percebe Valentine e Hannah, mas atravessa sem se deter até a porta da sala de música.

CHLOË Ah!... Cadê o Gus?
VALENTINE Sei lá.

Chloë entra na sala de música.

LADY CROOM (*contrafeita*) Ah!... O motor do senhor Noakes!

Ela vai até a porta do jardim e passa para o lado de fora. Chloë reentra.

CHLOË Merda.
LADY CROOM (*grita para fora*) Senhor Noakes!
VALENTINE Ele estava aí ainda agorinha...

LADY CROOM Olá!
CHLOË Bom, ele precisa sair na foto — ele se vestiu?
HANNAH O Bernard voltou?
CHLOË Não — ele está atrasado!

Ouve-se novamente o piano, sob o barulho do motor a vapor. Lady Croom volta para a sala.

CHLOË (*passa pela porta do jardim. Grita*) Gus!
LADY CROOM Maravilha-me o senhor conseguir ensinar com tanta interferência, e lamento muito por ela, senhor Hodge.

Chloë volta para dentro.

VALENTINE (*levantando*) Pare de ficar dando ordens.
LADY CROOM É um ruído insuportável.
VALENTINE O fotógrafo está esperando.

Mas, rabugento, ele segue Chloë para o jardim, e fecha a porta quando saem. Hannah continua concentrada. No silêncio, o pulsar rítmico faz-se novamente ouvir.

LADY CROOM Essa monotonia incessante, irritante e tediosa! Vai acabar comigo. Posso ter de voltar à cidade para fugir dela.
SEPTIMUS Vossa senhoria poderia ficar no campo e deixar o conde Zelinsky voltar à cidade, onde não pudesse ouvi-lo.
LADY CROOM Mas eu me refiro ao motor do senhor Noakes! (*meio à parte para Septimus*) Isso é uma cara feia? Eu não quero que minha filha estude caras feias.
THOMASINA (*sem ouvir*) Como, mamãe?

Thomasina continua imersa no livro. Lady Croom volta para fechar a porta do jardim e o ruído do motor a vapor diminui. Hannah fecha um dos "livros de jardim" e abre o próximo. Ela está tomando uma ou outra nota. O piano para.

LADY CROOM (*para Thomasina*) O que estamos estudando hoje? (*pausa*) Bem, modos é que não.

SEPTIMUS Hoje desenhamos.

Lady Croom negligentemente examina o que Thomasina tinha começado a desenhar.

LADY CROOM Geometria. Aprovo geometria.
SEPTIMUS A aprovação de vossa senhoria é meu objetivo constante.
LADY CROOM Bem, não perca as esperanças ainda. (*voltando impaciente para a janela*) Onde andará "Culpability" Noakes? (*ela olha para fora e fica contrafeita*) Ah!... Foi buscar o chapéu para poder tirá-lo. (*ela volta até a mesa e toca o vaso de dálias. Hannah se recosta na cadeira, envolvida pela leitura*) Pelo dote de dálias da viúva eu quase posso perdoar o casamento de meu irmão. Devemos ser gratos ao macaco que mordeu o marido. Se tivesse mordido a esposa o macaco teria morrido e nós não seríamos os primeiros no reino a exibir uma dália. (*Hannah, ainda lendo o livro de jardim, levanta*) Enviei uma em um vaso a Chatsworth. A duquesa ficou satisfatoriamente constrangida com ela quando apareci em Devonshire. Nosso amigo estava lá, como um lorde poeta.

Hannah sai pela porta, seguindo Valentine e Chloë. Enquanto isso, Thomasina bate o livro na mesa.

THOMASINA Muito bem! Bem como eu disse! A máquina de Newton, que ia levar os nossos átomos do berço à cova segundo as leis da mecânica, está incompleta! O determinismo derrapa em cada curva, como eu sempre soube, e a causa muito provavelmente está escondida na observação deste cavalheiro.
LADY CROOM De quê?
THOMASINA A ação de corpos aquecidos.
LADY CROOM Isso é geometria?
THOMASINA Isto? Não, eu desprezo a geometria!
LADY CROOM (*tocando as dálias, acrescenta, quase para si mesma*) A Chater derrubava o sistema newtoniano em um fim de semana.
SEPTIMUS A geometria, conforme nos assegura Hobbes no *Leviatã*, é a única ciência que Deus viu por bem conferir à humanidade.
LADY CROOM E o que ele quer dizer com isso?
SEPTIMUS O senhor Hobbes ou Deus?

LADY CROOM Não tenho a menor ideia do que ambos querem dizer com isso.

THOMASINA Ah, dane-se o Hobbes! Montanhas não são pirâmides e árvores não são cones. Deus deve amar artilharia e arquitetura se Euclides é Sua única geometria. Há uma outra geometria que estou trabalhando para descobrir, por tentativa e erro, não é verdade, Septimus?

SEPTIMUS Tentativa e erro descreve à perfeição seu entusiasmo, senhorita.

LADY CROOM Quantos anos você tem hoje?

THOMASINA Dezesseis anos e onze meses, mamãe, e três semanas.

LADY CROOM Dezesseis anos e onze meses. Precisamos casar você antes que a sua educação a torne uma escolha impossível.

THOMASINA Vou me casar com Lord Byron.

LADY CROOM De fato? O mal-educado nem sequer mencionou esse fato.

THOMASINA A senhora falou com ele?!

LADY CROOM Claro que não.

THOMASINA Onde a senhora o viu?

LADY CROOM (*com alguma amargura*) Por toda parte.

THOMASINA E você, Septimus?

SEPTIMUS Na Academia Real, onde tive a honra de acompanhar sua mãe e o conde Zelinsky.

THOMASINA O que Lord Byron estava fazendo?

LADY CROOM Pose.

SEPTIMUS (*com tato*) Estava sendo retratado durante a visita... pelo Professor de Pintura... o senhor Fuseli.

LADY CROOM Ele fazia mais poses *para* o quadro do que *no* quadro. Sua acompanhante igualmente perverteu o hábito da Academia, segundo o qual as senhoras que veem usam mais roupas que as senhoras que são vistas — muito bem! Basta! Que aquele lobo em pele de Cordeiro[7] seja seu fim. Já me basta o senhor Noakes, que está para os jardins como um touro para uma loja de porcelana.

Isso enquanto Noakes entra.

THOMASINA O Imperador da Irregularidade!

---

[7] Lamb, o sobrenome da "acompanhante" de Byron, significa cordeiro. (N. T.)

Ela se acomoda para desenhar o diagrama que será o terceiro item a sobreviver no portfólio.

LADY CROOM Senhor Noakes!
NOAKES Vossa senhoria...
LADY CROOM O que o senhor fez comigo?!
NOAKES Está tudo a contento, eu garanto. Um pouco atrasado, claro, mas minha represa estará consertada ainda antes do fim do mês...
LADY CROOM (*socando a mesa*) Shh! (*no silêncio, o motor a vapor pulsa na distância*) O senhor está ouvindo, senhor Noakes?
NOAKES (*satisfeito e orgulhoso*) A bomba a vapor Newcomen aperfeiçoada — a única da Inglaterra!
LADY CROOM É essa a minha objeção. Se todos tivessem a sua eu suportaria minha parcela da agonia sem reclamar. Mas ter sido escolhida a dedo pela única bomba a vapor Newcomen aperfeiçoada da Inglatera... é difícil, senhor, isso não se pode suportar.
NOAKES Vossa senho...
LADY CROOM E para quê? Meu lago foi drenado e virou uma valeta sem qualquer propósito que eu alcance compreender, a não ser que narcejas e maçaricos tenham desertado três condados apenas para poderem ser mortos em nosso pântano. O que o senhor nos pintou como uma floresta é uma plantação ordinária, seu gramado é lama, sua queda-d'água é lama líquida, e seu monte é uma mina a céu aberto para a lama que faltava no vale. (*apontando pela janela*) O que é aquele curral?
NOAKES O eremitério, vossa senhoria?
LADY CROOM É um curral.
NOAKES Madame, eu lhe garanto que se trata de uma cabana mais que habitável com um sistema de drenagem e fundações adequadas, dois cômodos e um lavatório sob um teto de laje e uma chaminé de pedra...
LADY CROOM E quem é que vai morar ali?
NOAKES Ora, o eremita.
LADY CROOM E onde está o eremita?
NOAKES Madame?
LADY CROOM O senhor seguramente não me há de fornecer um eremitério sem um eremita.

NOAKES Deveras, madame...

LADY CROOM Ora, ora, senhor Noakes. Se me prometem uma fonte, espero que venha com água. Que tipo de eremitas o senhor tem a oferecer?

NOAKES Não tenho eremitas, vossa senhoria.

LADY CROOM Nem um só? Falta-me a fala!

NOAKES Tenho certeza de que se pode encontrar um eremita. Poderíamos imprimir anúncios.

LADY CROOM Anúncios?

NOAKES Nos jornais.[8]

LADY CROOM Mas certamente um eremita que lê jornais não é um eremita que mereça nossa total confiança.

NOAKES Não sei o que sugerir, vossa senhoria.

SEPTIMUS Caberia um piano?

NOAKES (*espantado*) Um piano?

LADY CROOM Estamos sendo inconvenientes aqui — não aja assim, senhor Hodge. É evidente que não se está estudando nesta sala. (*para Noakes*) Venha comigo, senhor!

THOMASINA Senhor Noakes — más notícias de Paris!

NOAKES É o imperador Napoleão?

THOMASINA Não. (*ela arranca a página do caderno que contém seu "diagrama"*) É sobre seu motor a vapor. Por mais que o senhor o aperfeiçoe, jamais poderá tirar dele o quanto põe. Ele lhe paga onze shillings por pence, no máximo. O penny que sobra é devido aos pensamentos deste autor.

Ela dá o diagrama a Septimus, que olha para ele.

NOAKES (*novamente espantado*) Obrigado, vossa senhoria.

Noakes sai para o jardim.

LADY CROOM (*para Septimus*) O senhor entende o que ela diz?

SEPTIMUS Não.

LADY CROOM Então isso chegou ao fim. Eu me casei com dezessete. *Ce soir il faut*

---

8 O diretor Ben Teague nota que, de fato, proprietários pagavam por anúncios desse tipo, como se pode verificar em <www.hermitary.com/lore/ornamental_hermits.html>. (N. T.)

qu'on parle français, je te demande, Thomasina, como cortesia para com o conde. Use seu vestido verde de veludo, por favor, mandarei Briggs cuidar de seu cabelo. Dezesseis e onze meses...!

Ela segue Noakes, saindo de vista.

THOMASINA Lord Byron estava com uma senhora?
SEPTIMUS Sim.
THOMASINA Hmm!

Agora Septimus recupera seu livro com Thomasina. Ele vira as páginas, e continua também a examinar o diagrama de Thomasina. Enquanto lê, ele distraidamente acaricia o jabuti. Thomasina pega lápis e papel e começa a desenhar Septimus com Plauto.

SEPTIMUS Como assim isso de o motor do senhor Noakes pagar onze pence por shilling? Onde é que ele diz isso?
THOMASINA Em lugar nenhum. Eu me dei conta enquanto lia. Agora não lembro onde.
SEPTIMUS E ele também não está interessado no determinismo...
THOMASINA Ah... sim. As equações de Newton vão para a frente e para trás, não lhes faz diferença. Mas para a equação do calor faz muita diferença. É por isso que o motor do senhor Noakes não pode gerar a força que moverá o motor do senhor Noakes.
SEPTIMUS Todos sabem disso.
THOMASINA Sim, Septimus, eles sabem disso quanto a motores!
SEPTIMUS (*pausa. Ele olha para o relógio*) Quinze para meio-dia. Como redação para esta semana, explique seu diagrama.
THOMASINA Não consigo. Eu não sei a matemática envolvida.
SEPTIMUS Sem matemática, então.

Thomasina continuou desenhando. Ela arranca a primeira página do bloco de desenho e a entrega a Septimus.

THOMASINA Toma. Fiz um desenho de você com o Plauto.

SEPTIMUS (*olhando para o desenho*) Muitíssimo parecido. Não muito bondoso comigo.

Thomasina ri, e sai da sala. Augustus aparece na porta do jardim. Comportando-se de maneira cuidadosa e desconfiada. Septimus não se dá conta da presença dele por um tempo. Septimus recolhe seus papéis.

AUGUSTUS Senhor...
SEPTIMUS Vossa senhoria...?
AUGUSTUS Eu o ofendi, senhor, e lamento muito.
SEPTIMUS Não me senti ofendido, vossa senhoria, mas é bondade sua mencionar.
AUGUSTUS Eu gostaria de lhe fazer uma pergunta, senhor Hodge. (*pausa*) Ouso pensar que o senhor tem um irmão mais velho, já que se chama Septimus?
SEPTIMUS Sim, vossa senhoria. Ele mora em Londres. É editor de um jornal, o *Piccadilly Recreation*. (*pausa*) Qual era sua pergunta?

Augustus, evidentemente constrangido por alguma coisa, pega o desenho de Septimus.

AUGUSTUS Não. Ah... é o senhor?... Eu gostaria de ficar com ele. (*Septimus inclina a cabeça, consentindo*) Há coisas que um camarada não pode perguntar aos amigos. Coisas carnais. Minha irmã me disse... minha irmã acredita em certas coisas que eu não consigo, eu lhe garanto, repetir para o senhor.
SEPTIMUS Então vossa senhoria não deve repeti-las. A caminhada daqui até o almoço há de nos pôr em ordem, se passearmos pelo jardim. É coisa fácil. E então devo confiar em vossa senhoria para corrigir o estado de ignorância de sua irmã.

Ouve-se uma gritaria do lado de fora — a voz estrondosa de Bernard em algum tipo de agonia.

BERNARD (*do lado de lá da porta*) Ah, não — não — não... Ah, que merda!...
AUGUSTUS Obrigado, senhor Hodge, pode contar com isso.

Levando o desenho consigo, Augustus se deixa ser conduzido para a porta do jardim, e Septimus vai atrás dele.

Bernard entra na sala, pela porta por onde Hannah saiu. Valentine entra com ele, deixando a porta aberta, e eles são seguidos por Hannah, que segura o "livro de jardim".

BERNARD Ah, não — não...
HANNAH Lamento muito, Bernard.
BERNARD Ferrado por uma dália! Você acha mesmo? É definitivo? Me fodi? Qual é a extensão disso tudo? No fim das contas? Me fodi? O que *você* acha, Valentine? Me diga a verdade.
VALENTINE Você se fodeu.
BERNARD Ah, meu Deus! Será?
HANNAH Sim, Bernard, se fodeu.
BERNARD Não sei não. Me mostrem o trecho. Eu quero ver. Não — leiam pra mim —, não, esperem... *(Bernard senta à mesa. Ele se prepara para ouvir como se ouvir fosse uma arte do oriente)* Certo.
HANNAH *(lendo)* "Primeiro de outubro, 1810. Hoje, sob direção do senhor Noakes, cavou-se um canteiro no lado sul do jardim que no ano vindouro dará bela exibição, um consolo pela pitoresca catástrofe dos outros planos. A dália que germinou em estufa sem sofrer quaisquer malefícios da viagem por mar, o capitão Brice chamou de 'Caridade', em homenagem a sua noiva, conquanto a honra de fato pertença ao marido que trocou de leito com minha dália, e trocou um verão inglês pela noite eterna nas Índias."

Pausa.

BERNARD Mas é tão tortuoso, né? Quem é que pode dizer o que isso aí quer dizer?
HANNAH *(paciente)* Quer dizer que o Ezra Chater ligado a Sidley Park é o mesmo Chater que descreveu uma dália-anã na Martinica em 1810 e morreu lá, depois de ser mordido por um macaco.
BERNARD *(enlouquecido)* Ezra não era botânico! Ele era poeta!
HANNAH Ele não era muito bom em nenhuma das coisas, mas era as duas.
VALENTINE Não é um desastre.
BERNARD Claro que é um desastre! Eu estive no noticiário matutino!
VALENTINE Não quer dizer que Byron não participou de um duelo, só quer dizer que Chater não morreu ali.

BERNARD Ah, tome vergonha!... Você acha que eles iam ter me convidado para o noticiário matutino se Byron tivesse *errado* a mira!

HANNAH Se acalme, Bernard. O Valentine tem razão.

BERNARD (*desesperado por um consolo*) Você acha mesmo? Você está falando das resenhas do *Piccadilly*? É, dois textos byronianos completamente desconhecidos — e minha descoberta dos versos que ele acrescentou a *Bardos ingleses*. Isso tem algum valor.

HANNAH (*delicadamente*) Muito possível — persuasivo, até.

BERNARD Ah, foda-se a persuasão! Eu provei que Byron esteve aqui e no que me diz respeito ele escreveu aqueles versos exatamente como eu sei que ele matou aquela lebre. Era só eu não ter, de algum jeito... inventado isso de ele ter *matado o Chater*. Por que vocês não me detiveram?! Isso vai vazar, sabem? Essa... essa *glosa* à minha descoberta. Quer dizer, quanto tempo vocês acham que vai levar pra um botânico pernóstico me entregar?

HANNAH Depois de amanhã. Uma carta no *Times*.

BERNARD Você não faria isso.

HANNAH É um trabalhinho sujo, mas alguém...

BERNARD Querida. Perdão. Hannah...

HANNAH ... e afinal é minha descoberta.

BERNARD Hannah.

HANNAH Bernard.

BERNARD Hannah.

HANNAH Ah, cale a boca. Vai ser bem curtinha, muito seca, absolutamente desprovida de bazófia. Você prefere que seja um dos seus amigos?

BERNARD (*ferventemente*) Ai, meu Deus, isso não!

HANNAH E aí na *sua* carta ao *Times*...

BERNARD Minha?

HANNAH Mas é claro. Educados parabéns a uma colega, na linguagem da academia, tenho certeza.

BERNARD Ah, vá se ferrar, então!

HANNAH Veja isso tudo como uma reviravolta nos estudos sobre dálias.

Chloë entra apressada do jardim.

CHLOË Por que vocês estão parados aqui?!... Bernard! E você não está vestido! Faz quanto tempo que você voltou?

Bernard olha para ela e depois para Valentine e percebe pela primeira vez que Valentine não está com roupas normais.

BERNARD Por que vocês estão usando essas roupas?
CHLOË Corre, por favor! (*ela já está revirando o cesto e tirando peças de roupa para Bernard*) Só vista qualquer coisa. Todo mundo vai sair na foto. A não ser a Hannah.
HANNAH Eu vou lá olhar.

Valentine e Chloë ajudam Bernard a vestir um casaco decorativo e afixam um colarinho de renda em volta de seu pescoço.

CHLOË (*para Hannah*) A mamãe perguntou se você está com o teodolito?
VALENTINE Você é o quê, Chloë? Uma camponesinha?
CHLOË Jane Austen!
VALENTINE Claro.
HANNAH (*para Chloë*) Ah — ficou no eremitério! Desculpa.
BERNARD Eu achei que ia ser só de noite. Que fotografia?
CHLOË O jornal local, claro — eles sempre chegam antes de a gente começar. A gente precisa de bastante gente — o Gus está lindo...
BERNARD (*aterrorizado*) A imprensa! (*ele arranca algo que parece uma mitra episcopal do cesto e a enfia inteira no rosto. Abafado*) Eu estou pronto! (*e sai cambaleante com Valentine e Chloë, seguidos por Hannah*)

Mudança de luz para noite. As lanternas de papel do lado de fora começam a brilhar. Um piano tocando na sala ao lado. Septimus entra com uma lamparina. Ele carrega o caderno de álgebra de Thomasina, e também sua redação, em folhas soltas. Ele se acomoda para ler à mesa. Está quase escuro do lado de fora, apesar das lanternas. Thomasina entra, com um vestido de noite e descalça, segurando um castiçal. Ela age de forma contida e empolgada.

SEPTIMUS Vossa senhoria! O que foi?
THOMASINA Septimus! Quieto! (*ela fecha a porta silenciosamente*) Agora é nossa chance!
SEPTIMUS De quê, meu Deus?

Ela apaga a vela e põe o castiçal na mesa.

THOMASINA Não se faça de inocente! Amanhã eu faço dezessete anos! (*ela dá um grande beijo na boca de Septimus*) Pronto!
SEPTIMUS Santo Deus!
THOMASINA Agora você tem que me ensinar, o pagamento foi adiantado.
SEPTIMUS (*compreendendo*) Ah!
THOMASINA O conde está tocando para nós, é a situação ideal! Eu não posso fazer dezessete anos e não saber valsar.
SEPTIMUS Mas sua mãe...
THOMASINA Enquanto ela se desmancha nós podemos dançar. Estão todos dormindo. Eu ouvi o piano. Ah, Septimus, ensine-me agora!
SEPTIMUS Silêncio! Agora não posso!
THOMASINA Pode sim, e eu vim descalça, então cuidado com meus dedos.
SEPTIMUS Eu não posso porque isso não é uma valsa.
THOMASINA Não é?
SEPTIMUS Não. É lento demais para valsar.
THOMASINA Ah! Então nós esperamos ele tocar mais rápido.
SEPTIMUS Vossa senhoria...
THOMASINA Senhor Hodge! (*ela escolhe uma cadeira perto dele e olha o que ele estava fazendo*) Você está lendo minha redação? Por que você trabalha aqui tão tarde?
SEPTIMUS Para poupar minhas velas.
THOMASINA Você está com minha velha cartilha.
SEPTIMUS É minha novamente. A senhorita não deveria ter escrito nela.

Ela pega a cartilha, olha a página em que está aberta.

THOMASINA Era uma piada.
SEPTIMUS Vai me deixar louco como a senhora prometeu. Sente mais para lá. A senhora vai nos comprometer.

Thomasina levanta e vai para a cadeira mais distante.

THOMASINA Se mamãe entrar eu direi a ela que nós só viemos aqui nos beijar, e não valsar.

SEPTIMUS Silêncio ou cama.
THOMASINA Silêncio!

Septimus se serve de mais vinho. Ele continua a ler a redação dela. A música muda para uma música de festa vinda do coreto. E há fogos — pequenos contra o céu, distantes focos luminosos como meteoros que explodem. Hannah entra. Está vestida para a festa. A diferença, contudo, não é dramática. Ela fecha a porta e se dirige à porta do jardim. Mas ao chegar lá, Valentine está entrando. Ele tem um copo de vinho na mão.

HANNAH Ah...

Mas Valentine meramente passa por ela, decidido a fazer alguma coisa, e meio bêbado.

VALENTINE *(para ela)* Achei!

Ele vai direto até a mesa e revira o que a essa altura já é uma considerável bagunça de papéis, livros e objetos. Hannah se volta para ele, intrigada com esses modos. Ele encontra o que estava procurando — o "diagrama". Enquanto isso, Septimus, lendo a redação de Thomasina, também examina o diagrama. Septimus e Valentine examinam o diagrama dobrado no tempo.

VALENTINE É calor.
HANNAH Você bebeu demais, Val?
VALENTINE É um diagrama de trocas de calor.
SEPTIMUS Então, estamos todos condenados!
THOMASINA *(animada)* Sim.
VALENTINE Que nem um motor a vapor, está vendo? *(Hannah enche o copo de Septimus usando o mesmo decantador, e bebe um gole)* Ela não tinha a matemática, nem de longe. Ela viu o que as coisas queriam dizer, bem à frente, como quem vê uma pintura.
SEPTIMUS Isso não é ciência. São historinhas.
THOMASINA Isso agora é uma valsa?
SEPTIMUS Não.

A música ainda é moderna.

VALENTINE Que nem um filme.

HANNAH O que foi que ela viu?

VALENTINE Que você não tem como passar o filme de trás pra frente. O calor era a primeira coisa que não funcionava desse jeito. Não do jeito do Newton. Um filme de um pêndulo, ou de uma bola caindo no ar — de trás pra frente — parece a mesma coisa.

HANNAH A bola estaria indo pro lado errado.

VALENTINE Você ia ter que saber isso. Mas com o calor — atrito — uma bola quebrando uma janela...

HANNAH Sei.

VALENTINE Não funciona de trás pra frente.

HANNAH Quem achava que funcionava?

VALENTINE Ela viu por quê. Você pode remontar os cacos de vidro, mas não pode recolher o calor do impacto. Ele some.

SEPTIMUS Então o Universo Newtoniano Aperfeiçoado tem de cessar e esfriar. Puxa vida.

VALENTINE O calor entra na mistura.

Ele faz um gesto para indicar o ar na sala, no universo.

THOMASINA Sim, é melhor nós corrermos se ainda vamos dançar.

VALENTINE E tudo está se misturando da mesma forma, o tempo todo, irreversivelmente...

SEPTIMUS Ah, acho que ainda temos tempo.

VALENTINE ... até não sobrar mais tempo. É isso o significado do tempo.

SEPTIMUS Quando tivermos encontrado todos os mistérios e perdido todos os significados, estaremos sós, em uma praia vazia.

THOMASINA Aí vamos dançar. Isso é uma valsa?

SEPTIMUS Há de servir.

Ele levanta.

THOMASINA (*de um salto*) Eba!

Septimus a toma cuidadosamente nos braços e a aula de valsa, ao som da música que vem do coreto, começa. Bernard, trajando um pouco convincente figurino da Regência, entra trazendo uma garrafa.

BERNARD Não se incomodem comigo, eu deixei o meu paletó...

Ele se dirige para perto do cesto de vime.

VALENTINE Você está de saída?

Bernard está despindo seu casaco de época. Está com suas próprias calças, enfiadas em meias até os joelhos, e com sua própria camisa.

BERNARD Receio que sim.
HANNAH O que foi, Bernard?
BERNARD Nada que eu possa discutir...
VALENTINE É melhor eu sair?
BERNARD Não, *eu* estou de saída!

Valentine e Hannah assistem enquanto Bernard luta para entrar em seu paletó e ajeitar suas roupas.
Septimus, segurando Thomasina, lhe dá um beijo na boca. A aula de valsa se suspende. Ela olha para ele. Ele a beija novamente, a sério. Ela põe o braço em volta dele.

THOMASINA Septimus...

Septimus faz que ela se cale. Começam a dançar de novo, com o leve sem jeito de uma aula. Chloë entra de supetão do jardim.

CHLOË Eu mato ela! Eu *mato* ela!
BERNARD Ai, Jesus.
VALENTINE Mas o que é isso, Chlo?
CHLOË *(venenosa)* A mamãe!
BERNARD *(para Valentine)* Sua mãe nos pegou naquela cabana.
CHLOË Ela estava espionando!
BERNARD Acho que não. Ela estava atrás de um teodolito.

CHLOË Eu vou com você, Bernard.
BERNARD Ah, não vai, não.
CHLOË Você não quer que eu vá?
BERNARD Claro que não. Pra quê? (*para Valentine*) Desculpa.
CHLOË (*com lágrimas de fúria*) Por que é que você está pedindo desculpas pra *ele*?
BERNARD Você também me desculpe. Desculpas a tudo e a todos. Desculpa, Hannah — desculpa, Hermione — desculpa, Byron — desculpa, desculpa, desculpa, agora posso ir?

Chloë se levanta rígida, lacrimosa.

CHLOË Bom...

Thomasina e Septimus dançam.

HANNAH Como você é filho da puta, Bernard.

Chloë vai para cima dela.

CHLOË E você cuide da sua vida! O que é que você sabe? De qualquer coisa?
HANNAH Nada.
CHLOË (*para Bernard*) Mas *valeu* a pena, não valeu?
BERNARD Foi maravilhoso.

Chloë sai, pela porta do jardim, para a festa.

HANNAH (*um eco*) Nada.
VALENTINE Bom, seu bosta. Eu podia te dar uma carona, mas estou meio torto.

Valentine segue Chloë e pode ser ouvido do lado de fora chamando "Chlo! Chlo!".

BERNARD Um arranhãozinho.
HANNAH Ah... (*ela desiste*) Bernard!
BERNARD Estou curioso pra ler *O gênio do local*. Espero que você encontre o seu eremita. Acho que pela frente é mais seguro.

Ele abre a porta cuidadosamente e olha para fora.

HANNAH A bem da verdade, eu tenho uma boa ideia de quem ele era, mas não tenho como provar.
BERNARD (*com um gesto expansivo e despreocupado*) Publique!

Ele sai, fechando a porta. Septimus e Thomasina agora valsam empolgadamente. Ela está encantada consigo mesma.

THOMASINA Eu estou valsando?
SEPTIMUS Sim, minha senhorita.

Ele lhe dá um último rodopio, levando-os até a mesa, onde faz uma reverência para ela. Ele acende o castiçal dela.
Hannah vai se sentar à mesa, escapando da festa. Ela se serve de mais vinho. A mesa contém os sólidos geométricos, o computador, o decantador, copos, uma caneca de chá, os livros da pesquisa de Hannah, os livros de Septimus, os dois portfólios, o castiçal de Thomasina, a lamparina, a dália, os jornais de domingo... Gus surge à porta. Leva um momento para se perceber que não é lorde Augustus; talvez só quando Hannah o vê.

SEPTIMUS Leve sua redação, eu dei um alfa por pura fé cega. Cuidado com a vela.
THOMASINA Vou ficar esperando você vir.
SEPTIMUS Não posso.
THOMASINA Deve.
SEPTIMUS Não devo.
THOMASINA Você tem que vir.
SEPTIMUS Não vou.

Ela põe castiçal e redação na mesa.

THOMASINA Então eu não vou. Mais uma vez, por meu aniversário.

Septimus e Thomasina começam a valsar juntos. Gus se adianta, assustando Hannah.

HANNAH Ah — que susto você me deu. (*Gus está resplandecente. Ele carrega um vo-*

lume antigo e algo maltratado, atado com uma fita amarrada em um laço. Ele vem até Hannah e empurra o presente na direção dela) Nossa... *(ela larga o volume na mesa e começa a abri-lo. São apenas duas pranchas presas, que contêm o desenho de Thomasina)* "Septimus segurando Plauto." *(para Gus)* Eu estava procurando isso. Obrigada. *(Gus concorda várias vezes com a cabeça. Então, algo sem jeito, ele lhe faz uma reverência. Um cumprimento do período da Regência, um convite para dançar)* Ah, querido, eu não...

Depois de hesitar por um momento, ela levanta e eles se põem em posição, mantendo uma distância, e começam a dançar, bastante sem jeito. Septimus e Thomasina continuam a dançar, fluidamente, ao som do piano.
Fim

DE VERDADE

Para Miriam

Primeira apresentação por Michael Codron no Strand Theatre, Londres, em 16 de novembro de 1982, com o seguinte elenco:

MAX   Jeremy Clyde
CHARLOTTE Polly Adams
HENRY   Roger Rees
ANNIE   Felicity Kendal
BILLY   Michael Thomas
DEBBIE   Suzanna Hamilton
BRODIE   Ian Oliver

Direção   Peter Wood
Iluminação William Bundy
Cenografia Carl Toms

Tempo: o presente

Dois anos transcorrem entre o Primeiro e o Segundo atos

Personagens

MAX, cerca de quarenta
CHARLOTTE, cerca de 35
HENRY, cerca de quarenta
ANNIE, cerca de trinta
BILLY, cerca de 22
DEBBIE, dezessete
BRODIE, 24

Nota do autor

Esta edição de *De verdade* incorpora algumas mudanças feitas no texto durante os ensaios para a estreia londrina, mudanças que não apareceram na primeira edição. As produções de Londres e de Nova York acabaram diferindo em certos pequenos detalhes, mas não é minha opinião que um texto seja "correto" e outro não tanto. Às vezes uma modificação no texto estava ligada a duas cenografias diferentes (Londres usou "praticáveis", enquanto Nova York tinha um palco giratório). Novamente, não tenho uma preferência em especial. Os cenários de Londres tendiam para a abstração, enquanto em Nova York o ambiente era mais realista. Eram ambas excelentes cenografias, mas cada uma delas seria um exemplo intimidante para outras montagens e eu gostaria de pensar que a peça pode ser montada satisfatoriamente com os cenários mais simples possíveis.

Tom Stoppard

Primeiro ato

Cena 1

Max e Charlotte. Max não precisa ser fisicamente impressionante, mas você não ia querer tê-lo como inimigo. Charlotte não precisa ser especialmente atraente, mas você instantaneamente quer tê-la como amiga. Uma sala de estar. Talvez uma prancheta de arquiteto. Uma porta parcialmente aberta leva a um corredor que não se vê e a uma porta de entrada que não se vê. Uma ou duas outras portas para outros cômodos. Max está sozinho, sentado em uma cadeira confortável, com um copo de vinho e uma garrafa aberta à mão. Está usando um baralho para construir um viaduto piramidal, em vários níveis, na mesinha a sua frente. Ele está prestes a acrescentar um par de cartas (apoiadas uma na outra para se sustentarem), e a pirâmide vai indo bem. Para lá da porta do corredor, ouve-se a porta da frente ser aberta com uma chave. A luz que vem de lá muda quando a porta se abre. Max não reage à abertura da porta, que está mais atrás do que na frente dele.

MAX Não bata... (*a porta bate, não violentamente. O viaduto de cartas desmorona. Supérflua, filosoficamente*)... a porta.

Charlotte, no corredor, usando um sobretudo, dá uma olhada pelo cômodo apenas pelo tempo que lhe baste para dizer duas palavras, e some novamente.

CHARLOTTE Sou eu. (*Max deixa as cartas onde caíram. Toma um gole do copo. Nem ergue os olhos. Charlotte, sem o sobretudo, volta para a sala carregando uma valise pequena e uma sacolinha de plástico do* free shop *do aeroporto. Ela larga a valise e vem por trás da cadeira de Max e lhe dá um beijo no alto da cabeça*) Oi.
MAX Oi, amor.
CHARLOTTE Legal. Você me chamava de amor.

Ela larga a sacola do aeroporto no colo dele e volta para a valise.

MAX Ah, é você. Achei que era o meu amor. (*ele não olha para o presente. Põe a sacola no chão ao lado da cadeira*) Onde era mesmo que você estava?

A pergunta a surpreende. Ela é desviada da ação de apanhar a valise — presumivelmente para levá-la para o quarto — e a mala fica onde está.

CHARLOTTE Bom... Na Suíça, é claro. Você não prestou atenção?

Max finalmente olha para ela.

MAX Você está com uma cara boa. Te fez bem.
CHARLOTTE O quê, de ontem pra hoje?
MAX Bom, alguma coisa fez. Como é que está a velha Basileia?
CHARLOTTE Quem?

Max finge ficar brevemente intrigado com a resposta dela.

MAX Eu estava falando da Basileia. Você fala "Basel"? Eu falo Basileia.
CHARLOTTE Ah... falo. Eu falo Basel.
MAX (*cantarolando*) "Let's call the whole thing off..."[9]

Charlotte olha brevemente para ele, curiosa.

CHARLOTTE Quer tomar alguma coisa? (*ela percebe o copo, a garrafa e o comportamento dele. Ácida, mas afetuosa*) Outra coisa?

Ele sorri para ela, esvazia o copo e o ergue para ela. Ela leva o copo, encontra um outro, serve vinho nos dois e dá a Max o que já estava com ele.

MAX E como é que está a velha Basel, então? Em forma?
CHARLOTTE Você por acaso estaria ligeiramente bêbado?
MAX Com certeza.
CHARLOTTE Eu não fui a Basel.

Max fica discreta mas definitivamente interessado agora.

---

9 "Vamos cancelar tudo." Música de George e Ira Gershwin, em que um casal decide que não tem futuro graças ao fato de que pronunciam de maneiras diferentes certas palavras inglesas. (N. T.)

MAX Não? Aonde você foi, então?
CHARLOTTE Genebra.

Max fica surpreso. Ele ri animado.

MAX Genebra! (*ele bebe de seu copo*) E como é que está a velha Genebra, então? O franco vai bem?
CHARLOTTE Quem?

Ele finge surpresa.

MAX O franco suíço. Vai indo bem?
CHARLOTTE Você está bem?
MAX Completamente.
CHARLOTTE Como foi que você se virou?
MAX Nada mal. O meu recorde foi com onze pares na camada de baixo, mas acabaram as cartas.
CHARLOTTE E aquele negócio que você estava desenvolvendo...? O que era mesmo?
MAX Um hotel.
CHARLOTTE Isso. Estavam te faltando dois elevadores.
MAX Resolvido.
CHARLOTTE Bom.
MAX Eu vou virar a estrutura inteirinha de lado e transformar numa choupana. A piscina do teto ainda está me dando problema. Até onde eu pude entender, toda a água vai cair na parte rasa. Como é que estava o lago, por falar nisso?
CHARLOTTE Que lago?

Ele finge surpresa.

MAX O lago Genebra. Você não foi pra Virginia Water, não é? O lago Genebra. Será que fica em Genebra? Deve ficar. Não iam chamar de lago Genebra se fosse em Basileia ou em Basel. Iam chamar de lago Basileia ou Basel. Você conhece os suíços. Completamente confiáveis. E eles chegaram onde chegaram sem sucumbir aos digitais, isso que eu admiro tanto. Eles sabem que é tudo uma armadilha e uma ilusão. Eu lembro de quando os relógios digitais apareceram. Você tinha que dar um sacudão no pulso como quem balança um termômetro, e só dava pra comprar em Tóquio. Mas parecia o fim dos mecanismos de quinze cristais. Tinha gente correndo pelas praças, gritando "A engrenagem morreu". Mas mesmo assim os suíços mantiveram a calma. A bem da verdade eles também fizeram uns digitais, um golpe pra atrair os japoneses pro pântano, e continuaram numerando as contas bancárias. E agora você vê como os japoneses estão desesperados pondo ponteiros nos relógios digitais. É cantar *yodel* pra gente surda. Podem berrar até a vaca tossir. Os dias do relógio digital estão contados. A metáfora vem embutida neles que nem um mecanismo de autodestruição. Pode escrever o que eu estou dizendo, eu estava certo sobre o skate, estava certo sobre a *nouvelle cuisine*, e ainda vão ver que eu estava certo sobre os relógios digitais. Não têm classe, sabe? É só ciência e tecnologia. Fazem um par decente de abotoaduras virar uma grande bobagem, como os suíços são os primeiros a entender. Vendeu bem?

Charlotte o encara.

CHARLOTTE Como?

Ele finge surpresa.

MAX Vendeu bem. As vendas foram boas? A venda em Genebra, como foi? Foi bem em Genebra, com as vendas?
CHARLOTTE O que está acontecendo?
MAX Eu estou demonstrando interesse pelo seu trabalho. Achei que você gostava quando eu demonstro interesse no seu trabalho. Quando eu *demonstrava*. Salvem a *consecutio temporum* e fodam-se as baleias. É, eu tenho certeza que você gosta. Eu lembro como você ficava puta quanto eu dizia pra alguém "A minha mulher trabalha na Sotheby's ou na Christie's, eu nunca lembro qual". Você me entendia errado, na verdade. Você achava que eu estava rindo de você. E na verdade eu tinha esquecido. E como é que está a velha Christie, por falar nisso? (*ele dá um tapa na testa*) Olha eu de novo. Como é que está a velha Soth, por falar nisso? Feliz com as vendas em Genebra, imagino?

Charlotte larga o copo e se move para ficar de pé na frente dele.

CHARLOTTE (*pedindo uma pausa*) Tudo bem.
MAX Tudo bem? Bom, culpa dos malditos suíços. Conservadores, sabe? Os japas podiam mostrar umas coisinhas pra eles. Eles já iam ter uma frota de baleeiros no lago Genebra a essa altura. Como é que está o esqui, por falar nisso? Muita neve?
CHARLOTTE Pare com isso — pare com isso — *pare com isso*. O que foi que eu fiz?
MAX Você esqueceu o passaporte.
CHARLOTTE Eu o quê?
MAX Você foi pra Suíça sem o passaporte.
CHARLOTTE De onde você tirou essa ideia?
MAX Eu achei na sua gaveta de receitas.
CHARLOTTE (*baixinho*) Santo Deus.
MAX Precisamente.

Charlotte se afasta e olha para ele com alguma curiosidade.

CHARLOTTE O que você estava procurando?
MAX O seu passaporte.
CHARLOTTE Era o último lugar em que eu ia olhar.
MAX E foi.
CHARLOTTE Por que você estava procurando?
MAX Eu não sabia que ia ser o passaporte. Se é que você me entende.
CHARLOTTE Acho que entendo. Você mexe nas minhas coisas quando eu não estou? (*pausa. Intrigada*) Por quê?
MAX Eu gostava quando não achava nada. Você devia só ter posto na bolsa. A gente ainda ia ser um casal ideal, por assim dizer.
CHARLOTTE Você não ia dar uma olhada pra ver se tinha sido carimbado?
MAX Uma excelente pergunta. Eu percebi que você não foi a Amsterdã quando foi a Amsterdã. Devo dizer que é de tirar o chapéu, você chegar em casa com um jogo americano com reproduções de Rembrandt pra sua mãe. São esses toquezinhos que elevam o adultério pra longe da arena moral e o transformam em uma questão de estilo.
CHARLOTTE Se eu fosse você eu não continuava.

MAX Jogo americano de Rembrandt! Imagino de quem são os originais. Algum árabe, por acaso? "Ponha os Rembrandts na mesa, Abdul, e mande os meninos lavarem as mãos, é pernil de bode."

CHARLOTTE É como quando roubaram a nossa casa. A mesma violação. Pior.

MAX Eu não sou ladrão. Sou o seu marido.

CHARLOTTE Como eu disse. Pior.

MAX Bom, desculpa. Acho que acabei de pedir desculpas por descobrir que você me enganou. É, pedi mesmo. Como é que ela faz essas coisas? (*ela se afasta, para sair dali*) Você vai a algum lugar?

CHARLOTTE Eu vou deitar.

MAX Você não vai me dizer quem é?

CHARLOTTE Quem é o quê?

MAX O seu amante, amor.

CHARLOTTE Que amante?

MAX Eu presumi que era um só.

CHARLOTTE Foi?

MAX Bom, você encontra os dois separados ou ao mesmo tempo? Desculpa, não é justo. Bom, vamos fazer assim, balance a cabeça se for separados. (*ela olha para ele*) Jesus. Se você ainda tem vaga, eu não estou muito ocupado no momento. Ou já ocuparam? São só dois, então? Balance a cabeça. (*ela olha para ele*) Cruzes, por essa ninguém esperava. Como é que os três ficam livres ao mesmo tempo? Eles trabalham juntos, que nem os Irmãos Marx? Espero que eu não esteja te incomodando.

CHARLOTTE Você me subestima.

MAX (*interessado*) Será? Um quarteto de cordas, então? Mais ou menos isso? (*ele medita um momento*) O que é que o quarto faz? (*ela ergue a mão*) Saquei. Brinca sozinho. Pode me dar um tapa se quiser. Eu não devolvo. Odeio clichês. É uma das coisas que me mantiveram fiel.

Charlotte volta ao corredor e reaparece usando o sobretudo.

CHARLOTTE Se você não se incomoda, acho que eu vou sair, afinal.

Ela começa a fechar a porta.

MAX Você esqueceu a mala.

Pausa. Ela volta e pega a mala. Leva a mala até a porta.

CHARLOTTE Eu lamento muito se você ficou mal. Mas você fez tudo errado. Tem uma coisa certa a se dizer, se você conseguir descobrir qual é.

Ela espera um momento enquanto Max pensa.

MAX É alguém que eu conheço?
CHARLOTTE Você não é alguém que eu conheço.

Ela sai, fechando a porta, e ouve-se a porta da frente abrir e fechar. Max continua sentado. Depois de um tempo ele apanha a sacola do aeroporto, coloca-a de volta no colo e olha dentro dela. Começa a rir. Tira da sacola uma montanha em miniatura dentro de uma esfera de vidro. Dá uma sacudida na esfera e cria uma tempestade de neve dentro dela. Então a tempestade de neve toma todo o palco. Música — um disco pop — serve de ponte para a próxima cena.

Cena 2

Henry, Charlotte, Max e Annie. Henry é amigável mas sabe se cuidar. Charlotte é menos amigável e sabe se cuidar ainda melhor. Max é simpático, raramente impositivo, conciliador. Annie é muito parecida com a mulher que Charlotte deixou de ser. Uma sala de estar. Há portas para o corredor, a cozinha e o quarto. Há um toca-discos e prateleiras com discos. Jornais de domingo. A música vem do toca-discos. Henry, em meio a várias capas de discos, procura uma música em particular. Charlotte entra descalça, vinda do quarto, usando o roupão de Henry, que é grande demais para ela. Ela está desgrenhada por causa do sono e parece toda fora de prumo. Henry ergue os olhos brevemente.

HENRY Oi

Charlotte prossegue sem responder, senta e olha em volta de maneira desiludida.

CHARLOTTE Ah, meu Deus.
HENRY Achei que você ia achar melhor ficar deitada. Quer café?
CHARLOTTE Não sei. (*possivelmente se referindo às capas pelo chão; palidamente*) Que zona.
HENRY Não se preocupe... não se preocupe...

Ele continua a vasculhar os discos.

CHARLOTTE Acho que eu vou ficar na cama mesmo.
HENRY O negócio é que eu liguei pro Max.
CHARLOTTE Como? Por quê?
HENRY Estava pesando na minha consciência. Ele vem aqui.
CHARLOTTE (*com considerável vigor*) Eu não quero ver o Max.
HENRY Desculpa.
CHARLOTTE Francamente, Henry.
HENRY Espera aí — acho que achei.

Ele tira o disco, que já pode ter chegado ao fim a essa altura, do prato e coloca outro. Enquanto isso:

CHARLOTTE Você ainda está fazendo aquela lista?
HENRY Mmm.
CHARLOTTE Você tem um livro favorito?
HENRY *Finnegans Wake*.
CHARLOTTE Você já leu?
HENRY Não seja boba. (*ele põe a agulha no disco e ouve alguns compassos alpinos de Strauss — ou sub-Strauss. Então ergue a agulha novamente*) Não... Não... Desgraça. (*ele começa a guardar o disco*) Você lembra quando a gente estava em um lugar parecido com Bournemouth ou Deauville, e tinha uma pista de dança ao ar livre na frente da nossa janela?
CHARLOTTE Não.
HENRY Lembra, sim, eu estava escrevendo aquela peça sobre Sartre, e tinha uma orquestra maldita que ficava voltando pra mesma musiquinha a cada vinte minutos, aí eu comecei a gritar pela janela e o gerente do hotel...
CHARLOTTE Isso foi em Zermatt. (*desdenhosa*) *Bournemouth*.
HENRY Bom, e qual era?
CHARLOTTE Qual era o quê?
HENRY Como que era o nome da música? Parecia Strauss ou uma coisa assim.
CHARLOTTE Como que era?
HENRY Eu não sei, sei lá.
CHARLOTTE Com quem você estava em Bournemouth?
HENRY Não sacaneie. Eu tenho que dar oito discos pros caras amanhã, e até agora eu estou só com cinco e o *Finnegans Wake*.
CHARLOTTE Bom, se você não lembra o nome e não consegue lembrar a música, por que diabos você ia querer essa música na tua ilha deserta?
HENRY Não é pra ser oito discos que você ama e adora.
CHARLOTTE É, sim.
HENRY Não é. É pra ser oito discos que você associa com momentos centrais da sua vida.
CHARLOTTE Bom, eu sou um momento central da tua vida, e quando você me levou pra Zermatt o teu disco favorito eram as Ronettes cantando "Da Doo Ron Ron".
HENRY The Crystals. (*desdenhoso*) Ronettes.

Charlotte levanta e durante o trecho seguinte procura, e acha, um disco, que acaba colocando na vitrola.

CHARLOTTE Você está fazendo isso ao contrário. Só escolha os teus oito favoritos de todos os tempos e aí lembre o que você estava fazendo naquela época. Qual o problema com isso?
HENRY A princípio eu sou um desses dramaturgos intelectuais. Eu vou fazer um puta papel de bobo, não vou?, anunciando que, enquanto eu estava dizendo a Jean-Paul Sartre e aos existencialistas franceses do pós-guerra onde era que eles tinham errado, eu estava o tempo todo ouvindo as Crystals cantando "Da Doo Ron Ron". Olha, séculos atrás, a Debbie pôs um daqueles discos clássicos mas não tanto — ela devia ter uns dez, onze anos, foi antes de ela tingir o cabelo — e eu te disse "É a merda daquela musiquinha que ficava me deixando louco quando eu estava tentando escrever 'Jean-Paul subiu no telhado' naquele hotel em Deauville faz tanto tempo". Ou Zermatt. De repente *ela* lembra.
CHARLOTTE Cadê ela?

Ela pôs o disco na vitrola, que agora começa a tocar a Valsa dos Patinadores.

HENRY Aula de equitação. É isso! (*triunfante e satisfeito, examinando a capa do disco*) A *Valsa dos Patinadores*! Como é que você sabia?
CHARLOTTE Eles não têm pistas de dança ao ar livre nos Alpes no meio do inverno. Eles têm rinques de patinação. Agora já foram seis.
HENRY Ah, eu não posso pôr essa. É tão banal. (*a campainha toca. Henry vai tirar o disco da vitrola*) É o Max. Quer abrir pra ele?
CHARLOTTE Não. Diga que eu não estou aqui.
HENRY Ele sabe perfeitamente que você está aqui. Onde mais você ia estar? Eu vou dizer que você não quer falar com ele porque já falou o suficiente. Que tal?
CHARLOTTE (*desistindo*) Ah, eu vou me vestir.

Ela sai por onde entrou, para o banheiro. Henry sai por outra porta, para o corredor. Ouvem-se a voz dele e a de Max, e os dois entram imediatamente depois.

HENRY (*off*) Oi, Max. Entra.
MAX (*off*) Oi, Henry.
HENRY (*entrando*) Quanto tempo.

Max entra inseguro.

MAX Bom, vocês têm ficado meio na moita, né?
HENRY É. Desculpa, Max. (*apontando para o banheiro*) A Charlotte não está aqui. Como vai?
MAX Tudo em ordem.
HENRY Que bom.
MAX E você?
HENRY Tudo em ordem.
MAX Que bom.
HENRY Bom, parece que está todo mundo em ordem.
MAX A Charlotte está bem?
HENRY Não acho que ela esteja dando pulinhos de alegria. Bom, vai ser café ou a gente abre uma garrafa?
MAX A garrafa, acho.
HENRY Então espera aí.

Henry sai pela porta que dá para a cozinha. Max se vira e olha desinteressadamente uma folha de papel. Charlotte entra, vinda do quarto, depois de ter se vestido sem fazer muito esforço. Ela olha para Max, que então percebe a presença dela.

MAX Oi, querida.
CHARLOTTE Eu não mereço um dia de folga?
MAX (*desculpando-se*) O Henry ligou...
CHARLOTTE (*mais bondosa*) Está bem, Max.

Henry entra, vindo da cozinha, trazendo uma garrafa aberta de champagne e uma jarra de suco de laranja. Há taças de vinho na sala de estar. Henry se encarrega de arrumar as bebidas.

HENRY Oi, Charlotte. Eu estava justamente dizendo pro Max que você não estava aqui. Tão bom te ver, Max. O que é que você anda fazendo trancado em casa?
MAX Ele está de brincadeira?
HENRY Não, fora isso. Esse pessoal do teatro é tão sensível. Eles ficam se sentindo abandonados se a gente não fica o tempo todo vendo como eles estão.
MAX Eu acabei de censurar o Henry por estar tão na moita.

CHARLOTTE Você ia ficar na moita se tivesse escrito aquilo. (*para Henry*) Se aquele suco de laranja é pra mim, pode esquecer.
HENRY Não, não — coquetéis pra dar e vender. Estou me sentindo imprudente, extravagante, famoso, apaixonado, e eu sou o náufrago da edição da semana que vem de *Discos numa ilha deserta*.
MAX É mesmo?
HENRY Da cabeça aos pés. Por falar nisso, como é que foi ontem de noite?

Ele entrega os copos de Max e Charlotte.

CHARLOTTE Uma desgraça. Eu tive que fingir de novo.
HENRY Muito espertinha, a minha atual esposa. Na verdade eu estava falando da minha peça.
CHARLOTTE Na verdade eu também estava. Eu decidi que é um equívoco estar na peça do Henry.
MAX Pra mim não é.
CHARLOTTE Bom, claro que pra você não, sua besta, você não é casado com ele.
MAX Ah, entendi.
CHARLOTTE O Max entendeu. Todo mundo ali na minha cara pensando: foi por isso que deram o papel pra ela. Você tem razão, Max.
MAX Eu nunca disse nada!
CHARLOTTE E também pensando que eu sou *ela*... entrando com a minha malinha e a minha sacola do aeroporto... "Sou eu!" — aaah, é ela! Então é assim que eles são em casa — ele é cintilante e ela é cintilada.
HENRY Mas como é que foi, mesmo, ontem à noite?
CHARLOTTE Nada bem. A plateia estava com uma cara meio deserta, coisa de dois terços, eu diria. (*com falsa inocência*) Ah, desculpa, querido, era disso que você estava falando?
MAX (*reprovador*) Por favor, Charlotte. Foi tudo bem, Henry, *mesmo*. Todo mundo riu nas horas certas, pra uma noite de sábado, pelo menos, e teve uma pessoa que veio falar comigo depois pra dizer que a cena da reconciliação foi extremamente comovente. Por falar nisso, lembrei uma coisa. Eles *disseram* mesmo — quer dizer, é uma coisinha de nada mas eu achei que era bom te passar porque eu meio que acho a mesma coisa... Quer dizer, aquilo tudo sobre os japoneses e os relógios digitais — de uma hora pra outra eles não

têm ideia do que eu estou falando, sabe, e eu pensei que se desse só pra gente tentar uma noite sem...

Henry o detém, como um guarda de trânsito.

HENRY Perdão, Max. (*ele se vira para Charlotte*) Dois terços vazia ou dois terços cheia?

Charlotte dá uma risada descarada.

CHARLOTTE Não deu, Max. (*ela faz um brinde*) Bom, à noite do encerramento. Ao desmoronamento de *Casa de cartas*.
MAX (*chocado*) Charlotte!
CHARLOTTE Bom, tente ser o escada uma noite em vez de representar o papel do Henry depois de um coquetel e duas revisões. As risadas *dele* vêm todas na hora certa mesmo. Que nem os meus gemidos. Gemido, gemido, vai todo mundo embora quando descobre. Ah, *gemido*, então ela não tem um amante afinal de contas, hein? E perdem totalmente o interesse em mim. Eu sou uma vítima da fantasia do Henry — uma donzela tranquila e fiel com um emprego interessante e uma gaveta de receitas... "Lamento muito se você ficou mal... Tem uma coisa certa a se dizer agora..."
MAX Meu Deus, Charlotte...
CHARLOTTE (*bem simpática*) Ah, cala a boca, Max. Se ele tivesse dado um amante em vez de um passaporte temporário pra ela, a gente ia estar numa peça. Mas ele era tão incapaz de fazer isso quanto de arquitetar um hotel. Perdão, *arquiteturar*.
HENRY Está meio cedo pra isso tudo.
CHARLOTTE Não, querido, está meio tarde.
HENRY Ela é boa, sabe, boa pacas. Isso vem de mim.
CHARLOTTE Ah é, sem você eu ia ser como uma das tuas mulheres. "Quer uma bebida?" "Deixa eu te preparar uma bebida." "Uma bebidinha?" Essa é a ideia do Henry de papéis femininos. Bebidas e escadas. As partes públicas. Ó, uma deixa, Henry.
HENRY Sabe, esse negócio da ilha deserta tem lá suas vantagens.
CHARLOTTE Você ia ficar louco, querido.

HENRY Eu estava pensando em você, querida. Você podia escolher uma das minhas peças como livro.
CHARLOTTE Eu vou ficar com a que tiver mais páginas.

Max interpõe seu corpo, por assim dizer.

MAX Hã, cadê a jovem Deborah hoje?
CHARLOTTE Quem?
MAX Debbie.
CHARLOTTE (*pasmada*) Debbie?
MAX A tua filha.
CHARLOTTE Filha? Filha? Deve ser algum engano. Não tem lugar pra crianças. Diálogos inteligentes, é isso que a gente quer. As crianças são meio desinteligentes. Antes de você se dar conta, a conversa é só sobre preço de sandálias. O Henry não ia conseguir. Ele não gosta de pesquisa.
HENRY Verdade.
CHARLOTTE Não dá pra ter um bando de crianças complicando aquela saída limpa com a mala.
MAX (*para Charlotte*) Um monte de gente não tem filhos, na vida real. Eu e a Annie...
HENRY Ah, não... Uma vez só eu disse pra ela que várias mulheres só prestavam pra buscar bebidas e ela ficou muito pouco razoável. (*animadamente, sabendo o que está fazendo, estende o copo vazio para Charlotte*) Tem mais?

Max lança um olhar para Charlotte e tenta apressadamente evitar a explosão.

MAX Deixa comigo...

Ele pega o copo de Henry e o enche com champanhe e suco.

CHARLOTTE Vários *homens* só prestam pra buscar bebidas — por que você não escreve sobre eles?

Max devolve o copo a Henry.

HENRY (*sorrindo para Max*) Incrivelmente agradável você ter aparecido.
CHARLOTTE Ah é, você deve uma bebida a ele. Eu sou a vítima da fantasia dele, e você está mancomunado com ele. Que egotrip! Ter todas as palavras pra retrucar quando precisa. Essa é a diferença entre as peças e a vida real — tempo pra pesar, tempo de pegar a garrafa de volta. "Tenho que confessar que é de tirar o chapéu, voltar pra casa com um jogo americano de Rembrandt pra sua mãe." Você não acha mesmo que, se o Henry me pegasse com um amante, ele ia ficar sentado com frasezinhas inteligentes sobre jogos americanos? Ia o cacete. Ele ia desmontar que nem um pega-varetas. A sintaxe dele ia pedir penico, seguida de perto pelo esfíncter. Você sabe disso, não sabe, Henry? Henry? Não responde. Você está aí, Henry? Diga alguma coisa inteligente.

Henry vira a cabeça para ela.

HENRY É alguém que eu conheço?
MAX (*começando a levantar*) Bom, obrigado pela bebida...
CHARLOTTE Ah, senta, Max, pelo amor de Deus, ou ele vai achar que é você.

Max obedece descontente.

HENRY Brincadeirinha, Max. Pilhérias. Sabe... diálogos. (*a campainha toca*) Está vendo só?
MAX A Annie disse que ia aparecer se a reunião do comitê acabasse cedo. Ela está no Comitê Justiça para Brodie... vocês sabem... (*pausa*) Eu vou, então?
HENRY Eu vou.
MAX Não, fique onde está, eu vou ver se é ela.

Max vai para a porta da frente.

CHARLOTTE Muito obrigada. Vem mais alguém?
HENRY Só dê um Stiksy pra eles. Eles não vão ficar.
CHARLOTTE Por que você foi ligar pra ele, pra começo de conversa?
HENRY Bom, eu só tenho que escrever uma vez. Ele tem que dar as caras toda noite. Ficou na minha consciência.
CHARLOTTE Você tem espaço na tua consciência pra mim também?

HENRY Com certeza. Você pode comer um Stiksy.

CHARLOTTE Bom, não pergunte do Brodie pra ela.

HENRY Certo.

CHARLOTTE Se ela começar com aquelas histórias de bode expiatório e testa de ferro, vai tomar um Stiksy enfiado no nariz.

HENRY Certo.

Annie entra, seguida de Max. Annie está com uma sacola a tiracolo cheia de verduras e frutas.

CHARLOTTE (*entusiasmada*) Querida! Quanto tempo!

ANNIE Oi, Charlotte. É muito simpático da sua parte.

MAX A gente só pode ficar um minutinho.

ANNIE Como vai, Henry?

HENRY Bem.

MAX A Annie vai cuidar da comida na reunião de protesto hoje de tarde, então a gente não pode...

HENRY Ah, cale a boca. Não preste atenção no Max. Eu deixei ele nervoso.

ANNIE O que foi que você fez com ele?

HENRY Nadinha. Eu perguntei se ele estava tendo um caso com a Charlotte, e ele ficou ofendido.

ANNIE E estava?

HENRY Aparentemente não. Fazendo umas comprinhas?

ANNIE Não exatamente. Eu vi um mercadinho aberto na volta e... Enfim, vocês podem dizer que é um presente.

CHARLOTTE (*tirando a sacola dela e investigando*) Querida, não precisava mesmo... trazer... cogumelo?

ANNIE Isso.

CHARLOTTE (*sem se comportar muito bem*) E um rabanete...

ANNIE (*ficando infeliz*) E cenouras... Ah, nossa, deve ter dado impressão que...

HENRY Cadê a carne?

CHARLOTTE Cala a boca.

ANNIE Agora eu queria ter trazido flores.

CHARLOTTE Isso é muito mais legal.

HENRY Tão original. Eu vou pegar um vaso.

ANNIE É pra comer cru.
HENRY Comer cru! Um título perfeito pra um espetaculozinho pornográfico.
CHARLOTTE Eu vou fazer um patê.
MAX A gente não vai ficar para comer, pelo amor de Deus.
HENRY Só um patezinho?
ANNIE Quer que *eu* faça?
CHARLOTTE Não, não. Eu sei onde as coisas estão.
HENRY Isso, a Charlotte vai providenciar patês pra comer crus. Ela sabe onde as coisas estão. (*Charlotte se encarrega dos vegetais. Henry pega um quarto copo*) Sente, tome um coquetel. Eu estou me sentindo imprudente, extravagante, famoso, e eu sou o náufrago da edição da semana que vem de *Discos na ilha deserta*. Você pode ser a minha extravagância.
ANNIE Não sei se você pode me bancar.
MAX Quais são os seus oito discos?
HENRY O problema é esse. Eu odeio música.
CHARLOTTE Ele gosta de música pop.
HENRY Você não precisa repetir tudo que eu digo.
MAX Não entendi o problema.
CHARLOTTE O problema é que ele é um esnobe sem ser um esnobe do avesso. Ele tem *vergonha* de gostar de música pop.

Charlotte leva os vegetais para a cozinha, fechando a porta.

HENRY É verdade. O problema é que eu não gosto da música pop de que é bacana gostar. Você pode meter um Pink Floydzinho entre as sinfonias e *dame* Janet Baker — mostra uma refrescante abertura de padrões ou pelo menos uma honestidade refrescante...Mas *eu* gosto de Wayne Fontana e os Mindbenders cantando "Um-Um-Um-Um-Um-Um".
MAX Cantando o quê?
HENRY É o título. (*ele demonstra*) "Um-Um-Um-Um-Um-Um." Eu gosto de Neil Sedaka. Lembra de "Oh, Carol"?
MAX Pelo amor de Deus.
HENRY (*todo animado*) É, eu não sou muito atualizado. Eu gosto de Herman's Hermits, e dos Hollies, e dos Everly Brothers, e de Brenda Lee, e das Supremes... quer dizer, não tudo. Eu não gosto de *artistas*. Eu gosto de músicas.

MAX Isso é mera pretensão.

HENRY (*insistentemente*) Não. Essas coisas me *comovem*, como as pessoas supostamente se comovem com a música *de verdade*. Uma vez me levaram pro Covent Garden pra ouvir uma mulher chamada Callas em um tipo de musical estrangeiro sem dança, e as pessoas estavam doando um rim pra conseguir ingressos pra aquilo. A ideia era me curar do meu aleijão. Como se aquilo lá fosse um tipo de Lourdes pros retardados musicais. A minha doença na época tomava a forma de uma crença na ideia de que a gravação de "You've lost that loving feeling" dos Righteous Brothers para o selo London era possivelmente o ruído mais assombroso, mais profundamente comovente jamais gerado pelo espírito humano, e aquela vocalista ia me corrigir.

MAX Sem resultados?

HENRY Nem perto. Aquela mulher no máximo entrava no Top 30, e isso *se* pagasse *jabá*.

MAX Você preferia os Righteous Brothers.

HENRY Preferia. Você acha que tem alguma coisa errada comigo?

MAX É. Eu diria que você é um imbecil.

HENRY E o que eu posso fazer?

MAX Não tem nada que você possa fazer.

HENRY Eu estou falando dos *Discos da ilha deserta*.

ANNIE Você sabe muito bem o que devia fazer.

HENRY Cancelar?

MAX Pra falar a verdade, eu lembro. (*cantando mal*) "You've lost that lovin' felling..."

HENRY É uma ideia — terapia de aversão.

MAX (*cantando*) "... that lovin' feeling... You've lost that lovin' feeling..."

HENRY Acho que está funcionando.

MAX (*cantando*) "... it's gorn, gorn, gorn... oh-oh-oh — yeah..."

HENRY (*feliz*) Meu Deus, é uma *merda*! Você resolveu. Agora cante "Oh, Carol".

MAX Essa eu não sei.

HENRY Eu toco pra você.

MAX Acho que eu vou dar uma mão pra Charlotte.

ANNIE Eu devia ir.

MAX Não. Eu tive a ideia antes.

Charlotte entra, carregando uma tigela.

CHARLOTTE Um patê.
MAX Eu estava indo ajudar.
CHARLOTTE Tudo bem, pode ir picando as coisas.
MAX Beleza. Picar...

Max entra na cozinha. Charlotte ajeita a tigela e está prestes a seguir Max. Henry enfia o dedo na tigela e prova o patê.

HENRY Falta alguma coisa.
CHARLOTTE Perdão?
HENRY Falta alguma coisa. Um pouco de interesse. Alho? Suco de limão? Não sei.
CHARLOTTE (*gélida*) Quem sabe você devesse contratar uma cozinheira.
HENRY Com certeza isso já seria um exagero — uma cozinheira que gasta todo o tempo esvaziando potes de maionese e acrescentando suco de limão? O que é que a gente ia fazer com o que sobrasse?
CHARLOTTE Presumivelmente você põe no palco com o resto da tua tralha.

Charlotte vai para a cozinha, fechando a porta.

HENRY Tudo bem com você?

Annie faz que sim.

ANNIE Tudo bem com você? (*Henry faz que sim*) Encosta em mim. (*Henry sacode a cabeça*) Encosta em mim.
HENRY Não.
ANNIE Ah, vai, encosta em mim. Sirva-se. Toque onde quiser.
HENRY Não.
ANNIE Encosta em mim.
HENRY Não.
ANNIE Covarde.
HENRY Eu te amo mesmo assim.
ANNIE Isso, fale isso.

HENRY Eu te amo.

ANNIE Continue.

HENRY Eu te amo.

ANNIE Isso.

HENRY Eu te amo.

ANNIE Então encosta em mim. Eles vão entrar ou não vão. Corra o risco. Me dê um beijo.

HENRY Pelo amor de Deus.

ANNIE Uma rapidinha no tapete então.

HENRY Você pirou.

ANNIE Eu não estou interessada na sua mente.

HENRY Está sim.

ANNIE Não, não estou, eu menti pra você. (*pausa. Henry sorri para ela*) Eu odeio domingo.

HENRY Eu pensei em te animar um pouco com uma ligação obscena, mas o Max chegou antes, aí eu tive que improvisar.

ANNIE Eu podia ter passado aqui de qualquer jeito. "Oi, Henry, Charlotte, só de passagem, quanto tempo."

HENRY Ia ter sido meio arriscado.

ANNIE Eu estou a fim de arriscar. Vamos enquanto eles estão picando rabanete.

HENRY Você pirou *mesmo*.

ANNIE Vamos embora, e aí acabou. O Max vai sofrer. A Charlotte vai te fazer sofrer e vai conseguir a guarda. Você vai ver a Debbie aos domingos, e em três anos ela vai estar na universidade se lixando pra tudo isso mesmo.

HENRY Não é só a Debbie.

ANNIE Não, você quer dar um tempo...

HENRY Isso...

ANNIE ... tempo pra dar errado, mudar, estragar. Aí você vai saber que não era de verdade.

HENRY Eu não roubo a mulher dos outros.

ANNIE Vá se *foder*.

HENRY Você sabe o que eu quero dizer.

ANNIE Sei, você quer dizer que me ama mas não quer que fiquem sabendo. Eu e os Righteous Brothers. Bom, vá se foder.

A porta da cozinha abre de supetão e Max entra algo dramaticamente, sangrando de um corte no dedo.

MAX Não entre em pânico! Você tem um lencinho?
ANNIE Max?

Annie e Henry reagem adequadamente, os dois procurando por um lenço. Henry acha o seu primeiro, um lenço branco limpo, no bolso.

HENRY Toma...
MAX Obrigado. Não, deixa eu...
ANNIE Deixa eu ver.
MAX Está tudo bem, não é tão ruim quanto parece. (*para Henry*) Típico dessa sua cozinha maldita — um monte de champanhe e nenhum band-aid.
ANNIE Coitadinho do meu amor, só aperte um pouco onde cortou.
MAX Acho que eu vou pôr de novo embaixo da torneira.

Ele se move na direção da cozinha.

HENRY Desculpa por isso, Max. Ela tentou fazer isso comigo uma vez.

Max sai, deixando a porta aberta. A conversa de Henry e Annie não é nada furtiva, mas se dá em um volume que reconhece a presença de uma porta aberta.

ANNIE Desculpa.
HENRY Não, desculpa *eu*.
ANNIE Tudo bem. Está tudo bem.

Henry se adianta e lhe dá um beijo de leve.

HENRY Vai melhorar.
ANNIE Como?
HENRY De repente vão descobrir a gente.
ANNIE Melhor contar pra eles. Quem entrar primeiro, hein? Se for o Max, eu conto pra ele. Se for a Charlotte, você começa. Certo? É fácil. Que nem Butch Cassidy e Sundance Kid pulando do desfiladeiro. São só uns casamentos e

uma filha. Certo? (*Charlotte entra vindo da cozinha, carregando uma bandeja com vegetais picados. Para Henry*) Certo?

Isso é arriscadíssimo e, logo, extremamente seguro: dessa maneira Annie e Henry continuam a falar com considerável privacidade um com o outro nos intervalos da conversa geral, por sob ou por sobre as preocupações respectivas de Charlotte e Max.

CHARLOTTE O Max te contou? É repolho-vermelho. Eu tirei ele do departamento de corte. Ele está fazendo outro patê. Ele diz que é havaiano. Era pra servir em um abacaxi oco. A gente não tem abacaxi. Ele vai servir numa lata vazia de abacaxi em conserva. Eu tenho inveja de você ser casada com um homem com senso de humor. O Henry acha que tem senso de humor, mas o que ele tem é um reflexo pra piadas. Hein, Henry? A cabeça dele está a mil. Abacaxi, abacaxi... Anda, querido.
HENRY (*para Annie*) Não. Desculpa.
ANNIE Tudo bem.
CHARLOTTE (*ocupada com os talheres*) A Debbie está esperando um almoço?
HENRY (*para Annie*) Nem tanto.
CHARLOTTE Como?
HENRY Não. Ela quer ficar na rua.

Annie bebe o que sobrou no copo.

ANNIE Cadê a Debbie?
HENRY Na escola de equitação. Uma bebida?

Ele tira o copo vazio da mão dela.

ANNIE Que amor.
CHARLOTTE Antes ela comia que nem um cavalo, até ganhar um.

Henry enche o copo de Annie.

HENRY Eu pego ela hoje de tarde. (*ele devolve o copo de Annie*) Coquetel de laranja, pode ser?

CHARLOTTE Pegar?
ANNIE Dá na mesma.

Max entra com o patê havaiano na lata de abacaxi.

MAX Pronto.
ANNIE Como for.
MAX É havaiano.
HENRY Você é um sujeito genial.
CHARLOTTE Muito bem, Max.
ANNIE E você também.

Ela vai até Max, enfia o dedo na lata e prova o patê.

MAX Espero que eu tenha feito certo. O que você achou? (*na outra mão ele tem o lenço algo ensanguentado de Henry, que agora oferece de volta. Para Henry*) Obrigado. O que é que eu faço com isso?
HENRY (*pegando o lenço*) Tudo bem, deixa comigo.

Ele põe o lenço no bolso.

ANNIE (*para Max*) Nada mau. (*para Charlotte*) Posso?
CHARLOTTE Sinta-se em casa.
ANNIE Aguenta aí um minutinho.

Ela pega a lata de Max e sai da sala com ela, indo para a cozinha.

CHARLOTTE (*para Henry*) Você é superprotetor. Ela podia vir a pé em meia hora.
MAX Quem, o quê?
CHARLOTTE A Debbie.
HENRY Quando ela tiver terminado de limpar lá os estábulos e tudo mais...
CHARLOTTE Apear da montaria, montar no peão...
HENRY (*não viu graça*) Hilário.
MAX Eu não deixava ela vir a pé. Mataram uma pessoa ali na praça não faz tanto tempo assim. Melhor não brincar com isso.

CHARLOTTE A Debbie não ia matar ninguém. Ela só ia dar umas pancadas. Eu não consigo entender aquela menina. (*Annie entra com o patê*) Tem gente que tem filhas que adoram pôneis.

Passando por Henry, Annie casualmente põe o dedo na boca dele, sem se deter.

ANNIE Está gostoso?
CHARLOTTE Tem gente que tem filhas que viram punks. A gente tem uma filha que sai cavalgando por aí como se fosse a Última Moicana.
HENRY Pirada.

Annie entrega o patê a Charlotte.

CHARLOTTE (*para Annie*) O seu caso é de esperma ou de trompas torcidas? Ou será que você simplesmente não aguenta os verminhos irritantes?
MAX Charlotte!
HENRY Desde quando isso é problema seu?
CHARLOTTE Ele está apaixonado pela dele, sabe?
ANNIE Isso não era pra ser o normal?
CHARLOTTE Não, querida, o normal é o contrário.
HENRY Então, Annie, qual é a ideia desse Comitê Brodie? A Charlotte estava perguntando.
MAX Você sabe, o recruta Brodie.
ANNIE Tudo bem.
MAX A Annie conhece o sujeito.
ANNIE Não conheço, não.
MAX Conte a história de como você conheceu o cara no trem.
ANNIE Isso. Eu conheci ele no trem.

Pausa. Mas Henry, demonstrando ávido interesse, a libera.

HENRY Sim?
ANNIE (*rindo desconfortável*) Parece que eu já contei essa história.
HENRY Mas a gente não te vê faz tanto tempo.
MAX A Annie estava vindo do nosso chalé pra Londres, não é?

HENRY É *mesmo*?
ANNIE É.
HENRY (*fascinado*) Vocês têm um chalé em...?
ANNIE Norfolk.
HENRY Norfolk! Como assim, lá nas montanhas?
ANNIE (*rabugenta*) Que montanhas? Norfolk é absolutamente...

Ela se interrompe subitamente.

CHARLOTTE Ah. Que engraçado. Pare, Henry.
HENRY Eu não sei do que você está falando. Então, você estava vindo da tua casa em Norfolk pra Londres — ou *chalé* — e você encontrou esse recruta Brodie no trem.
ANNIE Isso.
MAX Foi muita coincidência. O Brodie estava indo pra manifestação, exatamente como a Annie.
HENRY *De verdade*?
ANNIE Isso.
HENRY Como é que você sabia? Ele estava usando um bottom que dizia "Fora Mísseis" no uniforme?
ANNIE Ele não estava de uniforme.
MAX Que colhão. Que coragem moral. Um soldado comum usando sua licença de fim de semana pra protestar contra a merda daqueles mísseis deles.
HENRY *Deles*? Eu achava que eram nossos.
MAX Não, eles são americanos.
HENRY Ah, tá — *deles*...
MAX Pura consciência moral, sabe — quer dizer, ele não tinha a nossa motivação.
HENRY *Nossa*?
MAX Minha e da Annie. (*Henry parece não entender*) Que temos propriedades em Little Barmouth.
HENRY Ah é, claro. O recruta Brodie não tinha um chalé de fim de semana em Little Barmouth, é isso.
MAX Não, ele é escocês...
CHARLOTTE Cale a boca, Henry.
MAX Ele está sendo daquele jeito?

CHARLOTTE É. Ele está sendo daquele jeito.

MAX Não vejo sobre o que ele pode estar sendo daquele jeito.

HENRY (*capitulando empolgadamente*) De maneira alguma! Então você conhece esse recruta Brodie no trem, e o Brodie disse: "Vejo que você está a caminho da manifestação na frente de Whitehall". Certo?

ANNIE Não. Ele me reconheceu do meu seriado quando eu era criança. Ele assistia *Rosie da enfermaria real* quando era menino.

MAX Que *tal* essa? Parece que era ontem que a Annie estava fazendo *Rosie da enfermaria real*. Ele *ainda* é menino.

ANNIE É. Vinte e um.

MAX Uma criança.

HENRY Ele detonou dois policiais a pontapés, não foi?

MAX Vá se ferrar. (*para Charlotte*) Se você quer saber qual é a questão, você devia ir à reunião.

CHARLOTTE Eu sei que devia, mas eu gosto de deixar o domingo livre. Pra receber os amigos, sabe. Felizmente existem pessoas como a Annie pra compensar pessoas como eu.

HENRY Quem sabe eu vou.

CHARLOTTE Não, você é uma pessoa como eu. Diz pra ele, Annie.

ANNIE Você vai pegar a Debbie na aula de equitação.

HENRY Isso, a bem da verdade, acho que eu vou entrar pro Comitê Brodie. Devia ter pensado nisso antes.

CHARLOTTE Eles não querem diletantes. Você tem que ter a motivação certa, que nem a Annie.

HENRY O Brodie só quer sair da cadeia. Que diferença faz pra ele se a nossa motivação tem as razões erradas?

MAX Como assim?

HENRY Um de nós provavelmente está sovando o pai, que era policial. Outro está preocupado que sua imagem está ficando um tanto à direita do centro. Outro está apaixonado por um membro do Comitê e quer ganhar a aprovação dela...

CHARLOTTE Você é qual?

HENRY Você acha que eu estou brincando, mas não estou. As posturas públicas têm a configuração dos transtornos particulares.

MAX Quem disse isso?

HENRY Eu disse, seu bobo.

MAX Eu quis saber quem disse antes.

HENRY Ah, antes. (*para Annie*) Leve esse cara pra tua reunião. Eu estou de saco cheio dele.

ANNIE Ele não vai.

HENRY (*saboreando*) Você não vai à reunião?

MAX Não, na verdade não. Não que eu não queira, mas eu ia ter que deixar o meu parceiro de squash na mão.

HENRY Parceiro de squash? Um dilema moral interessante. Fico imaginando o que santo Agostinho faria.

MAX Eu não acho que santo Agostinho tivesse um parceiro de squash.

HENRY Eu sei disso. Ninguém queria jogar com ele. Mesmo assim. Eu me ponho no lugar dele. Equilibro uma fatia de abacaxi na minha cenoura. E pondero. De um lado, o parceiro de squash do Max. Um sujeitinho bacana mas não uma privação de primeira magnitude. E do outro lado Brodie, um vândalo de quatro costados, incendiário, profanador do santuário da nação, *mas* mofando na cadeia por anos e anos por vir devido, *talvez*, à incapacidade da sociedade de compreender um homem dividido, um bandido pacifista.

MAX Eu não tolero vandalismo, por mais idealista que seja. Só que eu...

HENRY É, mas, então, na escala dos atos de vandalismo, fazer uma fogueira no monumento ao soldado desconhecido usando de combustível uma coroa de flores que alguém deixou ali como homenagem não ganha muitos pontos de discrição. Imagino que ele estava tentando ser provocativo.

MAX Claro que estava, sua besta, mas ele foi derrubado por um reflexo emocional.

HENRY Não, não, não *dá*...

MAX Mas foi *mesmo*!

HENRY Não, eu estou falando da imagem. "Derrubado" por um "reflexo". Não *dá*!

MAX Ah, pelo amor de Deus. É a tua casa, e eu estou bebendo o teu vinho, mas se tem uma coisa que eu não gosto, Henry...

HENRY *De* que eu não gosto, Max.

MAX Certo. (*ele larga o copo definitivamente e levanta*) Vamos, Annie. Tem alguma coisa errada com você. Alguma coisa faltando. Você até pode ter todas as respostas, mas ter todas as respostas não é o objetivo da vida.

HENRY Desculpa, mas é que *dói* mesmo.

MAX O Brodie pode não ser um intelectual, como você, mas ele participou daquela marcha em nome de uma causa, e agora recebeu seis anos por um ato bobo de bravata e uma pancadaria, e ia ter sido esquecido em uma semana se não fosse a Annie. Esse é que é o objetivo da vida — uma mistura danada de sorte e azar, e pessoas que se incomodam mas não necessariamente têm todas as respostas. Que merda você pensa que é pra ser condescendente com a Annie? Ela vale dez vezes mais que você.
HENRY Eu sei.
MAX Desculpa, Charlotte.
CHARLOTTE Bem feito, Henry.

Max vai na direção da porta da frente. Charlotte, dando uma espiada em Henry, revirando os olhos descontente, vai atrás dele, saindo do cômodo. Annie levanta. Durante o resto da cena ela se move, quase sem olhar para Henry, talvez pegando a bolsa.

HENRY Era só pra eu poder olhar pra você sem que ficasse esquisito.
ANNIE Que horas você vai pegar a Debbie?
HENRY Quatro. Por quê?
ANNIE Três horas. Procure o meu carro.
HENRY E o Brodie.
ANNIE Ele que morra seco.

Annie sai, fechando a porta. Música pop: "I'm into something good", dos Herman's Hermits.

Cena 3

Max e Annie. Uma sala de estar. Max está sentado sozinho, ouvindo um rádio pequeno de onde continua saindo a música dos Herman's Hermits, agora com o volume ajustado. A disposição dos móveis e das portas faz a cena lembrar imediatamente o começo da cena 1. A música termina e é seguida pela entrevista de Henry em Discos numa ilha deserta, *mas o diálogo no rádio, durante os poucos momentos antes de Max diminuir o volume, não faz sentido por baixo do diálogo no palco. Ouve-se, nos bastidores, a porta da frente ser aberta com a chave. A porta fecha. Annie, usando um sobretudo, surge brevemente na porta que dá para o corredor. Ela está apressada.*

ANNIE Você ligou o rádio? (*ela desaparece e ressurge sem o casaco*) Eu perdi quanto tempo?
MAX Cinco ou dez minutos.
ANNIE Merda. Se eu tivesse ficado com o carro, tinha conseguido pegar o começo.
MAX Onde é que você estava?
ANNIE Você sabe onde eu estava. Ensaiando.
MAX Como vai a Júlia?
ANNIE Quem?
MAX Júlia. *Senhorita Júlia. A senhorita Júlia*, de Strindberg. *A senhorita Júlia*, de August Strindberg, como vai ela?
ANNIE Tudo bem com você?
MAX Isso provavelmente...
ANNIE Fique quieto.
MAX Isso provavelmente não é nada, mas...
ANNIE *Max*, será que eu posso *ouvir*? (*Max baixa totalmente o volume do rádio*) O que foi? Está irritado?
MAX Isso provavelmente não é nada, mas eu achei isso aqui no carro, entre os assentos da frente.

Ele mostra a ela um lenço branco sujo e ensanguentado.

ANNIE O que é isso?
MAX O lenço do Henry.
ANNIE Bom, devolva pra ele. (*ela estende a mão*) Dá aqui que eu lavo e você pode entregar pra Charlotte no teatro.

MAX Mas eu devolvi pra ele. Quando foi que ele esteve no carro? (*pausa*) O lenço estava limpo, fora o meu sangue. Você está gripada? Parece imundo. Secou imundo. Você é imunda. Sua vaca imunda. Sua vaca imunda nojenta... (*ele começa a chorar, quase inaudível, imóvel. Annie espera. Ele recupera a voz*) É verdade, não é?

ANNIE É.

MAX Ah, meu Deus. (*ele levanta*) Por que você fez isso?

ANNIE Eu sinto muito mesmo, Max...

MAX (*interrompendo, subitamente recomposto*) Tudo bem. Aconteceu. Tudo bem. Não significou nada.

ANNIE Eu sinto muito, Max, mas eu amo ele.

MAX Ah, não.

ANNIE Sim.

MAX Ah, *não*. Não ama não.

ANNIE Sim, amo sim. E ele me ama. E é isso, né? Eu sinto muito por ser terrível assim. Mas no fundo é melhor. Esse monte de mentira.

MAX (*desmontando de novo*) Ah, Jesus, Annie, pare com isso. Eu te amo. Por favor, não... Faz quanto tempo? E *ele*... ah, meu *Deus*.

Ele chuta violentamente o rádio. O rádio voltou a tocar música — os Righteous Brothers cantando "You've lost that lovin' feeling" — e o chute de Max tem o efeito de aumentar bastante o volume. Ele se atira sobre Annie em algo que parece um ataque que se transforma imediatamente em abraço. Annie não faz mais que suportar o abraço.

Cena 4

Henry e Annie. Uma sala de estar. Uma casa obviamente temporária e improvisada, dividida ao meio (esquerda e direita) por uma arara de roupas, que determina duas áreas, "dele" e "dela". A disposição da porta e da mobília faz a cena lembrar imediatamente a Cena 2. No chão estão várias caixas de papelão que contêm pastas, jornais, cartas, roteiros, notas... o butim de um sistema de arquivo. Há também um sofá. Os jornais de domingo e um roteiro encadernado estão sobre ou perto do sofá. Henry está sozinho, escrevendo a uma mesa. Um rádio toca música pop baixinho enquanto ele escreve. Annie entra vindo da porta do quarto, descalça e usando o robe de Henry, que é grande demais para ela. Henry, no meio de uma frase, levanta brevemente os olhos e olha para baixo novamente.

ANNIE Eu não estou aqui. Juro.

Ela vai para o sofá e cuidadosamente abre um jornal. Henry continua a escrever. Annie olha na direção dele uma ou duas vezes. Ele não percebe. Ela levanta e vai até atrás da cadeira onde ele está, olhando por cima do ombro dele enquanto ele trabalha. Ele não percebe. Ela dá a volta na mesa e para na frente dele. Ele não percebe. Ela abre rapidamente o roupão para ele ver. Ele não percebe. Ela vai de novo para trás dele e olha por cima do ombro. Ele se vira e a agarra muito subitamente, fazendo que ela grite e ria. O ataque se transforma em um abraço, de pé.

HENRY Você é um saco.
ANNIE Desculpa, desculpa, mil desculpas. Eu vou ficar boazinha. Vou sentar e decorar o meu texto.
HENRY Não vai não.
ANNIE Eu vou pro outro quarto.
HENRY Aqui está bom.
ANNIE Não, você tem que escrever a minha peça.
HENRY Eu não consigo. Me libere.
ANNIE Não, você prometeu. É o meu presente.
HENRY Tudo bem. Fique e converse comigo um pouco. *(ele desliga o rádio)* Matéria-prima. Aí eu escrevo essa página, aí eu te estupro, aí eu faço a página de novo, aí eu... Ah *(feliz)*, tudo bem com você?

Annie faz que sim.

ANNIE Tudo. Tudo bem com você? (*Ele faz que sim. Animada, com vergonha de si própria*) Não é horrível? O Max está tão infeliz e eu tão... *empolgada*. A infelicidade dele parece até... meio de mau gosto. Eu sou horrível? Ele deixa cartas pra mim nos ensaios, sabe, e consegue me fazer atender as ligações dele fingindo que é o meu agente e tal. Ele me adora, e quer me castigar com a dor dele, mas eu não consigo mostrar a devida culpa. Isso tudo meio que me irrita. É tão *cansativo* e tão *desinteressante*. Vocês nunca escrevem sobre isso, você e o teu pessoal.

HENRY O quê?

ANNIE Litros de tinta e quilômetros de fitas de máquina de escrever gastos sobre a infelicidade de um amor não correspondido; nem uma palavra sobre o absoluto tédio de quem não corresponde. É muito interessante como...

HENRY Lacuna?

ANNIE Como? Não, eu quero dizer que é como um...

HENRY Preconceito?

ANNIE É uma... coisa... muito interessante.

HENRY Isso, coisa.

ANNIE Não, quer dizer, isso mostra... Ah, esquece — agora eu me perdi.

HENRY Como é que você está hoje?

ANNIE Com um saldo negativo. Onde foi que você se meteu?

HENRY Você estava apagada.

ANNIE Culpa tua. Quando eu tomo uma bolinha daquelas, eu já estou morro abaixo. Você devia ter ido pra cama quando disse que ia.

HENRY (*indicando a mesa*) Não estava em um lugar em que desse pra parar. Eu teria ido dormir deprimido.

ANNIE Bom, eu pensei, acabou a lua de mel. Quinze dias e boa-noite sem trepadinha.

HENRY Não, pra falar a verdade, eu consegui.

ANNIE Não conseguiu.

HENRY Consegui, sim. Você estava totalmente zureta. Só os reflexos estavam funcionando.

ANNIE Mentiroso.

HENRY Verdade.

ANNIE Por que você não me acordou?
HENRY Pensei em tentar sem você falando. Olha só, não está andando muito aqui, por que a gente não...?
ANNIE Seu podre. Só por causa disso eu vou ficar decorando o meu texto.
HENRY Eu leio com você.

Ela lhe lança um olhar cruel mas acha uma página do roteiro e lhe entrega o caderno.

ANNIE Você não fez isso de verdade, né?
HENRY Fiz.
ANNIE (*lendo sem interpretar*) "Très gentil, Monsieur Jean, très gentil!"
HENRY (*lendo*) "Vous voulez plaisanter, madame!"
ANNIE "Et vous voulez parler français? Onde foi que você aprendeu?"
HENRY "Na Suíça. Eu trabalhei de garçom em um dos melhores hotéis de Lucerna."
ANNIE "Você está muito elegante com esse casaco... *charmant*." Seu podre.
HENRY "A senhorita me lisonjeia, senhorita Júlia."
ANNIE "Lisonjeio? Eu lisonjeio."
HENRY "Gostaria de aceitar o elogio, mas a modéstia o proíbe. E, é claro, minha modéstia gera sua insinceridade. Portanto, a senhorita me lisonjeia."
ANNIE "Onde você aprendeu a falar desse jeito? Você passa muito tempo no teatro?"
HENRY "Ah, sim. Eu circulo, sabe."
ANNIE Ah, Hen. Tudo bem com você?
HENRY Não muito. Eu não consigo fazer a minha. Eu não sei escrever amor. Eu tento escrever direito, e só sai constrangedor. Ou é infantil ou grosseiro. E as partes grosseiras são totalmente juvenis. Nada se salva ali. A minha credibilidade está por um fio depois de *Discos numa ilha deserta*. Enfim, eu sou pudico demais. Talvez eu devesse escrever bem artificialmente mesmo. Verso branco. Imagens poéticas. Não tanto "Você ainda vai me amar quando os meus peitos estiverem caídos?". "Claro que vou, querida, é a sua bunda que eu adoro", e mais "Palavra, vosso rosto faz a lua obscurecer a sua radiância", você não acha?
ANNIE Acho que não, hein.
HENRY Não. Não mesmo. Não sei. Amar e ser amado é aliterário. É a felicidade

expressa em banalidade e luxúria. Eu fico nervoso de ver três quartos de uma página e nenhuma *escrita*. Quer dizer, eu *falo* melhor que isso.

ANNIE Você vai ter que aprender a fazer as entrelinhas. O meu Strindberg é cheio de luxúria, mas não tem nada grosseiro na página. A gente só contorna o assunto. Aí ele meio que morde o meu dedo e eu faço aquela respiração pesada e ele me dá uma apalpada, um beijo no pescoço...

HENRY Quem?

ANNIE O Gerald. É tudo muito excitante. (*Henry ri, desmedidamente, e Annie continua friamente*) Ou divertido, claro.

HENRY Vamos fazer essa parte... você respira, eu apalpo...

ANNIE (*afastando-o*) Vai embora. Você só vai ficar mal-humorado depois.

HENRY Quando foi que eu fiquei mal-humorado?

ANNIE Sempre que a tentação é largar o trabalho.

HENRY Você está falando daquela tarde?

ANNIE Que tarde? Não, eu não estou falando de *tentação*, pelo amor de Deus. Será que você não pensa em mais nada?

HENRY Claro. O quê, por exemplo?

ANNIE Eu estou falando de "tentação", como quando alguém na televisão te atrai.

HENRY A televisão nunca me tentou.

ANNIE A Miranda Jessop foi isso, a tentação pra você na televisão.

HENRY Ossos do ofício.

ANNIE Se ela não estivesse naquela peça, você não ia ter assistido nem que eles tivessem vindo montar aqui no teu tapete.

HENRY Exatamente. Eu recebi um cartão do agente dela, pra eu não perder a presença dela em *Teatro Trotsky* essa semana, ou sei lá como é que chamava.

ANNIE Você só olhava quando ela tirava a roupa. Você acha que eu não vejo? Foi por isso que eu tomei o meu comprimido. Vá se foder, eu pensei, fique à vontade.

HENRY Você é doida. Eu tenho que assistir se ela vai fazer a minha peça pra televisão. É questão de educação.

ANNIE Os peitos *dela* já estão caídos.

HENRY As pessoas esperam que eu dê uma opinião, sabe.

ANNIE Acho que ela nem é tudo isso que falam, na verdade.

HENRY Tenho que concordar. Eu não dava mais que seis pra eles. (*ela bate nele com o roteiro*) Quatro. (*ela bate de novo*) Três.

ANNIE Você se acha engraçado pra cacete, né?
HENRY O que é que te deu? Eu mal conheço a mulher.
ANNIE Você gosta dela. Ela usa calça de leopardo.
HENRY Como é que você sabe?
ANNIE Eu dividi um camarim com ela.
HENRY Não acho que ela use o tempo todo.
ANNIE Eu tenho certeza que não.
HENRY "Palavra, vosso rosto faz a lua..."
ANNIE Ah, cale a boca.
HENRY Você está com ciúme de quê?
ANNIE Eu não estou com ciúme.
HENRY Certo, você está irritada com o quê?
ANNIE Eu não estou irritada. Vá trabalhar.

Ela faz cara de concentrada no roteiro. Henry finge retomar o trabalho. Pausa.

HENRY Desculpa.
ANNIE Por quê?
HENRY Não sei. Eu vou ter que sair pra pegar a Debbie. Eu não quero ir se a gente não estiver de bem. Você vem junto, então?
ANNIE Não. Foi um erro na última vez. Estraga tudo pra ela, o nervosismo.
HENRY Ela não estava nervosa.
ANNIE Não ela. Você.

Pausa.

HENRY Bom, eu volto lá pelas duas.
ANNIE Eu não vou estar.

Pausa.

HENRY (*lembrando*) Ah, é. É hoje que você vai fazer a visita na prisão? Você é muito — hum — fiel ao Brodie.
ANNIE E isso é uma surpresa pra você, né?
HENRY Eu só estou dizendo que você não tem muito tempo pra boas causas. E você também não tem um chalé de fim de semana.

ANNIE Você acha que eu sou mais parecida com você.
HENRY É.
ANNIE É só que eu conheço o cara.
HENRY Você não conhece o cara. Você encontrou com ele num trem.
ANNIE Bom, ele é o único prisioneiro político que eu já encontrei num trem. Sorte dele.
HENRY Político?
ANNIE Foi um ato político que fez a polícia cair em cima dele pra começar, então...
HENRY *A priori*?
ANNIE Não, é...
HENRY *De facto*?
ANNIE Todo mundo sabe que resistir à prisão não é a mesma coisa que um criminoso resistir.
HENRY Piromania é crime.
ANNIE Piromania é queimar um prédio. Tocar fogo na coroa do monumento ao soldado desconhecido é um ato simbólico. Você certamente vê a diferença.
HENRY (*com cuidado*) Ah, sim... é facinho de ver.

Não foi tão cuidadoso quanto devia. Annie estreita os olhos para ele.

ANNIE E, claro, ele acabou derrubado por um reflexo emocional.

Pausa.

HENRY Pele de leopardo de verdade ou só nylon estampado?
ANNIE (*explodindo e atacando-o, gritando*) Você não me ama como eu te amo. Eu sou só uma folga depois da Charlotte, e uma novidade.
HENRY Novidade você é mesmo. Eu nunca *conheci* alguém tão bobo. Eu te amo. Não sei por que você está agindo assim.
ANNIE Eu estou agindo de maneira normal. Você que é anormal. Você não se incomoda a ponto de se *incomodar*. Ciúme é normal.
HENRY Eu achava que você tinha dito que não *estava* com ciúme.
ANNIE Bom, e por que é que *você* nunca tem ciúme?
HENRY De quem?
ANNIE De qualquer um. Você não se incomoda se o Gerald Jones enfia a língua na

minha orelha — o que, diga-se de passagem, ele faz sempre que consegue uma chance.

HENRY O problema é esse, então?

ANNIE É ofensivo esse teu jeito de só rir de tudo.

HENRY Mas você não tem interesse por ele.

ANNIE Eu sei disso, mas por que é que você conta com isso?

HENRY Porque você não tem. Isso é idiota.

ANNIE Mas por que você não se *importa*?

HENRY Mas eu me importo.

ANNIE Não, não se importa.

HENRY É verdade, não me importo. Por que *será*? É porque eu me sinto superior. Olha lá o coitado, pegando uma ou outra migalha de cera de ouvido na mesa do rico. Você tem razão. Eu não me importo. Eu gosto. Eu gosto de como a presunção dele admite o quanto ele é miserável. Eu gosto dele, sabendo que acaba aí, porque você vem pra casa, pra mim, e a gente não quer mais ninguém. Eu amo o amor. Eu amo ter um amor e ser um. A insularidade da paixão. Eu amo. Eu amo o jeito que ela distorce a fronteira entre todo mundo que não é quem a gente ama. Só há dois tipos de presença no mundo. Você e eles. Eu te amo muito.

ANNIE Eu te amo muito, Hen.

Eles se beijam. O alarme do relógio de pulso de Henry dispara. Eles se separam.

HENRY Desculpa.

ANNIE Não deixe o cavalo te dar um coice.

HENRY Não deixe o Brodie te dar um coice.

Ele vai para a porta para sair. Da porta ele olha para ela e acena com a cabeça. Ela acena de volta. Ele sai. Annie vai devagar até a mesa de Henry e olha as páginas que estão ali. Ela liga o rádio e troca a estação, da música pop para Bach. Ela volta à mesa e, quase sem perceber, abre uma das gavetas. Deixando a gaveta aberta, ela vai até a porta e some brevemente no corredor, e então ressurge, fechando a porta. Ela vai até uma das caixas de papelão no chão. Tira o que estava na caixa. Coloca a pilha de papéis no chão. Agachada, ela começa a examinar os papéis, metódica e detidamente. O rádio continua tocando.

Cortina.

Segundo ato

CENA 1

Henry e Annie. Uma sala de estar/estúdio. Outra casa. Dois anos depois. Há três portas. Uma TV e um videocassete e um rádio pequeno na mesa de Henry, em que há também uma máquina de escrever. Os dois anos devem se mostrar na aparência de Henry e de Annie. Talvez ele agora use óculos quando lê, como no começo da cena, ou pode até ter deixado um bigode. Annie pode ter cortado o cabelo bem curto. Henry está sozinho, lendo um roteiro que consiste de um maço de folhas datilografadas. Do toca-discos vem uma ópera (Verdi). Henry lê por algum tempo. Annie entra vindo do quarto ou da cozinha e dá uma olhada em Henry, nada casualmente, então senta e olha enquanto ele lê por um tempo. Então ela desvia os olhos e ouve um pouco de música. Henry ergue os olhos para ela. Annie olha para ele.

ANNIE Então?
HENRY Ah — hum — Strauss.
ANNIE O quê?
HENRY Não é Strauss.
ANNIE Eu estava falando da peça.
HENRY *(indicando o roteiro)* Ah. A peça.
ANNIE *(com desdém)* Strauss. Como é que pode ser Strauss? Está em italiano.
HENRY Está? *(ele ouve)* Então é ópera italiana. Uma das óperas italianas. Verdi.
ANNIE Qual?
HENRY O Giuseppe. *(ele imagina, pela expressão dela, que não é a resposta certa)* O monte?
ANNIE Qual ópera?
HENRY Ah. *(confiante)* Madame Butterfly.
ANNIE Você está fazendo de propósito.

Ela vai até o toca-discos e para a música.

HENRY Juro que não.
ANNIE Era de imaginar que *alguma coisa* você tivesse aprendido depois de dois anos e pouco.

HENRY Eu gostei desse — gostei mesmo — bastante, é só que eu não consigo diferenciar. Dois anos e pouco não é muito quando todos eles fazem o mesmo som. Pra falar a verdade o meu ouvido é melhor que o teu — *você* não consegue ver a diferença entre os Everly Brothers e as Andrews Sisters.
ANNIE Não tem diferença.
HENRY Ou a gente podia se separar. Será que a gente pode ouvir alguma coisa decente agora?
ANNIE Não.
HENRY Tudo bem. Põe um dos teus negócios instrumentais. Aquele som de big band. (*ele canta a abertura da Quinta de Beethoven*) Da-da-da-*daaaa*...
ANNIE Se *liga*.
HENRY Beleza. (*ele se concentra no roteiro*) Me interrompa se alguém já disse isso antes, mas é interessante ver quantos dos maiores de todos os tempos começam com B. Beethoven, o Big Bopper...
ANNIE É a única coisa que eles têm em comum.
HENRY Eu não diria isso. Os dois morreram. O Big Bopper morreu no mesmo acidente de avião que matou Buddy Holly e Richie Valens, sabe.
ANNIE Não, não sabia. Você desistiu da peça, então?
HENRY Buddy Holly estava com vinte e dois. Pense no que ele podia ter feito. Quer dizer, se Beethoven tivesse morrido em um acidente de avião com vinte e dois anos, a história da música teria sido muito diferente. Assim como a história da aviação, claro.
ANNIE *Henry*.
HENRY A peça.

Ele volta sua atenção para o roteiro.

ANNIE Até onde você já foi?
HENRY O teu interesse é profissional ou é meramente pessoal?
ANNIE Meramente?

Pausa.

HENRY O teu interesse é pessoal ou é meramente profissional?
ANNIE De qual dos dois você desconfia?

Pausa.

HENRY Pausa.
ANNIE Eu podia fazer ela, não podia?
HENRY A Mary? Ah, claro — sem maquiagem.
ANNIE Muito bem, então. *As três irmãs* dançaram definitivamente.
HENRY Nada é definitivo com aquele pessoal.
ANNIE As outras duas estão grávidas.
HENRY Uma meia dúzia de falas a mais resolvia tudo.
ANNIE Se esse roteiro pudesse estar apresentável, digamos, daqui a um mês...
HENRY Enfim, eu achava que você ia cometer incesto em Glasgow.
ANNIE Eu não disse que ia.
HENRY Acho que você devia. É coisa de classe, o Webster. Eu adoro aquele monte de sexo e violência dos jacobinos.
ANNIE Não é Webster. Não é jacobino. E é em Glasgow.
HENRY Você não trabalha ao norte de Cambridge, então?
ANNIE Eu estava achando que você ia ficar com saudade se eu fosse — me desculpe o engano.
HENRY Eu estava achando que você podia querer que eu fosse com você — desculpe o meu.
ANNIE Você não tinha a menor intenção de ir a Glasgow por cinco semanas.
HENRY Isso é verdade. Eu respondi no susto. Claro que eu ia ficar com saudade.
ANNIE E, além disso, *é* um pouco ao norte.

Henry lhe dá um "tiro" no meio dos olhos com o indicador.

HENRY Te peguei. Os ensaios são em Glasgow?
ANNIE (*fazendo que sim*) Depois da primeira semana. (*indicando o roteiro*) Até onde você foi?
HENRY Eles estão no trem.
"Você é um menino esquisito, Billy. Quantos anos você tem?"
"Vinte. Mas vivi mais do que você vai conseguir viver."
Leio em voz alta?
ANNIE Se você quiser.
HENRY Pra te dar uma noção.

ANNIE Tudo bem.

HENRY Vou voltar um pouco... quando eles se conhecem. Tudo bem? (*Annie concorda. Henry faz barulhos de trem. Ela está na defensiva, sem saber direito se ele está sendo perverso ou não. Lendo*)

"Perdão, essa poltrona está ocupada?"
"Não."
"Posso sentar?"
"É um país livre."
"Obrigado."
"*Ele se senta na frente dela. Mary continua lendo seu livro.*"
"Vai longe?"
"Até Londres."
"Então, você estava dizendo... Então você acha que o país é livre."
"Você não acha?"
"É isso, todo mundo é livre pra fazer o que mandam. O meu nome é Bill, aliás. E o seu?"
"Mary."
"É um prazer conhecer você, Mary."
"O prazer é meu, Bill."
"Você sabe que horas esse trem deve chegar em Londres?"
"Perto de uma e meia, eu acho, se não atrasar."
"Você me faz lembrar Mussolini, Mary. É, você é a cara dele, os mesmos olhos."

ANNIE Se você não vai ler direito, nem comece.

HENRY Desculpa.

"Perto de uma e meia, eu acho, se não atrasar."
"Você me faz lembrar Mussolini, Mary. As pessoas diziam do Mussolini que ele podia ser fascista, mas pelo menos os trens andavam no horário. A gente fica pensando por que será que a British Rail não é totalmente pontual, não é?"
"Como assim?"
"É que é engraçado. Os fascistas estão no governo mas os trens estão mais atrasados que nunca."
"Mas isso aqui não é o fascismo."
"Você tem certeza, Mary? Veja o exército..."

Você não vai fazer isso aqui, né?
ANNIE Por que não?
HENRY Porque não presta.
ANNIE Você quer dizer que não é literário.
HENRY Não é literário, e não presta. Ele não sabe escrever.
ANNIE Seu esnobe.
HENRY Eu sou esnobe e ele não sabe escrever.
ANNIE Eu sei que está cru, mas ele tem algo a dizer.
HENRY Ele tem algo a dizer. Que por acaso é algo extremamente tolo e estreito. Mas fora isso, ainda existe o problema de que ele não sabe escrever. Ele sabe queimar coisas, mas não sabe escrever.
ANNIE Devolve. Eu não devia ter pedido isso pra você.
HENRY Pelo amor de Deus, Annie, se não fosse o Brodie você nunca ia ter conseguido acabar de ler.
ANNIE Mas *é* o Brodie. A questão é essa. Dois anos e meio atrás ele mal sabia juntar meia dúzia de palavras.
HENRY Ele ainda não sabe.
ANNIE Seu *porco*.
HENRY Eu sou porco, e ele não sabe...
ANNIE Eu vou te dar um cacete. É você que é estreito. Você é estreito com as tuas noções de literatura. Você julga tudo como se todo mundo começasse do mesmo lugar, querendo a mesma recompensa. Com o Shakespeare das aulinhas de literatura um quilômetro na frente de todo mundo, e o resto alucinado tentando diminuir a distância. Vocês todos escrevem pra pessoas que queriam escrever como vocês só que não sabem escrever. Bom, vá se foder você e a porra das aulinhas de literatura!
HENRY Certo.
ANNIE O Brodie não está escrevendo pra competir como vocês. Ele está escrevendo pra ser ouvido.
HENRY Certo.
ANNIE E ele fez tudo sozinho.
HENRY Isso. É verdade... dá pra ver que ele leu bastante coisa.
ANNIE Você não pode esperar que seja Literatura Inglesa.
HENRY Não.
ANNIE Ele é um prisioneiro gritando por cima do muro.

HENRY Isso mesmo. É, eu entendo o que você quer dizer.
ANNIE Ah, cale a boca! Eu prefiro o teu sarcasmo.
HENRY Por que uma peça? Foi você que sugeriu?
ANNIE Não exatamente.
HENRY Por que você fez uma coisa dessas?
ANNIE O Comitê, o que sobrou do Comitê, achou... Quer dizer, as pessoas cansaram do Brodie. As pessoas cansam de tudo depois de dois ou três anos. A campanha precisa...
HENRY De um tiro no pé?
ANNIE Não, precisa...
HENRY De um chute na bunda?
ANNIE (*inflamada*) Pelo amor de Deus, quer parar de terminar as minhas frases?!
HENRY Desculpa.
ANNIE Agora eu me perdi.
HENRY A campanha precisa...
ANNIE É mais difícil ignorar um escritor. Eu pensei... que as pessoas comentam essas peças pra TV, elas têm um certo impacto. Pra reabrir o caso dele. Você acha? Quer dizer, Henry, o que você *acha*?
HENRY Acho que faz bastante sentido.
ANNIE Não, o que você acha *de verdade*?
HENRY Ah, *de verdade*. Bom, eu acho *de verdade* que escrever teatro vagabundo não vale como prova de reabilitação. E muito menos de erro jurídico. Mas mesmo que fosse, acho que qualquer um que acha que está cansado do Brodie não sabe ainda o que é estar cansado dele antes de aguentar esse discurso. Não que alguém venha a ter chance de chegar ao fim, porque isso tem metade do tamanho do *Capital* e nem metade das piadas. Eu acho também que você devia saber disso.
ANNIE Sua besta arrogante.
HENRY Você fala palavrão demais.
ANNIE O Roger está disposto a montar, a princípio.
HENRY Que Roger? Ah, o *Roger*. Por que diabos o Roger ia montar uma coisa dessas?
ANNIE Ele está no Comitê. (*Henry olha para o teto*) Só precisa de uma revisão.
HENRY Vocês são todos loucos.
ANNIE Você está com ciúme.

HENRY Do Brodie?

ANNIE Você tem ciúme da ideia do escritor. Você quer que ela se mantenha sagrada, especial, não uma coisa que qualquer um pode fazer. Algumas pessoas têm, outras não. *Nós* escrevemos, *vocês* são tema. O que te irrita no Brodie é que ele não sabe o lugar dele. Você diz que ele não sabe escrever como um maître dizendo que você não pode entrar aqui sem gravata. Porque ele não sabe juntar palavras. O que é que tem de tão bom em juntar palavras?

HENRY É tradicionalmente visto como uma vantagem para os escritores.

ANNIE Ele não é escritor. Ele é um condenado. *Você* é escritor. Você escreve *porque* é escritor. Mesmo quando você escreve *sobre* alguma coisa, você tem que inventar alguma coisa sobre a qual escrever só pra poder continuar a escrever. Mais palavras bem escolhidas lindamente agrupadas. E daí? Por que isso tem que ser *tudo*? Quem foi que disse?

HENRY Ninguém. É só que funciona melhor.

ANNIE Mas é *claro* que funciona. Vocês ensinam a um monte de gente o que eles devem esperar da boa literatura e acabam com um monte de gente dizendo que vocês escrevem bem. Aí aparece alguém que não está no jogo, como o Brodie, que realmente tem alguma coisa sobre a qual escrever, algo de verdade, e vocês não conseguem ler até o fim. Bom, *ele* não ia conseguir terminar de ler a *tua*, então qual é a tua? Pra você, ele não sabe escrever. Pra ele, escrever é a única coisa que ele *pode* fazer.

HENRY Jesus, Annie, você está começando a me chocar. Tem algo de assustador na estupidez exposta com coerência. Eu sei lidar com imbecis, e eu sei lidar com um argumento razoável, mas eu não sei como lidar com você. Cadê o meu taco de críquete?

ANNIE O teu taco de críquete?

HENRY Isso. É uma nova abordagem.

Ele vai para o corredor.

ANNIE Você está tentando ser engraçado?

HENRY Não, é sério.

Ele sai enquanto ela olha preocupada e descrente. Ele volta com um antigo taco de críquete.

ANNIE É bom que você não esteja.

HENRY Certo, sua vaca estúpida...

ANNIE Você nem se atreva, seu...

HENRY Cale a boca e escute. Esse treco aqui, que parece um bastão de madeira, na verdade é um conjunto de vários pedaços de uma madeira em particular ardilosamente reunidos pra coisa toda funcionar, que nem uma pista de dança. É pra bater em bolas de críquete. Se você bater direitinho, a bola de críquete vai cobrir cem metros em dois segundos, e a única coisa que você fez foi dar uma pancadinha nela como quem arranca o gargalo de uma garrafa de cerveja, e ela faz um barulhinho igual a uma truta. (*ele estala a língua para fazer o barulho*) O que a gente está tentando fazer é escrever tacos de críquete, pra que quando a gente jogar uma ideia pra cima e der uma pancadinha, ela possa... viajar... (*ele estala novamente a língua e apanha o roteiro*) Agora o que a gente tem aqui é um toco de madeira, mais ou menos do mesmo formato, tentando ser um taco de críquete, e se você bate numa bola com ele, a bola vai cobrir uns três metros e você vai largar o taco e sair pulando e gritando "au!" com as mãos enfiadas no sovaco. (*indicando o taco de críquete*) Isso aqui não é melhor porque alguém diz que é melhor, ou porque exista uma conspiração da Liga de Críquete pra manter as clavas fora dos campos. É melhor porque é melhor. Você não acredita em mim, então eu sugiro que você vá tentar jogar com isso e veja como é que a coisa anda. "Você é um menino estranho, Billy, que idade você tem?" "Vinte, mas já vivi mais do que você vai conseguir viver." Uuh, au!

Ele larga o roteiro e salta de um lado para o outro com as mãos embaixo dos braços, dizendo "Au!". Annie o observa inexpressiva, até que ele desiste.

ANNIE Eu te odeio.

HENRY Eu te amo. Eu sou teu camarada. Sou teu melhor amigo. Eu cuido de você. Você é a única.

ANNIE Ah, Hen... Você não tem como ajudar?

HENRY O que é que você esperava que eu fizesse?

ANNIE Bom... cortar e dar uma forma...

HENRY Cortar e dar forma. Henry, o alfaiate. Olha — ele não sabe escrever. Eu ia ter que escrever pra ele.

ANNIE Bom, então escreva pra ele.

HENRY Não posso.

ANNIE Por quê?

HENRY Porque é *bobagem*. Anunciar cada revelação manjada dos recém-iluminados, como o vigoroso Cortez topando com o Pacífico — guerra é lucro, os políticos são fantoches, o parlamento é uma farsa, a justiça é uma fraude, propriedade é roubo... está tudo aqui: a Bolsa de Valores, os vendedores de armas, os barões da imprensa... Não dá pra passar a perna no Brodie — patriotismo é fachada, a religião é um engano, a realeza é um anacronismo... Páginas e mais páginas. É como ser atropelado bem devagar por um circo de aberrações cheio dos nossos simplórios favoritos, o pedagogo de plástico, o intelectual anão, a panaceia humana...

ANNIE É a visão de mundo dele. Talvez do lugar dele você visse as coisas da mesma maneira.

HENRY Ou talvez eu percebesse onde eu estou. Ou pelo menos que estou em *algum* lugar. Imagino que exista um mundo de objetos que têm uma certa forma, como essa caneca de café. Eu viro, e não tem alça. Inclino, e não tem cavidade. Mas tem alguma coisa real aqui que é sempre uma caneca com uma alça. Imagino. Mas política, justiça, patriotismo — essas coisas nem são como as canecas. Não existe nada real separado da nossa percepção dessas coisas. Então se você tenta mudar essas coisas como se houvesse algo original a ser mudado, você vai acabar frustrado, e a frustração no fim vai te deixar violento. Se você sabe disso e continua com humildade, talvez venha a alterar a percepção que as pessoas têm pra elas se comportarem de um jeito um pouquinho diferente naquele eixo do comportamento em que a gente localiza a política ou a justiça; mas se você não sabe, aí você está agindo baseado em um engano. O preconceito é a manifestação desse engano.

ANNIE Ou essa é a tua percepção.

HENRY Tudo bem.

ANNIE E quem escreveu, por que escreveu, *onde* escreveu — nenhuma dessas coisas conta para você?

HENRY Me inclua fora disso. Elas não contam. Talvez o Brodie tenha sofrido uma injustiça, talvez não. Não sei. Não faz diferença. Ele é um calhorda com a linguagem. Eu não posso ajudar um cara que acha, ou acha que acha, que editar um jornal é censura, ou que jogar tijolos é uma manifestação enquanto construir edifícios é violência social, ou que declarações impalatáveis são provocação, enquanto interromper quem fala é exercício da liberdade de expressão... As palavras não merecem esse tipo de traquinagem. Elas são inocentes, neutras, precisas, representando isso, descrevendo aquilo, significando uma terceira coisa, então se você cuida delas você consegue construir umas pontes entre a incompreensão e o caos. Mas quando elas perdem as arestas, não servem mais pra nada, e o Brodie apara arestas sem saber que está fazendo. Então tudo que ele constrói é ajambrado. É besteira. Uma criança inteligente consegue derrubar. Não acho que os escritores sejam sagrados, mas as palavras são. Elas merecem respeito. Se você coloca as palavras certas na ordem certa, você consgue dar uma pequena desequilibrada no mundo ou fazer um poema que as crianças vão ler pra você quando você estiver morto.

Annie vai para a máquina de escrever, tira a página do tambor e lê.

ANNIE "Setenta e nove. Interior. Cápsula do comandante. Do ponto de vista de Zadok, vemos o brilho verde da força de ataque laser que se dirige a nós. Close up: Sorriso lúgubre de Zadok. *Zadok*: 'Acho que vai funcionar. Eles estão vindo!'. *Kronk*, em off: 'Mantenha a rota!'. *Zadok*..."
HENRY (*interrompendo*) Isso não são palavras, são imagens. Filmes. Enfim, pensão alimentícia não conta. Se a Charlotte legalizasse as coisas com aquele arquiteto que mora com ela, eu ia estar escrevendo coisas de verdade.

Annie deixa a página cair sobre a máquina.

ANNIE Você nunca escreveu a minha.
HENRY É verdade. Não escrevi. Eu tentei. Não consigo lembrar quando me senti mais deprimido que daquela vez. Ah, sim. Ontem. Não seja má comigo. Eu vou a Glasgow e vou ficar sentado no teu camarim e vou escrever Kronk e Zadok toda noite enquanto você está fazendo *'Tis pity she's a whore*.
ANNIE Eu não vou a Glasgow.
HENRY Ah, vai sim.
ANNIE Não, não vou. Nós vamos encenar o Brodie. Eu quero. *Eu* quero. Será que *eu* não conto? Hen? (*pausa*) Bom, dá pra ver que é difícil pra um homem de gostos tão exigentes. Vamos ao mundo alfabetizado. Alguma coisa decente.

Annie enfia o dedo no radinho em cima da mesa de Henry. Baixinho, ele começa a tocar música pop. Ela começa a sair da sala.

HENRY (*exasperado*) Por que o Brodie? Você tem uma queda por ele, ou o quê? (*ela olha para ele e ele vê que cometeu um erro*) Eu retiro o que disse.
ANNIE Tarde demais.

Ela sai da sala.

Cena 2

Annie está sentada à janela de um trem em movimento. Está mergulhada em um livro de bolso. Billy entra no campo de visão e se detém, olhando um momento para ela. Ela não toma consciência da presença dele. Ele carrega uma sacola com zíper. Fala com sotaque escocês.

BILLY Perdão, essa poltrona está ocupada?

Annie mal ergue os olhos.

ANNIE Não.

Billy senta ao lado ou na frente dela. Larga a bolsa no assento perto dele. Ele olha para ela. Ela não levanta os olhos do livro. Ele olha para o relógio e depois pela janela e depois para ela novamente.

BILLY Era de se pensar que com esses fascistas todos os trens estivessem no horário.

Annie olha para ele e sorri de repente. Ela dá uma risadinha.

ANNIE Meu Deus, você me deu susto. *(ela olha para ele, satisfeita e risonha)* Seu bobo.

Billy abandona o sotaque.

BILLY Oi.
ANNIE Não sabia que você estava no trem.
BILLY Pois é, pra você ver. Tudo bem?
ANNIE Tudo bem. Imagino que você já leu, então.
BILLY A peça do Brodie? Li. Li sim.
ANNIE E daí?
BILLY Ele não sabe escrever.

Pequena pausa.

ANNIE Eu sei. Só que eu achei que era o tipo de coisa que você podia fazer direito.
BILLY Ah, sim. Eu podia dar uma melhorada. Você vai montar aquilo?
ANNIE Eu espero. Não como está, imagino. Obrigada por ler, aliás.
BILLY Você acha ruim eu vir sentar aqui com você?
ANNIE Não. Não mesmo.
BILLY Isso não quer dizer que a gente precisa conversar.
ANNIE Tudo bem.
BILLY Como é que você está?
ANNIE Com medo. Eu estou sempre assustada. Eu penso, é dessa vez que vão descobrir.
BILLY Bom, melhor em Glasgow.
ANNIE Tem mais alguém neste trem?
BILLY Não, nós estamos totalmente a sós.
ANNIE Eu quero dizer algum de *nós*, os outros.
BILLY Não sei. Alguns estão indo de avião, na ponte aérea.
ANNIE Eu gostei da ideia de ir de trem.
BILLY Eu gostei da ideia de ir com você.

Annie responde o olhar dele.

ANNIE Billy...
BILLY O que você pensou quando me viu?
ANNIE Agora?
BILLY Não. No primeiro dia.
ANNIE Eu pensei, meu Deus, ele é tão *novo*.
BILLY (*escocês*) Eu já vivi mais do que você vai conseguir viver.
ANNIE Tudo bem. Tudo bem.
BILLY Eu é que devia estar com medo. Você é sensacional.
ANNIE Eu não estou me sentindo bem.
BILLY Você está me parecendo muito bem.
ANNIE Eu sou mais velha que você.
BILLY Não tem importância.
ANNIE Eu sou bem mais velha. Eu vou parecer mais a sua mãe que a sua irmã.
BILLY Tudo bem, desde que seja incesto. Aliás, eu gosto de mulheres mais velhas.
ANNIE Billy, você não pode ficar flertando comigo.

BILLY Por que não?
ANNIE Bom, porque não faz sentido. Você vai parar?
BILLY Não. Tudo bem?

Pausa.

ANNIE Você sabia que eu ia estar no trem.
BILLY (*concordando com a cabeça*) Vi você subir. Pensei em aparecer quando o trem saísse.
ANNIE Você pensou em tudo mesmo.
BILLY Tive que esperar o fiscal passar. A minha passagem não é de primeira classe.
ANNIE O que é que você vai fazer se ele voltar?
BILLY Vou dizer que você é minha mãe. Como é que eles te deram uma passagem de primeira classe?
ANNIE Não deram, na verdade. Acho que eu mesma me promovi.
BILLY Você aprova o sistema de classes?
ANNIE Você quer dizer nos trens ou em geral?
BILLY Em geral. Viajar de primeira classe.
ANNIE Não existe sistema. As pessoas se agrupam quando têm alguma coisa em comum. Às vezes é religião e às vezes é, sei lá, criar periquitos ou estudar na mesma escola. Grupos grandes e pequenos que se sobrepõem. Não é culpa delas. É uma coisa cultural; não são *classes* nem é um *sistema*. (*ela percebe uma coisa*) Não tem *nada* ali, na verdade — é só o jeito de você olhar. A sua percepção.
BILLY Brilhante pacas. Tem gente que passou a vida tentando se livrar do sistema de classes, e você conseguiu sem sair da poltrona.
ANNIE Bom...
BILLY O único problema com o seu argumento é que você precisa estar viajando de primeira classe pra poder entender.
ANNIE Eu...
BILLY De onde é que você tira essas coisas? Você inventou agora mesmo? É muito louco. Eu prefiro o Brodie. O que ele diz parece bobagem, mas você sabe que ele está certo. O que você diz parece estar direitinho, mas eu sei que é bobagem.
ANNIE Por que você não monta a peça dele, então?

BILLY Eu não disse que não ia montar. Eu entro na peça se você entrar.
ANNIE Você não devia fazer isso pelos motivos errados.
BILLY Por que não? Faz diferença pra ele?
ANNIE Você disse que ele não sabe escrever.
BILLY Ele não sabe escrever que nem o seu marido. Mas o seu marido é um escritor de primeira classe.
ANNIE Você está sendo cruel com o Henry?
BILLY Não. Eu vi *Casa de cartas*. Achei muito bom.
ANNIE Ele vai ficar aliviado quando souber.

Pausa.

BILLY Não ria da minha cara.
ANNIE Se você não fosse criança, ia saber que não vai conseguir nada com uma mulher casada se ficar esnobando o marido dela. Lembre isso na próxima.
BILLY Deveras, não cuido importunar-te, irmã. Só me assustas demasiado. Como estás?
ANNIE Estou muito bem, irmão.
BILLY Acredita então que estou doente; temo que de uma doença que me há de custar a vida.
ANNIE Tomara não seja assim! Não é verdade, espero.
BILLY Penso que me amas, irmã.
ANNIE Sim, sabes que amo.
BILLY Sei, de fato. És muito bela.
ANNIE Não, então vejo que tua doença é feliz.
BILLY Será como vier a ser. Os poetas fingem, leio,
    Que Juno em seu cenho excedia
    A todas as outras deusas; mas ouso jurar
    Que teu cenho supera o dela, como o dela os delas.
ANNIE Deveras, que bonito!
BILLY Tal par de estrelas
    Como o são teus olhos, como o fogo de Prometeu,
    Dariam vida a pedras insensíveis com um mero olhar.
ANNIE Cessa, vilão!
BILLY O lírio e a rosa, dulcissimamente estranhos,

> Em tuas faces pintalgadas lutam pela supremacia:
> Lábios tais tentariam um santo; mãos como estas
> Fariam lascivo um anacoreta.

ANNIE Ah, rapaz ousado!
BILLY Toma!

A "encenação" dele foi ficando cada vez menos discreta. Agora ele levanta e abre a camisa.

ANNIE (*rindo*) Ah, para.

Ela olha em volta, nervosa.

BILLY (*começando a gritar*) E eis meu peito; golpeia!
> Rasga meu seio; lá contemplarás um coração
> que traz gravada a verdade que enuncio.

ANNIE Seu idiota.
BILLY Sim, franquíssimo. Não sabes amar?
ANNIE Para com isso.
BILLY Minh'alma torturada
> Sentiu a aflição dos calores da morte.
> Ah, Annabella, é meu fim!

ANNIE Billy!

Cena 3

Henry e Charlotte e Debbie. A sala de estar da cena 2, sem todos os discos. Uma grande mochila cheia está perto da porta. Charlotte está vasculhando um arquivo de recortes de jornais e programas. Debbie está fumando. Henry fica sentado.

HENRY Desde quando você fuma?
DEBBIE Não sei. Faz anos. Na escola. O Terry vinha me dizer pra mim ir fumar com ele na sala da caldeira.
HENRY Pra *eu* ir fumar.
DEBBIE Pra eu ir fumar. Tem certeza?
HENRY Não parece, mas está certo. Eu paguei mensalidade na escola pras tuas incapacidades naturais não te impedirem de aprender latim e aprender a falar inglês.
CHARLOTTE Eu achava que era pra ela ficar virgem por mais tempo.
HENRY E também pra ela falar inglês. *Virgo syntacta*.
DEBBIE Pode esquecer, Henry. Ninguém saía virgo da sala da caldeira com o Terry.
HENRY Eu ia adorar se você parasse de celebrar a tua emancipação me sovando com ela como se fosse uma toalha molhada. O pessoal da escola sabia desse canalha desse Terry?
DEBBIE Ele era do pessoal da escola. Dava aula de latim.
HENRY Ah, bom, então tudo bem.
CHARLOTTE Aparentemente ela já tinha perdido cavalgando mesmo.
HENRY Assim não conta.
CHARLOTTE Na selaria.
HENRY Pura verdade. O peão.
CHARLOTTE Era por isso que ele era cambaio.
HENRY Eu te disse — eu falei que você tinha que avisar pra ela não se deixar levar num momento impensado.
DEBBIE Ninguém se deixa levar num momento impensado quando está usando calças de montaria. Você precisa estar absolutamente determinada.
HENRY Quer parar com isso?
CHARLOTTE Não. Não acho. Foi em 1900 e bolinha. Quer dizer, sem melindres, eu estava mais perto de ter a idade certa.
HENRY Será que faz tanta diferença saber quem foi Giovanni quando você fez Annabella em *'Tis pity she's a whore*?

CHARLOTTE Eu só acho que é horrível ter esquecido o nome dele.
DEBBIE Talvez ele tenha esquecido o seu.
CHARLOTTE Mas foi a *minha* virgindade, não a dele.
DEBBIE Foi no palco mesmo?
CHARLOTTE Não seja boba — era um espetáculo do British Council. Não, a representação foi num hotel em Zagreb.
DEBBIE No *motel* em Zagreb?
CHARLOTTE O British Council tem muita coisa a explicar.
HENRY Olha, a gente está supostamente discutindo uma crise familiar.
CHARLOTTE Qual?
HENRY A nossa filha indo pra rua.
DEBBIE Pra *estrada*, não pra rua.
CHARLOTTE Pare de ser tão dramático.
HENRY Eu tenho direito de ser dramático.
CHARLOTTE Estou entendendo.
HENRY Eu sou o pai dela.
CHARLOTTE Ah, estou entendendo.
HENRY Ela é novinha demais pra ir com um cara.
CHARLOTTE Ela certamente é novinha demais para ir sem um cara. Está tudo bem. Ele é boa gente. (*ela desistiu da busca no arquivo e agora sai, carregando a pasta. Para Debbie*) Se eu estiver no banho quando ele chegar eu quero falar com os dois antes que você suma.

Charlotte sai.

HENRY Ele toca o quê? (*Debbie lhe devolve um olhar vazio*) Sua mãe disse que ele é músico.
DEBBIE Ah — hum — realejo...
HENRY Um realejista itinerante? (*pausa*) Ele não é músico.
DEBBIE Um parque.
HENRY Bom, balança, carrossel.
DEBBIE Tunel do amor. Como está a Annie?
HENRY Em Glasgow.
DEBBIE Não se preocupe, Henry, eu vou estar feliz.
HENRY Feliz? Como assim feliz?

DEBBIE Feliz! Que nem pinto no lixo.

HENRY Santo Deus, é a isso que a coisa toda chegou?... Não existe filosofia que possa ser impressa numa camiseta. A felicidade não é que nem um dia bonito, que simplesmente aparece. O clima é o clima.

DEBBIE E a felicidade?

HENRY Felicidade é... equilíbrio. Muda o teu peso.

DEBBIE Você está feliz, Henry?

HENRY Eu não gosto muito disso de você me chamar de Henry. Eu gosto de ser chamado de pai. Pai e mãe.

DEBBIE Bons tempos, hein? Como é que andam os Everly? E os Searcher. E o velho Elvis?

HENRY Morreu.

DEBBIE Eu sabia. Eu quero dizer como andam as coisas pra ele fora isso?

HENRY Eu nunca fui muito fã dele. "All shook up" foi a última boa. Mas acho que no fim é o destino de todos nós, os artistas.

DEBBIE A morte?

HENRY As pessoas dizendo que preferiam as primeiras obras.

DEBBIE Bom, de repente vocês eram melhores naquela época.

HENRY Você não gostou dessa última?

DEBBIE O quê, *Casa de cartas*? Bom, não era sobre muita coisa além de traiu ou não traiu? Que crise. Infidelidade entre os arquitetos. De novo.

HENRY A peça era sobre atingir o autoconhecimento através da dor.

DEBBIE Não, era sobre ela ter ou não ter traído. Como se trair alguém fosse infidelidade.

HENRY A maioria das pessoas acha que é.

DEBBIE A maioria das pessoas acha que *não* trair é *fidelidade*. Eles acham que todos os relacionamentos ficam no meio do caminho. Sexo ou não. Que gama fantástica de possibilidades. Que nem uma chave de liga/desliga. Traiu ou não traiu. De Henry Ibsen. Por que você ia querer criar uma crise desse tamanho?

HENRY Não sei. Por que eu deveria?

DEBBIE É o acontece quando criam um mistério tão grande em volta disso. Quando eu tinha doze anos eu era obcecada. Tudo era sexo. Latim era sexo. O dicionário abria sozinho em *meretrix*, prostituta. Dava para sentir o mistério que saía da palavra como almíscar. *Meretrix!* Aquilo ali não tinha nada a ver com *mensa*, mesa, era um lampejo do planeta proibido, e estava por tudo. A história era sexo, francês era sexo, arte era sexo, a Bíblia, poesia, correspondentes, jogos, música, tudo era sexo a não ser a biologia que obviamente era sexo, mas obviamente não era sexo *de verdade*, não aquele que era secreto e extático e safado e um sacramento e tudo aquilo que diziam que era mas que não tinha como ser ao mesmo tempo — isso eu consegui na sala da caldeira e afinal era biologia mesmo. É disso que o amor livre está livre — propaganda.

HENRY Não fique boa demais nisso.

DEBBIE O quê?

HENRY Bobagem persuasiva. Sofismas em frases tão bem arrumadas que você não enxerga a ponta solta que desmontaria tudo. É perfeito, mas está errado. Uma bala de festim perfeita. Você pode fazer isso com as palavras, benditas sejam elas. E que tal "É disso que o amor livre está livre, de amor"? Outra pérola. Dava pra pôr um "não é isso" no final, meio antiquado, "É disso que o amor livre está livre, de amor, não é isso?"... E as palavras iam ficar fazendo cópias de si próprias que nem a espiral do DNA... "Que amor está livre de amor? O *amor* livre é esse amor, meu amor..."

DEBBIE (*interrompendo*) Pai. Você está digredindo.

HENRY É. Bom, eu lembro, a primeira vez que eu sucumbi à sensação de que o universo era dispensável, exceto por uma moça...

DEBBIE Não escreva, pai. Só diga. A primeira vez em que você se apaixonou. Não é isso?

HENRY Tem a ver com conhecer e ser conhecido. Eu lembro como parou de parecer estranho que no grego bíblico o verbo conhecer fosse usado pra fazer amor. Fulano conheceu sicrana. Conhecimento carnal. É o que os amantes confiam uns aos outros. O conhecimento um do outro, não da carne, mas através da carne, o conhecimento do eu, do *ele* de verdade, da *ela* de verdade, *in extremis*, a máscara que cai do rosto. Todas as outras versões de nós estão em oferta pro público em geral. Nós expomos a nossa vivacidade, a nossa dor, nossas tristezas, raivas, alegrias... a gente entrega essas coisas a quem quer que por acaso esteja por ali, amigos e parentes, com uma sensação momentânea de indecência, talvez, pra estranhos, sem hesitação. Os nossos amantes dividem esse comércio passageiro conosco. Mas aos pares nós insistimos que nos damos uns aos outros. Que *nós*? O que é que sobra?

O que é que ainda ficou ali, que não foi distribuído como as cartas de um baralho? Um tipo de conhecimento. Pessoal, final, não comprometido. Conhecer, ser conhecido. Eu reverencio isso. Ter isso é ser rico, você pode ser generoso com o que se divide — ela anda, fala, ri, presta atenção ao que você fala, tira o sapato e dança em cima da mesa, ela é de todo mundo e isso não quer dizer nada, eles que provem o bolo; conhecimento é outra coisa, a carta guardada, e enquanto ela está com você ela te torna livre-leve-solto e bom de se conhecer, e quando ela se foi só resta dor. Em tudo. Cada objeto em que você bate os olhos, um lápis, uma tangerina, um pôster de viagem. Como se o mundo físico tivesse sido eletrificado pra transmitir uma corrente lá pra parte do teu cérebro em que a imaginação brilha como um filamento em uma convolução menor que uma lâmpada de lanterna. Dor.

Pausa.

DEBBIE A Annie está com outro?
HENRY Não que eu saiba, obrigado por perguntar.
DEBBIE Perdões.
HENRY Não se preocupe.
DEBBIE Não se preocupe você. Direitos exclusivos não são amor, é colonização.
HENRY Deus, todo-poderoso. Outra suposta obra-prima. É igualzinho Michelangelo trabalhando em isopor.
DEBBIE Sabe qual é o teu problema, Henry?
HENRY Qual?
DEBBIE A tua professora de latim nunca te levou pra sala da caldeira.
HENRY Bom, pelo menos eu passei.
DEBBIE Só em latim. *(campainha)* Me faz um favor.
HENRY O quê?
DEBBIE Fique aqui.
HENRY Ele é tão feio assim?
DEBBIE Ele tem medo de você.
HENRY Jesus.

Charlotte entra com um roupão de banho, uma toalha na cabeça, talvez. Traz um maço de cartões-postais.

CHARLOTTE Dez cartões-postais — selados e endereçados. Toda semana que eu receber um cartão você recebe dez paus. Sem cartão, sem mesada. (*ela dá os postais a Debbie*)
DEBBIE Ah — Charley... (*ela dá um beijo em Charlotte*) Até mais, Henry.
HENRY Isso; levai minhas bênçãos. E estes poucos preceitos em vossa memória.
DEBBIE Tarde demais, pai. Te amo.

Ela lhe dá um beijo. Debbie sai com a mochila, seguida por Charlotte. Henry espera. Charlotte volta.

CHARLOTTE Que bom que a gente vendeu o cavalo.
HENRY Músico, então? Ela mal tem dezessete anos.
CHARLOTTE Quase passada pra heroína elisabetana. (*pausa*) Como vai a Annie? Você vai a Glasgow pra estreia?
HENRY Ainda vai demorar umas semanas.
CHARLOTTE Quem vai ser o Giovanni?
HENRY Não sei.
CHARLOTTE Não te interessa?
HENRY Devia?
CHARLOTTE Você chega a ser tocante, Henry. Todo mundo devia ser que nem você. Desinteressado. Antes me incomodava você nunca se incomodar. Nem quando me convenceram a entrar naquele filme erótico horroroso porque era italiano e todo mundo achava que cinema italiano era arte... Meu Deus, isso me data, né? A Debbie gosta de cinema australiano. *Australiano*. Não Chips Rafferty — *filmes* de verdade.
HENRY Você desviou do assunto de novo.
CHARLOTTE É, bom, não te incomodava então eu decidi que você estava me traindo por tudo quanto é lado e não devia mesmo ter importância. Quando eu fui perceber que você era o último romântico já era tarde demais. Eu descobri que *não* fazia diferença.
HENRY Bom, agora que não faz... Quantos — hum — mais ou menos quantos...?
CHARLOTTE Nove.

Pausa.

HENRY Nossa.

CHARLOTTE E olha o que a tua única fez na comparação com os meus nove.

HENRY Nove?

CHARLOTTE Se sentindo traído?

HENRY Surpreso. Eu achava que a gente estava comprometido.

CHARLOTTE Não existem compromissos, só barganhas. E elas têm que ser feitas todo dia. Você acha que se comprometer é *tudo*. Fim. Você acha que estabelece alguma coisa como uma plataforma de concreto que vai aguentar todo o peso que você meter nela. Você está comprometido. Você não tem que provar nada. A bem da verdade você até banca uma certa negligência, se deixa levar por algum sarcasmo aqui e ali, se isola quando quer. Por baixo é concreto, eterno. Eu sou uma vaca em certos sentidos mas você é um idiota. *Foi* um idiota.

HENRY Boa sorte na próxima, então.

CHARLOTTE Você também. Quer uma bebida?

HENRY Acho que não, obrigado. Como é que vão as coisas com o teu amigo? Arquiteto, não é?

CHARLOTTE Tive que mandar ele pastar. Bom, ele meio que foi embora. Eu disse que ele arquitetou a minha desgraça.

HENRY Qual era o problema com ele?

CHARLOTTE Sujeitinho muito possessivo. Eu chegava em casa de um trabalho, só tinha ficado fora uns dias, e ele dizia, por que eu levei diafragma? Ele tinha fuçado no meu armário do banheiro, você acredita? E aí, como não encontrou, revirou tudo. Não posso com isso.

HENRY O que você disse?

CHARLOTTE Eu disse, eu não *levei* o diafragma, ele simplesmente foi comigo. Aí ele disse, e o tubo de lubrificante? Aí eu tenho que admitir que ele me pegou.

HENRY Você devia ter dito, "Lubrificante!... Então foi por isso que as cerdas da escova de dente caíram".

CHARLOTTE (*rindo*) Saúde.

HENRY (*bridando com uma mão vazia*) Saúde.

Ele levanta.

CHARLOTTE Você tem que ir?

HENRY É, eu devia.
CHARLOTTE Não está a fim de uma saideira?
HENRY Não, acho que não.
CHARLOTTE Ou uma bebida?
HENRY (*sorrindo*) Não leve a mal.
CHARLOTTE Lembre o que eu disse.
HENRY O que foi? (*pausa*) Ah... é. Nada de compromissos. Só negociações. O problema é que eu não acredito muito nisso. Prefiro ser idiota. É um tipo de idiotice de que eu gosto, "Eu te uso porque você me ama. Eu te amo então me use. Seja indulgente, negligente, obsessiva, pré-menstrual... teu crédito é infinito. Eu sou teu, eu estou comprometido...". É mole amar o *melhor* de alguém. Amor é amar nos *piores* momentos. Isso soa romântico? Bom, fazer o quê. Tudo devia ser romântico. Amor, trabalho, música, literatura, virgindade, perda de virgindade...
CHARLOTTE Você ainda tem uma pra perder, Henry.

Cena 4

Para acomodar uma mudança de cenário, a cena 4 foi representada duas vezes, uma como "ensaio de texto" e outra como "representação". Annie e Billy. Um espaço vazio. Eles estão se beijando, abraçados: usando roupas de ensaio.

BILLY Vem, Annabella — nunca mais irmã,
   Mas sim, amor, um nome tão mais doce;
   Não cores, mas te orgulha por saber
   Que vences ao ceder e que inflamaste
   O coração que move teu irmão.
ANNIE E o meu é seu. E como poderia,
   Matéria assim roubada colorir
   De puro carmesim minhas bochechas,
   Não fosse tão mais forte o meu deleite!
BILLY Espanta-me que as moças mais pudicas
   Atenham-se, donzelas, a uma nuga,
   A tão estranha perda que, perdida,
   É nada e continuas sendo a mesma.
ANNIE É fácil para ti: podes falar.
BILLY A música também consiste tanto
   No ouvido quanto na execução.
ANNIE Ah, sois fútil!
   Prossegue, é melhor; anda.
BILLY Censurar-me-ias então.
   Dá-me um beijo...

Ele a beija de leve.

ANNIE *(baixinho)* Billy...

Ela devolve o beijo abertamente.

Cena 5

Henry e Annie. A sala de estar/escritório. Henry está sozinho, sentado em uma cadeira, sem fazer nada. É como o começo da cena 1 e da cena 3 do Primeiro ato. Ouve-se Annie entrando pela porta da frente. Então ela vem do corredor. Annie entra usando um sobretudo e carregando uma valise e uma sacolinha de viagem.

ANNIE Oi, voltei.

Ela larga a valise e a sacola e vai dar um beijo em Henry.

HENRY Oi. (*ela começa a tirar o casaco*) E aí, como foi?
ANNIE O final foi bacana — uma mulher da plateia vomitou. O Billy entrou com o meu coração espetado na adaga e — urgh — ops!

Ela leva o casaco para o corredor, ressurge e vai até a sacola.

HENRY Eu achei que você vinha de noite.

Da sacola Annie tira uma pequena bolsa elegante com alças, uma compra em uma loja.

ANNIE O que você andou fazendo? Como é que vai o filme?

Ela dá o presente para Henry, com um beijo leve.

HENRY Eu achei que você estava no noturno.
ANNIE O que foi?
HENRY Eu estava pensando o que tinha acontecido com você.
ANNIE Não aconteceu nada comigo. Você almoçou?
HENRY Não. Você pegou o primeiro trem hoje de manhã, então?
ANNIE Isso. Ficamos sem almoço, então? (*ela entra na cozinha e volta rápido*) Meu Deus, foi tudo pras cucuias de domingo pra cá. A senhora Chamberlain não veio?
HENRY Eu liguei pro hotel.
ANNIE Quando?

HENRY Você ia me perguntar.

ANNIE Eu nunca perguntei.

HENRY Nunca *aconteceu* nada.

ANNIE Dúzias.

HENRY Na tua cabeça.

ANNIE Qual a diferença? Durante pelo menos o primeiro ano, cada mulher de aparência minimamente decente com menos de cinquenta anos que você encontrava.

HENRY Mas você aprendeu que não era assim.

ANNIE Não, eu só aprendi a não me incomodar. Nada te prendia aqui, então eu pensava que você queria ficar. Parei de me preocupar com o resto.

HENRY Eu me preocupo. Me diga.

ANNIE (*endurecendo*) Eu te disse. Eu passei a manhã conversando com o Billy em uma lanchonete de rodoviária em vez de vir direto para casa, pra você, e eu menti sobre o trem porque *isso* parecia infidelidade — mas a única coisa que você quer saber é se eu dormi com ele primeiro?

HENRY Isso. Dormiu?

ANNIE Não.

HENRY E quis?

ANNIE Ah, pelo amor de Deus!

HENRY Você pode me perguntar.

ANNIE Eu prefiro respeitar a tua privacidade.

HENRY Eu não tenho. Renego. Quis?

ANNIE E a tua dignidade, então?

HENRY É, você ia se comportar melhor que eu. Eu não acredito nisso de me comportar bem. Eu não acredito em relacionamentos afáveis. "Como está o seu amante hoje, Amanda?" "Maravilhoso, Charles. E a sua?" Eu acredito em caos, lágrimas, dor, perda de vergonha, de respeito por si próprio, nudez. Não se incomodar não parece muito diferente de não amar. Quis? Você quis, não é?

ANNIE Isso não é se incomodar. Se eu tivesse um caso, seria por necessidade. Se incomode com isso. Você não pode brincar com a minha culpa ou o meu remorso. Eu não teria.

HENRY Necessidade? Vocês conversaram sobre o quê?

ANNIE O Brodie, basicamente.

HENRY Sim. Bem que eu imaginei.
ANNIE O Billy quer montar a peça do Brodie.
HENRY Quando você vai ver o Billy de novo?
ANNIE Ele vai começar outra peça emendada nessa. Eu prometi ir ver. Eu quero ver.
HENRY Ótimo, e a gente vai quando? Tudo bem eu ir com você, né?
ANNIE Por que não? Só não me perca de vista, hein, Hen?
HENRY Quando você estava pensando em ir?
ANNIE Pensei no fim de semana.
HENRY E onde é?
ANNIE Bom, em Glasgow.
HENRY O Billy veio com você de Glasgow e aí pegou um trem pra voltar?
ANNIE Isso.
HENRY E eu devo ganhar pontos por dignidade. Acho que não consigo. Vai virar o meu único pensamento. Vai ocupar o meu cérebro inteiro.
ANNIE Você não pode fazer isso. Você tem que achar uma parte de você em que eu não sou importante ou não vai valer a pena amar você. É horrível o que você fez com as minhas roupas e tudo mais. O que você fez com você mesmo. Isso não é você. E é você que eu amo.
HENRY Pra falar a verdade acho que eu não vou poder no fim de semana. Tomara que corra tudo bem.
ANNIE Obrigada.

Ela se move na direção do quarto.

HENRY O que o Billy acha da peça do Brodie?
ANNIE Ele diz que ele não sabe escrever.

Ela sai. Henry tira seu presente da sacola. É um cachecol de tartan.

Cena 6

Billy e Annie. Annie está sentada lendo no trem. Billy se aproxima da poltrona ao lado dela. Ele fala com sotaque escocês. Ele carrega uma mochila. O diálogo é amplificado por um microfone.

BILLY Perdão, essa poltrona está ocupada?
ANNIE Não.
BILLY Você se incomoda se eu sentar?
ANNIE O país é livre.

Billy senta.

BILLY Você acha?
ANNIE Como?
BILLY Você acha que o país é livre? (*Annie o ignora*) Indo longe?
ANNIE Até Londres.
BILLY Até o fim. (*Annie começa a se mover para uma poltrona vazia*) Eu vou te deixar ler.
ANNIE Obrigada.

Ela senta na poltrona vazia.

BILLY Meu nome é Billy. (*ela o ignora*) Posso fazer só uma pergunta?
ANNIE Mary.
BILLY Posso fazer só uma pergunta, Mary?
ANNIE Uma.
BILLY Você sabe que horas esse trem deve chegar em Londres?
ANNIE Perto de uma e meia, acho, se não atrasar.
BILLY Você me faz lembrar Mussolini, Mary. As pessoas diziam do Mussolini que ele podia ser fascista, mas...
ANNIE Não — não é isso — esse é o texto antigo...

Billy xinga entre dentes.

BILLY Desculpa, Roger...
ROGER (*em off*) Beleza, corta.
ANNIE Do começo, Roger?
ROGER (*em off*) Dá um tempinho.

Uma mudança de iluminação revela que o cenário é falso, em um estúdio de TV. Annie levanta e se afasta. Billy se junta a ela. Eles trocam algumas palavras e ela se dirige novamente a sua poltrona, deixando-o abandonado, uma sensação desagradável entre eles. Depois de alguns segundos a cena se apaga.

Cena 7

Henry e Annie. A sala de estar/escritório. Henry está sozinho ouvindo rádio, que está tocando a "Ária da quarta corda", de Bach. Annie entra vindo do banheiro, vestida para sair, e está apressada.

HENRY (*afobado, ao vê-la*) Ouça aqui...
ANNIE Não posso. Eu vou me atrasar agora.
HENRY É importante. *Ouça.*
ANNIE O quê?
HENRY *Ouça.* (*ela percebe que ele se refere ao rádio. Ouve por alguns segundos*) O que é isso?
ANNIE (*satisfeita*) Você gostou?
HENRY *Adorei.*
ANNIE (*parabenizando*) É Bach.
HENRY Sujeitinho safado.
ANNIE Como?
HENRY Plágio.
ANNIE *Bach?*
HENRY Cada nota. Praticamente igual ao do Procol Harum. E ele nem fez direito. Espera aí. Eu vou pôr o original para você.

Ele desliga o rádio e vai pegar o disco. Ela, satisfeita com ele mas de saída, vai até ele.

ANNIE Bom trabalho.

Ela lhe dá um beijo rápido e leve, mas ele força o beijo a virar um menos casual. A voz dele, contudo, mantém seu distanciamento.

HENRY Você também.
ANNIE É o último dia. Por que você não vem? (*Henry dá de ombros*) Não, tudo bem.
HENRY Eu sou só o *ghost writer*, afinal.

O telefone toca.

ANNIE Se forem eles, diga que eu já saí.
HENRY *(ao telefone)* Ela saiu... Ah... *(para Annie)* É o teu amigo. *(ela hesita)* Anda.

Annie pega o telefone.

ANNIE *(ao telefone)* Billy?... Isso — como?... É claro — eu só estou atrasada... É — tchau... Tudo bem... Isso, certo. *(ela desliga)* Eu te amo. Você está entendendo?
HENRY Não.
ANNIE Você acha que é injusto?
HENRY Não. É como se eu tivesse sido descuidado, deixado uma porta aberta em algum lugar enquanto estava ocupado demais.
ANNIE Eu vou parar.
HENRY Não por mim. Eu não vou ser a pessoa que te parou. Eu não posso. Quando eu fiquei chateado você disse que ia parar então eu tento não ficar chateado. Eu não fico patético porque quando eu fiquei patético deu para sentir o quanto aquilo era chato, o quanto era repulsivo. Que nem o Max, o teu ex. Lembra do Max? Me ame porque eu estou sofrendo. Não adianta. Não é de muito bom gosto. Então. Ser corno com dignidade não é mole, mas é possível. Digamos que é o casamento moderno. Nós fomos além da hipocrisia, eu e você. Direitos exclusivos não são amor, é colonização.
ANNIE Pare — por favor, pare.

Pausa.

HENRY O problema é que eu não consigo *achar* uma parte de mim em que você não é importante. Eu escrevo pra poder ser digno do teu amor e pra financiar a vida que eu quero ter com você. Não a vida que *você* quer ter. A vida que *eu* quero ter com *você*. Sem você eu não ia me incomodar. Eu ia comer espaguete em lata e vestir as roupas de ontem. Mas assim eu troco de meias, e ganho dinheiro, e dou um jeito na verborreia nojenta do Brodie pra ele também poder ser escritor, como eu. Não que isso vá fazer muito bem a ele. Coisa de meretriz. *Meretrix, meretricis.* Prostituta.
ANNIE Você não devia ter feito se não achava que estava certo.
HENRY Você acha que está certo. Eu não consigo lidar com mais de um sistema

moral de cada vez. O meu diz que o que você acha que está certo está certo. O que você faz está certo. O que você quer está certo. Tinha uma tribo, não era?, que adorava Charlie Chaplin. Funcionava como qualquer outra teologia, aparentemente. Eles amavam Charlie Chaplin. Eu amo você.

ANNIE Então você vai perdoar qualquer coisa em mim, é isso, Hen? Eu sou uma vaca egoísta mas você me ama então você faz que não vê, é isso? Obrigada, mas não é isso. Eu queria poder me sentir egoísta, tudo ia ser mais fácil. Adeus, Billy. Eu não preciso dele. Como é que eu posso precisar de alguém que eu passo metade do tempo dizendo que precisa crescer? Eu sou... O que é um petardo? Eu sempre quis saber.

HENRY O quê?

ANNIE Um petardo. Uma coisa de jogar, será? Uma corda?

HENRY Acho que não.

ANNIE Bom, enfim. Tudo bem?

HENRY Tudo bem o quê? Eu continuo casando com gente que de repente perde um parafuso.

ANNIE Não se sinta egoísta. Eu me sinto suspensa. Eu emito um sinal, sabe. Não estou livre. Não estou interessada. Ele meio que passou por baixo do radar. Se fazendo de bobo em um trem. Quando eu percebo eu já estou procurando por ele, deixa o dia melhor, é como o amor ou alguma coisa assim: não — amor, absolutamente, como é que eu posso dizer que não era? Você não foi substituído, e nem é substituível. Mas eu gostei, de ser a mais velha uma vez, estar no comando, meu pupilo. E era uma longa viagem até lá. E coisa e tal. Eu sinto muito ter te machucado. Mas era sério. Foi sério. E agora que é menos sério do que eu achava e eu estou me sentindo estúpida, eu não vou largar o menino como se não fosse nada, uma cantada, não era isso, eu não sou assim. Eu só quero que ele pare de precisar de mim pra eu poder parar de ser boazinha. Essa sou eu sendo boazinha. Eu tenho que escolher quem eu vou machucar e eu escolho você porque eu sou tua. (*pausa. O telefone toca*) Ou é só a minha cabeça.

HENRY (*ao telefone*) Roger...? Ela saiu, tem uns dez minutos... É, eu sei, querido, mas... Nem venha me falar de falta de profissionalismo, Roger — você perdeu metade de um dia filmando no memorial da Segunda Guerra com a sombra de um microfone estragando tudo... Tudo bem, pode gritar comigo se te faz bem...

Annie tira o fone das mãos dele.

ANNIE (*ao telefone*) Segura a onda, é só teatro. (*ela desliga e começa a sair. Saindo*) Tchau.
HENRY Annie. (*pausa*) Tá, tudo bem.
ANNIE Eu preciso de você.
HENRY É, eu sei.
ANNIE Por favor não deixe acabar o que você sente por mim. Não vai acabar, né?
HENRY Não tão fácil assim. Vai continuar ou vai virar o contrário. A que horas você volta?
ANNIE Não muito tarde.

Ele acena para ela com a cabeça. Ela devolve o aceno e sai. Henry senta em sua cadeira. Então ele levanta e põe o disco para tocar — "A whiter shade of pale", do Procol Harum, que de fato é uma versão da "Ária da quarta corda". Ele fica de pé ouvindo, sorrindo para o Bach, até que os vocais entram. Aí o sorriso é derrubado.

HENRY Ah, por favor, por favor, por favor, por favor, *não*.

Blecaute, mas a música continua.

Cena 8

Henry, Annie e Brodie. No blecaute a música dá espaço a um diálogo gravado de Annie e Billy, que fala com sotaque escocês. Enquanto eles falam as luzes aumentam gradualmente, começando com o brilho tênue da tela da televisão.

VOZ DE BILLY Espere por mim.
VOZ DE ANNIE Vou esperar.
VOZ DE BILLY Tudo tem que mudar. A não ser você. Não mude.
VOZ DE ANNIE Não. Eu não vou mudar. E vou esperar por você e pela mudança de todo o resto...
VOZ DE BILLY Isso pode demorar mais. *(ele ri)* Eu posso ter que cuidar disso.

Nesse ponto as luzes já subiram em Brodie, sozinho na sala de estar. Ele está usando um terno barato e fala com sotaque escocês. Está segurando um copo de scotch puro, concentrado na televisão e particularmente no videocassete ao lado dela. Da televisão, depois do diálogo, vem a batida ressonante da porta de uma cela de prisão, passos, música para os créditos... Brodie abaixa o volume. Henry entra vindo da cozinha e carregando um jarrinho de água para o scotch de Brodie. Na sala há uma garrafa de scotch, vinho para Henry e um copo para Annie.

BRODIE Muito úteis essas maquininhas. Quando foi que elas apareceram?
HENRY Bom, acho que elas estavam aparecendo mais ou menos quando você estava sumindo.
BRODIE Dá pra programar quinze dias antes.
HENRY É.
BRODIE Quanto?
HENRY Não custa pouco. Varia.
BRODIE Uma hora dessas eu vou ter que passar a mão em um.
HENRY Se você esperar um pouco, eles provavelmente vão melhorar os aparelhos pra você poder deixar gravando enquanto corre a sentença.

Brodie olha para Henry sem expressão.

BRODIE A Annie estava bonita. Ela mudou bastante desde *Rosie da enfermaria real*.

Uma mulher vistosa. (*Henry não responde. Annie entra vindo da cozinha com um patê, amendoins etc. numa bandeja. Ela larga a bandeja. Henry serve vinho em um terceiro copo*) Acabei de dizer que você estava bonita.

ANNIE Ah, é?

BRODIE O bonitinho era pra ser eu, então?

ANNIE Bom...

BRODIE Ele não é veado, é?

ANNIE Acho que não. (*Henry entrega a ela o copo de vinho*) Obrigada.

HENRY (*sentando; para Brodie, indicando a televisão*) O que você achou?

BRODIE Antes era mais fácil pra mim gostar. Tudo bem?

HENRY Tudo.

ANNIE Mas funcionou.

BRODIE Pra me soltar, você quer dizer?

ANNIE Não, não era isso.

BRODIE Certo. Quem me soltou foram os militaristas.

HENRY Acho que eu não entendi essa.

BRODIE Meio bilhão de libras para o departamento de defesa, não sobrou nada pras prisões. Aí você põe três ou quatro por cela. Primeiro eles dizem pros juízes, pelo amor de Deus vai com calma, *multe* o desgraçado. Mas eles continuam chegando — quatro ou cinco por cela. Agora eles estão com medo que a coisa exploda. Até os guardas estão fazendo greve. Então: "Deem dinheiro pra gente construir mais prisões!". "Não dá, amigo, a gente está gastando o dinheiro pra manter o mundo livre, não preso." Aí eles começam a libertar os prisioneiros. Sacou? Eu saí porque os mísseis que eram a razão do meu protesto estão consumindo o dinheiro que eles precisam ter pra construir uma prisão para mim. Lindo. Posso tomar mais um?

Ele ergue o copo vazio para Annie. Breve pausa. Henry fica imóvel.

ANNIE Por favor, pode se servir.

Brodie se serve.

BRODIE Libertação antecipada. Eram oito só no meu corredor. (*para Henry*) Nenhum deles era um controverso autor de TV. Não te devo nada.

HENRY É contra os teus princípios dizer obrigado por *qualquer* coisa, até uma bebida?

BRODIE Está certo. Você pôs a mão. Fez o melhor que podia. Provavelmente precisava mesmo de alguma coisa, pra caber nos preconceitos deles.

HENRY É, eles são meio preconceituosos, esses produtores de TV. Não gostam de peças que fazem "plonc" cada vez que alguém abre a boca. Eles perseguem os profetinhas de visão estreita, sem ideia de que cada coisa tem o seu tamanho. Eles acham que a TV é um meio visual. (*para Annie, confuso*) Esse cara é *ele*?

BRODIE Não seja espertinho comigo, Henry, que nem você foi esperto com a minha peça. Eu vivi aquilo e pus as minhas vísceras ali, e você apareceu e deixou tudo esperto. Não por mim. Por ela. Eu não sou besta.

ANNIE (*para Henry*) Não, não é ele.

BRODIE É, é ele sim. Era eu no trem, e sou eu de novo, e não acho que você tenha mudado também.

ANNIE E *aquele* não era ele. (*ela aponta para a televisão*) Ele era indefeso, como um bezerro de três pernas, nervoso com tudo. Um menino no trem. Puxando conversa comigo. Simpático. Ele tinha se metido em alguma encrenca no quartel, alguma briga, não lembro, tinha saído sem licença. Ele não sabia nada da passeata. Não sabia nada de nada, a não ser de *Rosie da enfermaria real*. Quando a gente chegou a Londres ele teria me seguido até na Ku Klux Klan. Ele grudou em mim. E quando a gente estava passando pelo memorial ele puxou o isqueiro. Era um daqueles Zippos cromados grandões — clique e pronto. O recruta Brodie salta diante das armas inimigas, sem nadinha na cabeça a não ser uma vontade de me impressionar. O que eu podia fazer? Ele era meu recruta.

HENRY Você devia ter me contado. Essa eu ia saber como escrever.

ANNIE É.

BRODIE Ei — eu ainda estou aqui.

ANNIE Está mesmo, Bill. Termine de beber, tá?

BRODIE Por que não? (*ele termina a bebida e levanta*) Posso vir comer patê outra hora.

ANNIE Nada como o presente.

Ela pega a tigela de patê e a enfia na cara dele. Ela vai até a porta do corredor, deixando-a aberta enquanto desaparece brevemente para pegar o casaco de Brodie. Henry levantou, mas Brodie não vai se mover. Ele limpa cuidadosamente o rosto com o lenço.

HENRY Bom, foi interessante conhecer você. Eu tinha ouvido tanto falar de você.
BRODIE Sabe que eu nem te culpo, Henry? O preço era justo. Eu lembro de quando ela foi me visitar. Estava com um vestido azul, e tinha uma empolgação nela como se tivesse voltado à televisão, mas não tinha como entrar. Foi a primeira vez que eu me senti na cadeia. Você sabe o que eu quero dizer.

Annie fica parada na porta segurando o casaco de Brodie. Ele o pega com ela, ignorando-a enquanto sai. Ela o segue, e ouve-se fechar a porta da frente. Annie volta.

HENRY Não sei quanto a ele, mas isso me deixou borrado de medo. Tudo bem com você?

Ela faz que sim.

ANNIE Tudo bem com você?

O telefone toca. Henry atende.

HENRY Alô. *(ao telefone, subitamente desconfortável)* Ah, oi. Você queria falar com a Annie?
ANNIE Não.
HENRY *(subitamente relaxado)* Nossa, que maravilha, Max! *(para Annie)* É o teu ex. Ele vai casar. *(ao telefone)* Parabéns. E quem é ela? *(Henry transmite a notícia a Annie com um olhar expressivo, que ela devolve. Annie vai até Henry envolve seus ombros por trás. Ela se apoia nele, cansada, enquanto ele trata do telefonema)* Ah, acho que é muito inteligente da sua parte. Casar com uma atriz é um azar, casar com duas é simplesmente pedir pra dar errado. *(Annie lhe dá um beijo. Ao telefone)* De verdade? No meio de uma sala cheia de gente, então?
ANNIE Cansei. Cuide de mim.

Ele cobre o fone com a mão.

HENRY Não se preocupe. Eu sou teu camarada. (*ao telefone*) Puxa, é muito simpático você dizer isso, Max. (*para Annie*) "Sem ressentimentos?" O que ele quer dizer? Se não fosse por mim ele não ia estar noivo *agora*. (*Annie se solta dele com um sorriso e anda pela sala apagando as luzes até que a única luz vem da porta do quarto. Ao telefone*) Não. Infelizmente ela não está... Ela vai ficar tão chateada quando eu contar... Não, quando eu disser que ela não estava quando você ligou... Não, ela vai ficar superfeliz. Eu estou superfeliz, Max. O amor não é uma maravilha? (*Annie termina de apagar as luzes e entra no banheiro. Henry está sendo impacientemente paciente com Max ao telefone, tentando terminar*) É, então, a gente espera mesmo poder conhecer a felizarda. Como? É mesmo? (*desligado, ele liga o radinho, que começa a tocar bem baixo "I'm a believer", dos Monkees. Ele fica imediatamente encantado. Ele esquece Max até que o ruído do telefone o atinge novamente*) Desculpa. Estou. Ainda estou aqui.

Ele aumenta ligeiramente o volume da música.
    Cortina

O VERDADEIRO INSPETOR CÃO

A primeira encenação de *O verdadeiro Inspetor Cão* aconteceu em 17 de junho de 1968, no Criterion Theatre, em Londres, e o elenco foi o seguinte:

MOON   Richard Briers
BIRDBOOT   Ronnie Barker
SENHORA DRUDGE   Josephine Tewson
SIMON   Robin Ellis
FELICITY   Patricia Shakesby
CYNTHIA   Caroline Blakiston
MAGNUS   Antony Webb
INSPETOR CÃO   Hugh Walters

Direção   Robert Chetwyn
Cenografia   Hutchinson Scott

Personagens

MOON

BIRDBOOT

SENHORA DRUDGE

SIMON

FELICITY

CYNTHIA

MAGNUS

INSPETOR CÃO

A primeira coisa é que a plateia parece encarar um reflexo de si própria. Impossível. No entanto, lá no fundo, no escuro — não na boca de cena —, fileiras de assentos de veludo e pálidas sombras de rostos. (Tendo sido estabelecido o efeito geral, ele pode ser progressivamente diminuído à medida que a peça prossegue, até que a primeira fileira permaneça como lembrete do resto delas e, finalmente, apenas dois assentos naquela fileira — um dos quais está agora ocupado por Moon. Entre Moon e a plateia há uma área cênica que representa, com uma linguagem tão realista quanto possível, a sala de estar de Muldoon Manor. Janelas francesas de um lado. Um telefone mais para o fundo do palco (ou seja, perto de Moon). O corpo de um homem estendido de bruços no chão na frente de um grande divã. Este divã deve ser de um tamanho e ter um desenho que permita que seja levado com rodinhas para cima do corpo, escondendo-o completamente. Silêncio. A sala. O corpo. Moon.

Moon olha fixo para a frente, sem expressão. Vira a cabeça para um lado e para outro, depois para cima, depois para baixo — esperando. Ele pega o programa e lê a capa. Vira a página e lê.

Vira a página e lê.

Vira a página e lê.

Vira a página e lê.

Olha para a quarta capa e lê.

Ele larga o programa, cruza as pernas e olha em volta. Olha fixo para a frente. Atrás dele e mais para o lado, quase invisível, entra um homem que se senta: Birdboot.

Pausa. Moon pega o seu programa, dá uma olhada na capa e o larga impaciente. Pausa... De trás dele vem o ruído de uma caixa de bombons, absurdamente alto. Moon olha em torno. Ele e Birdboot se veem. Claramente se conhecem. Reconhecem a presença um do outro com acenos contidos. Moon olha fixo para a frente. Birdboot vem se juntar a ele.

Nota: Quase sempre, Moon e Birdboot conversam em tons adequados a quem está num teatro, às vezes sussurrando. Por mais que a acústica seja boa, eles terão que ter microfones onde estão sentados. O efeito não deve ser de som captado, amplificado e jogado para o público, mas de som captado, transmitido e delicadamente espalhado pelo auditório.

Enfim, Birdboot, com uma caixa de chocolates Black Magic, vai descendo até chegar junto de Moon e se acomoda ao lado dele, o roliço Birdboot de meia-idade e o mais jovem, mais alto, menos relaxado Moon.

BIRDBOOT (*sentando-se; conspirador*) Eu e os rapazes fizemos uma reuniãozinha no bar e decidimos que é uma diversão perfeita para a família, mas que se passar de dez e meia é muito empolado — passe adiante... (*e ri jovialmente*) Estou sozinho hoje, tudo bem se eu ficar aqui com você?

MOON Oi, Birdboot.

BIRDBOOT Cadê o Higgs?

MOON Eu estou cobrindo.

MOON e BIRDBOOT Cadê o Higgs?

MOON Toda vez.

BIRDBOOT O quê?

MOON É como se nós só existíssemos um de cada vez e, combinados, atingíssemos a continuidade. Eu deixo o lugar do Higgs quentinho. A minha presença define a ausência dele, a ausência dele confirma a minha presença, a presença dele impossibilita a minha... Quando Higgs e eu caminharmos juntos por estes corredores para reclamar nossa poltrona comum, os oceanos cairão céu acima e as árvores frutificarão peixes.

BIRDBOOT (*ele não estava prestando atenção, olhando em volta vagamente, e agora entra no passo*) Cadê o Higgs?

MOON A mera visão de mim com um ingresso de cortesia já é suficiente. As ruas estão impenetráveis nesta noite, a terra se ergue e o grito corre de morro em morro — Cadê... o... Higgs? (*pequena pausa*) Talvez ele tenha finalmente morrido, ou esteja preso em um elevador em algum lugar, ou tenha sucumbido à amnésia, errando pela superfície da terra com as bainhas cheias de bilhetes de metrô.

Birdboot olha intrigado para ele por um momento.

BIRDBOOT É... É, mas, bom, eu não trouxe a Myrtle hoje — não é exatamente o tipo de coisa de que ela gosta, eu acho, isso aqui, hoje.

MOON Difícil demais pra ela, você acha?

BIRDBOOT Bom, não — eu estou pensando que é uma coisa como um *thriller*, não é?

MOON É?

BIRDBOOT Foi o que me disseram. Uma daquelas coisas de descobrir o assassino?... Ninguém pode sair da casa.

MOON Acho que sim. No fundo.

BIRDBOOT *No fundo?!?* É uma história policial, meu amigo! Olhe ali! (*eles olham. A sala. O corpo. Silêncio*) Já começou?

MOON Já.

Pausa. Eles olham.

BIRDBOOT Certeza?

MOON É uma pausa.

BIRDBOOT Não dá pra começar com uma *pausa*! Se você quer saber, acho que eles estão totalmente em pânico lá atrás. (*ri e o riso morre*) Mas cadê o Higgs hoje, então?

MOON Isso vai me seguir até a tumba e virar meu epitáfio — Aqui jaz Moon, segundo violino: cadê o Higgs?... Às vezes eu sonho com uma revolução, um golpe de estado sangrento dado pela segunda fileira — trupes de atores assassinados pelos substitutos, mágicos serrados ao meio pelas moças glamorosas infatigavelmente sorridentes, times de críquete eliminados por bandos selvagens de camisas doze — eu sonho com campeões sovados por sparrings do tamanho de coelhinhos enquanto eternas damas de honra se rebelam e estupram os noivos por cima dos rolinhos de salsicha e secretários particulares do parlamento plantam bombas no carro do ministro... comediantes morrem em palcos provincianos, tendo suas deixas sido sonegadas por escadas que triunfam em silêncio... e... marcham... Um exército de assistentes e delegados, os vices, os segundos lugares, os braços direitos — sitiando os portões do palácio em que o segundo filho já subiu ao trono depois de cometer regicídio com um martelo de croquet — reservas do mundo, erguei-vos! (*um milissegundo*) Às vezes eu sonho com o Higgs.

Pausa. Birdboot olha intrigado para ele. Está desorientado e se agarra à realidade na forma de sua caixa de bombons.

BIRDBOOT (*mastigando direto em cima do microfone*) Pega um chocolatinho!

MOON Que tipo?

BIRDBOOT (*mastigando no microfone*) Black Magic.

MOON Não, obrigado.

A mastigação para abruptamente. É de tais minúsculas vitórias e derrotas...

BIRDBOOT Então eu te dou uma dica. Preste atenção na moça.
MOON Você acha que foi ela?
BIRDBOOT Não, não — a *moça*, preste atenção nela.
MOON Que moça?
BIRDBOOT Você não vai reconhecer, eu te dou um sinal.
MOON Mas *você* conhece a tal moça, não é?
BIRDBOOT (*desconfiado, contendo-se*) O que é que *isso* quer dizer?
MOON Como assim?
BIRDBOOT Eu estou tentando te dar uma dica — te dar um sinal que vale por uma dica — pelo amor de Deus, Moon, qual o problema com você? Você podia se dar bem, percebendo essa moça pela primeira vez — ela é nova, do interior, vai virar estrela. Eu não quero pôr palavras na sua boca, mas uma palavra vinda de nós pode fazer a carreira dela.
MOON Imagino que você tenha feito dúzias de carreiras desse tipo.
BIRDBOOT (*instantaneamente ofendido*) Eu gostaria que você soubesse que eu sou um homem de família, devotado à minha esposa recatada e pacata, e se você está sugerindo...
MOON Não, não...
BIRDBOOT ... Um homem de moral ilibada...
MOON Me desculpe...
BIRDBOOT ... falsamente conspurcada.
MOON É aquela ali?

Para a senhora Drudge, que entra.

BIRDBOOT ... não seja ridículo, nem morto que me pegavam com essa aí — ah.

A senhora Drudge é a caseira, meia-idade, lenço na cabeça. Ela vai direto para o rádio, espanando a passo ligeiro.

MOON (*lendo o programa*) A senhora Drudge, a criada.
RÁDIO (*sem preâmbulos, tendo sido ligado pela senhora Drudge*) Interrompemos nossa programação para uma mensagem especial da polícia. (*a senhora Drudge para, tentando ouvir*) Continuam as buscas pelo louco fugitivo que está à solta em Essex.

SENHORA DRUDGE (*medo e prostração*) Essex!

RÁDIO A polícia local, liderada pelo Inspetor Cão, recebeu um relato de que o homem foi visto nos desolados alagadiços em redor de Muldoon Manor. (*a senhora Drudge engole em seco, amedrontada*) O homem está usando um terno mais escuro com uma camisa mais clara. É de estatura mediana e de porte médio e algo jovem. Qualquer pessoa que veja um homem que corresponda a essa descrição e aja de maneira suspeita deve telefonar para a delegacia de polícia mais próxima. (*um homem que corresponde a essa descrição aparece atrás da senhora Drudge. Ele está agindo de maneira suspeita. Entra se esgueirando. Sai se esgueirando. A senhora Drudge não o vê. Ele não vê o corpo*) Com isso se encerra a mensagem policial.

A senhora Drudge desliga o rádio e continua a limpeza. Ela não vê o corpo. Acontece que sua visão do corpo fica sempre bloqueada, e quando não fica, ela está de costas para ele. Contudo, ela está espanando e lustrando em uma direção que a levará a ele.

BIRDBOOT Então é isso que dizem de mim, é?

MOON O quê?

BIRDBOOT Ah, eu sei o que dizem pelas minhas costas — fofocas, calúnias, insinuaçõezinhas mesquinhas... O que foi que você ouviu?

MOON Nada.

BIRDBOOT (*cortês*) Mexericos. Nugas, meu caro amigo, nugas. Eu não dou a mínima — a inveja pérfida dos boateiros —, eu posso me dar ao luxo de ignorar, eu sou um homem casado de respeito...

MOON Por falar nisso...

BIRDBOOT Os cães ladram e a caravana passa, eu garanto.

MOON Quem era a senhora que eu vi com você ontem à noite?

BIRDBOOT (*inesperadamente tomado de fúria*) Como é que você ousa! (*mais calmo*) Como é que você ousa. Você não me venha com essas indiretas nojentas! Myrtle, minha esposa, entende perfeitamente que um homem da minha estatura crítica se vê ocasionalmente obrigado a socializar com o mundo dos bastidores, simplesmente a fim de se manter atualizado quanto às mais recentes...

MOON Me desculpe...

SIMON Com quem o senhor queria falar?
BIRDBOOT Como é que ele é?
MOON Amargo.
SIMON Aqui não há ninguém com esse nome.
BIRDBOOT Não — como crítico, como é que é o Puckeridge como crítico?
MOON (*ri peçonhento*) Ninguém sabe...
SIMON O senhor deve ter ligado para o número errado!
MOON ... fomos sempre eu e o Higgs.

Simon desliga o telefone e caminha nervoso de um lado para outro. Pausa. Birdboot consulta seu programa.

BIRDBOOT Simon Gascoyne. Não é ele, claro.
MOON O quê?
BIRDBOOT Eu disse que não é ele.
MOON E é quem, então?
BIRDBOOT Eu aposto que é o Magnus.
MOON Disfarçado, você quer dizer.
BIRDBOOT Como?
MOON Você acha que é o Magnus disfarçado?
BIRDBOOT Acho que você não está se concentrando, Moon.
MOON Eu achei que você tinha dito...
BIRDBOOT Você fica aí matraqueando sobre o Higgs e o Puckeridge — qual é o seu problema?
MOON (*pensativo*) Eu fico imaginando se eles pensam em mim...?

Um estranho impulso faz Simon ligar o rádio.

RÁDIO Uma nova mensagem da polícia. A polícia do condado de Essex ainda está procurando em vão pelo louco que está à solta nos alagadiços mortais da região costeira. O Inspetor Cão, que é o cérebro da operação, não foi encontrado para comentários, mas todos acreditam que ele tenha um plano secreto... Enquanto isso a polícia e voluntários estão fazendo uma operação pente-fino nos alagadiços com alto-falantes, gritando: "Não seja louco, se entregue". Com isso acaba a mensagem policial.

Simon desliga o rádio. Ele está claramente nervoso. Moon e Birdboot estão em sintonias diferentes.

BIRDBOOT (*sagaz*) Ah, sim...
MOON É, acho que é de esperar que o meu nome raramente saia da cabeça do Puckeridge... é triste, de verdade. Quer dizer, não é vida, substituto de um substituto.
BIRDBOOT É... É mesmo...
MOON O Higgs nunca nem se dá ao trabalho de pensar em mim. Eu consigo ver no jeito de ele me cumprimentar com a cabeça.
BIRDBOOT Vingança, claro.
MOON Como?
BIRDBOOT Ciúme.
MOON Bobagem — não há nada *pessoal* envolvido...
BIRDBOOT Aquele rancor paranoico...
MOON (*primeiro ríspido, depois começando a patinar*) É meramente o fato de que não basta minguar quando alguém cresce, ficar na reserva, ficar à disposição, à espera, para assumir a posição ou não, o substituto — o quase-tão-bom--quanto — o papel temporário —, pois eu sou Moon, contínuo Moon, na minha própria situação, Moon em junho, abril, setembro e nenhum membro da raça humana mantém quente o lugarzinho que eu ocupo — é, eu consigo ver no jeito de ele me cumprimentar com a cabeça.
BIRDBOOT Completamente louco, claro.
MOON Como?
BIRDBOOT A resposta está lá fora, no pântano.
MOON Ah.
BIRDBOOT O esqueleto de dentro do armário está chegando em casa, para ficar.
MOON Ah, sim. (*ele limpa a garganta... pois tanto ele quanto Birdboot têm uma voz "pública", uma voz crítica que acionam para pronunciamentos de opinião de mais fôlego*) Já nos primeiros momentos percebemos o clássico impacto da figura catalisadora — o homem de fora do grupo — mergulhando até o coração de um mundo organizado e gerando as perturbações, as ondas de choque — que, a não ser que eu muito me engane, vão desnudar essas pessoas confortáveis — esses crustáceos na poça rochosa da sociedade —, desnudá-las

de suas conchas e deixá-las expostas como a tenra carne crua que, no fundo, somos todos. Mas não é só isso...
BIRDBOOT Concordo — fique de olho no Magnus.

Uma bola de tênis entra quicando pelas janelas francesas, seguida de perto por Felicity, que tem vinte e poucos anos. Ela está usando um bonito traje de tênis, e carrega uma raquete.

FELICITY (*gritando por sobre o ombro*) Fora!

Ela leva um segundo para perceber Simon, que está furtivamente parado em um canto. Moon é despertado por uma lembrança.

MOON Olha, Birdboot....
BIRDBOOT É essa aí.
FELICITY (*percebendo Simon*) Você!

O comportamento de Felicity no momento sugere grande surpresa mas algum prazer.

SIMON (*nervoso*) Ahn, pois é — oi de novo.
FELICITY O que você está fazendo aqui?
SIMON Bom, eu...
MOON Ela é...
BIRDBOOT Shhhh...
SIMON É lógico que você está surpresa de me ver.
FELICITY Francamente, querido, você é extraordinário.
SIMON É, bom, estou aqui.
FELICITY Você deve ter ficado desesperado para me ver — quer dizer, eu fico *lisonjeada*, mas não dava para esperar até eu voltar?
SIMON (*bravamente*) Tem uma coisa que você não sabe.
FELICITY O quê?
SIMON Olha, sobre aquilo que eu disse — pode ser que eu tenha me empolgado um pouco — nós dois nos empolgamos...
FELICITY (*rígida*) O que você está tentando dizer?
SIMON Eu amo outra!

FELICITY Sei.
SIMON Eu nunca te prometi nada... Eu só...
FELICITY Você não precisa dizer mais nada...
SIMON Ah, eu não queria te magoar...
FELICITY Ah, é o cúmulo da petulância!
SIMON Bom, eu...
FELICITY Seu covarde infiel...
SIMON Deixa eu explicar...
FELICITY Não é a melhor hora e não é o melhor lugar — você acha que pode aparecer em qualquer lugar, não importa o que eu esteja fazendo...
SIMON Mas eu quero que você saiba que a minha admiração por você é sincera — não quero que você pense que eu não estava falando sério quando disse aquilo...
FELICITY Eu vou te matar por causa disso, Simon Gascoyne!

Ela sai à beira das lágrimas, passando pela senhora Drudge, que entrou a tempo de entreouvir seu último comentário.

MOON É ela.
BIRDBOOT Eu disse — vai virar estrela...
MOON Não, não...
BIRDBOOT Shhhh...
SIMON (*para a senhora Drudge*) Sim, o que foi?
SENHORA DRUDGE Eu vim preparar a mesa para as cartas, senhor.
SIMON Acho que não vou poder ficar.
SENHORA DRUDGE Ah, lady Muldoon *vai* ficar desapontada.
SIMON Ela sabe que eu estou aqui?
SENHORA DRUDGE Ah, sim, senhor, eu acabei de lhe contar e isso a deixou toda animada.
SIMON Verdade?... Bom, acho que agora que eu botei em panos limpos... Toda animada, então... de verdade... de verdade...

Ele e a senhora Drudge começam a arrumar tudo para o jogo de cartas. A senhora Drudge sai quando eles acabam.

CYNTHIA Muito bem, Simon!

Magnus paga Simon, enquanto Cynthia dá as cartas.

FELICITY É estranho o Simon ter aparecido por aqui assim, do nada. Nós sabemos tão pouco sobre ele.
SIMON Nem sempre vale a pena mostrar as cartas!
CYNTHIA Isso mesmo! Simon, é você quem dá o primeiro lance.

Simon joga.

CYNTHIA Hum, vejamos...

Joga.

FELICITY Ouvi dizer que há um louco perigoso à solta.
CYNTHIA Simon?
SIMON Sim... sim... perdão.

Joga.

CYNTHIA Abro o jogo.
FELICITY É — pessoalmente eu acho que ele está se escondendo no chalé abandonado (*joga*) nas falésias.
SIMON Flush!
CYNTHIA Não! Simon — você está com sorte hoje!
FELICITY Veremos — a noite ainda não acabou, Simon Gascoyne!

Ela sai.
Magnus paga Simon de novo.

SIMON (*para Magnus*) Então o senhor é o meio-irmão aleijado de lorde Muldoon que apareceu inesperadamente do Canadá há poucos dias, não é? O senhor demorou bastante para chegar aqui. Parece até que veio... andando! Ah, meu Deus, eu lamento muitíssimo!

MAGNUS Aceita dar uma volta no roseiral, Cynthia?
CYNTHIA Não, Magnus, eu preciso conversar com Simon.
SIMON Acho que é minha mão, major.
MAGNUS O senhor acha mesmo?
SIMON Acho sim, major.
MAGNUS Há um velho provérbio indígena transmitido pelos índios Blackfoot, que diz: quem ri por último ri mais longamente.
SIMON É, ouvi dizer.

Simon se volta para Cynthia.

MAGNUS Bom, acho que vou lubrificar minha arma.

Ele sai.

CYNTHIA Acho que Magnus desconfia de alguma coisa. E Felicity... Simon, aconteceu alguma coisa entre você e Felicity?
SIMON Não, não... Está acabado entre mim e ela, Cynthia — foi meramente uma coisinha passageira o que nós tivemos... mas agora que eu te encontrei...
CYNTHIA Se eu descobrir que você mentiu para mim — se eu descobrir que você me seduziu falsamente, para me arrancar de meu querido marido Albert — eu mato você, Simon Gascoyne!

A senhora Drudge entrou silenciosamente e presenciou essa parte. Com este quadro, pleno de significados, o ato se encerra, o corpo ainda por ser descoberto. Aplausos sem empolgação. Moon e Birdboot parecem estar completamente perdidos em seus pensamentos, que se tornam audíveis, por assim dizer.

MOON Fica se exibindo no Old Vic com aquela capa de ópera e me passando as sobras.
BIRDBOOT Você acredita em amor à primeira vista?
MOON Não é que eu ache que eu seja melhor como crítico...
BIRDBOOT Sinto a minha vida inteira mudando...
MOON Eu sou, mas não é por isso.
BIRDBOOT Ah, o mundo vai rir de mim, eu sei...

MOON Não é que seja uma posição assim tão difícil de preencher...
BIRDBOOT ... podem me chamar de velho bobo apaixonado...
MOON ... não mesmo.
BIRDBOOT ... me condenar...
MOON Ele está tapando a minha luz, só isso.
BIRDBOOT ... traidor da minha classe...
MOON ... um eclipse quase contínuo, interrompido pelo fenômeno do luar.
BIRDBOOT Eu não me importo, está acabado.
MOON E eu sonho...
BIRDBOOT O Anjo Azul redivivo.
MOON ... com o dia em que a febre dele suba até explodir pelo alto da cabeça...
BIRDBOOT Ah, a doce loucura do amor...
MOON ... com o espasmo na escadaria...
BIRDBOOT Myrtle, adeus...
MOON ... sonhando com o degrau que jamais vai alcançar...
BIRDBOOT ... pois eu tenho só uma vida...
MOON Às vezes eu sonho que o matei.
BIRDBOOT Como?
MOON Como?

Eles se controlam.

BIRDBOOT Sim... sim... Uma bela atuação, uma joia rara. Eu hei de dizer.
MOON Uma estreia muito promissora, eu vou dar uma palavrinha favorável.
BIRDBOOT Seria tão hipócrita de minha parte sonegar elogios com base em sentimentos pessoais, quanto sonegar a censura.
MOON Você tem razão. Corajoso.
BIRDBOOT Ah, eu sei o que as pessoas vão dizer — lá vai o Birdboot puxando o saco da sua mais recente...
MOON Ignore...
BIRDBOOT Mas eu desço ao nível deles... O fato é que eu realmente acredito que a atuação dela é um dos pontos mais altos do teatro contemporâneo.
MOON Bundogênica, essa é a palavra para ela.
BIRDBOOT ... o brilho, a tristeza interior...
MOON Será que ela realmente banca isso tudo?

BIRDBOOT O papel, no papel, é uma mera cifra, mas ela consegue fazer de Cynthia uma pessoa de verdade...
MOON *Cynthia?*
BIRDBOOT E caso, em consequência disso, ela viesse a se encontrar comigo para tomar alguma coisa, simplesmente como um, ahn — agradecimento, por assim dizer...
MOON Ah, seu velho volúvel desgraçado!
BIRDBOOT (*agressivo*) Você está sugerindo...?

Birdboot estremece até se conter e limpa a garganta.

BIRDBOOT Mas então — está se encaminhando bem, você não acha?
MOON Ah, sim, sim. Uma bela tricotomia de forças. Devemos reservar nosso julgamento, é claro, para o confronto final, mas acho que o rumo aqui já está bem claro.
BIRDBOOT Concordo. É Magnus com um corpo de vantagem.

Pequena pausa.

MOON Que vantagem tem o corpo de Magnus?
BIRDBOOT Se nós soubéssemos não estaríamos aqui.
MOON (*limpa a garganta*) Deixe-me de pronto dizer que a peça tem *élan* evitando ao mesmo tempo o *éclat*. Isso posto, e acho que deve estar posto, vejo-me obrigado a perguntar: será que esta peça sabe aonde vai?
BIRDBOOT Bom, me parece claro e simples, Moon — Magnus não é quem finge ser e já definiu sua próxima vítima...
MOON Será, repito, que ela assume suas influências? Há momentos, e não posso lhes censurar esses momentos, em que a peça, se podemos chamar o que vimos de uma peça, e acho que no balanço geral podemos, mostra inquestionavelmente estar do lado da vida. *Je suis*, ela parece estar dizendo, *ergo sum*. Mas isso basta? Acho que temos o direito de perguntar. Pois afinal de que trata essa peça? Acredito estarmos aqui lidando com o que já chamei em outras ocasiões de natureza do destino. Acho que temos o direito de perguntar — e aqui surge irresistível a lembrança do grito de Voltaire, "*Voilà!*" —, acho que temos o direito de perguntar: *Cadê Deus?*

BIRDBOOT (*chocado*) Quem?
MOON De-us.
BIRDBOOT (*espiando furtivamente seu programa*) Deus?
MOON Acho que temos o direito de perguntar.

O telefone toca.
O cenário se reilumina para revelar Cynthia, Felicity e Magnus prestes a tomar café, que está sendo servido pela senhora Drudge. Simon está ausente. O corpo está em sua posição.

SENHORA DRUDGE (*ao telefone*) A mesma coisa, meia hora depois?... Não, lamento — não tem ninguém aqui com esse nome. (*ela repõe o fone no gancho e segue servindo o café. Para Cynthia*) Preto ou com leite, milady?
CYNTHIA Com leite, por favor.

A senhora Drudge serve.

SENHORA DRUDGE (*para Felicity*) Preto ou com leite, senhorita?
FELICITY Com leite, por favor.

A senhora Drudge serve.

SENHORA DRUDGE (*para Magnus*) Preto ou com leite, major?
MAGNUS Com leite, por favor.

Idem.

SENHORA DRUDGE (*para Cynthia*) Açúcar, milady?
CYNTHIA Sim, por favor.

Acrescenta açúcar.

SENHORA DRUDGE (*para Felicity*) Açúcar, senhorita?
FELICITY Sim, por favor.

Idem.

SENHORA DRUDGE (*para Magnus*) Açúcar, major?
MAGNUS Sim, por favor.

Idem.

SENHORA DRUDGE (*para Cynthia*) Biscoitos, milady?
CYNTHIA Não, obrigada.
BIRDBOOT (*escrevendo elaboradamente em seu caderno*) O segundo ato, no entanto, não chega a estar à altura...
FELICITY Na minha opinião, algo estranho está acontecendo aqui.

A senhora Drudge, ao se aproximar de Felicity, faz com que ela se erga de um salto, impaciente. Ela vai até o rádio enquanto Magnus recusa seus biscoitos, e a senhora Drudge sai.

RÁDIO Interrompemos nossa programação para uma mensagem especial da polícia. As buscas pelo louco perigoso que está à solta em Essex agora se restringem às redondezas imediatas de Muldoon Manor. A atividade da polícia é dificultada pela neblina e pelos alagadiços mortais, mas acredita-se que o louco tenha passado a noite de ontem em um chalé abandonado nas falésias. Aconselha-se ao público que se mantenham todos juntos e se certifiquem de que ninguém esteja ausente. Com isso se conclui a mensagem da polícia.

Felicity desliga o rádio, nervosa. Pausa.

CYNTHIA Onde está o Simon?
FELICITY Quem?
CYNTHIA O Simon. Você o viu?
FELICITY Não.
CYNTHIA E você, Magnus?
MAGNUS Não.
CYNTHIA Ah.
FELICITY Sim, há algo aziago no ar, é como se um de *nós*...

CYNTHIA Ah, Felicity, a casa está toda trancada — ninguém conseguiria entrar — e a polícia está praticamente na nossa porta.
FELICITY Não sei — é só uma sensação.
CYNTHIA É só a cerração.
MAGNUS O Cão nunca vai conseguir chegar num dia desses.
CYNTHIA (*gritando com ele*) Cerração!
FELICITY Ele está falando do Inspetor.
CYNTHIA Ele vem com um cachorro?
FELICITY Não que eu saiba.
MAGNUS ... nunca vai conseguir passar pelo pântano. É, receio que o louco agora possa aparecer com segurança.

Ouve-se um triste som uivante à distância, assustador.

CYNTHIA O que é isso?!
FELICITY (*tensa*) Parecia o grito de um gigantesco cão!
MAGNUS Coitado!
CYNTHIA Shhhh!

Eles escutam. O som se repete, mais próximo.

FELICITY De novo!
CYNTHIA Está vindo para cá — está bem na frente da casa!

A senhora Drudge entra.

SENHORA DRUDGE O Inspetor Cão!
CYNTHIA Um cão *policial*?

Entra o Inspetor Cão. Em seus pés estão suas botas de pântano. Elas são dois pontões infláveis — e inflados — com solas planas de mais de meio metro de diâmetro. Ele traz uma sirene de neblina.

CÃO Lady Muldoon?
CYNTHIA Sim.

CÃO Eu vim assim que pude. Onde devo pôr minha sirene de neblina e minhas botas de pântano?
CYNTHIA A senhora Drudge vai cuidar disso. Sempre preparado, como diz o lema da Força Policial, hein, Inspetor? Que coisa mais engenhosa!
CÃO (*livrando-se de botas e sirene*) Não é um tempinho feio que tira um policial do trabalho.

A senhora Drudge sai com os pertences. Uma pausa.

CYNTHIA Ah, ahn, Inspetor Cão, Felicity Cunningham, major Magnus Muldoon.
CÃO Boa noite.

Ele e Cynthia continuam a olhar cheios de expectativa um para o outro.

CYNTHIA e CÃO (*juntos*) E então?... Desculpe...
CYNTHIA Não, continue, por favor.
CÃO Obrigado. Bem, conte o que aconteceu nas suas palavras — não se apresse, comece pelo começo e não deixe nada de fora.
CYNTHIA Como assim?
CÃO Não tenha medo. A senhora agora está segura. Espero que vocês não tenham encostado em nada.
CYNTHIA Eu acho que não estou entendendo.
CÃO Eu sou o Inspetor Cão.
CYNTHIA Sim.
CÃO Bom, qual é a história?
CYNTHIA Eu realmente não tenho a menor ideia.
CÃO Como foi que começou?
CYNTHIA O quê?
CÃO A... coisa.
CYNTHIA Que coisa?
CÃO (*rapidamente perdendo a confiança, mas exasperado*) O problema!
CYNTHIA Mas não *houve* problema algum!
CÃO A senhora não telefonou para a polícia?
CYNTHIA Não.
FELICITY Nem eu.

MAGNUS Para quê?
CÃO Sei. (*pausa*) Isso me deixa em uma posição muito delicada. (*uma pausa estável*) Bom, eu vou indo então.

Ele se move na direção da porta.

CYNTHIA Lamento muito.
CÃO (*rígido*) Não há problema algum.
CYNTHIA Muito obrigada por ter vindo.
CÃO De nada mesmo. Nunca se sabe, poderia ser coisa séria.
CYNTHIA Uma bebida?
CÃO Até mais sério que isso.
CYNTHIA (*corrigindo*) Uma bebida antes de o senhor sair?
CÃO Não, obrigado.

Sai.

CYNTHIA (*através da porta*) Espero que o senhor o encontre.
CÃO (*imediatamente reaparecendo*) Encontrar quem, madame?... Diga de uma vez.
CYNTHIA Achei que o senhor estivesse em busca do lunático.
CÃO E o que a senhora sabe dessa história?
CYNTHIA Deu no rádio.
CÃO Ah, é? Bom, é por isso que eu estou aqui, na verdade. Eu não queria mencionar porque não sabia quanto os senhores sabiam. Não há por que causar um pânico desnecessário, nem mesmo com um assassino entre nós.
FELICITY O senhor disse assassino?
CÃO Ah — então isso não deu no rádio?
CYNTHIA Quem foi que ele matou, Inspetor?
CÃO Talvez ninguém — ainda. Vamos torcer para estarmos adiantados.
MAGNUS O senhor acredita que ele esteja entre nós, Inspetor?
CÃO Acredito. Se qualquer um dos senhores recentemente encontrou um camarada jovem de boa aparência com um terno elegante, camisa branca, sem chapéu, bem-falante — alguém que possivelmente diga que acaba de se mudar para as redondezas, alguém que na superfície parece tão são quanto os senhores ou eu, então agora é a hora de falar!

FELICITY Eu...

CÃO Não interrompa!

FELICITY Inspetor...

CÃO Muito bem.

CYNTHIA Não, Felicity!

CÃO Por favor, lady Cynthia, nós todos estamos nisso juntos. Eu devo lhe pedir que se ponha totalmente nas minhas mãos.

CYNTHIA Não, Inspetor. Eu amo Albert.

CÃO Acho que a senhora não me entendeu direito.

MAGNUS Algum de nós está em perigo, Inspetor?

CÃO Não lhes pareceu estranho que em sua fuga esse louco tenha ido direto para Muldoon Manor? Minha opinião é que ele carrega um pesado rancor contra alguém dentro desta precisa casa! Lady Muldoon — onde está o seu marido?

CYNTHIA O meu marido?... O senhor não está dizendo...?

CÃO Não sei — mas tenho motivos para acreditar que um dos senhores é o fulano!

FELICITY É o quê?

CÃO Guillermo Morales y Fulano, que quando jovem, ao encontrar o louco na rua e ouvir dele o pedido de um trocado para tomar uma xícara de chá, respondeu: "Por que você não vai arrumar um emprego, seu saco de bosta de cavalo inútil", no Canadá, tantos anos atrás, e na sequência acabou fazendo fortuna. (*ele começa a caminhar de um lado para outro concentradamente*) O louco era apenas um garoto naquele tempo, mas nunca esqueceu aquele momento, e dali em diante carregou no coração a promessa da vingança!

E neste momento ele se vê quase pisando no cadáver. Olha para baixo cautelosamente.

CÃO Alguma coisa que os senhores tenham esquecido de me dizer?

Eles todos veem o cadáver pela primeira vez.

FELICITY Então o louco atacou!

CYNTHIA Ah — que coisa horrível — horrível...

CÃO É, bem como eu temia. Agora os senhores podem ver o tipo de homem que estão protegendo.

CYNTHIA Eu não posso acreditar!

FELICITY Eu vou ter que dizer a ele, Cynthia... Inspetor, um estranho que confere com aquela descrição apareceu de fato entre nós — Simon Gascoyne. Ah, ele tinha seu charme, isso eu garanto, e me enganou completamente. Receio ter feito papel de boba por causa dele, assim como Cynthia.

CÃO Onde ele está agora?

MAGNUS Deve estar pela casa — ele não poderia ter saído com essas condições.

CÃO O senhor tem razão. Não tenha medo, lady Muldoon — eu hei de capturar o homem que matou seu marido.

CYNTHIA Meu marido? Eu não estou entendendo.

CÃO Tudo aponta para Gascoyne.

CYNTHIA Mas quem é esse aí? (*o cadáver*)

CÃO Seu marido.

CYNTHIA Não é não.

CÃO É sim.

CYNTHIA Eu estou lhe dizendo que não é.

CÃO *Eu* é que estou encarregado deste caso!

CYNTHIA Mas esse aí não é o meu marido.

CÃO A senhora tem certeza?

CYNTHIA Pelo amor de Deus!

CÃO Então quem é?

CYNTHIA Não sei.

CÃO Alguém?

FELICITY Nunca vi.

MAGNUS Não parece ninguém que eu conheça.

CÃO Este caso está ficando uma bagunça.

CYNTHIA Mas o que é que nós vamos fazer?

CÃO (*agarrando o telefone*) Eu vou ligar para a polícia!

CYNTHIA Mas o senhor é a polícia!

CÃO Graças a Deus que eu estou aqui — as linhas foram cortadas!

CYNTHIA O senhor quer dizer...?

CÃO Isso mesmo!... Estamos por conta própria, isolados do mundo e correndo sérios riscos!

FELICITY O senhor quer dizer...?

CÃO Isso mesmo! Eu acredito que o assassino vai atacar novamente!

MAGNUS O senhor quer dizer...?

CÃO Isso mesmo! Um de nós, mortais comuns reunidos pelo destino e isolados pelos elementos, é o assassino! Ele precisa ser encontrado — vasculhem a casa!

Todos saem apressadamente em direções diferentes deixando o palco temporariamente vazio. Simon entra calmamente.

SIMON (*entrando, chamando pelos outros*) Ninguém por aqui?... Estranho...

Ele percebe o cadáver e fica surpreso. Aproxima-se dele e o vira. Ele se ergue e olha em volta espantado.

BIRDBOOT É aqui que o Simon bate as botas.

Ouve-se um tiro. Simon cai morto. O Inspetor Cão corre e se agacha ao lado do cadáver de Simon. Cynthia aparece nas janelas francesas. Ela para ali e fica olhando fixamente.

CYNTHIA O que aconteceu, Inspetor?!

Cão se vira para encará-la.

CÃO Ele está morto... Simon Gascoyne, pelo que imagino. Uma justiça apressada mesmo para um assassino — a não ser... a não ser... Nós presumimos que o corpo não podia ter estado aqui antes de Simon Gascoyne entrar na casa... mas... (*ele desliza o sofá para cima do corpo*) eis a resposta. E agora — quem matou Simon Gascoyne? E por quê?

"Cortina", espera, aplausos, saem todos.

MOON Por que não?

BIRDBOOT Exatamente. Já vai tarde.

MOON É, se safar de uma acusação de assassinato deve ser bem fácil desde que os motivos do sujeito sejam suficientemente inescrutáveis.

BIRDBOOT Menino volúvel desgraçado! Ele estava passando a perna nela de tudo quanto era jeito.

MOON (*pensativo*) Claro. Eu ainda ia ter o Puckeridge atrás de *mim*...
BIRDBOOT Ela precisa de alguém mais estável, mais maduro...
MOON ... e se eu pudesse, ele também poderia...
BIRDBOOT É, eu conheço um hotelzinho bem discreto, cujo gerente é um homem do mundo...
MOON Inquieta deita-se a cabeça coroada.
BIRDBOOT Café da manhã servido no quarto e nenhuma pergunta.
MOON Será que o Puckeridge sonha comigo?
BIRDBOOT (*pausa*) Oi — o que aconteceu?
MOON O quê? Ah, sim — o que você está achando, até aqui?
BIRDBOOT (*limpa a garganta*) É neste ponto que a peça para mim ganha vida. O pano de fundo já foi completamente estabelecido, e o autor se deu ao trabalho de efetivamente aprender com os mestres do gênero. Ele criou uma situação real, e poucos hão de duvidar de sua capacidade de resolvê-la com um desenlace brilhante. Certamente é o que até agora está faltando, mas a peça tem um começo, um meio e eu não tenho dúvidas de que provará ter um fim. Por isso é bom darmos graças, e graças duplas, por um bom espetáculo limpo, sem sequer um traço de imundície. Mas talvez tudo isso fosse em vão, não fosse uma atuação que considero um dos pontos mais altos do teatro contemporâneo. No que é possivelmente a melhor Cynthia desde o pós-guerra...
MOON Se examinamos em mais detalhes, e acho que o exame detido é o mínimo tributo que esta peça merece, acho que vamos descobrir que dentro da austera moldura do que se percebe em um nível como um fim de semana em uma casa do interior, e que símbolo útil é essa casa, o autor nos deu — sim, irei assim tão longe —, ele nos deu a condição humana...
BIRDBOOT Mais talento na unha do dedo mínimo...
MOON Um ouvido sobrenatural que podia ser o de um Van Gogh...
BIRDBOOT ... um escândalo público o fato de a rainha até hoje não ter reconhecido...
MOON Confrontados, como somos, por tão ubíqua obliquidade, é difícil, é realmente difícil, e portanto não vou tentar evitar a invocação dos nomes de Kafka, Sartre, Shakespeare, são Paulo, Beckett, Birkett, Pinero, Pirandello, Dante e Dorothy L. Sayers.
BIRDBOOT Uma noitada excelente. Fiquei encantado.

O telefone começa a tocar no palco vazio. Moon tenta ignorar.

MOON Mais pesado... Mais pesado se possível... Mais pesado se é possível ser... E nem acho fácil — Dante e Dorothy L. Sayers. Mais pesado...
BIRDBOOT Outros participam, como... Moon!

Pois Moon perdeu a paciência e está se dirigindo direto ao telefone que toca. Está visivelmente irritado.

MOON (*pegando o telefone, grita*) A-lô! (*pausa, vira para Birdboot, tranquilamente*) É para você.

Pausa. Birdboot levanta. Ele se aproxima cautelosamente. Moon lhe dá o telefone e volta para seu assento. Birdboot o olha enquanto ele caminha. Ele olha em volta e sorri fraco, expiando sua culpa.

BIRDBOOT (*ao telefone*) Alô... (*explosão*) Ah, pelo amor de Deus, Myrtle!... Eu já disse para você nunca me ligar no trabalho?! (*ele está naturalmente constrangido, olhando em volta com uma fúria sub-reptícia*) Como? Ontem à noite? Santo Deus, mulher, isso não é hora de... Eu garanto, Myrtle, que não há absolutamente nada entre mim e... eu levei ela para jantar simplesmente para me manter *au fait* com o mundo da cena dos bastidores... Sim, eu juro... Sim, sim... Sim, eu *disse* sim — *juro* — e você também é o meu, Myrtle — querida — eu não posso... (*sussurra*) eu não estou sozinho... (*mais alto*) Não, ela não está!... (*ele olha em volta furtivamente, lambe os lábios e murmura*) Tudo bem! Eu adoro as suas orelhinhas cor-de-rosa e você é minha coelhinha fofinha... Agora pelo amor de Deus... Tchau, Myrtle...

Desliga o telefone. Birdboot enxuga a testa com o lenço. No que se vira, uma bola de tênis entra quicando pelas janelas francesas, seguida por Felicity, como antes, com os trajes de tênis. A luz está como estava. Tudo está como estava. É, digamos, o mesmo momento no tempo.

FELICITY (*gritando por sobre o ombro*) Fora! (*ela percebe Birdboot e fica atordoada*) Você!
BIRDBOOT Ahn, pois é — oi de novo.

FELICITY O que você está fazendo aqui?
BIRDBOOT Bom, eu...
FELICITY Francamente, querido, você é extraordinário...
BIRDBOOT Sim, bom, estou aqui.

Ele olha em volta acovardado.

FELICITY Você deve ter ficado desesperado para me ver — quer dizer, eu fico lisonjeada, mas não dava para esperar até eu voltar?
BIRDBOOT Não, não, você está entendendo tudo errado...
FELICITY O quê?
BIRDBOOT E sobre ontem à noite — talvez eu tenha dado uma impressão errada... fiquei meio empolgado, talvez...
FELICITY (*rígida*) O que você está tentando dizer?
BIRDBOOT Eu quero cancelar.
FELICITY Sei.
BIRDBOOT Eu nunca te prometi nada — e a questão é que eu tenho a minha reputação... as pessoas falam...
FELICITY Você não precisa dizer mais nada...
BIRDBOOT E a minha mulher, também — não sei como ela chegou a saber, mas...
FELICITY Ah, que petulância! Entrar aqui sem mais nem menos e...
BIRDBOOT Eu lamento que você tenha tido que descobrir desse jeito... A questão é que eu não queria que fosse assim...
FELICITY Seu covarde infiel...
BIRDBOOT Eu lamento muito — mas quero que você saiba que eu estava falando sério quando disse aquelas coisas... Ah, sim — mostra um potencial incrível — eu vou dizer isso...
FELICITY Eu vou te matar por causa disso, Simon Gascoyne!

Ela sai às lágrimas, passando pela senhora Drudge, que entrou a tempo de entreouvir seu último comentário.

BIRDBOOT (*olhos escancarados*) Santo Deus....
SENHORA DRUDGE Eu vim preparar a mesa para as cartas, senhor.
BIRDBOOT (*enfurecido*) Eu não posso ficar para jogar *cartas*!

SENHORA DRUDGE Ah, lady Muldoon *vai* ficar desapontada.

BIRDBOOT A senhora... a senhora quer dizer... quer dizer que ela quer me ver?

SENHORA DRUDGE Ah, sim, senhor, eu acabei de lhe contar e isso a deixou toda animada.

BIRDBOOT Verdade? Sim, bom, um homem com a minha influência não é pouca porcaria... Acho que tenho algum nome como um construtor de reputações... Hum, sim, toda animada, a senhora disse?

A senhora Drudge está ocupada com a mesa de cartas. Birdboot fica ilhado e confuso por um momento.

MOON (*de seu assento*) Birdboot! (*um sussurro tenso*) Birdboot! (*Birdboot olha em volta vagamente*) O que diabos você está fazendo?

BIRDBOOT Nada.

MOON Pare de fazer papel de idiota. Volte aqui.

BIRDBOOT Ah, eu sei o que você está pensando — mas a questão é que eu realmente considero a atuação dela um dos pontos mais altos...

Cynthia entra como antes. A senhora Drudge saiu.

CYNTHIA Querido!

BIRDBOOT Ah, boa noite — eu poderia dizer que realmente considero...

CYNTHIA Não diga nada por um momento — só me abrace.

Ela cai nos braços dele.

BIRDBOOT Então tá! (*eles se beijam*) Meu Deus! — ela fica *mesmo* com a boca aberta! Cara senhora, desde o primeiro momento em que a vi, senti toda minha vida mudar...

CYNTHIA (*se libertando*) Nós não podemos continuar nos encontrando assim!

BIRDBOOT Não terei vergonha de proclamar toda noite meu amor por você!... Mas felizmente isso não será necessário... Eu conheço um hotelzinho excelente, discreto — cujo gerente é um homem do mundo...

CYNTHIA Mas, querido, isso é uma loucura!

BIRDBOOT Sim! Eu estou louco de amor!

CYNTHIA Por favor — lembre onde estamos!
BIRDBOOT Eu não me importo! Deixe que pensem o que quiserem, eu te amo!
CYNTHIA Não faça isso!... Eu amo Albert!
BIRDBOOT Ele está morto! (*sacudindo-a*) Você está me entendendo — Albert está morto!
CYNTHIA Não — jamais deixarei de ter esperança! Me solte! Nós não somos livres!
BIRDBOOT Você está falando da Myrtle? Ela não significa nada para mim — nada! Com ela é só chocolate quente e chinelinhos peludos de nylon azul — todo aquele corpo caído de calcinhas que vão até os joelhos não tem uma só fagulha de gênio criativo...
CYNTHIA Você é um tratante, Simon! Você vai me usar e se livrar de mim como já se livrou de tantas outras.
BIRDBOOT Não, Cynthia!... Agora que eu te encontrei...
CYNTHIA Você é impiedoso — tão forte, tão cruel...

Birdboot toma-a em seus braços, e nesse momento entra a senhora Drudge, e ouve-se a voz frenética de Moon.

MOON Você pirou completamente, por acaso?

Cynthia se liberta dele.

CYNTHIA Pare — você não vê que está fazendo um papel ridículo?!
MOON Ela tem razão.
BIRDBOOT (*para Moon*) Você se mantenha fora disso.
CYNTHIA Sim, o que foi, senhora Drudge?
SENHORA DRUDGE Devo fechar as janelas, milady? A neblina...
CYNTHIA Sim, é melhor.
MOON Olhe, eles vão acabar com você...
BIRDBOOT Eu saio quando for minha hora de sair, muito agradecido.
MOON É o seu fim, acho que você sabe disso...
BIRDBOOT Eu não preciso das suas profeciazinhas de cigana de rua — achei coisa maior e melhor...
MOON (*confuso, falando sozinho*) Se pelo menos fosse o Higgs...

CYNTHIA ...e busque o major lá em cima.

SENHORA DRUDGE Acho que estou ouvindo o major descendo as escadas.

Ela sai. O som da aproximação de uma cadeira de rodas, como antes. Birdboot prudentemente fica fora da trajetória anterior da cadeira, mas ela entra da coxia mais abaixo e o arremessa longe. Um balbuciar de angústia e reclamação.

CYNTHIA Simon — diga alguma coisa!

BIRDBOOT (*enquanto senta*) Descuidado filho de uma puta.

CYNTHIA Graças a Deus!

MAGNUS O que *ele* está fazendo aqui?

CYNTHIA Ele acabou de chegar.

MAGNUS É mesmo? E o que o senhor está achando daqui?

BIRDBOOT Eu não conseguiria encarar isso toda noite.

Felicity entra.

FELICITY Então — você ainda está aqui.

CYNTHIA Claro que ele ainda está aqui. Nós vamos jogar cartas. Não há necessidade de apresentar vocês dois, não é? Pois me recordo que você, Simon, veio a me conhecer graças a Felicity, nossa amiga em comum.

FELICITY É, Simon é um velho amigo...

BIRDBOOT Ah... sim... bom, eu gosto de dar aos recém-chegados de mais potencial o benefício da minha — ahn... É claro que ela ainda não tem tanta técnica...

FELICITY Ontem à noite.

BIRDBOOT Eu não estou falando de ontem à noite!

CYNTHIA É mesmo? Bom, você dá as cartas, Felicity. Simon, você me ajuda com o sofá.

BIRDBOOT (*para Moon*) Você viu aquilo? Tentou me matar. Eu disse que era o Magnus — não que *seja* o Magnus.

MOON Quem matou, você quer dizer?

BIRDBOOT Como?

MOON Você acha que não foi o Magnus que matou?

BIRDBOOT Preste atenção, Moon — os fatos estão escancarados na sua frente. Ele está atrás da Cynthia, para começar.
MAGNUS É o Gascoyne, não é?
BIRDBOOT Nem por cima do meu cadáver!
MAGNUS Se ele ficar entre nós...
MOON (*nervoso*) Pelo amor de Deus, fique sentado!
CYNTHIA Simon!
BIRDBOOT Ela precisa de mim, Moon. Eu tenho que completar o jogo.

Cynthia e Birdboot empurram o sofá como antes, e todos sentam à mesa.

CYNTHIA Certo! Quem começa?
MAGNUS (*enquanto move as cartas*) Eu. Eu passo numa vaza sem lance e dobro meu jogo contra a dama do Sul.
CYNTHIA Por acaso eu ouvi você dizer que viu Felicity ontem à noite, Simon?
BIRDBOOT Ahn...
FELICITY Pague vinte e um ou banque meu contrato. (*descarta*) Vez da Cynthia.
CYNTHIA Eu cubro os seus contratos com cinco vazas passadas, e jogo a torre do Oeste para o segundo leilão com um lance da banca naquele segundo jogo ali.

Descarta.

BIRDBOOT (*levantando e jogando as cartas na mesa*) E eu pago para ver o seu blefe!
CYNTHIA Muito bem, Simon!

Magnus paga Birdboot enquanto Cynthia dá as cartas.

FELICITY É estranho o Simon ter aparecido assim por aqui, do nada, já que sabemos tão pouco sobre ele.
CYNTHIA Isso mesmo! Simon, é você que dá o primeiro lance no primeiro leilão. Hum. Vejamos. Acho que vou cobrir a convenção de espadas com dois coringas e um gambito do rei aceito ali... (*descarta*) e a vaza do Oeste racha dobrado para quatro bispo da dama ali!
MAGNUS (*enquanto joga cartas*) Faites vos jeux. Rien ne va plus. Rouge et noir. Zero.

CYNTHIA Simon?

BIRDBOOT (*triunfante, levantando de um salto*) E eu pago para ver o seu blefe!

CYNTHIA (*imperturbavelmente*) Eu abro o jogo.

FELICITY Eu vou soprar.

MAGNUS Vou derrubar.

BIRDBOOT Eu vou blefar.

CYNTHIA Twist.

FELICITY Banca.

MAGNUS Xeque.

BIRDBOOT Gol.

CYNTHIA Como é que é?

FELICITY Na linha.

MAGNUS Dobro o limite.

BIRDBOOT Bingo!

CYNTHIA Não! Simon — você está com sorte hoje!

FELICITY Veremos — a noite ainda não acabou, Simon Gascoyne!

Ela sai rapidamente.

BIRDBOOT (*olhando a saída de Felicity*) Pista falsa — deu para ver de longe. (*para Magnus*) Ah, sim, nenhuma culpa no cartório, já vi mais de mil vezes. E já vi o senhor também, não vi? Estranho... alguma coisa no senhor...

MAGNUS Aceita dar uma volta no roseiral, Cynthia?

CYNTHIA Não, Magnus, eu preciso conversar com Simon.

BIRDBOOT Isso não vai dar em nada, o senhor sabe, não é?

MAGNUS O senhor acha mesmo?

BIRDBOOT Ah, sim, ela sabe de que lado sopra o vento. Eu sou um homem com certa influência entre os que podem levar às luzes da ribalta — ela não vai me jogar fora por causa de um aleijado todo disfarçado.

MAGNUS Há um velho provérbio canadense...

BIRDBOOT Não me venha com essa... Eu entendi o seu joguinho desde o começo. Ah, sim, vocês não são tão espertos quanto acham que são... Mais cedo ou mais tarde vocês cometem algum erro... E por falar nisso, onde foi que eu vi o senhor?... Eu definitivamente...

MAGNUS (*saindo*) Bom, acho que vou lubrificar minha arma.

Ele sai.

BIRDBOOT (*sobre Magnus*) Blefe claro! (*para Cynthia*) Já vi mais de mil vezes.
CYNTHIA Acho que Magnus desconfia de alguma coisa. E Felicity? Simon, aconteceu alguma coisa entre você e a Felicity?
BIRDBOOT Não, não — está tudo acabado agora. Eu meramente a elogiei um pouco enquanto tomávamos umas bebidas, disse que ela ia longe, esse tipo de coisa. Ai, meu Deus, quanto falatório por causa de um simples flerte...
CYNTHIA (*enquanto a senhora Drudge entra por trás*) Se eu descobrir que você me seduziu falsamente, para me arrancar de meu querido marido Albert, eu mato você, Simon Gascoyne!

"Cortina" como antes. A senhora Drudge e Cynthia saem. Birdboot começa a segui-las.

MOON Birdboot!

Birdboot para.

MOON Pelo amor de Deus tome jeito.
BIRDBOOT Eu não consigo evitar.
MOON O que você acha que está fazendo? Você está virando uma farsa completa!
BIRDBOOT Eu sei, eu sei — mas eu não consigo viver sem ela. (*ele está embarcando em erráticas jornadas neuróticas pelo palco*) Vou pedir demissão, claro. Eu não me importo de virar história, isso eu te garanto...

Ele chegou ao cadáver. Olha para ele surpreso, hesita, curva-se e vira o corpo.

MOON Birdboot, pense na sua família, nos seus amigos — a sua posição de destaque no mundo das letras... Quer dizer, o que é que você está fazendo? (*Birdboot está encarando o rosto do cadáver*) Birdboot... deixe essas coisas em paz. Venha sentar aqui — qual é o seu problema?
BIRDBOOT (*voz defunta*) É o Higgs.
MOON Como?
BIRDBOOT É o Higgs.

Pausa.

MOON Não seja bobo.

BIRDBOOT Estou te dizendo que é o Higgs! (*Moon faz que vai se levantar. Desorientado*) Eu não estou entendendo... Ele está morto.

MOON Morto?

BIRDBOOT Quem poderia querer...

MOON Ele deve ter ficado estendido aí o tempo todo...

BIRDBOOT ... matar o Higgs?

MOON Mas o que é que ele está fazendo aqui? Eu estava de substituto hoje...

BIRDBOOT (*virando para ele*) Moon?...

MOON (*maravilhado, falando baixo*) Então agora somos eu e o Puckeridge.

BIRDBOOT Moon...?

MOON (*hesitando*) Mas eu juro que...

BIRDBOOT Entendi tudo...

MOON Mas eu não...

BIRDBOOT (*tranquilamente*) Meu Deus... então era isso... (*mais alto*) Moon — agora eu estou entendendo...

MOON ... eu juro que eu não...

BIRDBOOT Agora — finalmente — estou entendendo tudo...

Ouve-se um tiro e Birdboot cai morto.

MOON Birdboot!

Ele corre até o corpo de Birdboot. Cynthia aparece nas janelas francesas. Ela para e fica olhando fixamente. Tudo como antes.

CYNTHIA Ah, meu Deus — o que aconteceu, Inspetor?!

MOON (*quase falando sozinho*) Ele está morto... (*ele levanta*) Meio exagerado, né?... Meio radical!... Ele podia ter lá os seus defeitos — admito que ele era um velho volúvel... Quem fez isso, e por quê?

Moon se vira para encará-la. Ele levanta e se dirige rapidamente a seu assento. Antes de chegar lá é interrompido pelo som de vozes. Simon e Cão estão ocupando os lugares dos críticos. Moon congela.

SIMON Dizer que a peça não tem ritmo, objetivo, foco, interesse, drama, espírito ou originalidade é simplesmente dizer que ela não é o meu tipo de peça. Basta compararmos essa mixórdia com os mestres do gênero para vermos que temos aqui uma iguaria que simplesmente não me agrada.

CÃO Lamento a rispidez, mas não há como contornar este fato. A peça não tem ritmo. Uma mixórdia completa.

SIMON Diria mais. Os leitores que tiveram a sorte de estar presentes na Comédie Française na última quarta-feira não precisam ser lembrados que histeria não substitui *éclat*.

CÃO Falta *élan*.

SIMON Alguns dos membros do elenco parecem ter desistido totalmente de atuar, aparentemente chocados, com toda razão, por terem de se ver envolvidos em uma noitada que faria, e de fato fará, chorarem os anjos do firmamento.

CÃO Não sou pudico mas me escapa a razão para o banho de imundície e de alusões sexuais em que se enfia uma plateia inocente em nome da modernidade a qualquer preço....

Por trás Moon, Felicity, Magnus e a senhora Drudge fizeram suas entradas, de modo que ele agora se vira para encarar o semicírculo formado por eles.

MAGNUS (*apontando para o corpo de Birdboot*) Bem, inspetor, este seria o seu homem?

MOON (*desconfiado*) Sim... Sim...

CYNTHIA É o Simon.

MOON Sim... sim... coitado... (*mais alto*) Isso é alguma piada?

MAGNUS Se for, Inspetor, trata-se de uma piada de péssimo gosto.

Moon se controla e fica energizado, algo alucinado, em sua dor por Birdboot.

MOON Tudo bem! Eu vou descobrir quem fez isso! Quero que todos voltem para as posições que ocupavam quando o tiro foi disparado... (*eles se movem; histericamente*) Ninguém vai sair desta casa!

Eles voltam a seus lugares.

MAGNUS Acho que todos nós tivemos oportunidade de fazer o disparo, Inspetor...

MOON (*furioso*) Eu não estou...

MAGNUS ... mas qual de nós iria querer?

MOON Talvez o senhor, major Magnus!

MAGNUS Por que eu iria querer matá-lo?

MOON Porque ele sabia do senhor — sim, ele entendeu o seu joguinho desde o começo — e o senhor o matou exatamente quando ele estava prestes a revelar que o senhor tinha matado... (*Moon aponta, faz uma pausa e então cruza até o corpo de Higgs e hesita*)... matado... (*ele vira Higgs*) este... sujeito.

MAGNUS Mas qual seria o motivo para matar esse homem? (*pausa*) Quem *é* esse sujeito? (*pausa*) Inspetor?

MOON (*levantando*) Não sei. Não se parece com ninguém que eu conheça. (*longa pausa*) Bom... então...

SENHORA DRUDGE Inspetor?

MOON (*ansioso*) Sim? Sim, o que é, minha cara senhora?

SENHORA DRUDGE Entrando por acaso neste cômodo hoje cedo para lavar as janelas, eu por acaso ouvi um comentário feito pelo falecido Simon Gascoyne à minha senhora, isto é: "Eu vou matar qualquer um que fique entre nós".

MOON Ah... sim... bom, então é isso. Esse... sujeito... (*apontando*) obviamente foi morto por (*apontando*) ahn... por (*pausa*) Simon.

CYNTHIA Mas ele não ficou entre nós!

MAGNUS E quem, então, matou Simon?

SENHORA DRUDGE Posteriormente ao comentário supracitado, eu também por acaso pude entreouvir um comentário feito por lady Muldoon ao falecido, nos seguintes termos: "Eu vou te matar, Simon Gascoyne!". Espero que o senhor não se incomode por eu mencionar isso.

MOON Nem remotamente. Fico feliz pela senhora ter feito isso. É a partir desses comentários fortuitos que nós da força policial construímos nosso quadro completo antes de nos mobilizarmos para uma prisão. Agora não há de demorar muito, imagino, e devo avisá-la, lady Muldoon, que tudo que a senhora disser...

CYNTHIA Sim!... Eu odiava Simon Gascoyne, pois estava à mercê dele! Mas eu não o matei!

SENHORA DRUDGE Anteriormente àquilo, Inspetor, eu por acaso entreouvi um comentário feito pela senhorita Cunningham, sem dúvida no calor da hora, mas ele ficou na minha cabeça como essas coisas às vezes fazem, isto é: "Eu vou matar você por causa disso, Simon Gascoyne!".

MOON Ah! A última peça do quebra-cabeça! Acho que me vejo agora capaz de revelar o mistério. Este homem (*o cadáver*) era, é claro, Fulano, o canadense que, como soubemos, ao encontrar Gascoyne na rua e receber seu pedido de um trocado para uma maçã do amor, deu-lhe uma bifa na orelha, aos gritos de "Que tal isso como rancor para se guardar, seu vagabundinho remelento!", tantos anos atrás. Gascoyne esperou, mas no devido momento seguiu a trilha de Fulano até esta casa, tendo, no caminho, encontrado, nas redondezas, uma simples moça interiorana ambiciosa. Ele era encantador, persuasivo — e lhe disse, sem dúvida, que ela viraria uma estrela —, e ela, lisonjeada por sua sofisticação, enganada por suas promessas de vê-la naquela noite, cedeu a seus simples desejos. Talvez ela o amasse. Jamais saberemos. Mas exatamente na hora que seria a do seu triunfo, os olhos dele caíram sobre uma outra — sim, estou me referindo a lady Cynthia Muldoon. Desde o momento em que a viu não houve mais outras mulheres para ele — estava enfeitiçado, disposto a sacrificar tudo, até você, Felicity Cunningham. Foi somente hoje — inesperadamente encontrando-o aqui — que você ficou sabendo a verdade. Houve uma amarga discussão que culminou com sua promessa de matá-lo — uma promessa que você cumpriu neste mesmo cômodo na sua primeira oportunidade! E eu devo avisá-la que tudo que você disser...

FELICITY Mas isso não faz sentido!

MOON Não assim de primeira, *talvez*.

MAGNUS Simon não pode ter sido morto pela mesma pessoa que matou Fulano?

FELICITY Mas por que qualquer um de nós aqui poderia querer matar um completo estranho?

MAGNUS Talvez ele não fosse um estranho para *um* de nós.

MOON (*hesitando*) Mas Simon era o louco, não era?

MAGNUS Só temos a sua palavra quanto a isso, Inspetor. Só temos a sua palavra quanto a muitas coisas. Por exemplo — Fulano. Quem é ele? O nome dele é Fulano? Será que há qualquer traço de verdade naquela historinha fantástica e implausível do insulto sofrido nas ruas do Canadá? Ou será que há algo mais, algo que desconhecemos de todo, por trás de tudo isso? Imaginem por um momento que o louco, depois de matar este estranho desconhecido por motivos particulares e inescrutáveis só seus, tenha sido perturbado antes de poder se livrar do corpo. Então, depois de cortar os cabos do telefone ele decidiu voltar à cena do crime, fazendo-se passar por um certo... Inspetor de Polícia Cão!

MOON Mas... eu não sou louco... Eu tenho quase certeza de que eu não estou louco...

MAGNUS ... apenas para descobrir que naquela casa havia um homem, Simon Gascoyne, que reconheceu naquele cadáver um homem contra o qual o senhor tinha um profundo rancor...!

MOON Mas eu não matei... Eu tenho quase certeza de que...

MAGNUS Eu lhe faço a seguinte pergunta: o senhor é o verdadeiro Inspetor Cão?!

MOON Você está cansado de saber que não! Que história é essa?

MAGNUS Foi o que eu pensei.

MOON Eu só sonhava... às vezes eu sonhava...

CYNTHIA Então foi você!

SENHORA DRUDGE O louco!

FELICITY O assassino!

CYNTHIA Ah, que coisa mais horrível, horrível.

SENHORA DRUDGE O estranho entre nós!

MAGNUS Sim, nós tínhamos uma certa suspeita de que ele ia aparecer aqui — e ele caiu na armadilha!

MOON Que *armadilha*?

MAGNUS Eu não sou o verdadeiro Magnus Muldoon! Era um mero subterfúgio!... E... (*levantando e arrancando o bigode*) eu agora me revelo como...

CYNTHIA Como assim...?

MAGNUS Sim!... Eu sou o verdadeiro Inspetor Cão!

MOON (*pausa*) Puckeridge!

MAGNUS (*com uma pistola*) Fique onde está, ou eu atiro!

MOON (*recuando*) Puckeridge! Você matou o Higgs — e o Birdfoot tentou me dizer...

MAGNUS Pare em nome da lei! (*Moon se vira para sair correndo. Magnus dispara. Moon cai de joelhos*) Eu esperei muito tempo por este momento.

CYNTHIA Então o senhor é o verdadeiro Inspetor Cão.

MAGNUS E não só isso! Eu tenho levado uma vida dupla — no *mínimo* dupla!

CYNTHIA Como assim...?

MAGNUS Sim!... Foram dez longos anos, mas você não me reconhece?
CYNTHIA Como assim...?
MAGNUS Sim! Sou eu, Albert!... Que perdeu a memória e entrou para a polícia, sendo promovido por mérito até o grau de inspetor, com seu passado apagado — até que o destino o lançou ao lar que deixara para trás, de volta à linda mulher que trouxera para cá como sua jovem noiva... Para resumir, meu amor, minha memória voltou e sua longa espera chega ao fim!
CYNTHIA Ah, Albert!

Eles se abraçam.

MOON (*com um traço de admiração*) Puckeridge... seu filho de uma puta.

Moon morre.
    Fim

PASTICHES

Para Oliver, Barnaby, William e Edmund

A primeira montagem de *Pastiches* aconteceu no Aldwych Theatre, em Londres, em 10 de junho de 1974, em uma produção da Royal Shakespeare Company. O elenco foi o seguinte:

HENRY CARR	John Wood
TRISTAN TZARA	John Hurt
JAMES JOYCE	Tom Bell
LÊNIN	Frank Windsor
BENNETT	John Bott
GWENDOLEN	Maria Aitken
CECILY	Beth Morris
NÁDIA	Barbara Leigh-Hunt
Direção	Peter Wood
Cenários	Carl Toms
Iluminação	Robert Ornbo

Pastiches foi reencenada pela Royal Shakespeare Company no Barbican, em Londres, em 16 de outubro de 1993, com o seguinte elenco:

HENRY CARR	Antony Sher
TRISTAN TZARA	David Westhead
JAMES JOYCE	Lloyd Hutchinson
LÊNIN	Geoffrey Freshwater
CECILY	Amanda Harris
GWENDOLEN	Rebecca Saire
BENNETT	Trevor Martin
NÁDIA	Darlene Johnson
Direção	Adrian Noble
Cenografia	Richard Hudson
Iluminação	Jennifer Tipton
Música	Guy Woolfenden

O texto impresso nesta edição incorpora revisões feitas pelo autor para esta montagem.

Personagens

HENRY CARR aparece como um homem muito velho e caquético e também em sua versão jovem e elegante.

TRISTAN TZARA é o dadaísta com esse nome. Era um homem jovem, moreno, com muito da aparência de um menino, e encantador (palavra dele). Ele usa um monóculo.

JAMES JOYCE é James Joyce em 1917-18, 36 anos de idade. Ele usa o paletó e as calças de dois ternos diferentes.

LÊNIN é Lênin em 1917, 47 anos de idade.

BENNETT é o criado de Carr. Uma presença de peso.

GWENDOLEN é a irmã mais nova de Carr; jovem e atraente, mas também uma personalidade a se levar em conta.

CECILY também é jovem e atraente e deve ser levada ainda mais em conta. Aparece também envelhecida.

NÁDIA é Nadejda Krupskaia, a mulher de Lênin, 48 anos de idade.

HENRY WILFRED CARR, 1894-1962

O leitor de uma peça cujos personagens principais incluem Lênin, James Joyce e Tristan Tzara pode não perceber que a figura de Henry Carr também é tirada da História. Mas é.
Em março de 1918 (eu tiro a informação de *James Joyce*, de Richard Ellmann), Claud Sykes, um ator que estava temporariamente em Zurique, sugeriu a Joyce que eles formassem uma companhia teatral para montar peças em inglês. Joyce concordou, e se tornou o gerente comercial de The English Players, que teria como primeira produção *A importância de ser prudente*. Foram em busca de atores. Os profissionais receberiam uma taxa simbólica de trinta francos e os amadores deveriam se virar com dez francos para a passagem de bonde para os ensaios. Joyce se envolveu muito e visitou o cônsul-geral, A. Percy Bennett, para buscar apoio oficial para os Players. Ele o conseguiu, apesar do fato de que Bennett "estava indisposto com Joyce por ele não ter se apresentado ao consulado oficialmente para oferecer seus serviços durante a guerra, e estava talvez ciente do trabalho de Joyce para a revista neutralista *International Review*, assim como de sua aberta indiferença ao resultado da guerra. Ele pode até ter ouvido falar da versão de Joyce para *Mr. Dooley*, escrita nessa época...", diz a soberba biografia de Ellmann, cuja companhia não foi o menor dos prazeres enquanto eu escrevia *Pastiches*.
Enquanto isso, Sykes estava juntando um elenco... "Um achado importante foi Tristan Rawson, um sujeito bonito que tinha cantado papéis de barítono por quatro anos na Cologne Opera House, mas que jamais tinha atuado em uma peça. Depois de muita adulação, Rawson concordou em assumir o papel de John Worthing. Sykes recrutou Cecil Palmer como o mordomo e encontrou uma senhora chamada Ethel Turner para representar Miss Prism... Até aí, no entanto, não havia alguém para pegar o papel principal de Algernon Montcrieff. Em um momento infeliz, Joyce indicou um jovem alto e bem-apessoado chamado Henry Carr, que tinha visto no consulado, onde Carr, invalidado para o serviço militar, tinha um pequeno cargo. Sykes descobriu que ele tinha atuado em algumas peças amadoras no Canadá, e decidiu arriscar com ele."
A atuação de Carr acabou sendo um pequeno triunfo. Ele tinha até, em seu entusiasmo, comprado calças, um chapéu e um par de luvas para usar como Algernon. Mas imediatamente depois da representação o ator e o gerente comercial

brigaram. Joyce entregou a cada membro do elenco dez ou trinta francos, como antes combinado, mas conseguiu irritar Carr, que mais tarde se queixou a Sykes de que Joyce tinha entregado o dinheiro como se fosse uma gorjeta.

O resultado foi desproporcional e exagerado. Joyce e Carr acabaram indo à justiça, em duas ações separadas, Carr pedindo reembolso pelo custo das calças etc., ou alternativamente uma parte dos lucros, e Joyce cobrando o valor de cinco ingressos vendidos por Carr, e também o processando por difamação. Essas questões só se resolveram em fevereiro de 1919. Joyce ganhou no caso do dinheiro e perdeu no da calúnia, mas reservou sua retribuição completa para *Ulisses*, onde "distribuiu punições tão escrupulosas e inexoravelmente quanto Dante [...] A princípio Joyce pretendia fazer o cônsul-geral Bennett e Henry Carr serem os dois soldados bêbados e obscenos que nocauteiam Stephen Dedalus no episódio de 'Circe'; mas acabou por decidir que Bennett deveria ser o segundo-tenente, com autoridade sobre o recruta Carr, que, contudo, refere-se a ele com total desrespeito".

Partindo desses parcos fatos sobre Henry Carr — e incapaz de descobrir outros —, eu inventei um senhor de idade, morando ainda em Zurique, casado com uma garota que conheceu na biblioteca durante os anos de Lênin, e relembrando, talvez com alguma imprecisão, seus encontros com Joyce e o dadaísta Tzara.

Logo depois de a peça estrear em Londres eu fiquei excitado e algo ressabiado ao receber uma carta que começava dizendo: "Fiquei totalmente fascinada com as resenhas de sua peça — sendo a principal razão o fato de Henry Carr ter sido meu marido até sua morte, em 1962". A carta era da senhora Noël Carr, sua segunda mulher.

Dela eu soube que Henry Wilfred Carr nasceu em Sunderland em 1894 e cresceu no condado de Durham. Era um de quatro filhos, incluindo seu gêmeo Walter, hoje também falecido. Aos dezessete anos Henry foi ao Canadá, onde trabalhou por algum tempo em um banco. Em 1915 ele se apresentou como voluntário ao serviço militar e foi à França com a Canadian Black Watch. Foi severamente ferido no ano seguinte e — depois de passar cinco dias na terra de ninguém — foi feito prisioneiro. Por causa de seus ferimentos, Henry foi enviado pelos alemães para ficar em um monastério, onde os monges o levaram a uma recuperação parcial, e então, durante uma troca de prisioneiros, ele fez parte de um grupo que foi mandado à Suíça.

Assim Henry Carr chegou a Zurique, onde cruzaria o caminho de James Joyce e acabaria se vendo como ator principal de alguns dramas, tanto dentro quanto fora do palco, que o levaram a um certo tipo de imortalidade como um personagem menor em *Ulisses*.

Foi em Zurique, também, que ele conheceu sua primeira mulher, Nora Tulloch. Eles se casaram na Inglaterra depois da guerra e mais tarde ele voltou com ela ao Canadá, onde achou um emprego em uma loja de departamentos em Montreal. Ele subiu na carreira até se tornar secretário da companhia.

Em 1928, em Montreal, ele conheceu Noël Bach e depois de seu divórcio eles se casaram lá, em 1933. No ano seguinte voltaram à Inglaterra. Henry acabou trabalhando em uma fundição e quando a outra guerra chegou ele e sua mulher estavam morando em Sheffield. Foram expulsos pelos bombardeios e se mudaram para uma cidadezinha em Warwickshire, onde Henry comandou a Guarda Local, e onde permaneceram nos anos do pós-guerra.

Em 1962, durante uma visita a Londres, Henry teve um ataque cardíaco e morreu no St. Mary Abbots Hospital, em Kensington. Ele não teve filhos.

Fico em dívida com a senhora Noël Carr por esses detalhes biográficos e, particularmente, por sua benevolência para comigo e com o que lhe deve parecer uma peça particularmente bem intitulada.

Tom Stoppard

Primeiro ato

A ação se passa em Zurique, em dois lugares: a sala de estar do apartamento de Henry Carr (a "Sala"), e uma seção da Biblioteca Pública de Zurique (a "Biblioteca"). A maior parte da peça se desenrola na memória de Carr, que retorna ao período da Primeira Guerra Mundial; e esse período se reflete adequadamente no cenário e nos figurinos etc. Deve-se supor que o Velho Carr mora no mesmo apartamento desde aquele tempo.
A Sala deve ter sua porta principal ao centro, no fundo do palco: muitas das entradas seriam seriamente enfraquecidas se ocorressem pelos lados. Portas duplas seriam o melhor. No entanto, há pelo menos uma porta lateral. Há uma mesa central, com uma bela cadeira de cada lado, e uma mesa lateral, além do resto da mobília.
A Biblioteca sugere uma escala maior — estantes altas etc. No Segundo ato, Cecily (a bibliotecária) necessita de um balcão ou uma mesa, que não precisa estar à vista no começo da peça. Algumas das entradas, por exemplo a de Nádia, são provavelmente feitas por uma porta e não pelas coxias.
A Biblioteca no Prólogo e no Segundo ato não tem de ser obrigatoriamente mostrada pelo mesmo ângulo.

Começamos na Biblioteca.

Há lugares para Joyce, Lênin e Tzara.
Gwen está sentada com Joyce. Eles estão ocupados com livros, papéis, lápis...
Lênin também está escrevendo silenciosamente, entre livros e papéis. Tzara está escrevendo quando a peça começa. Em sua mesa estão um chapéu e uma grande tesoura. Tzara acaba de escrever e depois pega a tesoura e corta o papel, palavra por palavra, deixando os pedaços caírem dentro do chapéu. Quando todas as palavras estão no chapéu, ele o sacode e o esvazia sobre a mesa. Ele rapidamente separa os pedacinhos de papel em linhas aleatórias, virando alguns etc., e então lê o resultado em voz alta.

TZARA Enguia come enorme maçãtzara
    Chave leiteria chefe do chapéu aprenderá oomparah!
    Mal corridas ai sussurra assassine tardia noz oriente,
    Vespertina avuncular mal dia Clara!
CECILY *(entrando)* Shhhhhhh!

Sua repreensão vale para toda a Biblioteca. Ela entra das coxias, não pela porta, e cruza o palco, saindo pelo outro lado, movendo-se rapidamente, como alguém apressado. Ninguém repara.

JOYCE (*ditando para Gwen*) Deshill holles eamus...
GWEN (*escrevendo*) Deshill holles eamus...
JOYCE Três vezes.
GWEN Ahn-han.
JOYCE Dai-nos brilhante, luzente, Horhorn, fertilização e frútero.
GWEN Dai-nos brilhante, luzente, Horhorn, fertilização e frútero.
JOYCE Três vezes.
GWEN Ahn-han.
JOYCE Upa, meninim, upa!
GWEN Upa, meninim, upa!
JOYCE Upa, meninim, upa!
GWEN Três vezes, como os outros?
JOYCE Ahn-han.

A essa altura Tzara recolocou os pedacinhos de papel no chapéu. Ele retira um punhado e lê as palavras, uma de cada vez, colocando-as no chapéu à medida que lê.

TZARA Clara avuncular!
　　Sussurra mal oomparah!
　　Enguia noz leiteria dia
　　Maçãtzara...
　　... Chapéu!
CECILY (*reentrando*) Shhhh!

Cecily entrou com alguns livros, que larga perto de Lênin. Tzara sai da Biblioteca pela porta. Agora é necessário que o público observe o seguinte: Gwen recebeu uma pasta de Joyce. Cecily recebe uma pasta idêntica de Lênin. Essas pastas, que presumivelmente contêm manuscritos, são objetos vistosos de alguma cor gritante. Cada uma das personagens tem um motivo para pôr a pasta em uma mesa ou cadeira, e cada uma das personagens pega então a pasta errada. Na produção original, Gwen derrubava uma luva etc. etc., mas não é importante como se realiza essa transferência, desde que se veja que ela acontece. Gwen agora está pronta para sair da Biblioteca, e sai, levando a pasta de Lênin. Cecily também sai, não pela porta, mas para as coxias. Nádia entra quando Gwen sai; elas trombam uma com a outra, e ambas se desculpam, Nádia, em russo. Nádia entra agitada. Ela procura seu marido e vai direto até ele. A conversa deles é em russo.

NÁDIA Vylodya!
LÊNIN Chto takoia? [*O que foi?*]
NÁDIA Bronsky príchol. On s'kazal chto v'Peterbúrghie revolútsia! [*Bronsky esteve lá em casa. Ele diz que há uma revolução em São Petersburgo.*]
LÊNIN Revolútsia!

Aqui Joyce levanta e começa a caminhar para cima e para baixo revirando seus bolsos em busca de minúsculas tiras de papel em que previamente escreveu coisas que poderia querer usar. Enquanto o casal Lênin continua sua conversa, Joyce pesca, uma por uma, essas tirinhas de papel e lê em voz alta o que encontra nelas.

JOYCE (*observando seu primeiro achado*) "Deleite sombrio... Aquino barricudo... Frate porcospino..." (*decide que não precisa deste. Depois de amassá-lo, ele o joga fora... e acha um outro...*) "Und alle Schiffe brucken..." (*decide ficar com este, e o reenfia no bolso. E tira outro*) "Entweder transubstancialidade, oder consubstancialidade, mas de maneira alguma substancialidade..."

Decide ficar com este também. Enquanto isso, o casal Lênin continua da seguinte maneira.

LÊNIN Otkuda on znáiet? [*Como é que ele sabe?*]
NÁDIA Napisano v'gazetakh. On govorit chto tsar sobiráetsia otrétchsia ot prestola! [*Está tudo nos jornais. Ele diz que o tzar vai abdicar!*]
LÊNIN Chtoty! [*Não!*]
NÁDIA Da! [*Sim!*]
LÊNIN Eto v'gazetakh? [*Isso está nos jornais?*]
NÁDIA Da, da. Idiom damoi. On jdyot. [*Sim, sim. Vamos para casa. Ele está esperando.*]
LÊNIN On tam? [*Ele está lá?*]
NÁDIA Da! [*Sim!*]
LÊNIN Gazetakh u nievo? [*Ele trouxe o jornal?*]

NÁDIA Da! [*Sim!*]
LÊNIN Ty sama vidyela? [*Você mesma viu?*]
NÁDIA Da, da, da! [*Sim, sim, sim!*]

A voz de Joyce, no entanto, dominou este trecho. Ele agora encontra mais uma tirinha de papel que estava no chão: Lênin a derrubou sem perceber. Joyce pega o papel. Nádia está saindo da Biblioteca, pela porta, com Lênin dizendo em russo...

LÊNIN Idyi nazad y skaji y'mu chto ya prichaju. Tolka sobieru svayi b'magi. [*Vá para casa antes de mim. Eu vou juntar meus papéis e vou também.*]

Lênin está juntando seus papéis. Joyce está examinando o papelzinho derrubado.

JOYCE "Lacaios — capitalistas — lambe-botas — do imperialismo."

Lênin reconhece estas palavras. Ele se detém e se aproxima de Joyce.

LÊNIN Pardon!... Entschuldigung!... Scusi!... Excuse me!... Perdão!
JOYCE (*entregando-lhe o papel*) Je vous en prie! Bitte! Prego! You're welcome! Nem se preocupe! (*Lênin sai. Joyce está sozinho agora. Declama*)
    A mocinha de Zurisssh
    Só saía de seu nicho
    Se ofendessem, com sons,
    O *Nicht Reden! Silence!*
    Forçando-a, então, a implorar...
CECILY (*entrando, como antes*)... shhhh!

Joyce cede a seu pedido, põe o chapéu, pega a bengala e, enquanto ela o observa, reprovadora, sai como quem passeia, cantando...)

JOYCE Se você for quem sabe até a Irlanda...
    Pode ser no fim da tarde, fim do dia...
    Sente e olhe a lua subir em Claddagh
    E o pôr do sol em Galway, na baía...

O palco pertence agora ao Velho Carr. A Biblioteca deve dar lugar à Sala. É desnecessário dizer que a mudança deve ocorrer com um mínimo possível de interrupção, e que o uso de música como ponte é provavelmente desejável.
(Nota: Na produção original, a Sala tinha um piano, que o Velho Carr usava em diferentes momentos, e nesse caso o Velho Carr tocava — muito mal — a canção da baía de Galway enquanto o cenário era trocado, estando o piano na boca do palco, em uma posição fixa. É possível que o velho Carr tenha estado imóvel no palco desde o começo: um velho recordando...)

CARR Ele era irlandês, é claro. Se bem que não de Limerick, de verdade — era dublinense, o Joyce, todo mundo sabe disso, não podia ter escrito o livro se não fosse isso. Era uma vez um tal bardo, tum-ti-ti-tum-ti-tchum fardo... Eu tinha uma bela quedinha por isso, mas o Serviço Consular não incentiva muito esse tipo de coisa. Nunca foi um grande patrono das letras, o Serviço, não incentivava, nunca fez questão. Quer dizer, você nunca ia poder dizer que uma facilidade pra rima ou métrica fosse o *sine qua non* pro sucesso no Serviço Consular... Eles não desencorajavam também, não estou dizendo isso, muito pelo contrário, uma organização das mais cultas e esclarecidas, totalmente simpática a todas as artes (é só pensar na ocasião que juntou nós dois, eu e o Joyce, e trouxe ele até essa sala aqui, apoio integral, um evento teatral de primeira grandeza, grande êxito, triunfo pessoal no exigente papel de Franco, Franco não, o outro, nos píncaros da glória, preparamos os sanduíches de pepino para lady Bracknell, sem deixar de lado as consequências infelizes. Irlandesinho canalha. Nem vou guardar rancor, também, não depois desses anos todos, e ele lá morto no cemitério da colina, sem ressentimentos dos dois lados, ainda que seja bem desagradável ser arrastado pros tribunais por uns meros francos (ainda que nem fosse pelo dinheiro, ou pelas calças, na verdade), *mas*, seja como for, preto no branco, verdade seja dita, o estímulo a se escrever poesia não era a principal preocupação do Consulado Britânico em Zurique em 1917, e agora eu perdi a minha quedinha. Tarde demais, queridinha. Fique chorando sozinha. Mas eu estou me desviando do assunto. Nem preciso pedir desculpas, já que esses desvios o tempo todo são a graça que salva as reminiscências senis. Minhas memórias, é isso, então? Sua vida e seu tempo, amigo dos famosos. Memórias de James Joyce. James Joyce Como Eu o Vi. O James Joyce que Conheci. Pelos

Tribunais com James Joyce... Como é que ele era, James Joyce, me perguntam sempre. É bem verdade que eu o conheci bem no ápice das forças, com o gênio a todo vapor na elaboração do *Ulisses*, antes da publicação e da fama o transformarem em um monumento pra câmeras em romaria, quase sempre com um paletó de veludo de uma cor desconhecida, já que a fotografia naqueles dias era uma coisa preta e branca, mas provavelmente azul real, senão roxo empírico, e cheirando um buquê de violetas opressivas que absolutamente desafiam a natureza, para com isso, na minha cabeça, caviar pro público em geral, agora, então — *Memórias de James Joyce*... Está vindo. Para aqueles dentre nós que o conheceram, o talento de Joyce jamais esteve em dúvida. Estar em sua presença era estar ciente de um portentoso intelecto dedicado a se plasmar na forma permanente de seu próprio monumento — o livro que o mundo conhece hoje por *Ulisses*! Embora naquela época nós ainda o chamássemos (tomara que a memória funcione) por seu título original, Cinta-liga em flor. Um homem pudico, prudente, Joyce... de modo algum dissoluto ou vulgar, e ainda assim sociável, sem ser pródigo, e no entanto sem reservas quanto à moeda corrente em todas as suas transmutáveis e transferíveis formas e denominações, das quais, contudo, requeria apenas um mínimo necessário do mundo a seu redor, exibindo uma indiferença monacal para com os confortos corporais e mundanos, sem ao mesmo tempo isolar-se das riquezas da humana sociedade, cujas tentações, por outro lado, enfrentava com ascética desconsideração, moderada apenas por repentinos e catastróficos momentos aberrantes — em resumo, uma personalidade complexa, um enigma, um contraditório porta-voz da verdade, um litigante obsessivo e contudo um homem essencialmente privado, que queria que sua total indiferença ao reconhecimento público fosse universalmente reconhecida — em resumo, um mentiroso e um hipócrita, um bêbado devasso, mão de vaca e parasita que não vale o preço do papel, e essa parte está pronta. Outras Lembranças de um Funcionário Consular na Branquíssima Suíça. Os Altos e Baixos da Vida Consular em Zurique durante a Guerra: um Esboço. Foi na agitada metrópole dos bondes ágeis deslizantes e dos bancos, de restaurantes cosmopolitas às margens pedregosas do agilmente deslizante verde-melecante (*mucus mutandis*) rio Limmat, de mecanismos de relógio preciosísticos e refugiados de todo tipo, por exemplo, Lênin, está aí um assunto... Lênin Como Eu o Vi. O Lênin que Conheci.

A Meio Caminho da Estação Finlândia com V. I. Lênin: um Esboço. Lembra-me bem a primeira vez que vi Lênin, ou, como era conhecido em sua carteira da biblioteca, Vladimir Ilyitch Ulyanov. Estar em sua presença era estar ciente de uma personalidade complexa, enigmática, magnética, mas, não, creio eu, astigmática, sendo que seus penetrantes olhos castanhos (se a memória ajuda) não davam disso qualquer impressão. Um homem essencialmente simples, e ainda assim um teórico intelectual dedicado, como eu já sabia, à tarefa aparentemente impossível de reformular o mundo civilizado como uma federação de comitês permanentes de representantes dos trabalhadores. Enquanto apertava a mão desse estrangeiro dinâmico, gnômico e ainda assim não, creio eu, anêmico, que com suas mechas finas de cabelo louro caindo sobre a testa tinha a aparência glabra de um marujo escandinavo — bom dia, bom dia, pessoa errada, não foi?... Nem se importe, sai tudo quando lavar, esse é que é o segredo. Agora, de verdade, *quem* (sem a vantagem da perspectiva histórica e do álbum de fotografia, a praça Vermelha presa nos adesivos dos cantinhos com camaradagem, e agora nosso orador principal, barbado, ficando careca, com o terninho de colete, santo Deus, se não é o Ulyanov!, conhecia bem, sentava sempre entre a janela e a Economia A-K, et cetera) bom, tire tudo *isso*, e o que era ele pro Radek ou o Radek pra ele, ou Martov ou Martinov, Plekhanov, ou ele pro Ulyanov, tanto faz?... Em Zurique em 1917? Conspiradores dos Cafés, e daí? Bolinhas de neve no inferno. Bolinhas de neve e ponto, Lênin, só ele é que teve uma chance em um milhão, lembra quando eles fizeram aquela reunião? Democratas Sociais pela Guerra na Europa. Comparecimento total: quatro. Ulyanov, a senhora Ulyanov, Zinoviev e um espião da polícia. E agora eles querem saber como é que ele era? Como é que ele era, o Lênin, me perguntam sempre. (*ele faz um esforço*) Para aqueles dentre nós que o conheceram, a grandeza de Lênin jamais esteve em dúvida. (*desiste de novo*) Então por que é que você não apostou uma libra nele, você ia estar milionário, que nem aquele indivíduo que jogou seis pence contra o Titanic. Não. De verdade, quem é que teria imaginado grandes coisas saindo de um quartinho de esquina no número 14 da Spiegelgasse?... Agora, aqui tem coisa: duas revoluções geradas *na mesma rua*. Frente a frente na Spiegelgasse! *Rua da revolução! Um esboço*. Encontremo-nos no tristemente deslizante, melancólico rio Limmat, sigamos para Oeste e imediatamente haveremos de nos ver encharcados, sigamos para Leste e imediatamente haveremos de nos encontrar na Cidade Velha, tendo deixado para trás a saltitante e banquejante metrópole das camas elásticas e da cronometragem de todo tipo, pois aqui o tempo parou no labirinto abstruso de ruelas, e por falar nisso vocês nunca iam acreditar em um Bairro da Luz Vermelha suíço, lojinhas de pornografia gradeadas, covis de vício, vê se toma jeito, desculpa, desculpa, segunda à direita, terceira à esquerda — Spiegelgasse! — estreita, calçada, velhas casas altas em uma fileira sólida, o número 14 é a casa do calçador estreito em pessoa, Kammerer é o nome dele, Lênin, seu inquilino... E do outro lado, no número 1, o Meierei Bar, fonte da antiarte, berço de dada!!! Quem? Como? Quequèdizê dada?? Vocês se lembram de dada! — histórica casa de pouso entre o futurismo e o surrealismo, a meio caminho entre Marinetti e André Breton, indo dos anos antes-da-guerra-para-acabar-com-todas-as--guerras e os anos entre-as-guerras — *dada!* — abaixo a razão, a lógica, a causalidade, a coerência, a tradição, a proporção, o sentido e a consequência, *my art belongs to dada 'cos dada 'e treats me so...*[10] Então, *Memórias de dada por um funcionário consular amigo dos famosos na velha Zurique: um esboço*. O que foi que ele fez na Grande Guerra, o dada, me perguntam sempre. Como começou? Onde começou? Quando? O que é que era, quem foi que deu o nome de dada? Essas são apenas algumas das questões que continuam a intrigar os dadaístas por todo o mundo. Para aqueles dentre nós que o vivenciaram, dada foi, topograficamente falando, o ponto alto da cultura da Europa ocidental — lembra-me bem como se fora antanho (oh, e onde estão agora as neves d'antanho?) como Hugo Ball — ou foi Hans Arp? Sim!... Não... Picabia, não foi?... Não, Tzara... Sim! — escreveu seu nome na neve com uma bengala e disse: Aí está! Acho que vou intitulá-la Os Alpes. Oh, os nem-vês d'antanho. Que só a idade fez idos. Sobre as colinas, na distância, os projéteis se projetando pela qualéasuíça, não mais alto do que o baque leve da neve que caía nos telhados — *ah, paraíso!* Ser retirado — removido — abençoado pelo sangue de um ferimento insignificante e solto nas dobras das colinas nevadas... Oh, Suíça!... Estendida qual bandeira branca, pacífica

---

[10] A referência aqui é a canção "My heart belongs to daddy" (1936), de Cole Porter, posteriormente célebre na voz de Marilyn Monroe. A pronúncia *cockney* afetada por Carr faz com que o *coração* do original se transforme em *arte*. (N. T.)

e polida Suíça — sua miraculosa neutralidade, sua não combatente imparcialidade, seus pactos de não agressão, sua cruz vermelha internacional — entente à esquerda, detente à direita, no vale dos invalidados errei e vaguei quando jovem... Carr do consulado!... Primeiro nome Henry, pelo menos isso é inquestionável, eu sou mencionado nos livros. Quanto ao resto eu me disponho a discutir, mas não, se vocês não se incomodam, questiúnculas de detalhes e de cronologia — aceito correções em tudo, a não ser quanto à minha altura, que não pode ser muito diferente, e quanto ao sucesso da minha apresentação, que eu recordo claramente, no exigente papel de Franco (Franco não, o outro) — *isso*, e a sensação de puro alívio ao atingir em um estado de repouso, nomeadamente, a Suíça, o centro imóvel da roda da guerra. Esse é que é o assunto... (*Carr agora é um jovem em sua sala de estar em 1917. O ideal seria que o ator simplesmente tirasse, por exemplo, um chapéu e um roupão — sem perucas ou barbas, sem maquiagem... a idade de Carr esteve em sua voz*)... a primeira coisa a se saber sobre a Suíça é que não há guerra aqui. Mesmo quando há guerra *em todos os lugares*, não há guerra na Suíça.

BENNETT Sim, senhor.

Bennett entrou com uma bandeja de chá, para dois, com sanduíches.

CARR É essa completa ausência de belicosidade, somada a uma pontualidade exibicionista dos relógios públicos, que dá ao lugar esse confortante ar de permanência. A Suíça, e isso é perceptível, não vai desaparecer. Nem vai virar outro lugar. Você certamente já ouviu alusões à qualidade benéfica do ar da Suíça, Bennett. A qualidade a que se referem é a permanência.

BENNETT Sim, senhor.

CARR Homens desesperados, que ouviram os relógios baterem treze vezes na Alsácia, em Trieste, na Sérvia e em Montenegro, que sentiram o solo se mover sob seus pés na Estônia, na Áustria-Hungria e no Império Otomano, chegam à Suíça e, depois de respirar profundamente algumas vezes, descobrem que os tinidos e zumbidos que tinham no ouvido se regularizaram em um calmo tique-taque, e que o solo embaixo de seus pés, ainda que invariavelmente ondulado, é estável como os Alpes. Hoje eu me inclino a ir ao teatro; tire para mim as calças de corte reto com a faixa de cetim azul e o fraque de seda. Eu vou usar as abotoaduras de opala.

BENNETT Sim, senhor. Eu coloquei os jornais e os telegramas no aparador, senhor.
CARR Alguma coisa interessante?
BENNETT O *Neue Zuricher Zeitung* e o *Zuricher Post* anunciam, respectivamente, uma importante vitória aliada e uma alemã, cada um dos lados ganhando terreno depois de infligir pesadas baixas ao outro, sofrendo poucas perdas.
CARR Ah, sim... a guerra! Pobres-diabos! Como eu queria poder voltar às trincheiras!... A meus camaradas-em-armas; aquele espírito maravilhoso lá na lama e no arame; os dias de bravura e as noites de temor. Que êxtase era ver a aurora! Estar vivo era o próprio paraíso! Nunca em toda a história dos conflitos humanos houve alguma coisa que se igualasse àquela carnificina... Sangue de Deus!, tiros e bombas!, fedor de cemitério!, Cristo Jesus! Desertado por simplórios, eles condenam a gente ao inferno — *ora pro nobis* — rápido! Não, *me tira daqui!* — nada igual àquela encarnada, aquela gravatinha de seda matizada vermelho sangue, engomada, vincada bem certinho, presa por um alfinete só, as lapelas damasco — ou uma marrom, não, biscoito — não... Tire para mim as calças de corte reto com a faixa de cetim azul e o fraque de seda. Eu vou usar as abotoaduras de opala.
BENNETT Sim, senhor. Eu coloquei os jornais e os telegramas no aparador, senhor.
CARR Alguma coisa interessante?
BENNETT A guerra continua a dominar os jornais, senhor.
CARR Ah, sim... a guerra, sempre a guerra...

Uma nota sobre o que se passa: a cena (e a maior parte da peça) está sob o controle errático da memória do Velho Carr, que não é tremendamente confiável, e também de seus vários preconceitos e confusões. Um dos resultados é que a história (como um trenzinho de brinquedo, talvez) ocasionalmente descarrila e tem de ser reiniciada do ponto em que enlouquece.

Essa cena tem vários desses "deslizes temporais", indicados pelas repetições do diálogo entre Bennett e Carr sobre "os jornais e os telegramas". Mais tarde na peça há ciclos similares, quando a memória de Carr abandona uma cena e depois a retoma com uma fala repetida (por exemplo, Carr e Cecily na Biblioteca). Pode ser adequado marcar esses momentos mais vigorosamente usando um som ou efeito de luz invasivos, ou ambos. O som de um relógio cuco, artificialmente amplificado, seria adequado, por aludir tanto ao tempo quanto à Suíça; nesse caso, um relógio cuco de fato poderia tocar durante a cena aqui-agora do primeiro monólogo do Velho Carr. De qualquer maneira, o efeito desses deslizes não deve ser de confusão, e deve-se deixar claro o que está acontecendo.

CARR Eu estava em Savile Row quando ouvi as notícias, conversando com o alfaiate chefe da Drewitt & Madge em um xadrezinho *pied de poule* um pouquinho *evasé* atrás do joelho, bem singular. O velho Drewitt, ou o Madge, entrou e me disse. Nunca confiei nos chucrutes, eu falei. Boches, ele respondeu, e eu, pensando que ele tinha me ofendido, girei nos calcanhares e fui até a Trimmett & Punch, encomendar um traje completo e calças de caça pregueadas. Quando ficaram prontas, eu estava na França. Grandes dias! A aurora rompendo sobre a terra de ninguém. Gotas de orvalho rorejando nas papoulas ao sol que abria a manhã... Tudo tranquilo no *front* oeste... Ó de lá, ó de lá, ó de lá...

BENNETT Um cavalheiro esteve aqui, senhor. Ele não quis esperar.

CARR O que ele queria?

BENNETT Ele não declarou o assunto, senhor. Mas deixou um cartão.

Oferece-o em uma salva.

CARR "Tristan Tzara. Dada Dada Dada." Ele era gago?

BENNETT Ele falava francês com sotaque romeno, e usava um monóculo.

CARR Está obviamente tentando se fazer passar por espião. É uma forma de vaidade a que as pessoas se entregam largamente em Zurique durante uma guerra europeia, até onde eu saiba, e acrescenta muito às inconveniências causadas pelas multidões de espiões *de verdade* que conspiram para lotar o Odeon e o Terrasse, e deixam quase impossível conseguir uma mesa em qualquer um dos dois.

BENNETT Eu o notei com um grupo de amigos no Terrasse, senhor. Se eles eram, ou não, conspiradores, é claro que eu não saberia dizer.

CARR Disfarçar-se de conspirador, ou falar francês com sotaque romeno e usar um monóculo, é pelo menos tão perverso quanto ser, de fato, um conspirador; na verdade, é até mais perverso, já que passa uma impressão desonesta de perfídia e, além de tudo, torna gratuita a superlotação dos cafés, que dessa forma não é resultado nem de uma intriga genuína, nem de um ato traiçoeiro *bona fide* — não foi mesmo La Rochefoucauld, afinal, nas *Maximes*, que disse que em Zurique, na primavera, em tempo de guerra, um cavalheiro tem dificuldades para achar um assento vago graças aos espiões espúrios espiando espiões da polícia espionando espiões de olho em contraespiões *que país sanguinário até o queijo tem buracos!!*

Fora dos trilhos de novo. Carr, nas palavras acima, cometeu alguma violência contra o recheio de um sanduíche de queijo.

BENNETT Sim, senhor. Eu coloquei os jornais e os telegramas no aparador, senhor.
CARR Alguma coisa interessante?
BENNETT Uma revolução na Rússia, senhor.
CARR Mesmo? Que tipo de revolução?
BENNETT Uma revolução social, senhor.
CARR Uma revolução *social*? Mulheres desacompanhadas fumando na Ópera? Esse tipo de coisa?
BENNETT Não exatamente isso, senhor. É mais da natureza de uma revolução de classes contrapostas pelo desequilíbrio fissíparo da sociedade russa.
CARR O que é que você quer dizer com classes?
BENNETT Senhores e servos. Por assim dizer. Senhor.
CARR Ah. Senhores e servos. *Classes.*
BENNETT (*inabalado como sempre*) Houve cenas de violência.
CARR Sei. Bem, eu não fico nem um pouquinho surpreso, Bennett. Não quero me fazer de esperto depois da hora, mas qualquer um com meio conhecimento de causa sobre a sociedade russa podia ver que não estava distante o dia em que a classe explorada, desiludida com a negligência de seus interesses, assustada com a queda do rublo e, acima de tudo, provocada além de qualquer limite pela rapacidade de seus criados, se revoltaria contra esses mordomos, lacaios, cozinheiros, valetes... A propósito, Bennett, eu estou vendo aqui em seu livro que na noite de quinta-feira, quando o senhor Tzara esteve jantando comigo, oito garrafas de champanhe deram entrada como tendo sido consumidas. Eu já tive outras ocasiões para lhe falar das virtudes da moderação, Bennett: dessa vez eu apenas vou dizer lembre-se da Rússia.
BENNETT Sim, senhor. Eu coloquei os jornais e os telegramas no aparador, senhor.
CARR Alguma coisa interessante?
BENNETT Agora o tzar abdicou, senhor. Há um governo provisório chefiado pelo príncipe Lvov, tendo Gujov como ministro da Guerra, Milyukov, ministro

das Relações Exteriores, e o socialista Kerensky como ministro da Justiça. A inclusão de Kerensky foi um gesto calculado para recomendar o governo junto a uma larga fatia da população, mas a autoridade efetiva já foi desafiada por um comitê de representantes dos trabalhadores, ou "soviete", que, ao menos por enquanto, uniu todos os matizes da opinião socialista. No entanto, não há perspectivas imediatas de os socialistas tomarem o poder, pois eles veem a revolução como a realização da profecia de Karl Marx de uma *era capitalista burguesa* no progresso da Rússia em direção ao socialismo. Segundo Marx, não há maneira de um país saltar da autocracia para o socialismo: mesmo que o triunfo *final* do socialismo seja inevitável, sendo o fim necessário do processo do materialismo dialético, ele deve ser precedido por um estágio capitalista-burguês de desenvolvimento. Quando o momento chegar, e não antes, acontecerá uma outra revolução, liderada pelos trabalhadores industriais organizados, ou "proletariado". Assim, é dever dos marxistas russos dar as boas-vindas à atual revolução burguesa, ainda que ela possa durar várias gerações. No presente estado de coisas, portanto, se podemos ter certeza de alguma coisa, é que a Rússia está bem no caminho de se tornar uma democracia parlamentar no modelo inglês.
CARR Jornais ou telegrama em código?
BENNETT Um rumor generalizado espalhado em Zurique pelas multidões de espiões, contraespiões, radicais, artistas e ralé de todo tipo. O senhor Tzara esteve aqui, senhor. Ele não quis esperar.
CARR Não sei bem se eu aprovo esse seu emprego dessa novidade modernosa da "livre associação", Bennett.
BENNETT Perdão, senhor. É que já que o senhor Tzara é artista...
CARR Eu não vou aceitar que você fique emitindo juízos morais sobre meus amigos. Se o senhor Tzara é artista, isso é problema dele.
BENNETT Sim, senhor. Eu coloquei os jornais e os telegramas no aparador, senhor.
CARR Alguma coisa interessante?
BENNETT Em São Petersburgo, o governo provisório declarou suas intenções de dar continuidade à guerra. No entanto, o comitê de representantes dos trabalhadores, ou soviete, considera a guerra apenas uma aventura imperialista mantida às custas dos trabalhadores dos dois lados. Cooperar nessa aventura é ser estigmatizado com uma expressão nova que parece ser traduzida por "lacaio capitalista lambe-botas", desnecessariamente ofensiva, a meu ver.

CARR (*languidamente*) Eu não tenho certeza de estar lá muito interessado em suas opiniões, Bennett.

BENNETT (*desculpando-se*) Elas *não são* particularmente interessantes, senhor. No entanto, há uma posição mais radical proposta pelo partido bolchevique. Os bolcheviques são aquela propriedade algo indescritível, mas única, da situação russa que fez com que a era capitalista-burguesa da história russa tenha sido comprimida a esses últimos poucos dias, e que o momento para a revolução do proletariado seja agora. Mas os bolcheviques são uma pequena minoria no soviete, e seu líder, Vladimir Ulyanov, também conhecido como Lênin, está no exílio desde a revolução frustrada de 1905, e está na verdade morando em Zurique.

CARR Naturalmente.

BENNETT Sim, senhor — se posso citar La Rochefoucauld, *"Quel pays sanguinaire, même le fromage est plein de trous"*. Lênin está tentando desesperadamente voltar à Rússia, mas naturalmente os aliados não lhe franquearão passagem livre. Já que Lênin está quase sozinho na defesa da ortodoxia bolchevique, que é na verdade criação sua, suas opiniões no momento valem nada em São Petersburgo. Um apostador colocaria chances de cerca de um milhão para um contra a vitória do ponto de vista de Lênin. No entanto, sugere-se que o senhor tome todas as providências para desvendar seus planos.

CARR Eu, desvendar seus planos?

BENNETT Telegrama do ministro.

Prepara-se para sair.

CARR Um milhão para um.

BENNETT Eu apostaria uma libra nele, senhor.

CARR Você o conhece?

BENNETT Conheço, senhor. E se ainda houvesse qualquer dúvida, o Serviço Secreto Inglês nos assegura que o homem da vez é Kerensky.

Bennett sai.

CARR (*aparte*) Parece que o Bennett anda mostrando uns sinaizinhos bem alarmantes de ironia. Eu sempre achei que a ironia entre as camadas inferiores é

o primeiro sinal de uma consciência social que começa a despertar. Resta só ver se ela vai crescer até gerar uma tomada armada dos meios de produção, distribuição e troca, ou se consumir em jornalismo liberal.
BENNETT (*entrando*) O senhor Tzara.

Tzara entra. Bennett se retira.

CARR Como vai, meu caro Tristan. O que o traz aqui?

Este Tzara (haverá outro) é uma caricatura romena. Sua entrada deve ser acompanhada por uma música adequada.

TZARA (*efervescente*) Pradzer, pradzer! O cã mais? Comendesco cumo sempre, num é Henry!... Óia só, pra que totas iessas tchaleiras etchétera? Alguiém viém pro tchá? Iesperesco que sedja Gwendolen! Ieu amesco iela, Henry... Ieu vim de trém somiente para pediresco iela em cassamiénto... Ah — ha!...
BENNETT (*entrando*) A senhorita Gwendolen e o senhor Joyce.

Gwendolen e James Joyce entram. Bennett permanece junto à porta. Gwendolen e Tzara ficam momentaneamente congelados, olhando um para o outro. Mal se percebe que isso acontece, porque Joyce fez sua entrada.

JOYCE Tenham todos bons dias!... James Joyce!
    Que lhes pede perdão logo após
    ter chegado imprevisto!
    Juro, então, não despisto,
    por meu Deus, não ouviram-me a voz!

Este Joyce é obviamente uma caricatura irlandesa. A cena toda vai tomar a forma de um limerick, então, em função da clareza, a disposição do texto foi modificada.

CARR Perdão... seja um pouco mais claro...
JOYCE Mas, credo!, eu me explico e declaro,
    Que espero, tomara...
TZARA Miss Carr!

GWEN Mr. Tzara!
JOYCE (*vendo Tzara pela primeira vez*) Jesus Cristo! Eu sou Joyce,
    meu caro.
GWEN Mil perdões!... Como pude esquecer?
    Henry — Mr. Joyce!
CARR É um prazer!
JOYCE Encantado!
TZARA Bom dia!
JOYCE Eu apenas diria
    que lamento por me intrometer.
CARR Diga... acaso o senhor escreve?
JOYCE Leu meus livros?
CARR A pronúncia... é leve...
    Identifica...
JOYCE Ora, Irlanda.
CARR De Limerick?
JOYCE De Dublin, que a Europa proscreve!
GWEN Ele é um pobre escritor...
JOYCE Sem par!
    E que escreve caviar
    para o povo e, assim, pobre...
TZARA Quer mordê-lo num cobre.
JOYCE E dirijo-me ao bom Mr...
CARR (*engole em seco*) Carr.
GWEN Mr. Tzara é poeta e escultor,
    e de muito elevado valor!
    Sabe bem declamar
    e à noite, no bar,
    faz tudo o que caiba a um senhor.
JOYCE Eu não creio que Mr. Carr
    se interesse demais por dadá...
TZARA Nós dizemos dada.
JOYCE (*para Carr*) Pois eu não tenho nada.
CARR Eu sei, já ouvi falar.
    Se é dinheiro, o que quer que me peça...

GWEN Ora, Henry! Ele está numa peça
   e assim não viu mal
   num apoio oficial...
CARR Ah...!
JOYCE E um trocado será bom à beça!
CARR A resposta do Reino, por mim,
   para a arte será sempre sim.
TZARA Considerem a minha não!
GWEN Considerá-lo anão?
JOYCE Uma libra servia para mim.
CARR Os boches deixam sempre contente a...
   Como se diz?
JOYCE *Inteligentsia.*
CARR Vale cinquenta tanques.
JOYCE Ou quarenta e dois francos...
CARR Mas... Cultura inglesa...
JOYCE Quarenta?
TZARA (*com desprezo*) Cultura e razão!
JOYCE Quinze, apenas.
TZARA E nos dão travesseiros de penas!
GWEN Foi muito profundo.
JOYCE Você me empresta uns fundos?
TZARA A literatura é obscena!
   Clássicos — belo — vomito neles!
GWEN (Oh!)
TZARA Beethoven! Mozart! Cuspo neles!
GWEN (Oh!)
TZARA Tudo são negações!
GWEN Considere os anões.
TZARA Causalidade — lógica — eu fffff...
GWEN ... foi muito profundo.
JOYCE (*para Bennett*) Você me empresta uns fundos?
GWEN Eu pensei que ele ia dizer "Fodo com eles".

Sua mão voa, tarde demais, para a boca. Carr esteve pensando profundamente.

CARR Por Zeus, entendi! *Iolanthe*!
TZARA Obscena!
CARR É mesmo?
TZARA *Avanti*!
    Gut'n tag! *Adiós*!
GWEN *Au revoir*!
TZARA *Vámonos*!
BENNETT Dê lembranças aos anões.

Bennett fecha a porta atrás de Tzara e de Gwen. Tudo isso foi insano, do começo ao fim, e agora acabou, a não ser para Joyce, que sobrou.

JOYCE Um rimador romeno me dizia
    que sorteava poesia.
    Sua fé nos dados
    era um novo dado.
    Mas ainda... assim... havia...
    (*a luz diminui gradualmente entre as estrofes*)
    Um repentista da Hibérnia
    rimou até criar hérnia.
    Virou um grande adepto
    da prática, exceto
    por um ou outro anticlímax.

    Quando eu quero deixar as coisas no ar,
    eu digo "Desculpe, eu tenho que voltar
    ao meu Dédalo. É pena..."
    e saio de cena.

Ele foi embora. Pausa. Luz baixa em um imóvel Carr em sua cadeira.

CARR Bem, retomando. Zurique por alguém que esteve lá.

Luz normal.

BENNETT (*entrando*) O senhor Tzara.

Tzara entra. Bennett se retira.

CARR Como vai, meu caro Tristan? O que o traz aqui?

Tzara, assim como Carr, está saindo direto de A importância de ser prudente.

TZARA Ah, prazer, prazer! O que de mais deveria levar alguém a algum lugar? Comendo e bebendo, como sempre, não é, Henry? Eu tenho observado com frequência que princípios estoicos são mais facilmente sustentados por pessoas com hábitos epicuristas.

CARR (*rígido*) Eu acho que é normal tomar um copo de Hock com soda antes do café e que é bem normal tomá-lo bem antes do café. Eu comecei a beber Hock com soda para os nervos, em um tempo em que os nervos estavam na moda entre as boas companhias. Nesta estação é calo-de-coturno, mas eu bebo de qualquer maneira porque me sinto bem melhor depois.

TZARA Você podia se sentir melhor sem isso.

CARR Não, não — *post Hock, propter Hock*.

TZARA Mas, meu caro Henry, a causalidade não está mais na moda, graças à guerra.

CARR Coisa das mais ilógicas, já que a própria guerra teve lá suas causas. Eu não lembro quais eram, mas estava em todos os jornais na época. Algo sobre a bela e brava Bélgica, não era?

TZARA Era? Eu achava que era a Sérvia...

CARR Bela e brava Sérvia...? Não, acho que não. Os jornais jamais teriam se arriscado a chamar o povo britânico às armas sem a devida atenção a uma aliteraçãozinha sucinta.

TZARA Ah, como você fala bobagem!

CARR Pode até ser bobagem, mas pelo menos é uma bobagem inteligente.

TZARA Eu estou cansado de inteligência. Na verdade, tudo é Acaso.

CARR Isso parece terrivelmente inteligente. Quer dizer o quê?

TZARA Quer dizer, meu caro Henry, que as causas de que nós sabemos tudo dependem de causas de que sabemos muito pouco, que dependem de causas de que sabemos absolutamente nada. E é dever do artista zombar, gritar e arrotar na ilusão de que infinitas gerações de efeitos reais podem ser deduzidas pela expressão bruta de causas aparentes.

CARR É dever do artista embelezar a existência.

TZARA (*articuladamente*) Dada dada dada dada dada dada dada dada dada dada dada dada dada dada dada dada dada dada dada dada dada dada dada dada dada dada dada dada dada dada dada dada dada.

CARR (*pequena pausa*) Ah, como você fala bobagem!

TZARA Pode até ser bobagem, mas pelo menos não é uma bobagem inteligente. A inteligência foi explodida, junto com tantas outras coisas, pela guerra.

CARR Você esquece que eu estive lá, na lama e no sangue de um campo estrangeiro, sem igual em toda a história das carnificinas humanas. Arruinei várias calças. Ninguém que não tenha estado nas trincheiras pode ter a menor ideia do horror. Eu mal tinha posto os pés na França e já estava enfiado até os joelhos em umas calças militares grosseiras amarradas com couro de porco costuradas à mão por Ramidge & Hawkes. E continuou assim — aquela sarja pesada, aqueles tecidos grossos de lã, aquela seda mista com flanela — até que eu saí inválido com uma bala bem na panturrilha de uma lã de carneiro tingida de cáqui no fio sob minha orientação. Eu lhe digo, não há coisa alguma na Suíça que se compare.

TZARA Ah, por favor, Henry, suas calças são sempre tão...

CARR Eu me refiro à guerra de trincheiras.

TZARA Bom, eu não diria mesmo, Henry, mas você podia ter passado esse tempo na Suíça como artista.

CARR (*friamente*) Meu caro Tristan, só *ser* artista já é como viver na Suíça durante uma guerra mundial. Ser artista *em Zurique, em 1917*, implica um grau de autoabsorção que teria brilhado nos olhos de Narciso. Quando eu mandei alguém a Hamish & Rudge para buscar seu livro de patentes militares, eu estava respondendo a sentimentos de *patriotismo*, de *dever*, a meu amor pela liberdade, meu ódio pela tirania e minha sensação de comunhão com os oprimidos — em geral, quer dizer, eu nunca dei uma importância particular aos belgas por si próprios. E além disso eu não poderia ser artista *em lugar algum* — eu não sei fazer nenhuma das coisas que cabem no significado da palavra Arte.

TZARA Hoje em dia não se considera mais que fazer coisas que caibam no significado da palavra Arte seja a ocupação adequada do artista. Na verdade andam fazendo cara feia para isso. Hoje em dia, um artista é aquele que faz a palavra arte significar as coisas que ele realiza. Um homem pode ser artista exibindo as cadeiras. Pode ser poeta sacando palavras de um chapéu.

CARR Mas isso é simplesmente mudar o significado de uma palavra.

TZARA Vejo que me fiz entender.

CARR Então você não é um *artista* de verdade?

TZARA Pelo contrário. Eu acabei de lhe dizer que sou.

CARR Mas isso não faz de você um artista. Um artista é alguém que tem alguma forma de dom que permite que ele faça mais ou menos bem alguma coisa que só pode ser malfeita, ou que nem sequer pode ser feita, por alguém que não tenha esse dom. Se existe algum sentido em se usar uma língua, afinal, é que uma palavra seja tomada para representar um fato ou uma ideia particular e não outros fatos ou ideias. Eu podia dizer que sei voar... Ó, eu estou voando, digo eu. Mas você não está se impulsionando por aí suspenso no ar, alguém pode reparar. Ah, não, eu respondo, hoje em dia não se considera mais que essa seja a ocupação adequada das pessoas que voam. Na verdade, até fazem cara feia para isso. Hoje em dia, quem voa nunca sai do chão, e nem saberia como. Sei, diz meu algo perplexo interlocutor, então quando você diz que sabe *voar* você está usando a palavra em um sentido puramente pessoal. Vejo que me fiz entender, digo eu. Então, diz o sujeito um pouco aliviado, você não sabe *voar* de verdade? Pelo contrário, eu digo, eu acabei de lhe dizer que sei. Você não entende, meu caro Tristan, que você está simplesmente pedindo que eu aceite que a palavra Arte significa o que quer que você queira que ela signifique; mas isso eu não aceito.

TZARA Por que não? Você faz exatamente a mesma coisa com palavras como *patriotismo*, *dever*, *amor*, *liberdade*, rei e pátria, bela e brava Bélgica, séria e safada Sérvia...

CARR (*friamente*) Você está insultando meus irmãos de armas, muitos dos quais morreram no campo de honra...

TZARA ... e honra — todos os sofismas tradicionais para declarar guerras expansionistas e de interesse próprio, ao som de hinos patrióticos. Corrompe-se a música, recruta-se a língua à força. Tomam-se palavras para representar seus opostos. É por isso que a antiarte é a arte de nosso tempo.

A discussão fica progressivamente mais quente.

CARR Que audácia! Os países vão à guerra para tornar o mundo seguro para os artistas. Nunca colocam exatamente nesses termos, mas é um jeito útil de entender os fins dos ideais da civilização. O jeito mais fácil de saber se o bem triunfou sobre o mal é examinar a liberdade dos artistas. A *ingratidão* dos artistas, a hostilidade deles, na verdade, isso para nem mencionar a falta de brio e o fracasso do talento que andam chamando de "arte moderna" por aí, simplesmente demonstram a liberdade que os artistas têm para serem ingratos, hostis, egoicos e sem talento, liberdade pela qual eu fui à guerra.

TZARA Os países vão à guerra por poços de petróleo e minas de carvão; pelo controle dos Dardanelos ou do canal de Suez; por colônias fornecedoras que vendam barato e mercados conquistados que comprem caro. A guerra é o capitalismo sem luvas e muitos dos que vão à guerra sabem disso, mas eles vão à guerra porque não querem ser heróis. É preciso ter coragem para sentar e não fazer nada. Mas como é melhor viver bravamente na Suíça do que morrer de forma pusilânime na França, sem nem mencionar o que isso faz com as suas calças.

CARR Meu Deus, seu mourozinho romeno — cucaracho desgraçado — seu frasista pernóstico, artistazinho pretensioso... seu... cocô balcânico!!! Pensa que sabe tudo! Enquanto os pobres estúpidos como eu pensam que estão lutando por ideais, você tem uma profunda compreensão do que está *realmente* acontecendo, por trás dos panos!... Você tem uma tiradinha! Seu pedante! Você pensa que as suas tiradas são a verdadeira suma da vida de cada um a cada dia? *Capitalismo sem luvas?* Você acha que essa é a verdadeira experiência de um grupo fura cerca no fogo cruzado da terra de ninguém? (*maldosamente*) É a última moda em Zurique! Seu verme! Eu vou lhe contar o que é que está *realmente* acontecendo: eu fui à guerra porque era meu *dever*, porque meu país precisava de mim, e isso é *patriotismo*. Eu fui à guerra porque acreditava que a bela e boba Bélgica e aquela francesada incompetente tinham o direito de se defender do militarismo alemão, e isso é *amor pela liberdade*. É assim que as coisas são por trás dos panos, e não vai ser um bolchevique mongol que vai me dizer que eu acabei nas trincheiras por causa dos lucros no mercado de rolamentos.

TZARA (*tempestuoso*) *Muito bem!* Você acabou nas trincheiras porque no dia 28 de junho de 1900 o herdeiro do trono da Áustria-Hungria se casou aquém de sua condição social e descobriu que a esposa que ele amava nunca teria permissão para sentar ao lado dele em cerimônias reais... exceto!... Exceto quando ele agia em sua posição de inspetor geral do exército austro-húngaro — posição, então, em que decidiu inspecionar o exército na Bósnia, para que, *ao menos em seu aniversário de casamento*, 28 de junho de 1914, eles pudessem passear lado a lado em carruagem aberta pelas ruas de Sarajevo! (*sentimental*) Aaaaah! (*então ele bate palmas bruscamente como em um tiro*) Ou, dizendo de outra maneira...

CARR (*calmamente*) É assim porque é assim... porque é assim porque é assim... é assim porque é assim porque é assim porque é assim... (*Carr deixou-se levar pela ladainha, bem docemente. Tzara junta-se a ele, só que usando o som "da-da" no mesmo ritmo. A luz começa a diminuir. A ladainha cresce. Quando Carr começa a falar, Tzara continua murmurando calmamente por mais alguns momentos por sob suas palavras*) Grandes dias! A aurora rompendo sobre a terra de ninguém — gotinhas rorejando nas papoulas ao sol do nascer do dia! As trincheiras se espreguiçando!... "Bom dia, cabo! Tudo calmo no *front* oeste?" "Supimpa, senhor!" "Continue assim!"... Um espírito maravilhoso, lá nas trincheiras — nunca em toda a história dos conflitos humanos houve algo que se equiparasse à coragem, à camaradagem, ao calor, ao frio, à lama, ao fedor — medo, loucura, Cristo Rei!, não fosse essa bendita perna!... Eu nunca pensei em ser retirado, removido, salvo pelo sangue de uma chaga sem gravidade — ó, *paraíso*! — solto nas dobras de leitos de plumas, alvos como a neve, paraíso pacífico e polido! A entente--cordialidade desse lugar! O meu-deus-eu-me-livrei desse lugar! — no vale dos invalidados... Carr do consulado! (*luzes normais*) E o que é que traz você aqui, meu caro Tristan?

TZARA Ah, prazer, prazer... o que mais devia levar qualquer pessoa a qualquer lugar? Comendo como sempre, hein, Henry?

CARR Eu acredito que seja norma consuetudinária da boa sociedade comer sanduíches de pepino às cinco horas. Por onde é que você andou desde quinta?

TZARA Na Biblioteca Pública.

CARR E o que diabos você estava fazendo lá?

TZARA É exatamente o que eu ficava me perguntando.

CARR E qual era a resposta?

TZARA "Shhhh!" A Cecily não aprova falatório na seção de referência.

CARR Quem é essa Cecily? E ela por acaso é tão bonita e bem-educada como indica o som do nome? Cecily é um nome muito bem considerado nos batizados de classe.

TZARA A Cecily é bibliotecária. Diga uma coisa, você conhece alguém chamado Joyce?

CARR *Joyce* é um nome que só iria expor uma criança a comentários na pia batismal.

TZARA Não, não, Mr. Joyce, escritor irlandês, principalmente de limericks, batizado James Augustine, embora registrado, devido a um erro cartorial, como James Augusta, fato pouco conhecido.

CARR Certamente eu não conheceria. Mas na verdade eu nunca me interessei por assuntos irlandeses. Na sociedade de classe isso seria considerado sinal de uma vulgaridade incipiente com matizes subversivos.

TZARA A guerra pegou Joyce e sua mulher em Trieste, na Áustria-Hungria. Eles chegaram à Suíça e se estabeleceram em Zurique. Ele mora na Universitatstrasse, e é sempre visto por aí, na biblioteca, nos cafés, usando, por exemplo, um paletó preto de risca de giz com calças cinza espinha de peixe, ou um paletó de Donegal marrom com calças pretas de risca de giz, ou um paletó cinza espinha de peixe com calças de Donegal marrom, sendo todas essas as metades desemparelhadas de uns fatos de festa feitos em fatias: organiza a língua em mãos de uma partida de *bridge*. Dizem que seus limericks são mais interessantes, ainda que longe de provocar alguma revolução — diga uma coisa, você conhece alguém chamado Ulyanov?

CARR Eu estou achando horrendamente difícil seguir essa conversa. E você ainda não me disse o que andou fazendo na Biblioteca Pública. Eu não tinha ideia de que os poetas hoje em dia andassem interessados em literatura. Ou será que o seu interesse é na Cecily?

TZARA Santo Deus, não. A Cecily é bem bonitinha, e bem-educada, como você supôs, mas as opiniões dela sobre poesia são muito antiquadas e o conhecimento que ela tem de poetas, como na verdade de tudo mais, é excêntrico, já que se baseia em precedência alfabética. Ela vem seguindo pelas prateleiras. Já leu Allingham, Anon, Arnold, Belloc, Blake, os dois Browning, Byron, e assim vai, eu acho, até o G.

CARR Quem é Allingham?

TZARA "No alto da montanha, no fundo deste vale, o medo nos apanha, por causa dos anões..." A Cecily consideraria com a mais funda suspeita qualquer poema que saísse de um chapéu. Olha — por que uma xícara a mais?, por que sanduíches de pepino? Quem vem para o chá?

CARR Está meramente posta para Gwendolen — ela normalmente volta por essas horas.

TZARA Absolutamente maravilhoso e, para ser honesto, nada inesperado. Eu estou apaixonado pela Gwendolen e vim especialmente para pedir sua mão.

CARR Ora, isso é uma surpresa.

TZARA Claro que não, Henry; eu deixei bem claro o que eu sentia pela Gwendolen.

CARR É claro que deixou, meu caro amigo. Mas minha surpresa se deve ao fato de que você certamente deve ter encontrado a Gwendolen na Biblioteca Pública, pois ela tem saído daqui todas as manhãs dizendo que é para lá que está indo, e a Gwendolen é uma menina escrupulosamente veraz. Na verdade, como irmão mais velho eu já tive de falar com ela sobre isso. A veracidade renitente pode lhe dar uma reputação de insincera. Eu já vi moças feias cativarem Londres sem terem nada para esconder, puramente por fazerem uso de uma mendacidade controlada.

TZARA Ah, eu lhe garanto que a Gwendolen tem estado na Biblioteca Pública. Mas eu tenho de admirá-la de longe, lá da Economia até a Literatura Estrangeira.

CARR Eu nem imaginava que a Gwendolen soubesse alguma língua estrangeira, e nem sei se eu aprovo. É o tipo de coisa que só pode abrir a mente de uma moça.

TZARA Bom, nessa biblioteca aqui a Literatura Estrangeira inclui a inglesa.

CARR Que solução mais curiosa. E eles dão algum motivo?

TZARA (*impaciente*) A questão, Henry, é que eu não consigo falar com ela a sós.

CARR Ah, é... a acompanhante.

TZARA Acompanhante?

CARR Sim... Você não imaginou que eu fosse deixar minha irmã sair desacompanhada em uma cidade largamente frequentada por estrangeiros. A Gwendolen já fez uma amizade em Zurique. Eu ainda não a conheci mas a Gwendolen me assegura que elas estão sempre continuamente fazendo companhia uma à outra, e de uma descrição que eu a instiguei a fazer graças a umas perguntinhas discretas ela só pode ser uma influência sadia e controladora, já que é praticamente de meia-idade, se veste mal, tem quatro-olhos e atende pelo nome de Joyce, ai Jesus. Ele está atrás do dinheiro dela?

TZARA Só em suaves prestações. Ele diz que está escrevendo um romance, e fez da Gwendolen sua discípula. Ela transcreve para ele, procura coisas em obras de referência, e por aí vai. A pobre moça é tão inocente que não para para pensar que tipo de livro pode sair de referências à *Odisseia* de Homero e ao Guia de Ruas de Dublin de 1904.

CARR A *Odisseia* de Homero e o Guia de Ruas de Dublin?

TZARA De 1904.

CARR Eu admito que não seja uma combinação de fontes muito normal, mas não é de todo desprovida de possibilidades. E, de resto, você não precisa se comportar como se já fosse casado com ela. Você ainda não está casado com ela, e eu acho que nem vai estar.

TZARA Meu Deus, por que é que você me diz uma coisa dessas?

CARR Em primeiro lugar, as moças nunca se casam com romenos e, em segundo lugar, eu não dou minha permissão.

TZARA Sua permissão!

CARR Meu caro amigo, a Gwendolen é minha irmã e antes de eu deixar você casar com ela você vai ter de esclarecer toda a questão Jack.

TZARA Questão Jack! O que diabos você quer dizer? O que é que você quer dizer, Henry, com essa história de Jack? Eu não conheço ninguém chamado Jack.

CARR (*tirando uma carteira de biblioteca do bolso*) Você deixou isso na última vez em que jantou aqui.

TZARA Quer dizer que você estava com a minha carteira da biblioteca o tempo todo? Eu tive até de pagar uma multa para repor.

CARR O que foi bem extravagante de sua parte, já que a carteira não é sua. Ela está feita no nome de Mr. Jack Tzara, e seu nome não é Jack, é Tristan.

TZARA Não, não é, é Jack.

CARR Você sempre me disse que era Tristan. Eu apresentei você a todo mundo como Tristan. Você atende quando é chamado de Tristan. Sua notoriedade no Meierei Bar está firmemente associada ao nome Tristan. É perfeitamente absurdo dizer que o seu nome não é Tristan.

TZARA Bom, meu nome é Tristan no Meierei Bar e Jack na biblioteca, e a carteira foi feita na biblioteca.

CARR Escrever — ou pelo menos tirar palavras de um chapéu — com um nome e aparecer na Biblioteca Pública com outro é uma precaução compreensível... mas eu não consigo acreditar que seja toda a verdade.

TZARA Meu caro Henry, a explicação é absolutamente simples. Um dia, no ano passado, não muito depois do triunfo no Meierei Bar de nosso concerto para sirene, chocalho e extintor de incêndio, vários dos rapazes estavam entornando uma cerveja no Café Zum Adler — eu mesmo, Hans Arp, Hugo Ball, Picabia... Arp, como sempre, estava metendo um *croissant* no nariz, e eu estava calmamente aperfeiçoando um soneto de Shakespeare com uma tesoura.

CARR Qual?

TZARA Eu acredito que fosse o XVIII, aquele que começa assim
"Vergleichen solle ich dich dem Sommertag,
Da du weit lieblicher, weit milder bist?"

CARR Mas em alemão nem há de valer a pena.

TZARA (*animado*) Ah, completamente inútil. Se não fosse, não seria dada. Bom, e aí quem é que entra, senão Ulyanov, também conhecido como Lênin, com um grupo de zimmerwaldistas.

CARR Parece a última palavra em socialismo revolucionário.

TZARA E é. Em Zimmerwald, em 1915, nós conclamamos os operários do mundo a se oporem à guerra.

CARR Nós?

TZARA Bom, eu janto com eles e, na verdade, estava justamente fazendo isso nessa ocasião quando alguém começou a tocar uma sonata de Beethoven no piano do bar. Lênin desmontou completamente, chorava que nem uma criancinha. Quando se recuperou, ele enxugou os olhos e desceu a lenha nos dadaístas! "Niilistas decadentes, a chibata é pouco para eles", e coisa e tal. Felizmente, o nome Tzara não lhe dizia nada, mas uns dias depois eu o encontrei na biblioteca e ele me apresentou a Cecily. "Tzara!", disse ela. "Não o dadaísta, eu espero!" Dava para sentir o olhar que Lênin lançou para mim. "Meu irmão mais novo, Tristan", eu respondi. "Infelizmente. Um golpe terrível para a família." Quando eu preenchi minha ficha de inscrição, por alguma razão Jack foi o primeiro nome que me ocorreu. Acabou dando bem certo.

CARR (*com grande interesse*) A Cecily conhece *Lênin*, então?

TZARA Conhece, sim. Ele a transformou em uma grande discípula. Ela está lhe dando ajuda com seu livro sobre o imperialismo.

CARR (*pensativo*) Por acaso você mencionou a seção de referência?

TZARA Eles concordam em tudo, inclusive em arte. Como dadaísta, eu sou o inimigo natural da arte burguesa e o aliado natural da esquerda política, mas a coisa mais esquisita da revolução é que quanto mais você vai para a esquerda, politicamente mais burguesa é arte que eles preferem.

CARR Não tem nada esquisito nisso. A revolução na arte não está, de maneira alguma, ligada à revolução de *classes*. Os artistas são membros de uma classe privilegiada. A arte é absurdamente superestimada pelos artistas, o que é compreensível, mas o que é estranho é que ela seja absurdamente superestimada pelas outras pessoas todas.

TZARA Porque o homem não pode viver só de pão.

CARR Pode, sim. É só de *arte* que ele não pode viver. Quando eu estava na escola, em certas tardes nós todos tínhamos de fazer o que era chamado Função — carpir, varrer, serrar toras para a caldeira, esse tipo de coisas; mas se você tinha um bilhetinho da inspetora, você era dispensado para passar a tarde fuçando na Sala de Arte. Função ou Arte. E você tem um bilhetinho para a vida? *(apaixonadamente) Onde foi que você arrumou?* O que é um artista? Em cada mil pessoas, novecentas fazem o trabalho, noventa passam bem, nove fazem o bem e um desgraçado sortudo é o artista.

TZARA *(duro)* É, e, pelo amor de Deus!, quando você vê os desenhos que ele fez nas paredes da caverna, e os padrões que ele imprimiu um dia com as unhas no barro do pote, *aí* você diz *Meu Deus, eu sou um deles*! Não foram os caçadores e os guerreiros que colocaram você no primeiro degrau da escadinha que leva ao pensamento consequente e a um caimento bem incomum nas suas calças de janota.

CARR Ah, foram sim. O caçador decorou o pote, o guerreiro rabiscou o antílope na parede, o artista voltou para casa com a presa. Tudo a mesma coisa. A ideia do artista como um tipo especial de ser humano é a maior realização da arte, e é uma fraude!

TZARA Meu Deus, seu filisteu inglês maldito — imbecil anglo-saxão, ignorante, burguês espertinho de teatro burlesco! Quando o mais forte começou a lutar pela tribo, e o mais rápido começou a caçar, foi o artista que se tornou o sacerdote-guardião da mágica que fazia brotar inteligência dos apetites. Sem ele, o homem é um moedor de café. Come, mói, caga. Caça, *come*, luta, *mói*, serra as toras, *caga*. A diferença entre ser um homem e um moedor de café é a arte. Mas essa diferença foi ficando cada vez menor. A arte criou padrões e se corrompeu. Começou a celebrar as ambições e as aquisições dos mecenas. O artista se negou. Pinta, *come*, esculpe, *mói*, escreve, *caga*. (*mudança nas luzes*) Sem a arte o homem era um moedor de café: mas *com* a arte, o homem... é um moedor de café! Esta é a mensagem de dada — dada dada dada dada dada dada dada dada dada dada dada dada dada...

Tzara está gritando, alucinado. Carr, imóvel. Luzes normais quando Bennett abre a porta. Tudo de volta ao "normal".

BENNETT Miss Gwendolen e Mr. Joyce.

Gwendolen e Joyce surgem como antes. Bennett se retira.

JOYCE Bom dia, meu nome é James Joyce...
CARR James Augusta?
JOYCE (*sobressaltado*) Isso foi um chute?
CARR De maneira alguma... Eu sou um estudioso de notas de rodapé à literatura irlandesa expatriada.
JOYCE Conhece meu trabalho?
CARR Não — só o nome.
TZARA Miss Carr...
GWEN Mr. Tzara...
CARR ... mas algo no senhor me evoca Limerick.
JOYCE Dublin, não me diga que conhece a cidade?
CARR Só pelos guias, e eu ouvi dizer que o senhor está precisamente ocupado em revisar esses guias.
JOYCE Sim.
GWEN Ah! Perdão — que coisa mais rude! Henry — Mr. Joyce...
CARR Como vai.
JOYCE Encantado.
TZARA Bons dias.
JOYCE Eu queria só dizer...
GWEN O senhor conhece Mr. Tzara, o poeta?
JOYCE De vista, e pela reputação; mas eu sou um mártir do glaucoma e da pretensão. Recentemente quando eu estava descendo a Bahnhofstrasse bateu-me

nos olhos uma mostra de uma galeria que me deixou quase desacordado de dor.

GWEN Mr. Joyce escreveu um poema sobre isso. É algo que os senhores têm em comum.

JOYCE Dificilmente. A deficiência do senhor Tzara é monocular, e, dizem as más línguas, fingida, enquanto eu tenho atestados de conjuntivite, irite e sinequia, e sou uma espécie de olho podre de reputação internacional.

GWEN Eu me referia à poesia. Estava pensando no seu poema "Bahnhofstrasse", que começa com
"Os olhos mostram, rindo, a via,
Por onde eu passo, ao fim do dia,
Gris via em purpúreos sinais:
Contratos e astros vicinais."

TZARA (*para Joyce*) Para tua obra-prima
tenho grandes expectorativas
(*gritinho de Gwen, "Oh!"*)
Por ti evacuaria um monumento.
(*Oh!*)
Arte pela arte — para mim dá na merda.

GWEN Dá na mesma...

TZARA Eu sou estrangeiro.

JOYCE Eu também.

GWEN Mas é a coisa mais bonita que eu já ouvi. O senhor não diria que eu tenho um bom ouvido, senhor Tzara?

TZARA É a coisa mais perfeita que a senhorita tem, senhorita Carr.

GWEN Ah, espero que não. Assim não iria sobrar muito espaço para melhorar.

JOYCE Mas você não leu nenhum dos poemas do senhor Tzara?

GWEN Para minha vergonha, não — mas talvez a vergonha seja sua, senhor Tzara.

TZARA E eu a reconheço — mas a questão pode ser facilmente resolvida, e já.

GWEN (*estremecendo*) Oh, senhor Tzara!...

Tzara se retira para o aparador, ou escrivaninha, se houver uma, e começa a escrever fluentemente em uma grande folha de papel branco.

CARR (*para Joyce*) E o que é que você faz, Doris?

JOYCE Joyce.

CARR Joyce.

JOYCE Não é como poeta que eu venho vê-lo, senhor, mas como gerente financeiro dos English Players, um grupo de teatro.

CARR Gerente financeiro?

JOYCE Sim.

CARR Bem, se é dinheiro o que o senhor quer, eu receio...

GWEN Oh, Henry! Ele está montando uma peça, e o senhor Joyce imaginou que o seu apoio oficial...

JOYCE Talvez eu deva explicar. Parece, senhor, que meu nome anda malfalado entre a comunidade britânica em Zurique. Seja por minha contribuição ocasional à imprensa neutralista, ou minha versão de *Mr. Dooley*, que começa:

"Quem é, que quando o mundo altivo parte a guerrear,

Pega o primeiro trem e volta logo a seu jantar,

E enquanto come seu melão, gargalha de prazer

Relendo os tolos boletins dos donos do poder?"

... e termina:

"É Mr. Dooley

Mr. Dooley

O mais sagaz que este país já viu!

'Do Volga ao Tejo,

Vejo um brejo'

Suspira Dooley-ooley-ooley-ooo."

Ou alguma outra causa qualquer, o que fica é a impressão de que eu considero os dois lados com a mesma indiferença.

CARR E o senhor não considera?

JOYCE Só como artista. Como artista, eu obviamente não dou importância alguma às oscilações e aos torneios da história política. Mas eu venho aqui não como artista, mas como James A. Joyce. Eu sou irlandês. O brado mais orgulhoso de um irlandês é: Não devo mais nada a ninguém...

CARR Então é dinheiro.

JOYCE Umas duas libras seriam bem-vindas — é claro, mas é para pagar uma dívida em que eu entrei. Há não muito tempo, após muitos anos de abnegação e sofrimentos durante os quais meu trabalho havia sido ignorado e vilipendiado até mesmo a ponto de ter sido queimado por um editor dublinense tacanho, sendo que não havia outro tipo de editor em Dublin, eu recebi cem libras do governo pela bondade do primeiro-ministro.

CARR O primeiro-ministro...?

JOYCE O senhor Asquith.

CARR Eu sei muito bem quem *é* o primeiro-ministro — eu sou o representante do Governo de Sua Majestade em Zurique.

JOYCE O primeiro-ministro é o senhor Lloyd George, mas naquele momento era o senhor Asquith.

CARR Ah, é.

JOYCE Eu não possuo nesse momento cem libras, e a intenção nem era que eu pagasse a dívida em espécie. Mas eu mencionei os English Players. Pelo acaso da guerra, Zurique se tornou o centro teatral da Europa. Aqui a cultura é a continuação da guerra por outros meios — ópera italiana contra pintura francesa, música alemã contra balé russo —, mas nada da Inglaterra. Noite após noite, atores cambaleiam pelos palcos adernantes dessa renascença alpina falando em todas as línguas exceto uma — a língua de Shakespeare, de Sheridan, de Wilde... Os English Players pretendem montar um repertório de obras-primas que mostrará aos suíços quem manda no mundo em termos de artes dramáticas.

CARR Gilbert e Sullivan — ora bolas!

GWEN E também a peça do próprio senhor Joyce, *Exiles*, que até agora, infelizmente...

JOYCE Isso vem bem a propósito...

CARR *Paciência!*

JOYCE Exato. Não vamos pôr o carro na frente dos bois.

CARR *Julgamento por júri! Piratas de Penzance!*

JOYCE Nós pretendemos começar com aquela joia inglesa quintessencial que é *A importância de ser prudente*.

CARR (*pausa*) Não conheço. Mas ouvi falar, e não gosto. É uma peça escrita por um irlandês... (*dá uma olhadela para Gwendolen*) gomorrista... Agora, olhe aqui, Janice, eu posso mesmo lhe dizer que o Governo de Sua Majestade...

JOYCE Eu vim lhe pedir que represente o papel principal.

CARR O quê?

JOYCE Nós ficaríamos honrados e gratos.

CARR E o que é que pode lhe fazer pensar que eu sou qualificado para representar o papel principal de *A importância de ser prudente*?
GWEN Foi minha sugestão, Henry. Você foi uma Goneril maravilhosa em Eton.
CARR Sim, eu sei, mas...
JOYCE Está nos faltando um bom ator para o papel principal — ele é um cavalheiro inglês articulado e espirituoso...
CARR Franco?
JOYCE Franco, não — o outro.
CARR (*tentado*) Não, não... eu seria...
JOYCE Aristocrático, romântico, epigramático... ele é um dândi.
CARR Um dândi...?
JOYCE Ele diz coisas como Eu posso de vez em quando exagerar na elegância mas compenso exagerando ainda mais na polidez. Isso lhe dá uma ideia geral.
CARR Quantas mudanças de figurino?
JOYCE Dois trajes completos.
CARR Cidade ou campo?
JOYCE Primeiro uma depois o outro.
CARR Ao ar livre ou fechado?
JOYCE Ambos.
CARR Inverno ou verão?
JOYCE Verão, mas não muito quente.
CARR Sem chuva?
JOYCE Nenhuma nuvem no céu.
CARR Mas ele poderia estar usando... uma palheta?
JOYCE Fica expressamente estipulado.
CARR E ele não está de... pijamas?
JOYCE Expressamente proibido.
CARR Ou de luto?
JOYCE Não o outro — Franco, sim.
CARR (*estala os dedos*) Descreva a peça brevemente, omitindo tudo menos os detalhes essenciais.
JOYCE Primeiro ato. Sobe o pano. Um apartamento em Mayfair. Hora do chá. Você entra com um *smoking* de veludo verde-garrafa com presilhas pretas — meias brancas, gravata perfeita, botas de elástico, calças a sua escolha. Segundo ato.

CARR Eu vou ter de gastar algum dinheiro.
JOYCE Um jardim de rosas. Depois do almoço. Os personagens secundários preenchem um pouco o tempo. O senhor entra com um traje de festa de jardim muito à vontade — palheta com fita, blazer de listras coloridas, sapatos variegados, calças a sua escolha.
CARR (*instantaneamente*) Flanela creme.
JOYCE Terceiro ato. A sala de estar. Alguns momentos mais tarde.
CARR Mudança de figurino?
JOYCE Possivelmente. Com a alteração de uma ou duas falas sem maior importância...
CARR O senhor trouxe uma cópia da peça?
JOYCE Está aqui comigo.
CARR Então vamos nos retirar à outra sala e examiná-la.

Carr abre a porta da "sua" sala para Joyce.

JOYCE Sobre aquelas duas libras...
CARR (*generosamente, apanhando sua carteira*) Meu caro Phylllis...!

E fecha a porta atrás de si. Pausa. Sem ação.

GWEN (*distraidamente*) Gomorrista... Tonto.

Tzara se adianta com rara insegurança, carregando um chapéu como se fosse uma tigela transbordante. Acontece que ele escreveu um soneto de Shakespeare e o cortou em palavras isoladas, que colocou no chapéu.

TZARA Miss Carr...
GWEN Mr. Tzara!... O senhor não está de saída!?

O chapéu.

TZARA Não antes de lhe oferecer meu poema.

Ele oferece o chapéu. Gwen olha dentro dele.

GWEN Sua técnica é invulgar.

TZARA Toda a poesia é um reembaralhar de um maço de cartas com figuras, e todos os poetas são fingidores. Eu lhe ofereço um soneto de Shakespeare, mas que não é mais dele. Ele vem da fonte onde meus átomos estão singularmente organizados, e minha assinatura está escrita com a letra do acaso.

GWEN Que soneto... era?

TZARA O XVIII.

GWEN "Devo dizer-te um dia de verão?..."
"... Tu és mais agradável, mais ameno.
Mau vento varre maio inda em botão
E o lapso do calor é tão pequeno..."
(*e ela continua, acompanhada por uma orquestra romântica*)
"Por vezes brilha o sol que até calcina,
Em outras vela-se o dourado rosto;
E tudo o que é beleza enfim declina,
Ao fado e à natureza estando exposto;
Mas teu verão eterno há de durar
E o que há de belo em ti viverá mais;
Não vai a morte teu corpo ostentar,
Vicejarás em versos imortais:
Enquanto um homem reste respirando,
Meu verso há de viver te sustentando..."

TZARA Esse mesmo.

GWEN Vós o rasgais por seus maus versos? (*ela deixa um punhado de palavras cair no chapéu por entre seus dedos, e sua tristeza começa a ceder espaço à raiva*) Tais palavras não são mais que torvelinhos agrestes, *my lord*.

TZARA Deveras, madame.

GWEN Desejaria de fato que os deuses vos tivessem feito poético.

TZARA Não sei o que seja poético. Será honesto em verbo e ato? Será honesto de fato?

GWEN Pois quem nos fez com tão amplo discurso, olhando à frente e atrás, não nos daria capacidade e tal razão divinas para mofar em nós inúteis.

TZARA Eu não nasci sob um astro rimante. Tais camaradas de infinda língua, que adentram rimando os favores das damas, acabam expulsos pensando. E nada me daria mais gumes aos dentes — *nada* mais que a poesia amaciada.

GWEN (*indo ao limite da maldade*) Tua honestidade e teu amor decerto amaciam este assunto... Dá a teu chapéu o uso que se lhe deve, é para a cabeça! (*contém uma lágrima*) Queria mais que quarenta shillings ter aqui meu livro de canções e sonetos.
TZARA (*docemente*) Mas ele, morto, mais soube se impor. Tem seu estilo, e eu tenho o meu — amor.

Gwen hesita, mas depois tira do chapéu os primeiros pedacinhos de papel.

GWEN Teu rosto
(*ela continua, segurando todas as tiras de papel que vai pegando*)
ameno teu dourado
a beleza enfim viverá
brilha
tu, calor inda belo
respirando
eterno exposto calcina
Meu... corpo

Ela solta um gritinho quando usa "corpo" e dá as costas para o chapéu, afastando-se alguns passos de Tzara, que tira as outras palavras, diminuindo a temperatura...

TZARA E declina,
Verão pequeno, lapso mau...
GWEN (*ainda tonta*) Por favor, não me fale do clima, senhor Tzara. Sempre que começam a falar do clima eu tenho certeza de que o assunto na verdade é outro.
TZARA (*indo até ela*) E o assunto é outro, senhorita Carr. Desde que a conheci eu sou seu admirador.

Ele derruba seus poucos pedacinhos de papel no chapéu, ela também derruba os seus, ele põe o chapéu de lado.

GWEN Para mim o senhor sempre teve um fascínio irresistível. Mesmo antes de eu conhecê-lo eu não estava nada indiferente ao senhor. Como o senhor sabe, eu venho ajudando o senhor Joyce com seu novo livro, que eu tenho certeza de que é uma obra genial. Infelizmente, na sociedade elegante, o gênio é considerado uma afronta aos pudores normais da vida em família. Uma moça tem poucas oportunidades de conhecer um homem como o senhor, que compartilha de sua opinião sobre o senhor Joyce enquanto artista.

TZARA Eu, Gwendolen?

GWEN Você acha, meu amor, que eu não percebi você na biblioteca?... Como você fica olhando para mim perdido em profunda admiração, lá da Economia até a Literatura Estrangeira? Quando eu fiz vir à tona, por meio de umas perguntinhas discretas, que você também era um poeta de disposição mais que atualizada, eu soube que era meu destino amar você.

TZARA (*espantado*) Você me ama mesmo, Gwendolen?

GWEN Apaixonadamente!

TZARA Querida, você não sabe como me fez feliz!

GWEN Meu Tristan!

Eles se abraçam.

TZARA (*afastando-se*) Mas você não quer dizer que não poderia me amar se eu não tivesse a mesma opinião que você tem sobre o senhor Joyce enquanto artista?

GWEN Mas você tem.

TZARA É. Eu sei que eu *tenho*, mas suponhamos...

Ela o beija na boca. Eles se abraçam. Joyce entra novamente.

JOYCE Levante-se, senhor, dessa postura reclinada! (*Tzara e Gwen saltam para longe um do outro. Joyce se dirige à porta central, apanha seu chapéu, abre a porta, fala com Tzara*) Seu monóculo está no olho errado.

Tzara realmente pôs o monóculo no olho errado. Ele o coloca novamente. Joyce saiu em sua última fala.

GWEN Eu tenho de contar ao Henry! (*Gwen dá a Tzara a pasta que recebeu no Prólogo*) Aqui está um capítulo do livro do senhor Joyce que eu estou transcrevendo para ele.

TZARA Mas você sabe o que quer dizer, minha querida, dada?
GWEN Não, meu querido-do-do! O próximo capítulo que vamos fazer é estruturado na forma do catecismo católico!

Gwen lhe dá um beijo e corre para a sala de Henry. A porta central se abre de novo e Joyce volta a entrar, detendo-se no limiar. Ele está coberto de pedacinhos de papel branco da cabeça aos pés, cada um deles com uma palavra do soneto XVIII de Shakespeare. Tzara estava usando o chapéu de Joyce.

JOYCE Qual é o sentido disso tudo?
TZARA Não faz sentido algum. É exatamente como a natureza. É dada.
JOYCE Forneça outros exemplos de dada.
TZARA Os jardins zoológicos depois da hora de fechar. A gardênia lógica. O apostador falido. O apostador de sucesso. A oveira, um esporte ou passatempo para os melhores dez mil, em que os jogadores, cobertos de gema de ovo da cabeça aos pés, saem do campo de jogo.
JOYCE O senhor é o inventor desse esporte ou passatempo?
TZARA Não.
JOYCE Qual seria o nome do inventor?
TZARA Arp.
JOYCE Por qual marca de familiaridade, indicativa de possessividade e amicabilidade em partes iguais, o senhor habitualmente se refere a ele?
TZARA Meu amigo Arp.
JOYCE Alternando com qual coloquialismo com fumos de virtude e longevidade?
TZARA Bom e velho Arp.
JOYCE De quem Arp recebeu encorajamento e amizade?
TZARA De Hugo Ball.
JOYCE Descreva Ball por epítetos.
TZARA Inesférico. Alto, magro, sacerdotal, alemão.
JOYCE Descreva-o pela enumeração de suas ocupações e preocupações.
TZARA Romancista, jornalista, filósofo, poeta, artista, místico, pacifista, fundador do Cabaret Voltaire no Meierei Bar, Spiegelgasse, número 1.
JOYCE Ball mantinha um diário?
TZARA Mantinha.
JOYCE Ele foi publicado?

TZARA Foi.

JOYCE Por acaso ele já é de domínio público, em virtude da expiração da proteção aos direitos autorais, conforme definidos pela convenção de Berna de 1886?

TZARA Não.

JOYCE Cite judiciosamente o diário de Ball, de modo a evitar abusar da boa vontade de seus executores.

TZARA "Eu fui ao proprietário do Meierei Bar e disse, 'quero abrir um *nightclub*'. Naquela mesma noite Tzara fez uma leitura de poemas, conservadores em seu estilo, que ele muito graciosamente pescava dos vários bolsos de seu casaco."

JOYCE É esse o casaco?

TZARA É.

JOYCE Em que medida um casaco é inferior, e em que medida superior a um chapéu, considerando que sejam ambos intercambiáveis na produção de poesia?

TZARA *Inferior* a um chapéu na medida em que há uma tendência de uma ou ambas as mangas caírem na frente dos olhos, com a resultante possibilidade de queda do usuário do alto do tablado. *Superior* a um chapéu na medida em que tem mais bolsos.

JOYCE Corrobore discretamente a partir de qualquer outro diário de um autor coetâneo cujos herdeiros não sejam dados a disputas obsessivas a respeito de insignificantes desrespeitos de direitos autorais.

TZARA "No dia 26 de fevereiro Richard Huelsenbeck chegou de Berlim, e a 30 de março Herr Tristan Tzara foi o iniciador de uma *performance*, a primeira em Zurique e no mundo, de poesia simultaneísta, incluindo um *poème simultané* de sua própria autoria."

JOYCE Cite consecutivamente sua memória do que foi declamado simultaneamente.

TZARA Eu começava "*Boum boum boum il déshabille sa chair quand les grenouilles humides commencèrent a brûler*". Huelsenbeck começava "*Ahoi ahoi des admirals gwirktes Beinkleid schnell zerfallt*". Janco entoava "*I can hear the whip o'will around the hill and at five o'clock when tea is set I like to have my tea with some brunette, everybody's doing it, doing it*". O título do poema era "Almirante procura casa para alugar".

Durante todo esse tempo Joyce tirou pedaços de papel de seu cabelo e de suas roupas, recolocando cada pedacinho em seu chapéu, que está em seu colo. Casualmente, ele faz surgir um cravo branco, aparentemente feito dos pedaços de papel (ele vira o chapéu para mostrar que está vazio). Ele atira o cravo para Tzara.

JOYCE Como o senhor descreveria este triunfo?
TZARA *(botando o cravo em sua lapela)* Justo e adequado. Bem merecido. Um exemplo de engenho e encanto recebendo sua paga.

Joyce começa a tirar lenços de seda do chapéu.

JOYCE O que, reduzido a sua forma recíproca mais simples, Tzara achava que Ball achava de Tzara, e Tzara achava que Ball achava que Tzara achava de Ball?
TZARA Ele achava que ele achava que ele sabia o que ele estava pensando, enquanto ele sabia que ele sabia que ele sabia que ele não sabia.
JOYCE E sabia?
TZARA Sabia e não sabia.
JOYCE O que dada trouxe à arte pictórica, à escultura, à poesia e à música, que não tivesse sido trazido a essas atividades previamente em... (*as bandeiras apropriadas começam a sair do chapéu*)... Barcelona, Nova York, Paris, Roma e São Petersburgo por, digamos, Picabia, Duchamp, Satie, Marinetti e Maiakovski que grita seus versos fraturados usando um blazer amarelo e rosas azuis pintadas nas bochechas?
TZARA A palavra dada.
JOYCE Descreva razoavelmente, sem se contradizer, e especialmente sem referências a pessoas metendo pãezinhos folhados no nariz, como foi descoberta a palavra dada.
TZARA Tristan Tzara descobriu a palavra dada por acidente em um dicionário Larousse. Tem sido dito, e ele não o nega, que um abridor de cartas foi inserido aleatoriamente no livro. Huelsenbeck recorda como *ele* descobriu a palavra um dia no dicionário de Hugo Ball estando Tzara ausente. Hans Arp, contudo, declarou: "Venho por meio desta afirmar que Tristan Tzara encontrou a palavra dada no dia 8 de fevereiro de 1916 às seis horas da tarde".
JOYCE Houve ainda outros desentendimentos entre Tzara e Huelsenbeck?
TZARA Houve.

JOYCE A propósito?

TZARA A propósito do sentido e do propósito de dada.

JOYCE Huelsenbeck reivindicando, por exemplo?

TZARA A união revolucionária internacional de todos os artistas nas bases do comunismo radical.

JOYCE Em oposição à reivindicação de Tzara?

TZARA Do direito de urinar em várias cores.

JOYCE Cada um em cores diferentes em momentos diferentes, ou pessoas diferentes em cada uma das cores a qualquer momento? Ou todo mundo multicolorido todas as vezes?

TZARA Tratava-se mais de esclarecer que fazer poesia deveria ser tão natural quanto fazer xixi...

JOYCE (*erguendo-se: a mágica acabou*) Queira Deus que o senhor não faça os dois no mesmo chapéu.

Isso é demais para Tzara.

TZARA Pelo amor de Deus, seu escarro irlandês arrogante! Dândi quatro-olhos, imbecil e batateiro! A sua arte fracassou. Você transformou a literatura em uma religião e ela está tão morta quanto o resto, é um cadáver começando a feder e você está recortando figurinhas engraçadas no velório. É tarde demais para gênios! Agora nós precisamos de vândalos e profanadores, demolidores simplórios para destruir séculos de sutileza barroca, derrubar o templo e assim, finalmente, reconciliar a vergonha e a necessidade de ser artista! Dada! *Dada! Dada!!*

Ele começa a quebrar toda e qualquer porcelana que esteja à mão; isto feito, faz uma pose satisfeita. Joyce não se moveu.

JOYCE O senhor é um homenzinho excitadiço, com uma necessidade de se expressar que vai muito além do espectro dos seus dons naturais. Isso não é derrogatório. Nem faz do senhor um artista. Um artista é o mago posto entre os homens para satisfazer — caprichosamente — seu anseio pela imortalidade. Templos são construídos e derrubados à volta dele, contínua e contiguamente, de Troia aos campos de Flandres. Se há nisso algum sentido, está no que sobrevive como arte. Sim, mesmo celebrando tiranos, mesmo celebrando nulidades. O que seria agora do combate troiano se tivesse sido negligenciado pelo toque do artista? Pó. Uma expedição esquecida armada por mercadores gregos à procura de novos mercados. Uma insignificante redistribuição de cacos de vasos. Mas somos nós que ficamos mais ricos com uma história de heróis, de um pomo de ouro, um cavalo de madeira, um rosto que lançou mil barcos — e sobretudo de Ulisses, o errante, o mais humano, mais completo de todos os heróis — marido, pai, filho, amante, lavrador, soldado, pacifista, político, inventor e aventureiro... É um tema tão magnífico que eu quase tenho medo de tratar dele. E ainda assim, eu, com minha Odisseia Dublinense, vou dobrar essa imortalidade. Sim, meu Deus, *há* um cadáver que vai dançar ainda por algum tempo e *deixar o mundo precisamente como o encontrou* — e se o senhor pretende empurrá-lo, envergonhado, para a cova com sua magicazinha elegante, eu o aconselharia veementemente a tentar arrumar algum talento e se possível alguma sutileza antes do fim da estação. Muitos bons dias, senhor Tzara!

Joyce tira um coelho do chapéu, põe o chapéu na cabeça e sai, segurando o coelho. Ouve-se a voz de Carr, em off.

CARR (*voz em off*) "Sério, se as pessoas de nível mais baixo não nos dão bons exemplos, de que diabos elas servem? Elas, enquanto classe, parecem não ter qualquer senso de responsabilidade moral." (*Tzara foi até a porta de Carr. Ele a abre, e passa por ela. Voz em off*) "Como vai, meu caro Franco. O que o traz aqui à cidade?" "Prazer, prazer — comendo como sempre, não é. Algy..." (*Carr entra, como Velho Carr, segurando um livro*) Algy! O outro. Triunfo pessoal no exigente papel de Algernon Montcrieff. Theater zur Kaufleuten, na Pelikanstrasse, numa tarde de primavera, os English Players naquela joia inglesa quintessencial que é *A imprudência de ser...* Agora eu esqueci o primeiro. De Oscar Wilde. Henry Carr como Algy. Outros papéis representados por Tristan Rawson, Cecil Palmer, Ethel Turner, Evelyn Cotton... não lembro o resto. Cinco francos o ingresso, quatro pratas por cabeça e nenhuma cadeira vazia, deve ter enchido bem a pança do canalha do irlandês e dos amiguinhos dele... Mas... eu não sou de guardar rancor, não depois desses anos todos, e ele lá morto no cemitério da colina, mesmo que seja bem desagradável ser arrastado pros tribunais por uns poucos francos — depois de eu pagar as minhas calças *e* encher o teatro inteiro — *nada* agradável receber dez francos como uma *gorjeta*!... E depois vir me pedir vinte francos pelos ingressos — que cara de pau — aqui, eu fui lá pegar... (*do seu bolso, um documento esfarrapado*) Bezirksgericht Zuerich, Corte Distrital de Zurique, no caso do doutor James Joyce — doutor uma ova — querelante e contradefendente contra Henry Carr, defendente e contraquerelante, em referência ao pedido de julgamento das seguintes questões: (a) Processo: será o defendente e contraquerelante (este sou eu) obrigado a pagar ao querelante e contradefendente (este é ele) vinte e cinco francos? (b) Contraprocesso: será o querelante e contradefendente obrigado a pagar ao defendente e contraquerelante trezentos francos? Deu pra entender? O Joyce diz que eu devo a ele vinte e cinco francos de ingressos. Eu digo que o Joyce me deve trezentos francos pelas calças e tudo o mais que foi comprado por mim pra minha atuação como Henry — ou melhor — *puta que pariu!* — o outro... A propósito, vocês podem nem ter percebido, mas eu pego umas linhas cruzadas de vez em quando, só um pouquinho, sabe como é, quando a cachola velha emperra e antes de você se dar conta você já pulou umas partes e aí de repente você pensa, Não, calma aí, velhinho, era Algernon — *Algernon!* Está aí — tudo vindo, agora, está certo, vai ficar tudo bem daqui pra frente. Na verdade, se alguém ainda está aí só pela comediazinha barata da confusão senil, pode ir saindo porque agora eu vou pra como eu conheci Lênin e podia ter mudado os rumos da história etc., o que é isso?? (*o documento*) Ah, é. *Erkannt* — decidiu que. 1, *Der Beklagte*, o defendente, Henry Carr, deve pagar *den Klager*, ao querelante, James Joyce, vinte e cinco francos. A contraqueixa de Henry Carr foi negada. *Herr* Carr indenizará *Doktor* Joyce em sessenta francos pelo incômodo e pelas custas. Em outras palavras, um pastiche de justiça. Depois o outro caso apareceu... Ah, é, ele me processou por difamação, disse que eu chamei ele de tratante e grosseirão... derrubado no júri, é claro. Mas com o Joyce era tudo dinheiro. Bom, foi há muito tempo. Ele saiu de Zurique depois da guerra, foi pra Paris, ficou lá vinte anos e apareceu aqui de novo em dezembro de 1940. Outra guerra... Mas aí ele estava doente, úlcera perfurada, e em janeiro estava morto... enterrado num dia frio e com neve no cemitério Fluntern, na colina. Eu sonhei com ele, sonhei que estava com ele no banco das testemunhas, um interrogatório de mestre, caso praticamente ganho, admitiu tudo, a coisa toda, as calças, tudo, e eu *joguei* na cara dele "E o que é que você fez na Grande Guerra?" "Eu escrevi *Ulisses*", ele disse. "O que é que você fez?" Cara de pau.

Blecaute.

Segundo ato

A Biblioteca. Além das estantes etc., a mobília da Biblioteca inclui a mesa de Cecily, que é talvez mais como um balcão, formando os três lados de um quadrado.

CECILY Continuando.
    A guerra apanhou Lênin e sua mulher na Galícia, na Áustria-Hungria. Depois de um breve período de detenção, eles chegaram à Suíça e se estabeleceram em Berna. Em 1916, precisando de uma biblioteca melhor que a de Berna, Lênin chega a Zurique... (*ilumina-se agora o cenário da Biblioteca*)... planejando ficar duas semanas. Mas ele e Nadejda gostaram daqui e decidiram ficar. Alugaram um quarto na casa de um sapateiro chamado Kammerer, no número 14 da Spiegelgasse. Zurique durante a guerra era um ímã para refugiados, exilados, espiões, anarquistas, artistas e radicais de todos os tipos. Aqui podia-se ver James Joyce plasmando o romance na forma definitiva de seu próprio monumento, o livro que o mundo hoje conhece como *Ulisses!*... E aqui, também, os dadaístas estavam se apresentando toda noite no Cabaret Voltaire, no Meierei Bar, no número 1 da Spiegelgasse, liderados por um poeta romeno de aparência infantil, moreno e obscuro... (*vê-se Joyce passando entre as estantes; e também Carr, agora de monóculo e usando um blazer, calças de flanela, palheta... e segurando uma tesoura que estala especulativamente enquanto passa entre as estantes. Joyce e Carr saem de vista*) Toda manhã, às nove horas, quando a biblioteca estava abrindo, Lênin chegava. (*Lênin chega, dizendo "Bom dia" em russo: "Zdravstvuitiye"*) Ele trabalhava até a hora do almoço, quando a biblioteca fechava, e então voltava e trabalhava até as seis, a não ser nas quintas-feiras, quando ficava em casa. Estava trabalhando em seu livro sobre o imperialismo. (*Lênin está ocupado, entre livros e papéis*) No dia 22 de janeiro de 1917, na Casa do Povo, de Zurique, Lênin disse a um público formado por jovens: "Nós da antiga geração podemos não estar vivos para ver as batalhas decisivas da revolução que está por vir". Todos nós acreditávamos nisso. Mas um dia, pouco mais de um mês depois, um camarada polonês, Bronski, correu para a casa dos Ulyanov com a notícia de que havia uma revolução na Rússia... (*Nádia entra, como no Prólogo, e ela e Lênin repetem o diálogo em russo apresentado anteriormente. Dessa vez, Cecily traduz as falas para o público, repetindo pedantescamente cada frase, mesmo os*

simples "Não!" e "Sim!". Os Lênin saem. Nádia diz "Dasvidânia" para Cecily — isto é, "Adeus" — quando sai) Como Nadejda escreve em suas *Memórias de Lênin*, "Desde que as notícias da revolução de fevereiro chegaram, Ilyitch ardeu de desejo de voltar à Rússia". Mas isso era mais fácil de dizer do que de fazer, neste país isolado. A Rússia estava em guerra com a Alemanha. E Lênin não era exatamente amigo dos países aliados. Sua política de guerra fazia dele um perigo potencial; (*Carr entra, muito à vontade com sua palheta e seu blazer etc. Carr veio à biblioteca como "espião", e seu comportamento trai essa intenção até o momento em que Cecily se dirige a ele*) na verdade era óbvio que os britânicos e os franceses tentariam evitar que Lênin deixasse a Suíça. E eles o manteriam sob vigilância. Oh!

Cecily vê Carr, que lhe entrega o cartão de visitas que recebeu de Bennett no Primeiro ato.

CECILY Tristan Tzara. Dada, dada, dada... *Ora, é o irmão mais novo do Jack!!*
CARR E você deve ser a Cecily!
CECILY Shhhh!
CARR É você!
CECILY E o senhor, pelo que diz seu cartão, é o caçula niilista decadente do Jack.
CARR Ah, eu não sou niilista e decadente de verdade, Cecily. Você não deve pensar que eu sou um niilista decadente.
CECILY Se o senhor não é, então certamente tem nos iludido de uma maneira imperdoável. *Fazer-se passar* por niilista decadente — ou pelo menos ruminar em cores diferentes e expor os resultados na Bahnhofstrasse — seria uma hipocrisia!
CARR (*sobressaltado*) Ah! É claro, eu tenho sido bem *gauche* e o-diabo-que-carregue.
CECILY Fico feliz de ouvir isso.
CARR Para falar a verdade, agora que a senhorita mencionou o assunto, eu tenho obtido um certo destaque em desdém e volúpia.
CECILY Eu não acho que o senhor deva se orgulhar disso, por mais que possa ser divertido. O senhor tem sido uma tremenda decepção para o seu irmão.
CARR Bem, meu irmão tem sido uma tremenda decepção para mim, e para dada. Mama também não é nada louca por ele. Meu irmão é um tonto, e se a senhorita quiser saber por que ele é um tonto, eu lhe digo por que ele é um tonto. Ele me disse que a senhorita era bem bonitinha, quando a senhorita

é, à primeira vista, a moça mais bonita de todo este mundo. Vocês têm algum livro aqui que se possa emprestar?

CECILY Eu não acho que o senhor deva falar assim comigo durante o meu expediente. No entanto, como a seção de referência está quase fechando para o almoço, eu vou ignorar. A curiosidade intelectual não é assim tão frequente para a gente poder desencorajar. Que tipo de livros o senhor estava procurando?

CARR Qualquer um.

CECILY A gama de seus interesses é ilimitada?

CARR É mais porque eu quero aumentá-la. Uma educação excessivamente metódica fez com que eu tenha de me defender como puder com um pequeno conhecimento a respeito do aardvark, um virtuosismo no ábaco e uma certa facilidade para o abstracionismo. Um aardvark, a propósito, é um certo porco africano encontrado principalmente...

CECILY Eu sei muito bem o que é um aardvark, senhor Tzara. Francamente, o senhor me desperta alguma simpatia.

CARR Politicamente, eu não cheguei a passar do anarquismo.

CECILY Sei. Seu irmão mais velho, por sua vez...

CARR Bolchevismo. E a senhorita, imagino...?

CECILY Zimmerwaldismo!

CARR Ah, Cecily, você não quer aceitar a missão de me emendar? Nós podemos começar no almoço. Vai abrir meu apetite. Nada me dá mais fome do que renunciar às minhas crenças entre dois copos de Hock.

CECILY Eu receio estar ocupada demais para emendá-lo hoje. Vou passar o almoço preparando referências para Lênin.

CARR Alguma fiel governanta em busca de novas pastagens?

CECILY Longe disso. Eu estou falando de Vladimir Ilyitch que, com minha modesta colaboração, está escrevendo seu livro sobre o "Imperialismo, fase superior do capitalismo".

CARR Lógico — *Lênin*. Mas é claro que agora que a revolução estourou em São Petersburgo ele deve estar ansioso por voltar para casa.

CECILY Verdade. Quando a história da Revolução for escrita — ou a de qualquer outra coisa, a bem da verdade — é difícil que a Suíça ocupe muito espaço nela. No entanto todos os caminhos estão fechados para ele. Ele vai ter de viajar disfarçado, com documentos falsos. Ai, mas eu já acho que estou falando demais. Vladimir tem certeza de que há agentes na cola dele tentando ganhar a confiança dos que o conhecem. Os britânicos estão entre os mais determinados, ainda que sejam os menos competentes. Só ontem é que o embaixador foi receber instruções secretas para vigiar os portos.

CARR (*envergonhado*) Os portos?

CECILY Ao mesmo tempo, o cônsul em Zurique recebeu uma enxurrada de telegramas cifrados que sugeriam atividades intensas e dramáticas — "Acabe com eles", "Seja Franco", "Merda" — e um, do próprio embaixador, "Você não me sai da cabeça, Horace".

CARR Eu acho que posso esclarecer isso tudo. O cônsul tem estado ocupado há várias semanas com ensaios que culminaram na noite passada em uma apresentação no Theater zur Kaufleuten na Pelikanstrasse. Eu mesmo estava presente.

CECILY Isso certamente explicaria por que é que ele virtualmente largou os assuntos do consulado nas mãos do criado — que, felizmente, tem tendências radicais.

CARR Santo Deus!

CECILY Você não imaginava?

CARR O que é isso... eu também tenho um criado.

CECILY Eu receio ter de lhe dizer que não aprovo criados.

CARR E tem toda a razão. A maioria deles não tem escrúpulos.

CECILY No futuro socialista ninguém os terá.

CARR Eu acho mesmo. Para quem esse criado andou passando a correspondência do cônsul?

CECILY Para o seu irmão. Ai, ai, ai... Lá vou eu de novo! O senhor não se parece nadinha com o seu irmão. O senhor é mais inglês.

CARR Pode ter certeza de que eu sou tão búlgaro quanto ele.

CECILY Ele é romeno.

CARR É o mesmo país. Uns chamam de uma coisa; outros, de outra.

CECILY Eu não sabia, se bem que eu sempre desconfiei.

CARR Enfim, agora que o *Franco* estreou, eu tenho certeza de que o cônsul vai liberar seu criado das questões diplomáticas. Verdade seja dita, ele teve um triunfo pessoal em um papel exigentíssimo.

CECILY *Franco??*

CARR Não — o outro.

CECILY Que história é essa de *Franco*?
CARR *A importância de ser prudente*, de Oscar Wilde.
CECILY Wilde?
CARR Você conhece?
CECILY Não, em literatura eu só fui até o G. Mas ouvi falar dele, e não gostei. A vida é a obra, como Vladimir Ilyitch sempre diz.
CARR *Ars longa, vita brevis*, Cecily.
CECILY Deixemos as inclinações do tal cavalheiro na decente obscuridade de uma língua culta, senhor Tzara. Eu estava falando do fato de que Oscar Wilde era um individualista burguês e, pelo que eu ouvi, embonecado do capote aos rapapés.
CARR Do capote aos rapapés?
CECILY E vice-versa.
CARR Ele podia de vez em quando exagerar um pouco na elegância mas compensava sendo exageradissimamente descompromissado.
CECILY O único dever que justifica a arte é a crítica social.
CARR Eis uma interessantíssima opinião sobre o único dever que justifica a arte, Cecily, mas ela tem uma pequena desvantagem: uma parcela enorme do que nós chamamos de arte não tem essa função e contudo satisfaz de alguma forma uma fome que é comum a príncipes e camponeses.
CECILY Em uma época em que se achava que a diferença entre príncipe e camponês estava nos astros, senhor Tzara, a arte era naturalmente uma afirmação para um e um consolo para o outro; mas nós vivemos em uma época em que a ordem social é considerada um produto de forças materiais e nós ganhamos a responsabilidade de mudar a sociedade.
CARR Não, não, não, não e não — minha menininha! — a arte não muda a sociedade, é meramente mudada por ela.

A partir daqui a discussão se aquece gradualmente.

CECILY A arte é crítica da sociedade ou não é nada!
CARR Você conhece Gilbert e Sullivan??!
CECILY Eu conheço Gilbert, mas Sullivan, não.
CARR Ora, se você conhecesse *Iolanthe* como eu conheço *Iolanthe*...
CECILY Duvido muito...

CARR *Paciência!*
CECILY Como o senhor se atreve!
CARR *Piratas! Pinafore!*
CECILY Controle-se!
CARR *Ruddigore!*
CECILY Isto é uma Biblioteca Pública, senhor Tzara!
CARR *GONDOLEIROS, minha senhora!*

Outro "deslize temporal"...

CECILY Eu não acho que o senhor deva falar assim comigo durante o meu expediente. No entanto, como a seção de referência está quase fechando para o almoço, eu vou ignorar. A curiosidade intelectual não é assim tão frequente para a gente poder desencorajar. Que tipo de livros o senhor estava procurando?
CARR Qualquer um. Pode escolher. Eu gostaria que a senhorita, se não fosse incômodo, aceitasse a missão de me emendar. Nós podemos começar no almoço.
CECILY Eu receio ter de lhe dizer que estou ocupada demais para emendá-lo hoje. O senhor vai ter de se emendar sozinho. Este aqui é um artigo que eu estou traduzindo para Vladimir Ilyitch. O senhor pode não saber, senhor Tzara, que nos governos da Europa Ocidental há hoje dez ministros socialistas.
CARR Eu tenho de admitir que meu trabalho impediu qualquer interesse que eu pudesse ter na política europeia. Mas dez é certamente um número relevante.
CECILY É escandaloso. Eles estão apoiando uma guerra imperialista. Enquanto isso a luta real, a guerra de classes, está sendo minada por esses revisionistas como Kautsky e MacDonald.
CARR (*intrigado*) Ramsay MacDonald, Cecily?
CECILY Flora MacDonald é que não é, senhor Tzara.
CARR Mas ele é totalmente comuna.
CECILY Ele está trabalhando dentro do sistema capitalista burguês, e adiando sua destruição. Karl Marx mostrou que o capitalismo está cavando sua própria cova.
CARR Não, não, não e não, minha menininha — Marx entendeu errado. Ele entendeu errado por bons motivos, mas entendeu errado do mesmo jeito.

Por pura má sorte ele encontrou o sistema capitalista em seu período mais decepcionante. A revolução industrial tinha empurrado as pessoas para as favelas e tinha feito escravos nas fábricas, mas ainda não tinha começado a trazer os benefícios de uma sociedade industrializada. Marx tirou daí a lição de que a riqueza do capitalista tinha sido roubada do trabalhador na forma de trabalho não pago. Ele pensou que era assim que a coisa toda funcionava. A essa falsa premissa somou-se uma falsa projeção. Marx presumiu que as pessoas se comportariam de acordo com suas classes. Mas elas não se comportaram. De todas as maneiras e por todas as razões as classes se aproximaram em vez de se afastarem. O momento *crítico* nunca chegou. Ele se afastou. A maré deve ter mudado mais ou menos na época em que *Das Kapital*, depois de dezoito anos de trabalho árduo, estava finalmente saindo do prelo: um exemplo tocante, Cecily, da insanidade que é a autoria de livros. Como você ficou linda, de repente vermelha como uma rosa.

CECILY É porque eu estou a ponto de vomitar nesse seu chapeuzinho empetecado, seu *imbecil*!... Seu casquilho gabola, seu intelectualzinho burguês trapaceiro, seu — *artista*! Marx nos alertou contra os liberais, os filantropos, os reformistas graduais — a mudança não há de vir deles, mas sim de uma batida de frente. É *assim* que a história funciona! Quando Lênin tinha vinte e um anos houve fome na Rússia. Os intelectuais organizaram ajuda — sopa, cozinhas comunitárias, sementes de milho, todo tipo de bom-mocismo, com Tolstói à frente. O que Lênin fez foi... nada. Ele entendeu que a fome era uma força que moveria a revolução. Vinte e um anos de idade, em Samara, em 1890--91. Ele era um menino, e já entendia isso. Por isso não venha me falar de moralidades superiores, seu imbecil condescendente entupido de Kant. O tempo todo, enquanto falava de classes sociais, você estava tentando imaginar como é que eu ficaria só de calcinha...

CARR Isso é mentira!

Mas aparentemente não era. Enquanto Cecily continua a falar, nós temos uma visão parcial daquilo que a mente de Carr vê. Luzes coloridas começam a brincar pelo corpo dela e quase toda a luz do palco some a não ser por um spot forte em Carr. Tênue, de 1974 vem o som de uma big band tocando "The stripper". Carr está em transe. A música cresce. Cecily pode talvez subir em sua mesa. A mesa pode ter "luzes de cabaré" embutidas para uso nesse momento.

CECILY O único caminho é o caminho de Marx e de Lênin, o inimigo de todo o revisionismo!... do economismo liberal oportunista!... do individualismo burguês social-chovinista!... do paternalismo semidadaísta!... do aforismo pseudowildeano!... do catecismo e dogmatismo subjoycianos!... do cubismo!... do expressionismo!... do reumatismo!...
CARR *Tira tudo!*

A luz subitamente volta ao normal.

CECILY Eu não acho que o senhor deva falar assim comigo durante o meu expediente. No entanto, como a seção de referência está quase fechando para o almoço, eu vou ignorar. A curiosidade intelectual não é assim tão frequente para a gente poder desencorajar. Que tipo de livros o senhor estava procurando?
CARR Livros? Que livros? Do que é que você está falando, Cecily? Que livros? Eu li o artigo do senhor Lênin e não preciso ler mais nada. Eu vim lhe dizer que você me parece ser a personificação visível da perfeição absoluta.
CECILY Interior ou exteriormente?
CARR De todo jeito.
CECILY Ah, Tristan!
CARR Você vai me amar também, e me contar todos os seus segredos. Não vai?
CECILY Bobinho! É claro! Eu esperei meses por você.
CARR (*espantado*) Meses?
CECILY Desde que o Jack me contou que tinha um irmão caçula que era um niilista decadente, foi meu sonho de menina emendar e amar você.
CARR Ah, Cecily!

Ela o abraça, puxando-o para trás da mesa, longe dos olhos. Ele reemerge por um segundo...

CARR Mas, querida, você não quer dizer que não me amaria se...

... e é novamente arrastado para baixo. Nádia entra, com um gorrinho, trajando roupas sérias e trazendo um livro...

NÁDIA Desde o momento em que as notícias da revolução chegaram, Ilyitch ardeu de desejo de ir para a Rússia... Ele não dormia e, à noite, fazia todo tipo de planos incríveis. (*Lênin entra, usando um colarinho clerical, mas, de resto, vestido de preto do chapéu de pároco às calças justas de pároco. Ele e Nádia olham um para o outro e entram em desespero — o cônego Chasuble e a senhorita Prism*) Mas tais coisas somente podiam ser concebidas no semidelírio da noite. (*Nádia tira o gorro. Lênin tira o chapéu e o colarinho de clérigo*) Teríamos de conseguir um passaporte de um país neutro.

LÊNIN (*ditando para Nádia*) Carta para Iacov Ganetski, em Estocolmo, 19 de março de 1917. (*Nádia escreve em seu bloco*) "Não posso esperar mais. Não há meios de transporte disponíveis. Aconteça o que acontecer, Zinoviev e eu precisamos chegar à Rússia. O único plano possível é o seguinte: você precisa encontrar dois suecos que se pareçam comigo e com Zinoviev, mas como nós não falamos sueco, eles têm de ser surdos-mudos. Estou enviando nossos retratos com essa finalidade."

Carr, sem o paletó, emerge de trás da mesa de Cecily.

CARR Dois surdos-mudos suecos...??

Uma mão invisível o arranca de novo dali.

NÁDIA O plano mencionado nessa carta nunca se realizou. (*Lênin tira uma peruca loura de uma caixa de papelão e coloca a peruca na cabeça. Escrevendo no bloco*) Carta para V. A. Karpinski, em Genebra, no mesmo dia, em março de 1917.

LÊNIN (*ditando*) "Meu caro Viatcheslav Aliexeievitch. Estou considerando cuidadosamente e de todos os pontos de vista qual será a melhor maneira de viajar até a Rússia. O que se segue é absolutamente sigiloso." (*enfático, Lênin bate o punho sem querer na campainha sobre a mesa de Cecily. Cecily surge e desaparece de novo sem ser vista por Lênin*) "Por favor, arrume documentos em seu nome para uma viagem para a França e a Inglaterra. Eu vou usá-los quando passar pela Inglaterra e pela Holanda, indo para a Rússia. Posso usar uma peruca. A fotografia no passaporte vai ser de mim mesmo, com a peruca. Eu irei até o consulado, em Berna, para apresentar seus documentos, e estarei usando a peruca." (*Carr aparece novamente, todo vestido, e estica o ouvido para os Lênin.*

Continuando) "Você terá de desaparecer de Genebra por pelo menos duas ou três semanas, até receber um telegrama meu, da Escandinávia... Seu, Lênin. PS: Estou escrevendo para você por estar convencido de que tudo que seja dito entre nós permanecerá *absolutamente* sigiloso."

Tzara entra de supetão, sem ser visto por Carr e sem vê-lo, e marreta a campainha sobre a mesa de Cecily. Cecily surge de trás da mesa.

CECILY Jack?
TZARA *(desviando-se)* Cecily!
CECILY Eu tenho uma bela surpresa para você. O seu irmão está aqui.
TZARA Que bobagem! Eu não tenho irmão. *(ele se vira e vê Carr)* Meu Deus do céu.

Os Lênin param e observam o que acontece aqui.

CARR Meu irmão, eu vim dizer que sinto muito por todas as vezes em que deixei você em maus lençóis, e também que eu espero nunca mais ter de deixá-lo em maus lençóis de novo.
CECILY Jack, você não vai recusar a mão do seu próprio irmão!
TZARA Nada vai me fazer apertar a mão dele. Ele sabe muito bem por quê.
CECILY Jack, se você não apertar a mão do seu irmão eu nunca vou perdoar você.
TZARA Ora, não me perdoe. O que é que isso me importa? A questão fundamental é que ele não é mais meu... *(nesse ponto Lênin tira a peruca e Tzara o reconhece)* Ah... Camarada! Conhece meu irmão Tristan?

Carr aperta calorosamente a mão dos atônitos Lênin. Carr estende a mão para Tzara.

CARR Como vai, Camarada, senhora Camarada? Irmãozinho!
TZARA *(apertando-lhe a mão)* Esta é a última vez que eu faço isso.
CECILY Que delícia ver uma reconciliação tão linda. Vamos deixar os irmãos a sós.
NÁDIA O plano mencionado nessa carta nunca foi realizado.

Os Lênin recolhem suas coisas e saem. Cecily vai com eles.

CARR Ela é um amor. Eu estou apaixonado pela Cecily. O que me põe numa certa dúvida moral. Eu preciso comer um *muffin* para me decidir. Você pode comer bolinhos.

A Biblioteca dá lugar à Sala de Carr. A conversa continua.

TZARA Mas eu não gosto de bolinho. Além disso, eu jurei que nunca mais ia apertar a sua mão.
CARR Eu não quero apertar a sua mão quando estou comendo *muffins*. Jamais se deve apertar a mão de alguém comendo *muffins*. (*enquanto Bennett entra com um prato de* muffins) Ah, Bennett. Alguma coisa na minha correspondência que eu possa compartilhar com você e com o senhor Tzara?
BENNETT As apostas em Lênin cresceram um pouco, senhor, mas ainda se pode conseguir cem contra um.
CARR Cem contra um?
TZARA Ponha lá dez pratas por mim, certo, Bennett?... Poupando para o Natal.
CARR E dez por mim, Bennett — na lata de lixo da história.
BENNETT Sim, senhor.

Bennett sai. Carr e Tzara se servem do que está no prato.

TZARA Eu estou chocado, Henry. Você simplesmente não pode deixar o dito "dever" atrapalhar o seu amor pela Cecily.
CARR Eu não me decidi ainda... Ainda tem um monte de *muffins*.

Ele pega um. Nádia entra, vestida para viagem e carregando uma mala pequena e uma ou duas trouxas. A fronteira entre Biblioteca e Sala fica talvez obscurecida.

NÁDIA No mesmo dia, 19 de março, houve um encontro dos grupos de emigrantes políticos russos na Suíça para discutir táticas e caminhos de volta à Rússia. Martov sugeriu a obtenção de passes alemães em troca de prisioneiros alemães e austríacos detidos na Rússia.

Lênin entra, vestido da mesma maneira e carregado da mesma maneira.

LÊNIN 21 de março, carta para Karpinski em Genebra. "O plano de Martov é bom. Só que não podemos tratar diretamente com as autoridade alemãs."

NÁDIA Assim, o camarada Grimm, presidente do comitê Zimmerwald, assumiu as negociações. Vinte e cinco de março — telegrama do Alto-Comando Alemão para o Ministério de Relações Exteriores em Berlim. "Nenhuma objeção ao trânsito de revolucionários russos, se efetuado em trem especial sob escolta confiável."

CARR (comendo um muffin) Olhe — seja justo. Eu adoro a Cecily, mas os americanos estão a ponto de entrar na guerra e não é um bom momento para um bolchevique qualquer tirar os russos. Isso podia virar tudo do avesso. Quer dizer, eu *estou* do lado certo. Lembre-se da pequena e prascóvia Polônia. Polônia não, a outra.

LÊNIN A nossa tática... Nenhuma confiança e nenhum apoio ao novo governo. Kerenski especialmente suspeito. Armar proletariado única garantia. Telegrafe isso a São Petersburgo.

CARR Veja bem, de acordo com Marx, a dialética da história vai nos levar mais ou menos ao mesmo lugar, com ou sem Lênin. Se Lênin não existisse, seria desnecessário inventá-lo.

LÊNIN Telegrama para Ganetski em Estocolmo. "Vinte de nós saindo amanhã."

CARR Além do mais, o seu marxismo é mero fingimento. Você é um burguesinho amistoso com um bilhetinho da inspetora, e se a revolução chegasse você não ia nem saber de onde veio a pancada. Você não é nada. Você é um artista. E micção multicolorida não é nada para esses sujeitos, eles vão fazer você mijar sangue.

TZARA Os artistas e os intelectuais serão a consciência da revolução. É de uma crueldade incrível você comer os *muffins* todos e me deixar só os bolinhos.

NÁDIA No dia 9 de abril, às duas e meia da tarde, os viajantes abandonaram o restaurante Zahringer Hof no legítimo estilo russo, ajoujados de travesseiros, cobertores e uns poucos pertences pessoais. Ilyitch usava um chapéu-coco, um sobretudo pesado e as botas de solas grossas com pregos que tinham sido feitas para ele pelo sapateiro Kammerer, no número 14 da Spiegelgasse. Telegrama para sua irmã em São Petersburgo:

LÊNIN "Chegando segunda à noite, onze horas. Avisar Pravda."

TZARA (*levantando*) Bem, você faz o que quiser. Para um dadaísta a história também sai de um chapéu.

CARR Eu não acho que a sociedade comunista vá ter um lugar para dada.

TZARA É isso que nós temos contra esta sociedade aqui. Ela tem lugar para nós.

Tzara sai.

NÁDIA O trem saiu às três e dez, no horário.

Lênin e Nádia saem com sua bagagem. Som do trem partindo. Ouve-se o trem, e talvez também veja-se sua partida. Cecily surge, vestida para uma plataforma de embarque, e acena com um lenço vermelho para o trem.

CARR (*decisivamente*) Não, agora está tudo claro para mim. Ele tem de ser detido. Os russos têm um governo de homens patriotas e moderados. O príncipe Lvov é moderadamente conservador, Kerenski é moderadamente socialista e Gushkov é um homem de negócios. No fim de contas, uma base promissora para uma democracia liberal no modelo ocidental, e também para a vigorosa continuação da guerra no *front* leste, seguida de uma rápida expansão do comércio. Eu preciso telegrafar ao ministro, em Berna.

Carr sai. Blecaute, exceto por uma luz em Lênin. Há uma fotografia muito conhecida de Lênin dirigindo-se à multidão em uma praça em maio de 1920 — "ficando careca, no terninho de colete", como Carr o descreve; ele está de pé, como que inclinado contra uma rajada de vento, o queixo projetado, as mãos agarrando a beirada do parlatório, que lhe chega até o peito, a mão direita segurando ao mesmo tempo um chapéu de pano... uma imagem merecidamente famosa.

LÊNIN (*declamando*) Sério, se as pessoas de nível mais baixo não dão bons exemplos, de que diabos elas servem? Elas, enquanto classe, parecem não ter qualquer senso de responsabilidade moral! Perder uma revolução é triste. Perder duas já ia parecer desleixo!

O Velho Carr entra, interrompendo-o, consultando um livro esfarrapado.

VELHO CARR (*entrando*) Não, calma aí — desculpa... Deu para perceber? Claro que deu. Opa, opa, vocês pensaram, lá vai ele de novo. Certo — bom, não faz mal, o quadro é o seguinte: 16 de abril, Lênin em São Petersburgo; este que vos fala, de mãos abanando. Eu tinha chegado bem perto dele, num golpe de sorte com uma certa mocinha, tinha uma bela ideia das intenções do rapaz, pra falar a verdade eu bem podia ter cortado toda a coisa bolchevique pela raiz, mas... e aí é que está. Eu estava *dividido*. De um lado o futuro do mundo civilizado; do outro, o que eu sentia pela Cecily. E, não esqueçam, *ele ainda não era Lênin!* Quer dizer, *quem é que ele era?*, por assim dizer. Lá estava eu, a vida de milhões de pessoas dependendo do caminho que eu fosse escolher, ou de eu escolher enfim um caminho, outro homem podia ter desmontado — desculpa por aquela coisa dos *muffins*, por falar nisso. Seja como for, onde é que a gente estava? Ah, é. (*Carr abre seu livro, procurando alguma coisa*) Lênin a propósito de Literatura e Arte...

Carr permanece no palco com o livro. Lênin começa de novo.

LÊNIN Hoje, a literatura deve se tornar literatura do partido. Abaixo a literatura não partidária! Abaixo os super-homens literários! A literatura tem de ser uma parte da causa comum do proletariado, uma engrenagem no mecanismo democrático social. Os centros de edição e distribuição, as livrarias e as salas de leitura, as bibliotecas e os estabelecimentos afins devem todos estar sob controle do partido. Nós queremos estabelecer e nós vamos estabelecer uma imprensa livre, mas livre também do capital, do carreirismo e, mais ainda, livre *do individualismo anarquista burguês!*

Nádia entra com uma cópia do mesmo livro.

NÁDIA (*entrando*) Ilyitch escreveu esses comentários em 1905, durante a primeira revolução.
LÊNIN (*continuando*) Todos são livres para escrever e para dizer o que quiserem, sem qualquer restrição. *Mas*, toda associação voluntária, inclusive o partido, também é livre para expulsar membros que usem o nome do partido para defender pontos de vista contrários aos seus. Em segundo lugar, nós temos de dizer aos senhores, individualistas burgueses, que a sua conversa sobre liberdade absoluta é mera hipocrisia. Não pode haver liberdade real e efetiva em uma sociedade baseada no poder do dinheiro. A arte e a literatura socia-

lista serão livres porque a ideia do socialismo e da empatia com a população trabalhadora, em vez da ganância e do carreirismo, trará forças sempre renovadas a suas fileiras.

A luz se apaga sobre Lênin.

CARR E mais um monte de coisas desse tipo, mas tem uma parte em algum lugar em que fala de estupidez sem sentido — espera só...

Ele vasculha o livro.

NÁDIA Ilyitch escreveu muito pouco sobre arte e literatura, em geral, mas ele gostava. Nós às vezes íamos a concertos e ao teatro, até ao teatro de revista — ele ria muito dos palhaços — e ele foi às lágrimas quando vimos *La dame aux camélias* em Londres, em 1907.
CARR (*sentimental*) Oh... *La dame aux camélias*...
NÁDIA Ilyitch admirava Tolstói, especialmente *Guerra e paz*, mas, como ele declarou em um artigo em 1908, no aniversário de oitenta anos de Tolstói...

Lênin entra para se juntar a Nádia.

LÊNIN (*entrando*) "De um lado temos o grande artista; do outro, temos o senhor de terras obcecado por Cristo. De um lado, o veemente ativista protestando contra a injustiça social e, do outro, aquela criatura ranhenta, histérica e apática, também chamada de intelectual russo, esmurrando o peito em público e se lamentando, eu sou um homem mau e perverso, mas estou praticando autoaperfeiçoamento moral. Eu não como carne, eu agora como croquetes de arroz. Tolstói refletia o ódio acumulado e a disposição para um novo futuro — e ao mesmo tempo os sonhos imaturos e a fraqueza política, que foram as principais causas do fracasso da revolução de 1905."
CARR (*achando o lugar*) Está aqui.
NÁDIA No entanto, ele respeitava os valores tradicionais de Tolstói. A arte *nova* parecia de alguma forma estranha e incompreensível para ele. Clara Zetkin, em suas memórias, lembra dele explodindo...
CARR e LÊNIN Estupidez sem sentido!

LÊNIN Nós somos bons revolucionários, mas parece que somos de alguma maneira obrigados a aturar a arte moderna. Bem, no que se refere a mim, eu sou um bárbaro.

CARR e LÊNIN Expressionismo, futurismo, cubismo... Eu não entendo e não me dão prazer algum.

CARR É disso que eu estou falando. Não havia nada errado com Lênin, fora a política.

LÊNIN Quinze de setembro de 1919, para A. M. Gorki, Caro Aliexei Maximitch... "Eu me lembro de uma observação sua durante nossas conversas em Londres, em Capri, e depois — qual seja: 'Nós, artistas, somos uns irresponsáveis'."

CARR e LÊNIN (*ao mesmo tempo*) Exatamente!

LÊNIN "Vocês soltam palavras enfurecidíssimas — sobre o quê? Sobre uma dúzia (ou talvez mesmo uma centena) de cadetes e aspirantes aristocratas que passaram uns dias na cadeia para deter confabulações que ameaçavam as vidas de dezenas de milhares de operários e camponeses. Realmente uma calamidade. Que injustiça! Uns dias, ou mesmo umas semanas na cadeia para alguns intelectuais, para evitar o massacre de dezenas de milhares de operários e camponeses. 'Uns irresponsáveis!'."

CARR Em outras palavras, um bilhetinho da inspetora.

LÊNIN "Tanto em Capri quanto depois, eu lhe disse — você se deixa cercar pelos piores elementos da *intelligentsia* burguesa e sucumbe a sua ladainha. Não, de fato, você não vai resistir se não se separar desses intelectuais burgueses. De todo o coração eu desejo que você faça isso logo. Tudo de bom. Seu, Lênin. PS: Pois você não está escrevendo nada."

NÁDIA Uma vez, em 1919, nós fomos a um recital no Kremlin e uma atriz começou a declamar alguma coisa de Maiakovski. Maiakovski era celebrado mesmo antes da revolução, quando gritava os seus versos fraturados usando um blazer amarelo e rosas azuis pintadas nas bochechas. Ilyitch estava na primeira fila, e quase teve um treco.

LÊNIN Memorando para A. V. Lunatcharsky, comissário de Educação. "Você não tem vergonha de publicar cinco mil cópias do novo livro de Maiakovski? É uma bobagem, uma estupidez, uma tremenda estupidez afetada."

CARR (*ao mesmo tempo*) "... uma bobagem, uma estupidez, uma tremenda estupidez afetada."

LÊNIN "Maiakovski devia apanhar por causa desse futurismo."

CARR Maiakovski se matou em 1930. Tzara engordou e morreu em Paris em 1963. Nisso de arte moderna, sabe, você tem de escolher direitinho onde e quando viver.

NÁDIA Eu lembro quando estávamos em Londres, em 1903, como Ilyitch queria ir ao Teatro de Arte de Moscou para ver *Ralé*. Nós fomos, depois da revolução. Bem, a canastrice o irritou. Depois de ver *Ralé*, ele evitou o teatro por muito tempo. Mas uma vez fomos ver *Tio Vânia*, de que ele gostou muito. E, por fim, na última vez em que fomos ao teatro, em 1922, nós vimos uma adaptação de *O grilo na lareira*, de Charles Dickens. Depois do primeiro ato, Ilyitch achou chato. O sentimentalismo meloso lhe deu nos nervos e durante a conversa entre o velho fabricante de brinquedos e a sua filha cega ele não aguentou mais e nós fomos embora.

A Sonata Appassionata de Beethoven é delicadamente introduzida. Carr fecha o livro e suspira.

CARR É, eu ia ter gostado de umas tertúlias com o velho Vladimir Ilyitch — falando de arte e de literatura nos cafés, caminhando pela Bahnhofstrasse discutindo Tolstói e o Dosto — aquele outro. Não era a mesma coisa com o Tzara e o Joyce — nunca me acertei com eles. Mas Lênin e eu... Ah, se eu soubesse! Mas ele tinha passagem marcada e daí já era tarde demais. Pena.

Ele vai ao fundo do palco.

NÁDIA Mas eu lembro dele uma noite, na casa de um amigo em Moscou, ouvindo uma sonata de Beethoven...

LÊNIN Eu não conheço nada maior que a *Appassionata*. Uma música impressionante, sobre-humana. Ela sempre me deixa, talvez ingenuamente, ela me deixa orgulhoso dos milagres que os seres humanos podem realizar. Mas eu não posso ouvir música sempre. Ela me afeta os nervos e me faz querer dizer coisinhas agradáveis e dar tapinhas na cabeça daqueles que, vivendo nesse inferno horrendo, conseguem criar tamanha beleza. Hoje em dia nós não podemos dar tapinhas na cabeça de ninguém, ou perdemos a mão a dentadas. Temos de dar *murros*, bater sem piedade nessas cabeças, ainda que idealmente sejamos contrários ao uso da violência... hmmm, o dever é uma coisa muito difícil...

Carr sai da sala. Lênin sai da Biblioteca. A música continua.

NÁDIA Uma vez, quando Vladimir estava preso — em São Petersburgo —, ele me escreveu e pediu que, em determinadas horas do dia, eu fosse ficar parada em uma determinada pedra da calçada da Shpalernaia. Quando os prisioneiros eram levados para se exercitar, era possível, por uma das janelas no corredor, ter uma rápida visão desse ponto. Eu fui por vários dias, e fiquei lá parada por muito tempo na calçada. Mas ele nunca me viu. Alguma coisa deu errado. Não lembro o quê.

A Appassionata *cresce no escuro. A Sala: Gwen está sentada. A mesa está posta para o chá. A* Appassionata *degenera absurdamente em "Mr. Gallagher e Mr. Shean". Bennett entra, seguido por Cecily. O esquema rítmico da canção é bem óbvio. As estrofes têm dez versos cada, sendo que o primeiro é um vocativo branco.*

BENNETT Miss Carruthers...
CECILY Cecily Carruthers...
GWEN Olha só que nome lindo você tem!
    Como o cônsul não esconde,
    nos batismos do *grand monde*
    esse nome é recebido muito bem.
CECILY Cara Miss Carr, cara Miss Carr,
    que o prazer vai sempre estar a acompanhar,
    Por favor não se levante...
GWEN (*para Bennett*) Outra xícara. (*para Gwen*) Um instante
    Por favor pode sentar.
CECILY *Merci*, Miss Carr.

Bennett sai.

GWEN Miss Carruthers, oh, Miss Carruthers...
    Eu espero que me chame Gwendolen.

      Já me sinto sua amiga,
      e uma amiga assim antiga.
      Espero que você se sinta assim também.
CECILY (*esnobe*) Oh, Gwendolen! Oh, Gwendolen!
      Tem o *goshto* bom de uma amendo... len!
      Nem preciso lhe pedir
      que me chame Cecily...
GWEN Certamente.
CECILY Então está feito, Gwendolen.
      Oh, Gwendolen, Oh, Gwendolen...
      Eu temi que não lembrasse mais de mim.
      Quando estou atrás da mesa,
      não tenho tanta beleza...
GWEN Imagine! Vou lembrar até o fim!
      Oh, Cecily, Oh, Cecily,
      Por favor não acredite que esqueci.
      Diga já, preto no branco,
      Algo errado lá no banco?
CECILY Biblioteca.
GWEN *Biblioteca*, Cecily!
CECILY Oh, Gwendolen, Oh, Gwendolen...
      Digo logo o assunto que aqui me traz:
      Há uma multa, e bem pesada;
      a *Odisseia* está atrasada,
      Com um *Irish Times* de treze anos atrás.
GWEN Oh, Cecily, Oh, Cecily,
      Um amigo está escrevendo o *Ulisses*!
      Como pôde se esquecer
      que tinha de devolver...
CECILY Desde outubro.
GWEN E no meu nome, Cecily!

Entra Bennett com a xícara. Uma certa quantidade de etiqueta e bebericação está por vir, para nem mencionar a xícara repentinamente batida no pires e todo o resto; mas as rubricas referentes a isso serão omitidas.

GWEN Oh, Cecily, Oh, Cecily...
 E aquele amigo russo, onde está?
 Eu o vejo todo dia,
 entre A e K de economia...
CECILY (*triste*) Não será o mesmo mais sem ele lá
 Oh, Gwendolen, Oh, Gwendolen!
 Foi-se embora agora à tarde pelo trem.
 Estou vindo da estação,
 Mas sei que não o esquecerão...
GWEN (*insincera*) Mas é claro...
CECILY Com *certeza*, Gwendolen!

Bennett sai.

CECILY Oh, Gwendolen, Oh, Gwendolen...
 A Biblioteca vai ficar tão mal...
 A não ser por Mr. Tzara,
 os bolcheviques foram para
 Petrogrado no tchu-tchu especial.
GWEN Perdão, amiga, Oh, Cecily...
 Por acaso o nome dele é escrito assim:
 T-Z-A-R-A?
 Bolchevique, então? Será!?
CECILY Certamente.
GWEN Oh, que surpresa, Cecily!

GWEN Oh, Cecily, Oh, Cecily...
 Admito que essa eu não sabia, não.
 É preciso que eu insista
 num *tête-à-tête* com o Tristan...
CECILY Mas eu me refiro ao Jack, o seu irmão.
 Oh, Gwendolen, Oh, Gwendolen!
 Esse Tristan para mim é um não sei quem!
GWEN O outro é novo para mim...
CECILY Para todo mundo, enfim...

GWEN Mais ou menos...
CECILY Totalmente, Gwendolen!

CECILY Oh, Gwendolen, Oh, Gwendolen
  Contarei o que até agora eu escondi...
  Tristan largará o chapéu
  para o *povo* ser fiel.
  Temos um acordo...
GWEN (*levantando*) Espera um minuti-
  (*sentando*) nho, Cecily, Oh, Cecily,
  Os acordos do Tristan são só pra mim.
  Se ele escreve (ou recorta)
  muito pouco isso lhe importa.
CECILY Mais ou menos...
GWEN *Certamente*, Cecily!
GWEN Oh, Cecily... Oh, Cecily...
  Se você me permitir, faço um aparte,
  pois tolere que lhe contem:
  (*sacando seu diário*)
  Tristan disse ainda ontem
  que adora a arte apenas pela arte.
CECILY Oh, Gwendolen, Oh, Gwendolen.
  Vê se altera a sua opinião também,
  (*sacando seu diário*)
  pois ele hoje declarou
  que o seu ânimo mudou
  e da sociedade sua arte já é refém.

GWEN (*gélida*) Oh, Cecily, Oh, Cecily...
  Dizer isso é uma dura providência,
  mas um capítulo do Joyce
  o deixou quase sem voz:
  Tristan *adorou* o fluxo de consciência.
CECILY Oh, Gwendolen, Oh, Gwendolen,
  eu não posso lhe dizer somente amém.

A sua consciência de classe
É que eu queria que durasse...
GWEN Média baixa?
CECILY É a sua, Gwendolen?
GWEN (*levantando*) Miss Carruthers,
CECILY (*idem*) Cara Miss Carr.
GWEN Eu não quero abusar dessa consulta.
CECILY Quero vê-la no balcão,
Se tomar a decisão,
De algum dia ir lá pagar a sua multa.
Miss Carr.

Cumprimenta. Para a porta.

GWEN Miss Carruthers,
Boa sorte com os outros, digo então?
Não conheço bem, receio,
os bons modos no seu meio.
CECILY Tome *isso* no *seu* meio... Tristan!

Carr entrou. Pausa.

GWEN (*censurando-a*) Esse é o meu irmão.
CECILY O seu irmão?
GWEN Sim. O meu irmão, Henry Carr.
CECILY Quer dizer que ele não é Tristan Tzara, o artista?
GWEN Muito pelo contrário. Ele é o cônsul britânico.

Carr está congelado como um cão de caça. Ele continua segurando a pasta que Cecily lhe deu na Biblioteca. Bennett abre a porta.

BENNETT O senhor Tzara...

Tristan entra. Bennett se retira. Tzara vem com a sua pasta.

GWEN Tristan! Meu Tristan!
CECILY Camarada Jack!
GWEN Camarada Jack?
CECILY Sim. O cavalheiro com o braço na sua cintura é um luminar da esquerda zimmerwaldista.
GWEN E eles são bolcheviques?
CECILY Eles jantam com a gente.
GWEN Fomos tremendamente iludidas. Coitada, tão magoada, Cecily!
CECILY Querida, tão maltratada, Gwendolen!

Elas se dirigem para a porta.

CECILY (*detendo-se*) Há só uma coisa que eu gostaria de perguntar ao senhor Carr.
GWEN Uma ideia invejável. Senhor Tzara, há uma coisa que eu gostaria de saber.
CECILY Qual de fato foi sua opinião sobre o ensaio que eu lhe entreguei?
GWEN O que o senhor realmente pensou do capítulo que eu lhe mostrei?
CARR (*tímido*) Muito... bem escrito... estilo interessante...
TZARA (*tímido*) Muito... culto... um material rico.
CECILY Mas como crítica social...?
GWEN Mas como arte pela arte...?
CARR (*desistindo*) Não vale nada! Aquele sujeito está louco!
TZARA Um monte de asneiras! É ilegível!
GWEN e CECILY Ah! Hipócritas!
CARR Desculpa! Foi por amor!
GWEN e CECILY Por amor?
GWEN Isso lá é verdade...
CECILY É, lá isso é.

Em uníssono elas se movem na direção dos homens, depois em uníssono mudam de ideia.

GWEN e CECILY Mas nossas diferenças intelectuais são uma barreira intransponível!

A porta se fecha atrás deles. Carr e Tzara se afundam nas duas cadeiras maiores.

CARR A propósito, eu ouvi dizer que o Bennett andou lhe mostrando a minha correspondência particular.

Bennett entra com champanhe para dois em uma bandeja. Ele começa a servi-la.

TZARA Ele tem tendências radicais.
CARR Ninguém é mais radical do que um criado que sofreu interferências na sua liberdade de acesso à adega.
TZARA É verdade.
CARR Bom, eu acabei com isso tudo.
TZARA Ele ganhou o bilhete azul?
CARR Ganhou mais champanhe.
TZARA Nós, romenos, temos muito o que aprender com os ingleses.
CARR Imagino que Sofia lhe faça falta.
TZARA Você quer dizer Gwendolen.
CARR (*fecha o rosto; abre*) Bucareste.
TZARA Ah, sim. É. A Paris dos Bálcãs...
CARR Lugarzinho mais besta para botarem Paris... (*bebe*) Essa é a Perrier-Jouet, Brut, 89???!!!
BENNETT Não, senhor.
CARR (*reconhecendo o óbvio*) Acabou...?
BENNETT (*implacável*) Eu receio que sim, senhor.
CARR Muito bem, Bennett.
BENNETT Eu coloquei os jornais e os telegramas no aparador, senhor.
CARR Alguma coisa interessante?
BENNETT O *Neue Zuricher Zeitung* e o *Zuricher Post* anunciam respectivamente o ponto alto e o ponto baixo da temporada dramática ontem à noite no Theater zur Kaufleuten. O *Zeitung* destaca o senhor como um triunfo pessoal em um papel exigente. O ministro envia suas congratulações por telegrama, e também agradece seu telegrama. Ele o incita a evitar a saída do senhor Ulyanov da Suíça a qualquer custo.

Bennett sai. Pausa.

CARR Irlandês canalha...

TZARA Russo...
CARR Não — coméquechama — Deidre.
TZARA Bridget...

Pausa.

CARR Joyce!
TZARA Joyce!
CARR Canalha. Irlandês quatro-olhos safado... Apareceu no camarim e me entregou dez francos que nem uma *gorjeta* — que cara de pau... sanguessuga...

Bennett entra.

BENNETT O senhor Joyce.

Joyce entra agitado.

JOYCE Cadê sua irmã?
CARR O dinheiro dela está sob custódia.
JOYCE Eu só tenho uma coisa a pedir *ao senhor...*
CARR E eu só tenho uma coisa a pedir *ao senhor* — por que diabos o senhor não usa pelo menos uma vez o paletó que suas calças pedem??

De fato Joyce está usando agora as outras metades da roupa que usou no Primeiro ato.

JOYCE (*com dignidade*) Se eu conseguisse usar uma só vez, conseguiria sempre. Meu guarda-roupa saiu do compasso em Trieste, e os seus membros recíprocos passam infinitamente uns pelos outros durante a noite. Agora... o senhor poderia me dar os vinte e cinco francos?
CARR Que vinte e cinco francos?
JOYCE O senhor recebeu oito ingressos para vender por cinco francos cada. Meus livros indicam que somente quinze francos foram recebidos do senhor.
CARR Eu gastei trezentos e cinquenta francos do meu próprio dinheiro para que a sua produçãozinha fuleira pudesse se vangloriar de ter ao menos um personagem que parecesse conhecer um alfaiate. Se o senhor espera arrancar

mais vinte e cinco francos de mim, vai ter de me arrastar para os tribunais. (*deliberadamente*) O senhor é um farsante e um grosseirão!

TZARA (*entregando a Joyce a sua pasta*) E além de tudo seu livro tem muito em comum com sua roupa. Como arranjo de palavras, ele é sem graça sem ser aleatório; como narrativa, não tem encantos e nem mesmo vulgaridade; como experiência, é como dividir uma cela com um maníaco em busca de uma obsessão.

Gwen e Cecily entram. Joyce está examinando o manuscrito.

JOYCE Quem foi que lhe deu este manuscrito?
GWEN Eu dei!
JOYCE Senhorita Carr, eu lhe pedi ou não lhe pedi para datilografar um capítulo em que as aventuras do senhor Bloom correspondem ao episódio homérico do Gado do Sol?
GWEN Pediu, sim. E era maravilhoso!
JOYCE Então por que a senhorita me devolve uma tese mal-humorada dedicada a provar, entre outras coisas, que Ramsay MacDonald é o valete de um valete lambe-botas burguês?
GWEN (Aaaah)
TZARA (Ohhhh)
CECILY (Oops!)
CARR (Aaah!)
JOYCE (*explode*) Senhorita Carr, onde está o capítulo que falta???
CARR Perdão — o senhor disse Bloom?
JOYCE Disse.
CARR E por acaso se trata de um capítulo, desmesuradamente longo e de estilo errático, remotamente ligado a parteiras?
JOYCE Trata-se de um capítulo que, por um milagre de compressão, usa todo o espectro da literatura inglesa, de Chaucer a Carlyle, para descrever eventos que acontecem em uma maternidade de Dublin.
CARR (*estendendo a sua pasta*) É obviamente isso aqui.

Gwen e Cecily destrocam as pastas com gritinhos de reconhecimento. Carr e Tzara juntam-se a elas. Um clímax rápido e formal, com os gritinhos adequados de "Cecily! Gwen-

dolen! Henry! Tristan!" e os abraços cabíveis. Música adequada ao período. Mudança de luzes. Uma sequência de dança formal e curta. Tzara dança com Gwen, Carr dança com Cecily. Joyce e Bennett dançam sozinhos. O efeito, é claro, é de um completo deslocamento da peça. Carr e Cecily, dançando, saem de vista. Os outros continuam, e então também saem dançando do palco, precisamente quando o Velho Carr entra novamente dançando com a Velha Cecily.
A Velha Cecily tem cerca de oitenta anos, é claro, como o Velho Carr. Eles dançam uns passinhos decrépitos.

VELHA CECILY Na-na-nina-não. Isso é patético. Está certo que houve um caso nos tribunais, e as suas calças entraram na história, isso eu não nego, mas você nunca se aproximou de Vladimir Ilyitch, e eu não me lembro do outro. Eu me lembro do Joyce, aí sim você tem razão, e ele era irlandês de oclinhos, mas isso foi no ano seguinte — 1918 — e o trem já tinha saído fazia tempo da estação! Eu acenei com um lencinho vermelho e gritei viva a revolução enquanto o comboio o levava, e levava o seu chapéu-coco e sim, eu disse sim quando você me pediu, mas ele liderava milhões na época em que você fez o Algernon...

CARR Algernon... era esse.

VELHA CECILY Eu disse que era o ano seguinte...

CARR Seguinte a quê?

VELHA CECILY Você nem sequer chegou a ver o Lênin.

CARR Vi sim. Vi nos cafés. Eu conheci todos eles. Ossos do ofício.

VELHA CECILY E você nunca foi cônsul.

CARR Nunca disse que fui.

VELHA CECILY Disse sim.

CARR Vamos tomar uma xícara de chá?

VELHA CECILY O cônsul era um Percy não sei das quantas.

CARR (Bennett)

VELHA CECILY Quê?

CARR (*pavio curto*) Eu disse que o nome do cônsul era Bennett!

VELHA CECILY Ah, sim... Bennett... Mas isso é outra história...

CARR *Vamos tomar uma xícara de chá ou não?*

VELHA CECILY E eu nunca ajudei ele a escrever *Imperialismo, fase superior do capitalismo*. E além do mais isso foi um ano antes, em 1916.

CARR Ai, Cecily. Quem dera eu soubesse na época que você ia acabar virando uma pedante! (*irritando-se*) Não foi isso... Não fez aquilo... 1916... 1917... *E daí?* Eu estava aqui. Eles estavam aqui. Eles seguiram em frente. Eu segui em frente. Todos nós seguimos em frente.

VELHA CECILY Não, nós não. Nós ficamos. Sofia casou com aquele artista. Eu casei com você. Você fez Algernon. Eles todos seguiram em frente.

Quase toda a luz que diminui está em Carr agora.

CARR Grandes dias... Zurique durante a guerra. Refugiados, espiões, exilados, pintores, poetas, escritores, radicais de todos os tipos. Eu conheci eles todos. A gente discutia noite adentro... No Odeon, no Terrasse... Eu aprendi três coisas em Zurique durante a guerra. Eu anotei. Primeira, ou você é um revolucionário ou não é, e se você não é, você pode ser artista ou qualquer outra coisa. Segunda, se você não é capaz de ser artista, você bem pode ser um revolucionário... Não lembro a terceira.

Blecaute

ROCK 'N' ROLL

Para Václav Havel

Agradecimentos

Minha primeira dívida é para com Václav Havel, cujos ensaios, comentários e cartas entre 1965 e 1990, e ainda depois disso, foram não apenas indispensáveis para a peça mas também uma inspiração contínua durante a escrita. Fico em dívida, também, com Paul Wilson e Jaroslav Riedel por muitas conversas úteis sobre a banda The Plastic People of the Universe e a cena rock da Tchecoslováquia. Devo um agradecimento a David Gilmour, Tim Willis, Martin Deeson, Trevor Griffiths, Eric Hobsbawm, David West, Peter Jones e muitos outros que permitiram que eu os incomodasse com minhas perguntas.

Tom Stoppard

Introdução

Na primeira versão de *Rock 'n' roll* Jan se chamava Tomas, meu nome de batismo que, imagino, continua sendo meu nome. Meu sobrenome foi mudado juridicamente quando eu, como Jan, inesperadamente virei um "estudantezinho inglês". Isso não quer dizer que os paralelos entre a vida de Jan e a minha se estendam demais. Ele nasceu onde eu nasci, em Zlin, e saiu da Tchecoslováquia pela mesma razão (Hitler), basicamente no mesmo momento que eu. Mas Jan veio direto para a Inglaterra ainda bebê, e voltou para a Tchecoslováquia em 1948, dois anos depois de eu chegar à Inglaterra, tendo passado os anos da guerra no Extremo Oriente. Essa sobreposição de dois anos foi a base de minha identificação com Jan, e o motivo para eu ter começado por chamá-lo de Tomas. Seu amor pela Inglaterra e pelos costumes ingleses, suas lembranças de sua mãe assando *buchty* e sua saudade de seu último verão e seu último inverno como estudante inglês são todos meus. Se isso fosse a peça toda (ou parte de uma peça que eu pensei muitas vezes em escrever, uma autobiografia em um mundo paralelo em que eu voltava para "casa" depois da guerra), Tomas teria sido um bom nome para o protagonista. Mas com *Rock 'n' roll* a autorreferência ficou muito frouxa, e, por um motivo diferente, também algo equivocada, porque eu também tinha em mente um outro Tomas, o Tomas do romance *A insustentável leveza do ser*, de Milan Kundera.
Naquele livro há uma cena em que Tomas se recusa a assinar um abaixo-assinado em favor dos prisioneiros políticos encarcerados pelo "governo de normalização" de Husák, que se seguiu à invasão pelas tropas do Pacto de Varsóvia. Na peça, quando pedem que Jan assine o que é essencialmente o mesmo abaixo-assinado, na mesma situação, sua reação é retirada diretamente do Tomas de Kundera, destilada:

> JAN Não, não vou assinar. Primeiro porque não vai ajudar Hubl e os outros, mas principalmente porque ajudar esses caras não é o objetivo real disso aqui. O objetivo real disso aqui é fazer o Ferdinand e os amigos dele sentirem que não são absolutamente inúteis. É puro exibicionismo moral. [...] A única coisa que eles estão fazendo é explorar a desgraça dos prisioneiros para atrair atenção para si próprios. Se eles estão tão preocupados com as famílias, deviam ir lá e fazer alguma coisa útil pelas famílias, em vez de — por tudo que possam saber — piorar as coisas pros prisioneiros.

No entanto, a fonte primária para isso não é *A insustentável leveza do ser*, mas um polêmico debate, anos antes, entre Kundera e Václav Havel, que prefigurava não apenas a acusação de Tomas (e de Jan) daquele "exibicionismo moral", mas também a parte de Jan em sua discussão com seu amigo ativista Ferdinand, em que Jan insiste que a Primavera de Praga não foi de maneira alguma "derrotada" pela invasão russa. "A nova política" tinha "sobrevivido a este conflito terrível", Kundera escreveu na época. "Ela se retraiu, sim, mas não se desintegrou, não ruiu." A vida intelectual não tinha sido restringida. O estado policial não tinha se "reinstituído".

O ensaio de Kundera — intitulado "Destino tcheco", ou talvez "O que cabe aos tchecos" — foi publicado em dezembro de 1968, quatro meses depois da invasão. O mero fato de ele poder ser publicado pode ter sido visto como uma confirmação de seu argumento...

> JAN [...] Uma vez na vida esse país achou o melhor de si próprio. Nós fomos atropelados por grandes nações poderosas por centenas de anos, mas dessa vez nós recusamos o nosso destino.

Mas Havel não queria saber de nada disso. O desastre não era uma vitória moral, e, quanto a "Destino", Havel escreveu, Kundera estava se entregando a um autoengano de natureza mística e se recusando a encarar a verdade pura e simples. Na peça, Ferdinand é mais lacônico e mais ríspido: "Não é destino, sua besta, são os vizinhos preocupados se os escravos *deles* vão se rebelar se a gente se safar com essa".

Kundera devolveu os disparos alguns meses depois ("exibicionismo moral"), e deve-se dizer que os dois escritores teriam motivo de reclamação se a peça pretendesse ser uma apresentação justa de seus argumentos. Os dramaturgos se transformam em ensaístas por sua própria conta e risco. A peça não registra o golpe de misericórdia de Havel em uma entrevista, anos depois:

> Todos os que não assinaram ou retiraram suas assinaturas argumentaram de forma parecida com a de Tomas no romance de Kundera [...] Naturalmente o presidente [Husák] não concedeu a anistia, e então Jaroslav Sabata, Milan Hubl e outros ficaram apodrecendo na prisão, enquanto a beleza de nossos caráteres ficava mais iluminada. Poderia parecer, portanto, que a história provou que quem nos criticava

tinha razão. Mas será que foi mesmo assim? Eu diria que não. Quando os prisioneiros começaram a voltar depois de seus anos na prisão, tudo o que eles diziam era que o abaixo-assinado tinha lhes causado muita satisfação. Por causa dele, eles sentiram que sua temporada na prisão tinha um sentido: ela ajudava a renovar uma solidariedade rompida... Mas aquilo teve também um sentido muito mais profundo: marcou o início de um processo em que a espinha dorsal do civismo daquele povo começou a se endireitar novamente. Foi um prenúncio da Carta 77...

A cena entre Ferdinand e Jan, quando Ferdinand acaba de passar um novo período preso, deve muito a uma dura troca de ensaios, dessa vez entre Havel e o romancista Ludvik Vaculík em dezembro e janeiro de 1978-9. Eu adiantei a conversa para 1975 (caso contrário ela teria de ocorrer no intervalo da peça); o que não é exatamente justo com as "Notas sobre a coragem", de Vaculík, porque a tensão para os intelectuais dissidentes deve ter sido pior depois do divisor de águas que foi a Carta 77. Vaculík, como Jan, diz ter medo de ser preso. Ele está em busca de uma "posição intermediária decente", e, como Jan, se vê como uma "pessoa normal". "As pessoas normais não são 'heróis'." Ecoando Vaculík, Jan reclama com Ferdinand que heroísmo não é trabalho honesto, do tipo que mantém o mundo funcionando: "Ele ofende as pessoas normais e deixa elas com medo. Ele parece tratar de alguma discussão particular que os heróis estão tendo com o governo em nosso nome, e a gente nunca pediu isso". [...] Atos heroicos não provêm das suas crenças — "Eu acredito nas mesmas coisas que você" —, eles saltam do caráter e "Não é ação de amigo mostrar que o seu caráter é mais heroico que o meu".

Coisa semelhante era dita em outro ensaio *samizdat*,[11] de Petr Pithart, que surgiu quase ao mesmo tempo. Ele falava de uma "maioria passiva" de pessoas com as mesmas crenças, contra uma "minoria ativa" de "ativistas autocoroados". Essa minoria, dizia Pithart, aludindo aos "porta-vozes" da Carta, foi ficando inevitavelmente mais envolvida em seus problemas e querelas internas e perdeu contato com as preocupações da maioria.

Havel, de novo em um *samizdat* (os dias da publicação às claras estavam já muito distantes), respondeu tanto a Vaculík quanto a Pithart, como tinha feito a Kun-

---

11 Palavra russa que significa "autopublicado", e que passou a designar os textos publicados extraoficialmente para escapar da censura do regime comunista. (N. T.)

dera dez anos antes, sem arrependimento. Todos esses debates profundamente ponderados, profundamente sentidos, entre intelectuais e amigos que viviam sob pressões que os escritores ocidentais mal podiam imaginar teriam sustentado toda uma peça de filosofia moral e política. Mas essa peça não é *Rock 'n' roll*. Se fosse, se o dramaturgo não tivesse outras cartas na manga para usar no tempo que lhe cabia, o papel de Ferdinand teria sido o de falar por Havel. É por isso que eu o chamei de Ferdinand. Na primeira versão, Ferdinand tinha um sobrenome, Vanek. "Ferdinand Vanek" é o nome de um personagem de três peças de Havel — *Plateia*, *Visão particular* e *Protesto* —, onde ele representa o autor. Vanek é um dramaturgo proibido. Em *Plateia* ele está empregado em uma cervejaria, exatamente como Havel em 1974.

Eu tinha percebido que, na minha peça, Tomas (depois Jan) precisaria de um contraponto, alguém que estivesse adotando o ponto de vista de Havel naquela dialética. Repentinamente eu tive a inspiração de emprestar "Ferdinand Vanek" para o papel. No momento seguinte, ainda encantado com a ideia, pensei em ambientar uma das minhas cenas entre Vanek e Tomas naquela cervejaria e até, quem sabe, incluir o mestre cervejeiro que era o segundo personagem de *Plateia*.

Durante uma visita a Praga eu tive a oportunidade de pedir a permissão de Havel para usar seu personagem em minha peça ainda inexistente. Ele a concedeu sem hesitação. Disse que seria uma honra. Ele não parecia especialmente surpreso com minha ideia brilhante e original. Foi só quando já estava escrevendo estas notas que descobri que eu era até aqui o quarto autor a colocar "Ferdinand Vanek" em uma peça.

Não bastasse isso, eu tinha conhecido dois dos outros três (além de Havel) quando fui pela primeira vez a Praga, em 1977. Pavel Landovsky, um ator, foi o primeiro a ter a ideia. Seu "Vanek" pisou nos palcos da Alemanha em uma peça longa em 1976. (A peça foi um fracasso, diz Landovsky, porque o título, algo como *Noite de higienização*, foi traduzido como *Fechado para desinfecção*, e essa frase fatal afastou todos que porventura estivessem dispostos a entrar no teatro.) Dois anos depois, o dramaturgo e romancista Pavel Kohout escreveu sua própria peça com Vanek, que foi montada no ano seguinte em Viena com a terceira peça do Vanek de Havel, *Protesto*, em um programa duplo. O terceiro autor, Jiří Dienstbier, não só escreveu uma peça com Vanek como também incluiu o mestre cervejeiro. Eu tinha sido derrotado três vezes antes de dar meu lance. (O que deixava tudo ainda mais curioso era o fato de eu ter posto Kohout em uma peça minha, *O Hamlet de Dogg, O Macbeth de Cahoot*, que foi encenada em Londres no mesmo mês em que a primeira peça de Kohout com Vanek — ele escreveu mais duas — estava estreando em Viena.)

Quando fiquei sabendo de tudo isso,[12] Ferdinand já tinha até perdido o sobrenome. Eu não sabia, quando comecei, que na segunda metade da minha peça seria Jan, e não Ferdinand, que representaria o espírito de Havel. Eu devia ter percebido que não seria capaz — ou não teria vontade — de sustentar Jan como um cauteloso opositor da oposição. Se de fato Tomas (ou seja, eu) teria assinado a Carta e perdido o emprego ou até ido parar na prisão são coisas que eu jamais hei de saber, mas se, na minha biografia alternativa, eu tivesse mantido a cabeça atrás da amurada, teria sido por medo e acanhamento, e não por discordar dos escritos filosóficos e políticos de Havel.

Jan, de qualquer maneira, muda. Ele não segue mais as palavras de Kundera ou Vaculík, ou da contracultura alternativa que atacava a "oposição oficial" dos escritores, artistas e intelectuais proibidos ("um bando de veados"). No segundo ato, ele toma de Ferdinand o manto de Vanek, ao menos implicitamente. Por seu temperamento, Vanek não poderia de fato ser um Ferdinand ou um Jan; sua natureza é cortês e reticente demais. Mas Jan agora segue as palavras de Havel.

As fontes mais importantes para as "discussões tchecas" nesta peça são os ensaios, os artigos e as cartas escritas por Havel entre 1968 e os anos 1990. Eu tinha quase todos nas minhas estantes desde que saíram, mas tive preguiça de lê-los de verdade. (Uma exceção foi um discurso, "Política e consciência", lido *in absentia* em Toulouse, quando Havel recebeu um doutorado *honoris causa* daquela universidade mas foi impedido de viajar para recebê-lo. A pedido dele eu o representei naquela ocasião.) Quando consegui lê-los todos em umas poucas semanas de 2004 fiquei com uma incrível sensação de humildade e de orgulho por ter um amigo de tamanha bravura, humanidade e com uma inteligência moral tão lúcida; que, mais ainda, como ficava claro mesmo em tradução, era tão complexo e sutil em seus longos parágrafos quanto era ágil em seus diálogos. A carta aberta intitulada "Caro dr. Husák" (1975) e o longo ensaio, noventa páginas na minha edição, chamado "O

---

[12] Todas as informações sobre a peças com Vanek vêm do atento e abrangente livro de Carol Rocamora sobre a vida e a obra de Havel, *Acts of courage* (Smith and Kraus, 2004), que, por mais absurdo que seja, eu nem cheguei a ler antes, de tão envolvido que estava em minha peça.

poder dos sem poder" (1978) foram influentes em sua época e em seu lugar, mas transcenderam essas duas limitações e vão continuar a ser importantes onde quer que "viver na verdade" requeira não apenas consciência, mas coragem.[13]

Rock 'n' roll consegue aludir apenas a uma minúscula fração dos escritos de Havel. A fala de Toulouse, sozinha, já é um necessário lembrete da necessidade de se colocar a moralidade acima da política, e a natureza acima do triunfalismo científico; de devolver a vida a sua escala humana, e a linguagem a seu sentido humano; de reconhecer que o socialismo e o capitalismo em suas formas egoístas são rotas diferentes para o totalitarismo global. Um ensaio posterior, "Histórias e totalitarismo" (1987), fornece a Jan seu diálogo sobre não haver mais "histórias na Tchecoslováquia [...] O nosso objetivo é a inércia. A gente produz banalidade em massa"; e sobre uma pseudo-história em pseudojornais. A afirmação de que a Tchecoslováquia precisa de algo mais profundo que uma volta à democracia ocidental é um dos momentos mais marcantes de "O poder dos sem poder". É nesse mesmo ensaio que Havel observa que "viver na verdade" pode ser qualquer meio empregado por qualquer um que se rebele contra ser manipulado pelo regime comunista: poderia ser ir a um show de rock.

Mesmo se *Rock 'n' roll* fosse inteira sobre a experiência tcheca entre a Primavera de Praga e a Revolução de Veludo, ela só poderia esperar ser uma versão esquemática. E no entanto um esquema consegue detectar linhas de força que podem ser tênues ou pontilhadas no intricado mapa da história que acolhe todas as versões. *Rock 'n' roll* se cristalizou em torno de um único ensaio breve de Havel, "O julgamento" (1976), e de algumas páginas em uma entrevista em formato de livro, de 1985. (Havel reviu as transcrições, que se tornaram o primeiro livro *samizdat* a ser publicado na Tchecoslováquia pós-comunismo. Traduzido por Paul Wilson com o título de *Disturbing the peace* [Perturbando a paz], ele foi publicado na Inglaterra, pela Faber and Faber, em 1990.)

---

13 Boa parte da prosa de Havel, especialmente "The power of the powerless" (em *Open letters*, Faber and Faber, 1991) e *Letters to Olga* (Faber and Faber, 1988 [*Cartas a Olga* (Estação Liberdade, 1992)]), foi traduzida por Paul Wilson, que traduziu para mim os debates entre Havel e Kundera, Vaculík e Pithart citados anteriormente. Wilson, um nativo do Canadá, tem ainda a distinção de ter sido membro da banda de rock The Plastic People of the Universe entre 1970 e 1972 (vocal e guitarra base).

O entrevistador, Karel Hvizdala, perguntou sobre a origem da Carta 77. A resposta de Havel começava assim:

> Para mim, pessoalmente, tudo começou em algum momento de janeiro ou fevereiro de 1976. Eu estava em Hradecek, sozinho, com neve por todo lado, uma nevasca noturna furiosa. Eu estava escrevendo alguma coisa, e de repente alguém bateu na porta, eu abri, e lá estava um amigo meu, que eu não quero identificar, semicongelado e coberto de neve. Nós passamos a noite discutindo a situação e tomando uma garrafa de conhaque que ele tinha trazido. Quase como uma nota de rodapé, esse meu amigo sugeriu que eu me encontrasse com Ivan Jirous [...] Eu já conhecia Jirous; eu tinha falado com ele umas duas vezes no fim dos anos 1960 mas nós não tínhamos mais nos visto desde então. Vez por outra eu ouvia umas histórias loucas e, como vim a saber depois, bastante distorcidas sobre o grupo de pessoas que tinha se reunido em torno dele, que ele chamava de *underground*, e sobre a Plastic People of the Universe, uma banda de rock não conformista que estava no centro desse grupo; Jirous era o diretor artístico.

Havel continua, explicando que a opinião de Jirous a seu respeito "também não era exatamente lisonjeira: ele aparentemente me via como um membro da oposição oficial, oficialmente tolerada — em outras palavras, um membro do sistema".
Havel e Jirous se encontraram em Praga um mês depois: "O cabelo dele ia até o ombro, outras pessoas cabeludas iam e vinham, e ele falava sem parar e me dizia como eram as coisas".
Jirous tocou músicas da Plastic People para Havel em um gravador cassete velho. "Havia uma magia perturbadora naquela música, e uma espécie de aviso interior. Ali estava algo sério e genuíno [...] De repente eu percebi que, apesar de todo o linguajar chulo daquelas pessoas ou do comprimento de seu cabelo, a verdade estava do lado deles; [...] na música deles havia uma experiência de dor metafísica e um desejo de salvação."
Jirous e Havel foram até um pub e passaram a noite conversando. Ficou combinado que Havel iria a seu próximo show "secreto" dali a duas semanas, mas antes disso acontecer Jirous e banda foram presos, junto com outros membros do *underground*.
Havel tentou apoiar os prisioneiros, mas entre as pessoas que podiam ajudar quase ninguém tinha ouvido falar deles, e os que tinham ouvido falar tendiam a

pensar neles como desocupados, vândalos, drogados. De início se inclinavam a ver a questão como um problema de criminalidade. Mas para Havel era "um ataque do sistema totalitário contra a própria vida, a própria essência da liberdade e da integridade humanas".

De maneira algo surpreendente para ele, seus contatos logo entenderam: os "criminosos" eram simplesmente jovens que queriam viver em harmonia entre si, e se expressar de uma maneira verdadeira. Se aquele ataque judicial não fosse questionado, o regime podia muito bem começar a trancafiar qualquer um que pensasse e se expressasse de maneira independente, mesmo em particular.

O caso da Plastic People se tornou uma *cause célèbre*. O regime voltou atrás, e começou a libertar quase todos os presos. No fim, Jirous e outros três foram julgados em Praga em setembro de 1976. Havel assistiu ao julgamento e escreveu sobre ele: esse foi outro texto — "O julgamento" — que foi um ponto central durante a escrita de *Rock 'n' roll*.

Milan Hlavsa, que morreu em 2001, formou a Plastic People of the Universe (ele tirou o nome de uma música do roqueiro americano Frank Zappa) em setembro de 1968, quando tinha dezenove anos. O fato de a invasão russa da Tchecoslováquia ter acontecido em agosto não era relevante de imediato: "A gente só adorava rock e queria ser famoso". A ocupação pelas tropas do Pacto de Varsóvia era o pano de fundo, "a dura realidade", mas "o rock não era só música para nós, era como que a própria vida". Hlavsa deixou isso claro em uma outra entrevista. A banda não estava interessada em derrubar o comunismo, mas só em encontrar um espaço livre para existir dentro da sociedade comunista.

Mas é claro que esse espaço não existia, e a história que *Rock 'n' roll* conta é que, na lógica do comunismo, o que a banda queria e aquilo em que eles não estavam interessados não podiam ser separados no fim das contas. Havia dezenas de bandas de rock em Praga, e em outras cidades da Tchecoslováquia que "não estavam interessadas em derrubar o comunismo", e elas fizeram o sucesso que mereceram, em alguns casos porque as regras básicas não acarretaram concessões por parte delas, em outros casos porque acarretaram. A Plastic People estava entre o pequeno número de músicos e artistas que simplesmente não conseguia fazer concessões, então foi ficando cada vez mais difícil encontrar um espaço para sua música e para "a própria vida", até que ele foi erradicado.

A Plastic People of the Universe não derrubou o comunismo, claro. Depois do julgamento, Husák governou o país com mão de ferro até que o fim chegou, treze anos depois. O que não podia ser separado eram a falta de engajamento e a dissidência. Na peça, Jan diz a um jornalista britânico que, "na verdade, os Plastics não são dissidentes". O repórter responde: "São dissidentes. Vai por mim". E ele tem razão. O submundo do rock, como dizia Jirous, era um ataque contra a cultura oficial da Tchecoslováquia comunista, e caso ele não tivesse compreendido, o regime o mandou quatro vezes para a prisão durante aqueles vinte anos: cultura é política.

Jirous é uma das personalidades mais interessantes e menos conhecidas da história da República Socialista Tcheco-eslovaca entre a Primavera de Praga e a Revolução de Veludo. Ele não é músico; sua formação é de historiador da arte. Ele se juntou à Plastic People em abril de 1969 no breve período que antecedeu a perda da licença da banda, e assumiu o papel de empresário e diretor artístico na longa e tortuosa estrada que os levou do status de profissionais ao de párias amadores. Ele transformou sua própria integridade em um atributo singular da banda, e conseguiu ver suas dificuldades como um destino invejável se comparado ao "submundo" do Ocidente:

> Onde [...] alguns dos que obtinham reconhecimento e fama entravam em contato com a cultura oficial [...] que os aceitava entusiasticamente e os engolia, como aceita e engole carros novos, modas novas ou qualquer outra coisa. Na Boêmia a situação é essencialmente diferente, e muito melhor que no Ocidente, porque nós vivemos em uma atmosfera de completa concórdia: a primeira cultura [a oficial] não nos quer e nós não queremos ter nada a ver com a primeira cultura. Isso elimina a tentação que para todos, mesmo os artistas mais fortes, é a semente da destruição: o desejo de reconhecimento, sucesso, de ganhar prêmios e títulos, e não menos importante, a segurança material que decorre disso.

Isso vem do "Relatório sobre o terceiro renascimento musical tcheco", escrito em fevereiro de 1975, um ano antes de ele encontrar Havel. Ele tem uma epígrafe que poderia ter sido escrita por Havel: "O povo só tem uma alternativa — libertar-se por seus próprios esforços. Não se deve usar nada que fizesse isso por eles [...] Livrem-se do medo! Não tenham medo do tumulto". Na verdade, ela foi escrita por Mao Tsé-Tung; uma grande distância. Em *Rock 'n' roll*, Max, o filósofo marxista, diz que ele se resume "a uma crença, de que entre a teoria e a prática há um encaixe decente — não perfeito, mas decente". Em nenhuma outra situação é mais difícil encontrar a equivalência entre a teoria e a prática que no "viver na verdade" em uma sociedade que mente para si própria. Na Tchecoslováquia de 1968 a 1990 uma banda de rock chegou o mais perto possível.

Notas do autor

A AMBIENTAÇÃO

"Cambridge" se refere sempre à parte do interior e parte do jardim de uma casa de família em (provavelmente) um arborizado subúrbio da cidade: não uma casa moderna. Pode ser interessante variar a proporção entre o interior visível e o jardim visível.
"Praga" basicamente se refere à sala de estar do apartamento muito modesto de Jan, mas há importantes exceções, inclusive alguns exteriores. Quanto ao apartamento, a coleção de discos de Jan e o toca-discos são obviamente importantes, e uma mesa com duas cadeiras é provavelmente o mínimo de mobília necessário. Uma "entrada para banheiro/lavabo", uma "entrada para o quarto" e uma porta de entrada ficam todas implícitas, possivelmente à vista.

MÚSICA GRAVADA

... depende de permissões. A intenção não é que as músicas entre as cenas sejam tocadas inteiras, mas sim como fragmentos (de trinta a sessenta segundos) interrompidos arbitrariamente quando a próxima cena estiver preparada. ("Vera", no Segundo ato, é uma exceção.) Na primeira montagem de *Rock 'n' roll* projetavam-se os "encartes" de cada gravação durante as mudanças de cena. Isso é extremamente recomendável: mantinha o ritmo do espetáculo durante os blecautes.

"GOLDEN HAIR"

"Golden hair", na gravação de Syd Barrett, baseia-se em um poema de James Joyce, do livro *Música de câmara*. A letra de Barrett, no entanto, não obedece perfeitamente ao poema de Joyce (em que "Goldenhair" é uma palavra só e onde a expressão "no ar da meia-noite" não aparece). Agradeço ao espólio de James Joyce por sua tolerância quanto a isso.

MUDANÇAS DE CENAS

Uso a expressão "corte brusco" para dizer que todas as deixas de som e de luz vêm como uma só deixa, de modo que um estado (por exemplo, música e blecaute) salta para um estado pronto (por exemplo, silêncio e luz do dia) sem fusões ou mudanças graduais. Antes de cada cena, se o ano muda, projeta-se a data adequada.

DIÁLOGOS EM TCHECO

Como esta é uma cópia de *Rock 'n' roll* feita para ser lida, eu não incluí diálogos em tcheco. Onde se fala tcheco, o significado geral do diálogo é esclarecido para o leitor. Eu mesmo não falo tcheco, então não tenho escrúpulos quanto à ideia de que atores e diretores inventem seus meios para suprir as falas, que de qualquer maneira ficam semienterradas pelo burburinho (como no começo do almoço) ou pela música (o bar).

SOTAQUES

As personagens tchecas que falam "tcheco" entre si o fazem sem sotaque. As personagens tchecas que falam inglês o fazem com um "sotaque tcheco".

O CABELO DOS HOMENS

... é um problema. No Primeiro ato, Jan e Ferdinand deveriam começar com cabelos mais ou menos compridos que ficam, no caso de Jan, muito longos até receberem seu corte de prisão; depois disso, Ferdinand deixaria o cabelo crescer de novo. No Segundo ato, Jan deve ter um penteado anos 1980, embora Ferdinand possa continuar cabeludo. Nigel deve ter um cabelo comprido anos 1970 no Primeiro ato e um penteado anos 1980 no Segundo ato.

A primeira apresentação de *Rock 'n' roll* aconteceu no Royal Court Theatre, em Londres, em 3 de junho de 2006, e a peça passou para o Duke of York's Theatre em 22 de julho de 2006, montada pela Sonia Friedman Productions, a Tulbart Productions e Michael Linnit para a National Angels e a Boyett Ostar Productions. O elenco, em ordem de entrada no palco, era o seguinte:

FLAUTISTA/POLICIAL 1/STEPHEN	Edward Hogg
ESME (JOVEM)/ALICE	Alice Eve
JAN	Rufus Sewell
MAX	Brian Cox
ELEANOR/ESME (VELHA)	Sinead Cusack
GILLIAN/MAGDA/ALUNA	Miranda Colchester
INTERROGADOR/NIGEL	Anthony Calf
FERDINAND	Peter Sullivan
MILAN/POLICIAL 2/JAROSLAV	Martin Chamberlain
LENKA	Nicole Ansari
CANDIDA	Louise Bangay
Direção	Trevor Nunn
Cenografia	Robert Jones
Figurinos	Emma Ryott
Iluminação	Howard Harrison
Sonoplastia	Ian Dickinson
Assistência de direção	Paul Robinson
Preparação vocal	Patsy Rodenburg

Personagens

O FLAUTISTA
ESME (JOVEM)
JAN
MAX
ELEANOR
GILLIAN
INTERROGADOR
FERDINAND
MILAN
MAGDA
POLICIAL 1
POLICIAL 2
LENKA
NIGEL
ESME (VELHA)
ALICE
STEPHEN
CANDIDA
DEIRDRE
GARÇOM

Esme no Primeiro ato e Alice devem ser representadas pela mesma atriz; o mesmo vale para Eleanor e Esme do Segundo ato.

Outras sobreposições são opcionais. A intenção é que as vinte personagens sejam representadas por um grupo de doze pessoas. O Royal Court usou um grupo de onze, com o resultado de que Milan se tornou o Policial 2, usurpando também o garçom; contudo, essa não é a opção preferencial.

Primeiro ato

Blecaute. Ouve-se o Flautista. Depois, noite no jardim. O Flautista está acocorado bem no alto do muro do jardim, seu cabelo escuro e desgrenhado apanha alguma luz, como se estivesse reluzindo. Sua flauta é um instrumento simples, de metal. Ele toca para Esme, que tem dezesseis anos, uma menina hippie da época: 1968. A luz que vem do interior toca Esme levemente, suas roupas amplas, seu longo cabelo dourado. O interior mostra parte de uma sala de jantar, mal iluminada por um abajur. Há uma fronteira invisível entre a sala e o jardim "escuro", que é arborizado e tem uma parte calçada grande o bastante para acomodar uma mesa de jardim e duas ou três cadeiras. O flautista toca a melodia e depois canta.

O FLAUTISTA *"Lean out of your window,*
    Golden Hair,
    I heard you singing
    In the midnight air.
    My book is closed,
    I read no more..."[14]

Jan entra na sala vindo de dentro da casa, indo para o jardim, para a luz. Ele tem 29 anos. Seu sotaque tcheco não é forte. O flautista ri baixinho, sozinho, e desaparece, com um salto de mola para o escuro.

ESME Quem é? Jan?
JAN (*um cumprimento*) Ahoi. O que você está fazendo?
ESME Você viu ele ali?
JAN Quem?
ESME Pan!
JAN Pan. Onde?
ESME Ali.
JAN Não. Ele tinha pé de bode?
ESME Não deu pra ver. Ele tocou flauta e cantou pra mim.

---

[14] Em tradução livre: "Aparece na janela, cabelos dourados, eu te ouvi cantar, no ar da meia-noite. Meu livro está fechado, não leio mais...". (N. T.)

JAN Muito legal. Sobrou unzinho?
ESME Então você não acredita.
JAN Quem foi que disse? Eu vim dizer tchau pro Max.
ESME Onde é que você vai?
JAN Praga.
ESME Por quê? Ah, é. Mas e o curso de férias? Você vai voltar pra Cambridge?
JAN (*dá de ombros: sei lá*) Eu estou deixando tudo aqui.
ESME Os discos?
JAN Não. O resto. Mas agora eu tenho que ir pra casa.
ESME Pra quê, ajudar os russos?
JAN Não.
ESME O Max acha ótimo isso dos russos.
JAN Não, não acha. A gente não acha.
ESME Ah! Grandes comunistas que vocês são!

Entreouvido por Max, que vem de dentro da casa. Ele tem quase 51, um sujeito forte.

MAX Vai pra cama... hiponga.
ESME Eu queria ir pra Praga, meter umas flores nos canos das espingardas.
JAN Que bom que eu te vi, Esme.
ESME Paz e amor, Jan. Quero te dar uma coisa pra você levar.
JAN Que coisa?
ESME Não sei. Vem ver antes de ir embora. Está bom?
JAN Certo.
ESME Caso você morra. Paz e amor, pai.
MAX Não ia ser interessante? Cuidado com o volume desses teus grupos, a mamãe acabou de conseguir pegar no sono.
ESME (*ridiculariza*) "Grupos..."

Ela entra na casa.

MAX (*nada encantado*) A beleza dos dezesseis anos.
JAN Então. Até um dia. Obrigado.

Jan hesita, começa a sair. Max torna-se perigoso.

MAX A soberania nunca foi a questão. Você sabe disso.

JAN (*cauteloso, acalmando-se*) Sei.

MAX Ser tcheco, ser russo — alemão, polonês —, maravilha, *vive la différence*, mas tentar seguir sozinho é ir contra a aliança, você sabe disso.

JAN Sei.

MAX Pro capitalismo é só conforto e prazer, conforto e prazer, e foi o merda do Dubcek que fez isso, não os soviéticos — e eu falo como alguém que sente um chute na barriga em nove de cada dez coisas que ouve sobre a Rússia soviética.

JAN Por que você não saiu do Partido?

MAX Por causa da décima, porque eles fizeram a revolução, e mais ninguém.

JAN Então tudo bem.

MAX Primavera de Praga o cacete! Eles nunca se preocuparam com os *trabalhadores*.

JAN (Sei.)

MAX Sabe nada, seu bostinha. Eu te escolhi. Eu pus a minha marca na tua testa. Eu disse "*Você*. Eu vou escolher *você*", porque você era sério e sabia de Marx... e com a primeira balançadinha de uma bandeira tcheca você sai correndo que nem uma velhinha apaixonada pelo Masaryk.

JAN Dubcek é comunista.

MAX (*irritado*) Não — *eu* sou comunista, eu seria comunista até com tanques russos estacionados no centro de Londres, seu filhinho de mamãe.

JAN (*insiste*) Um comunista reformista.

MAX Como uma freira que faz boquetes é uma freira reformista. Eu tenho que dar uma volta pra me acalmar. Diga pra Esme me esperar, caso Eleanor acorde. E aí vá pra merda da tua cidade. Lamento muito pelos tanques.

Blecaute e "I'll be your baby tonight", de Bob Dylan. Corte brusco para dia claro no mesmo lugar, com Max presente e Eleanor já falando. Ela está indo para os cinquenta anos. Está sentada a uma mesa de jardim. Tem suas costuras à mão.

ELEANOR Ele disse que era seu conhecido, que era amigo do Jan.

MAX (*entendendo agora*) Ele era *tcheco*.

ELEANOR Ele mandou te dizer que o Jan não ia voltar, que estava pedindo as coisas que ficaram aqui...

MAX Quem mandou?

ELEANOR Milos. Milan. Eu estava meio desorientada na hora porque abri a porta pra ele sem a prótese e não saquei até ver que ele ficava me encarando — ele não ousava tirar os olhos, ficou com medo. Será que ela não sabe que só tem uma teta? Eu devia deixar um arco e flecha sempre à mão pra tranquilizar as pessoas — é, é a toxofilia, nem me fale, irreversível, que é isso, nenhum sacrifício é grande demais.

Max se calou, ao nome dela.

MAX Eleanor.

ELEANOR Ele estava chupando balas, me ofereceu uma, olhando direto nos meus olhos e bafejando eucalipto em mim que nem um coala congelado pelo farol de um carro.

Max talvez toque o rosto dela.

MAX Ele provavelmente estava olhando pela mesma razão que eu na primeira vez que eu... Nunca foram, nunca foi o seu peito, foi sempre o seu rosto. Eu adoro o seu rosto.

ELEANOR Você adorava os meus peitos, por isso que seios vai sempre no plural.

MAX Você sabe que não faz diferença.

ELEANOR Bom, pra mim faz!

MAX Sim... sim, claro que faz, eu só estava dizendo que... você sabe, não faz (diferença).

Ele faz que vai abraçá-la, Eleanor se livra dele, com raiva e lacrimejando.

ELEANOR Se não faz diferença, Max, você não precisa parar de transar comigo por trás, está tudo bem — tudo bem?

Em repentina queda livre eles se agarram um ao outro, competindo em desculpas e consolo.

MAX (*finalmente*) Minha amazona. Só não me perca metade da bunda, tá?

Ela enxuga os olhos, fracassa numa tentativa de rir, assoa o nariz.

ELEANOR Eu tinha amazonas no meu doutorado... etimologias populares. *Mazos*, seio; *amazos*, sem seio. Faz sentido se você for grego, mas as amazonas não eram gregas e não falavam grego, aí eu disse que a coisa de só ter um seio era um equívoco linguístico e dos mais tardios — nada de falta de seios em Homero, só feministas assassinas pra todo lado, e os pintores dos vasos fizeram amazonas com dois seios — caso provado, encerrado e embalado pra viagem. E agora essa. Coisa mais estranha. Enfim, a minha sáfica vai aparecer...

MAX (*protesta*) Você está em licença saúde.

ELEANOR Por isso é que ela vem aqui. (*um beijo rápido*) Está tudo bem agora.

MAX Eleanor. Ahn, por que ele perguntou pra *você*, o cara da bala de eucalipto?

ELEANOR Você não estava.

MAX E por que eu havia de estar?

ELEANOR Ah, e alguém da rádio da BBC...

MAX Eu devia estar na universidade.

ELEANOR Os tchecos concordaram com uma ocupação temporária, e se você queria comentar e coisa e tal?

MAX (*ri*) Aposto que concordaram mesmo.

ELEANOR Enfim, eu disse que não, que você não queria.

MAX Eu não ia achar ruim.

ELEANOR Ia, sim. Max Morrow defendendo o outro lado... seria o Natal antes da hora pra tudo quanto é ex-comunista que sonha com você. (*a campainha*) É ela.

MAX Esme está em casa. (*música baixa — o disco* High tide and green grass *dos Rolling Stones*) O "outro lado" precisa de uma defesa. Não há o que ensinar sobre ocupações pro Ocidente.

ELEANOR Isso é meio sutil demais pra algumas pessoas — tanque é tanque e está na TV, então só faça o que você fez da última vez, quando eles ocuparam a Hungria.

MAX O que foi que eu fiz?

ELEANOR Engoliu o sapo e calou a boca.

ESME (*distante*) Mãe!

ELEANOR (*berra*) Eu sei!... Eu sou uma mulher com medo. Só isso. Desculpa.

ESME (*mais perto*) Mãe...!

ELEANOR (*grita*) Está *bom*!... É a minha orientação sáfica. Se você não se incomoda...

Esme aparece e some imediatamente, usando uma jaqueta vermelha de bombardeiro.

ESME (*voz baixa*) Lesbo-aula...

ELEANOR (*grita para ela*) Aqui!... Não deixe eu me esquecer de dar uma surra nela. Eu estou bem?

MAX (*olha*) Tudo presente e correto.

ELEANOR Eu estava falando do *rosto*...

MAX (Ah...)

ELEANOR ... parece que eu estava chorando?

MAX Não. Desculpa (desculpa)... (*desistindo, enraivecido*) Eu me reduzi a uma só crença, de que entre a teoria e a prática há um encaixe decente — não perfeito, mas decente: a ideologia e uma sociedade sensata e justa, é minha espiral dupla e não vão me convencer a desistir dela com conversas, atos ou me envergonhando. O fato é que nós precisamos ser melhores.

Gillian, uma estudante que usa roupas "sensatas" e carrega livros etc. entra insegura no jardim. Max a ignora, passa por ela para entrar na casa. Eleanor cumprimenta Gillian e a leva com um sorriso para a segunda cadeira. Uma porta bate: Max saindo de casa. A música de Esme fica mais alta. Eleanor pede licença e entra na casa. Gillian põe os óculos e tira seu ensaio. A música de Esme é interrompida. Ouve-se uma breve discussão entre Eleanor e Esme. Eleanor volta a seu lugar.

ELEANOR Certo. Vamos em frente.

GILLIAN É o fragmento 130.

ELEANOR Eros o estremecedor de joelhos.

GILLIAN (*lê*) "*Éros de'ûté m'o lusiméles dónei, glukúpikron amáchanon órpeton...*" Eros, mais uma vez, afrouxa-me os membros, me agita, agridoce menino malvado..."

ELEANOR (Malvado?)

GILLIAN "... ele se esgueira."

ELEANOR E por que não "doce-amargo"?

GILLIAN "A palavra interessante aqui é o neologismo sáfico *glukupikron*, doce-amargo, sem prévias..."

ELEANOR De verdade, Gillian? É um belo composto, mas a palavra *interessante* aqui é *amachanon*. Malvado não chega nem perto. Qual é a raiz?

GILLIAN Eu... *Machan*...?

ELEANOR Isso. *Machan*. Use "máquina"...

GILLIAN (*confusa*) (Usimáquina?)

ELEANOR ... engenho, aparato, instrumento, em uma palavra, tecnologia. Então, *a-machanon* — *a*-máquina, *não* máquina. Eros é *amachanon*, ele é um espírito, na comparação com as máquinas, segundo a distinção de Safo. Ele não é malvado, ele é — o quê? Incontrolável. Inenjaulável.

GILLIAN (*explode*) Mas eu acho que achei um precedente para *glukupikron*!

ELEANOR (*pausa*) É mesmo? Diga.

GILLIAN (*se controla*) "... o neologismo *glukupikron* de Safo, doce-amargo, sem prévias ocorrências. *Ou será que não?* A lacuna diante de *pikros*, no fragmento 88A, linha 19, é sugestiva..."

ELEANOR Você foi olhar?

GILLIAN Olhar?

ELEANOR O papiro. Está em Oxford, no Ashmolean.

GILLIAN Não.

ELEANOR Bom, eu fui. Se aquilo é uma lacuna eu sou o tio de um chimpanzé...

Mas Gillian não aguentou mais essa — ela recolhe suas coisas apressada, tentando em vão conter as lágrimas, e sai por onde entrou... passando por Esme, que entra.

ESME (*censurando Eleanor*) Mamãe...!

ELEANOR Não sobra *tempo*...!

Blecaute e "It's all over now", dos Rolling Stones.

Um corte brusco para:
Praga. Interior. Um escritório. Uma mesa, duas cadeiras, uma xícara de café, um prato com biscoitos. Jan está sentado diante de seu Interrogador, um burocrata jovem, de nível médio. O Interrogador tem fichas, que consulta.

INTERROGADOR Então, doutor... Pegue um biscoito. Me disseram que a sua bagagem era formada inteiramente — eu realmente digo *inteiramente* — de música socialmente negativa.

JAN Isso mesmo, eu estou pensando em escrever um artigo sobre música socialmente negativa.

INTERROGADOR (*na lata*) É mesmo? Quando os nossos aliados atenderam ao nosso pedido de assistência fraterna para salvar o socialismo neste país, milhares de tchecos e eslovacos que por acaso estavam no Ocidente decidiram ficar por lá. O senhor, por outro lado, que nós solicitamos que ficasse em Cambridge para ver o professor Morrow naquele "curso..." o quê?

JAN "Curso de férias."

INTERROGADOR "Cursdférs", o senhor voltou correndo para Praga. Por que o senhor voltou para casa?

JAN Para salvar o socialismo.

INTERROGADOR Eu receio que o senhor não esteja falando sério. O senhor tem um doutorado da Universidade Karlova e quase um doutorado da Universidade de Cambridge, então era de se pensar que dois doutores fossem mais espertos que um funcionário do Ministério do Interior. Presumo que o senhor seja judeu.

JAN Não, não é isso — o quê?

INTERROGADOR (*consultando uma ficha*) O senhor saiu da Tchecoslováquia logo antes da Ocupação.

JAN Não, em abril, para o semestre de verão.

INTERROGADOR A Ocupação. Os nazistas. Hitler.

JAN Ah! Sim. Isso. A Ocupação. Perdão.

INTERROGADOR Porque o senhor era judeu.

JAN Era o que parecia.

INTERROGADOR Bom, mas o senhor é ou não é?

JAN Sou.

INTERROGADOR Certo. Não sei por que o senhor faz tanta cena com isso. Então, bebê de colo, o senhor saiu com os seus pais e passou a guerra na Inglaterra.

JAN Isso.

INTERROGADOR E o senhor voltou... com a sua mãe, em janeiro de 1948.

JAN Sim. Meu pai foi morto na guerra. A minha mãe ainda está viva, em Gottwaldov.

INTERROGADOR Estranho, o senhor voltar. Um estudantezinho inglês.
JAN Nós sempre falamos tcheco em casa na Inglaterra. E a gente comia *spanelske ptacky, knedliky, buchty*...
INTERROGADOR Mas o senhor não pegou um biscoito! Sirva-se.
JAN Obrigado. Na verdade eu não vou querer.
INTERROGADOR O senhor não *vai* querer?
JAN Quer dizer, eu não quero, obrigado.
INTERROGADOR Vamos, pegue um biscoito, tem bastante.
JAN Muito bem.
INTERROGADOR Então pegue um. (*Jan pega um biscoito. O Interrogador assiste enquanto ele come, sorrindo encorajador*) Bom?
JAN Maravilha.
INTERROGADOR *Maravilha?* Mas é só um biscoitinho. Eles estão meio velhos, na verdade, o senhor não acha?
JAN Um pouco.
INTERROGADOR Maravilhosos e velhos, então, o senhor diria?
JAN Se o senhor quiser.
INTERROGADOR Então está bem. É impressionante. Parece que eu consigo fazer o senhor dizer e fazer o que eu quiser — e, no entanto, quando se trata de uma coisinha simples, o meu fracasso... (*ele ergue e deixa cair a ficha magra*)... é completo. Não era pedir demais em troca do privilégio que lhe concedemos... que o senhor estabelecesse relações amistosas com o seu professor...
JAN (Eu fiz isso.)
INTERROGADOR (*ignorando*)... e fizesse um relatório das duas conexões...
JAN Eu entendo por que vocês estão frustrados, mas, sabe, Cambridge é, bom, Cambridge é Cambridge, nada acontece lá.
INTERROGADOR Como o senhor pode dizer isso? (*ele pega a mais gorda das fichas*) Olhe isso.
JAN Mas... isso é o quê?
INTERROGADOR Os arquivos da sua estada em Cambridge.
JAN Os arquivos sobre mim?
INTERROGADOR (*abrindo a ficha*) Por exemplo, houve uma palestra do professor Vitak, de Bratislava, e depois um pequeno grupo seguiu para a casa do professor Morrow para continuar a discussão.
JAN Eu registrei isso.

INTERROGADOR Mas não o que foi dito.

JAN Não era interessante.

INTERROGADOR Não cabe ao senhor decidir o que é ou não é interessante. E mais uma — uma recepção no Clube da União Trabalhista de Cambridge: evidentemente o senhor não achou que fosse interessante o fato de uma jovem, uma estudante tcheca de filologia, ter feito comentários negativos sobre os nossos policiais. (*ele abre a pequena ficha*) Então o que é que eu leio no seu relatório? "Festa para estudantes socialistas no Clube Trabalhista. Muitos brindes à solidariedade fraterna."

JAN Bom... está bem... é... Mas tinha um problema ético. Bom, eu estava dormindo com ela... eu não tinha como... ela ia ter sido chamada de volta antes dos exames finais.

INTERROGADOR A não ser que estivesse seguindo instruções.

JAN Lenka? Você está brincando?

INTERROGADOR Vá saber? Mas seria de se pensar que dois ou até um doutor e meio em filosofia pudessem considerar a possibilidade. (*fechando a ficha*) O senhor não é esperto; o senhor é simples. E se o senhor não é simples o senhor é complicado. O nosso trabalho é saber o que acontece dentro das pessoas. Por isso é que o nome é Ministério do Interior. O senhor é simples ou complicado? Pegue outro biscoito.

JAN Desculpe, mas... (*ele para e pega um biscoito, que fica segurando*) Obrigado. Perdão, mas quando é que eu posso pegar os meus discos de volta?

INTERROGADOR É para falar disso que nós estamos aqui.

Blecaute e "All over now", da Plastic People of the Universe. Opcional: projeções de fotos da Plastic People.

Corte brusco para:
Praga. Abril de 1969. Sala de estar de Jan. Jan está ocupado, pondo cerveja na mesa, escolhendo discos de sua coleção. O toca-discos de Jan está tocando "Venus in furs", do Velvet Underground. Ouve-se uma descarga no banheiro. Ferdinand, um rapaz, mais ou menos da mesma idade de Jan, entra.

FERDINAND Melhorou.

JAN Como é que foi o show dos Beach Boys? Eles tocaram "God only knows"?
FERDINAND Eles tocaram tudo. O que é isso?
JAN Velvet Underground. "Venus in furs". Gostou?
FERDINAND Não saquei qual é a deles.
JAN Beleza, eu... (*Jan tira o disco e o coloca reverentemente na capa, que tem a imagem de uma banana. Ferdinand fica olhando outras capas*) Ganhei de uma menina em Cambridge no ano passado. Andy Warhol pintou a banana.
FERDINAND (*invejoso*) Filho da puta... "Sargent Pepper", Cream, Kinks...
JAN Pode aparecer pra gravar quando quiser.
FERDINAND (*pela cerveja*) Obrigado.
JAN Então, como é que estavam os Beach Boys?
FERDINAND Eu tenho que admitir que eles estavam bem pacas. Eles usam umas roupas que parecem as dos filhos dos *apparatchiks*,[15] mas quando eles tocam não tem discussão. Eles dedicaram "Break way" ao Dubcek. Ele estava na plateia.
JAN Dubcek estava na plateia?!
FERDINAND Bom, ele não tem mais o que fazer agora que o Husák tirou o emprego dele. Os Beach Boys ao vivo no Lucerna! É um momento histórico.
JAN Acho que é mesmo. (*pega sua cerveja*) Saúde.
FERDINAND. Saúde. Aos Beach Boys.
JAN Às Mothers of Invention. Saúde.
FERDINAND Os Stones.
JAN Os Rolling Stones ao vivo no Lucerna.
FERDINAND Em Strahov!
JAN (*dolorido*) Chega, chega. Ponho um disquinho?
FERDINAND Por que não?
JAN Então... por que, mmm... o que é que você anda aprontando, Ferdinand?
FERDINAND Nesse exato momento? A bem da verdade eu estou pegando assinaturas.

Ferdinand mostra uma folha de papel. Jan lê. É breve.

JAN Certo. (*Jan devolve a folha e volta à escolha do disco*) Fugs ou Doors?
FERDINAND Como?

15 Membros do governo socialista. (N. T.)

JAN Fugs ou Doors?

FERDINAND Tanto faz.

JAN Beleza.

FERDINAND Dubcek foi jogado pro acostamento enquanto ainda estava dizendo que as reformas estavam a caminho. Ele disse isso de novo semana passada. Você está me escutando?

JAN Estou.

FERDINAND E agora eles estão se enrolando com a coisa da censura exatamente como se enrolaram com a coisa do comércio (do sindicato e tal)... (*uma explosão de música interrompe Ferdinand. Ele se levanta de um salto e para o disco*) O que é que você está fazendo?

JAN Ouvindo Doors — o que é que *você* está fazendo?

FERDINAND Bom, esquece os Doors um minuto. Isso te diz respeito. Você é jornalista.

JAN Eu sou professor universitário. Eu só escrevo uns artigos.

FERDINAND Isso vale dizer que você é jornalista.

JAN Beleza, eu sou jornalista, mas ninguém está me censurando.

FERDINAND Não de cara, e isso vem a seguir.

JAN Meu, você é tão derrotista!

FERDINAND *Eu* sou derrotista?

JAN Você não consegue encarar a vida sem uma garantia. Aí você se convence de que tudo vai acabar mal. Mas olha só — quando os russos invadiram, você ia ter apostado em prisões em massa, o governo na cadeia, tudo proibido, os reformistas expulsos dos empregos, fora das universidades, todo o aparato soviético, com grupos de acordeonistas tocando músicas dos Beatles. Eu achei a mesma coisa. Eu voltei pra salvar o rock 'n' roll, e a minha mãe, a bem da verdade. Mas nada disso aconteceu. A minha mãe está legal, e tem bandas novas por aí plagiando Hendrix e Jethro Tull com um equipamento montado à base de cuspe. Eu estava no clube Music F porque eles estavam com uma competição de rock amador. A Plastic People of the Universe tocou "Venus in furs" do Velvet Underground, e eu soube que tudo estava basicamente bem.

FERDINAND Mas de que porra você (está falando)...?

JAN Eu estou tentando te dizer. Uma vez na vida esse país achou o melhor de si próprio. Nós fomos atropelados por grandes nações poderosas por centenas de anos, mas dessa vez nós recusamos o nosso destino.

FERDINAND Não é destino, sua besta, são os vizinhos preocupados se os escravos *deles* vão se rebelar se a gente se safar com essa.
JAN Isso, e a gente deu um puta susto neles — eles acharam que tinham começado a Terceira Guerra Mundial. Porque em vez de um pateta tcheco pronto pra assumir o poder como na Hungria em 56, só tinha sobrado um punhado de stalinistas escondidos de um movimento reformista que se recusava a sair de cena. Agora eles estão procurando uma saída, e nós ainda estamos com a responsabilidade de criar um socialismo com um rosto humanitário.
FERDINAND A não ser o Dubcek, então.
JAN Dubcek é boa pessoa, mas é basicamente um Cliff Richard — ele tinha que sair de cena. Husák vai deixar os linhas-duras no lado B.
FERDINAND Eu estou um pouco... me sentindo um pouco (tonto)... Deixa eu te falar de derrotismo. Derrotismo é transformar uma catástrofe em uma vitória moral.
JAN (*ficando irritado*) Será que você não consegue viver sem estar perdendo? A Tchecoslováquia agora está mostrando o caminho — uma sociedade comunista com sindicatos de verdade, um sistema jurídico, sem censura —, rock progressivo...
FERDINAND Eles fecharam o seu jornal!
JAN E nós protestamos, e agora estamos publicando de novo.
FERDINAND Com condições.
JAN (*fazendo pouco*) É só uma questão de não tratar mal os russos — Husák é realista, manter os caras longe da gente.
FERDINAND Então você não vai assinar.
JAN Não. (*Jan põe de novo o disco do Velvet Underground na faixa "Waiting for the man". Enquanto Ferdinand sai sem abrir a boca... Grita*) Você precisa é se animar um pouco, Ferdinand.

Blecaute e "Waiting for the man" continuando nos amplificadores.

Corte brusco para:
Exterior. Noite. Fevereiro de 1971. Um homem vestido para fevereiro, chapéu de pele e tornado anônimo por um cachecol, carregando uma sacola de plástico, está esperando. Jan, vestido para o frio, entra apressado.

JAN Mil perdões! Começou atrasado, e... enfim, cheguei... Como vai? Você devia ter esperado lá dentro! Entre, entre... é no primeiro andar... (*ele fica falando enquanto a mudança de luz revela seu apartamento, onde eles tiram as roupas pesadas, chapéus, cachecóis, luvas, Jan ajudando o homem, que afinal é Max*) Está bem quente? Eu fui a uma palestra. Sobre Andy Warhol. Bom, sejamos francos, a palestra foi ilustrada, pode-se dizer, por rock 'n' roll. Como é que foi a...? O que era... a coisa do aniversário?

MAX Alguém fazendo um discurso pelos não sei quantos anos da...

JAN Da o quê?

MAX Não lembro. Eu não fui. Com essas festanças, se você quer saber a quantas anda a carruagem, é melhor pular o programa oficial.

JAN Então agora você sabe como anda a carruagem.

MAX Sei. (*ele dá uma olhada em Jan.*) Você parece muito bem. Mas não está mais dando aulas.

JAN Não.

MAX Faz bem. (*Jan ri*) Como é que se ilustra com rock 'n' roll uma palestra sobre Andy Warhol?

JAN É meio complicado. Tem uma banda que eu acho muito boa, The Plastic People of the Universe, ano passado eles perderam a licença profissional — elementos indesejáveis, sabe como é...

MAX Indesejáveis como?

JAN As músicas deles são mórbidas, eles usam umas roupas esquisitas, têm cara de doidões, e uma vez eles sacrificaram uma galinha no palco, mas fora isso é um mistério. Então agora seria ilegal eles ganharem a vida com ingressos de shows. Mas Jirous, que é o diretor artístico, ele pela lei é historiador da arte, então ele reservou o clube Music F pra uma palestra sobre Andy Warhol, mas... (*toca guitarra no ar*) ilustrada. (*Max ri*) Obrigado, sabe. Por me achar.

MAX (*levanta a bolsa*) Eu prometi a Esme.

Max entrega a bolsa a Jan, então vai até onde estão suas coisas e tira uma garrafa do bolso do peito do casaco.

JAN (*investiga a bolsa*) Ah... obrigado! E a Eleanor... ela está...?

MAX Ela... está passando bem. Copos.

JAN Excelente! (*Jan vai buscar dois copos*) Por favor, diga pra ela, do fundo do meu coração, e pra Esme também. Como é que está a Esme?

MAX Com dezenove, e grávida, e morando numa comuna.

JAN Ah. Mas comunista!

MAX É, a gente pensou nessa também. Ela está tentando convencer a Eleanor a viver de alho-silvestre. Skol.

JAN Skol. Por quê?

MAX O câncer voltou.

JAN Puta que pariu. Eu sinto...

MAX Sim.

JAN Ela está...?

MAX Ainda dando aulas. Vomitando e pelada que nem um ovo, mas você conhece a Eleanor...

JAN Sei. Pelada que nenhum... *ovo*?

MAX Como. Pelada como um ovo. Ela perdeu todo o cabelo.

JAN Ah... sei.

MAX E você? Ainda está com o emprego no jornal?

JAN Tecnicamente, sim. Mas agora eu trabalho na cozinha.

Max ri.

MAX O Husák te enrolou direitinho.

JAN (*dá de ombros*) Eu fiquei otimista por... nove meses. Foi ótimo. Eu tinha a minha própria coluna.

MAX Uma coluna sobre o quê?

JAN O que eu quisesse. (*Max lhe dá um sorriso largo, sem alegria*) Era uma questão de como ser útil. Não é útil ser um crítico do que está posto e acabado. Eu era um crítico do futuro. Era meu direito socialista. Mas quando eu me recusei a assinar a declaração de lealdade eu fui expurgado pra cozinha. Porteiro de cozinha! Isso é que é expurgo, hein? Mil e duzentos cientistas. Oitocentos professores universitários!

MAX Novecentos.

JAN Ah... o andar da carruagem. E também metade dos meus colegas de jornalismo. A autocensura sobre a ocupação russa não nos salvou. Lealdade significava puxar sacos soviéticos. Eu teria tentado emigrar mas... (*Jan olha para o disco* — The madcap laughs, *de Syd Barrett*) Hmm...

MAX O quê?

JAN (*entendendo errado*) Ela escreveu na capa. "Agora você acredita em mim?"

MAX Mas o quê?

JAN (*ausente*) Tudo bem?

Max está fervendo. Jan não percebe. Ele se mexe para colocar o disco.

MAX Você teria emigrado mas o quê?

JAN Ah, é... Me ofereceram um emprego em Frankfurt... mas eu não sabia... as bandas de rock da Alemanha...

SYD BARRETT (*canta, no disco*) "Lean out of your window,
  Golden Hair,
  I heard you singing
  In the midnight air..."

Continua.

MAX (*em erupção*) Eu nunca ouvi uma coisa mais ridícula. Faça um favor pra todo mundo e vá morar no Ocidente, que é o seu lugar. Bebezão! Se não fosse por onze milhões de mortos do exército soviético esse seu paisinho ia ser uma província alemã agora — e você não ia estar resmungando por causa do seu direito socialista de mijar em toda parte menos na privada, você ia ser fumaça na chaminé. (*Jan está chocado. Ele para o disco. Max enche de novo seu copo e bebe. Ele se controla*) Eu tenho exatamente a idade da Revolução de Outubro. Eu cresci com a luta contra o fascismo. Nos cortiços, na Espanha, nos comboios do Ártico... e hoje na parede de um banheiro público eu vi que alguém tinha rabiscado uma foice e um martelo e uma suástica ligados por um sinal de igual. Se eu pego quem fez isso, eu provavelmente matava. (*bebe*) E a Esme acha que fascismo é um policial montado em um protesto na praça Grosvenor.

JAN Isso.

MAX (*vira-se para ele*) Está aí uma coisa que não para de acontecer comigo. Cada vez mais, agora que eu estou ficando semifamoso por não sair do Partido Comunista. Eu encontro alguém, pode ser um professor visitante, ou alguém que está consertando o meu carro, qualquer um... e o que eles sempre querem saber, apesar de não saberem como perguntar, porque não querem ser mal-educados, é... como é que pode, quando é óbvio até para eles, *como é possível eu não ter sacado?* E aqui é a mesma coisa. Eu encontro um *apparatchik* trabalhando no sistema, e ele fica fascinado por mim. Ele nunca encontrou um comunista na vida. Eu sou algo como o último rinoceronte branco. *Por que eu não saquei?*

JAN E aí. Por quê?

MAX Não abuse. Um estado de trabalhadores serve. Se não é o *trabalho*, o que mais nos eleva da sujeira? O trabalho é que faz todo o trabalho. Que mais seria?

JAN Que tal... balé?

Max sorri amistoso, está calmo agora.

MAX "Cada um segundo suas habilidades, a cada um segundo suas necessidades." O que poderia ser mais simples, mais racional, mais lindo? Foi a ideia certa nas condições erradas por cinquenta anos, e ainda continua. Uma anomalia. Meu Deus, nós esperamos tempo demais para alguém sofrer essa anomalia.

JAN Anomalia. Stálin matou mais russos que Hitler. Talvez nós não sejamos bons o suficiente pra essa ideia linda. Isso é o melhor que a gente consegue fazer com ela. Marx sabia que não se podia confiar em nós. Primeiro a ditadura, até nós aprendermos a ser bons, depois a utopia em que o sujeito pode ser padeiro de manhã, advogado de tarde e poeta de noite. Mas nós nunca aprendemos a ser bons, então veja só como a gente ficou. Uma vez um sujeito com uma perna só apareceu na minha escola. Ele ficou esperando na frente da sala. No final das contas o sujeito de uma perna só tinha vindo dizer adeus pro nosso professor. Depois, o professor explicou pra gente que o amigo dele tinha perdido a perna na guerra, então, como um favor especial, tinha recebido permissão pra ir morar perto da irmã em algum lugar no norte da Boêmia. "Estão vendo", disse o nosso professor, "como o comunismo cuida dos seus heróis de guerra." Aí eu ergui a mão. Meu Deus, como eu fui imbecil. Eu pensei mesmo que ia ser interessante pra eles, aí eu disse que na Inglaterra todo mundo podia morar onde quisesse morar, mesmo que tivesse duas pernas. A minha mãe foi interrogada e perdeu o emprego na fábrica de sapatos, mas o que interessa são os outros meninos da classe. Eles pensaram que eu estava contando lorotas de viajante. Eles não conseguiam lidar com a ideia de um país em que alguém, qualquer um, pudesse decidir se mudar pra outra cidade e simplesmente ir pra lá. Imagine se todo mundo quisesse morar na Boêmia se o emprego deles está na Morávia! Como é que uma sociedade assim podia *funcionar*?

MAX E você não explicou?

JAN Explicar o quê?

MAX Como a sociedade inglesa funciona. Como todos são livres para almoçar no Ritz e é absolutamente legal ficar desempregado.

JAN Os problemas de vocês são de vocês, então vocês arrumam, beleza? Eu adoro a Inglaterra. Eu queria viver pra sempre no meu último verão na escola. Era excepcional, sabe? Era 1947, dias de verão que não acabavam mais, eu catava ovos de passarinhos, e o pôr do sol demorava tanto que você não conseguia dormir por causa da claridade, ouvindo o menino do fazendeiro chamando o gado pra casa. E o inverno foi incrível naquele ano. Um inverno de cartão de Natal. A minha mãe sabia todas as músicas. Ela assava *svestkove buchty* pros meus amigos e a gente cantava "We'll meet again" com um sotaque horroroso na banheira. Eu era feliz.

MAX Santo Deus.

JAN Se eu fosse inglês eu não dava a mínima se o comunismo da Tchecoslováquia fosse se reformar até virar um montão de bosta. Ser inglês seria sorte minha. Eu ia ser moderadamente entusiasmado e moderadamente filisteu, e bom camarada. Eu ia ser bondoso com os estrangeiros de uma maneira moderadamente superior, e também ia domesticar animais, a não ser os que eu matasse, e eu ia levar uma vida decente, como a maioria dos ingleses. Quantos votaram no Partido Comunista, Max?

MAX Cerca de dois décimos de um por cento. O nome disso é via parlamentar para o socialismo.

JAN Vocês levaram o voto do exotismo: marxismo, fascismo, anarquismo, guardados no canto do prato como se fossem um pouco de sal pra destacar o sabor da moderação inglesa. Mil anos sabendo quem eles são deixa um povo com uma certa confiança nas suas opiniões. As palavras significam o que sempre significaram. Pra nós, as palavras mudam de significado pra fazer a teoria se adequar à prática. A gente come sal. Anda, Max! Troca de lugar comigo!

MAX O meu *lugar*? O meu *lugar* não pode ser ocupado por um idealista resmungão. Você também não sacou. A democracia parlamentar também é uma teoria. O significado muda para se adequar à prática.

JAN (ri) Ah, você é bom, Max, mas quando é que você foi preso por dizer esse tipo de coisa? Ou qualquer tipo de coisa? Tribunais independentes não são coisas teóricas! Você pode chamar o governo de bobo e de criminoso, mas a lei defende a liberdade de expressão, a mesma coisa pra quem está por cima e por baixo, eles não podem encostar em você, a lei é constante — e no entanto você empenhou o seu coração, Max, a única coisa que pode te deixar feliz são os trabalhadores detendo os meios de produção. Isso eu te dava feliz se pudesse ficar com o resto.

Max fica hostil.

MAX E você quer isso tudo pra quê?
JAN Pra viver livre.
MAX Qui bunitim!... Ainda chupando a chupetinha filosófica! Para vocês, liberdade quer dizer "Me deixe em paz". Para as massas, quer dizer "Me dê uma chance". As relações sociais são econômicas, como eu achava que nós tínhamos deixado claro em Cambridge. Você, eu e Marx...
JAN Então. Até um dia.
MAX Então, em Cambridge, por que você estava fingindo ser o que não era?

Max sai. Depois de um tempo, Jan põe a agulha no disco.

SYD BARRETT (*canta, no disco*) "*Lean out of your window,*
Golden Hair,
I heard you singing
In the midnight air..."

O som some. Jan continua a ouvir.

Exterior — contínuo.
Milan em um banco de rua — que pode ter estado visível esperando e assistindo a cena toda — se levanta para encontrar Max, que se aproxima.

MILAN Max... *Ahoi.* (*repreendendo*) Eu deixei um recado pra você no hotel.

MAX Milan... aquele negócio em Cambridge em 68... foi uma exceção, uma bobagem. Um gesto de boa vontade. De lá não sai mais nada. Não vale a pena me cultivar.

MILAN (*animado*) Você é modesto demais. Como é que vai o seu antigo pupilo?

Max aceita uma latinha de balas e põe uma delicadamente na boca.

MAX Jan? Ele não aprendeu nada.

Max e Milan saem. Jan ainda está ouvindo o disco.

SYD BARRETT (*canta, no disco*) "... *singing and singing a merry air,*
  Lean out of your window,
  Golden Hair..."

Blecaute. "Astronomy domine", do Pink Floyd, começa trinta segundos depois.

Corte brusco para manhã e silêncio. Verão de 1972. Jan está olhando uma folha de papel. Uma descarga no banheiro, ouvida pela porta aberta.

JAN (*erguendo a voz*) E é pra eu assinar isso aqui?

Uma moça entra de combinação: Magda.

MAGDA Você não vai trabalhar?

JAN Magda, quando foi que o Ferdinand deixou isso aqui?

MAGDA Ele estava no Klamovka. Ele te esperou. (*ela o cheira cuidadosamente, como um cachorro, semijocosamente*) Onde foi que você esteve, então?

JAN Na delegacia. Como testemunha. Um bêbado deu uns trancos no Jirous na saída de uma festa, e dois policiais meteram spray nos olhos dele e levaram ele preso. Ele foi solto hoje de manhã.

MAGDA Que bom, agora eles anotaram o teu nome como testemunha de defesa de um dissidente.

JAN Ele não é dissidente, ele é um bagunceiro. A banda estava ótima, aliás... um monte de músicas novas.
MAGDA Você devia comprar um pandeiro e cair na estrada que nem a Linda com o Paul.
JAN Eu não tenho grana pra virar amador. Você não tem aula?

Jan olha novamente para a folha de papel.

MAGDA Hoje eu não tenho como encarar. É você que está atrasado, Jan.
JAN Eles mudaram o meu turno. O Ferdinand te pediu pra assinar esse abaixo-assinado?
MAGDA Claro que não. Certas pessoas precisam estudar pra ter uma carreira e tudo.

Ela sai e continua se vestindo.

JAN (*ri do papel*) É tão cortês. Não protesta contra as sentenças, é só por favor meu bom senhor Husák, por favor seja bonzinho e inclua esses três intelectuais na anistia do Natal movido pela generosidade do seu coração para que eles possam voltar a suas famílias...

Magda volta de saia, fechando a blusa.

MAGDA Então, você vai assinar?
JAN Não, não vou assinar. Primeiro porque não vai ajudar Hubl e os outros, mas principalmente porque ajudar esses caras não é o objetivo real disso aqui. O objetivo real disso aqui é fazer o Ferdinand e os amigos deles sentirem que não são absolutamente inúteis. É puro exibicionismo moral.
MAGDA O que é exibicionismo moral?
JAN A única coisa que eles estão fazendo é explorar a desgraça dos prisioneiros para atrair atenção para si próprios. Se eles estão tão preocupados com as famílias, deviam ir lá e fazer alguma coisa útil pelas famílias, em vez de — por tudo que possam saber — piorar as coisas pros prisioneiros.
MAGDA Bom, você vai poder dizer isso pra ele.

Ela procura e encontra seus sapatos.

JAN Achei que você tinha dito que não ia encarar. Escuta, Magda, quem andou mexendo nos meus discos?

MAGDA O Ferda pegou um emprestado.

JAN Quando?

MAGDA Ou dois. Acho que um com umas vacas.

JAN *Atom heart mother!*

MAGDA Ele queria gravar.

JAN (*procurando um disco*) Ele levou *Madcap laughs*.

MAGDA O quê?

JAN O meu Syd Barrett!

MAGDA Ele disse que ia trazer de volta e você nem ia perceber.

JAN E isso ia ser quando? (*alguém raspa a porta. Jan se levanta de um salto e abre — para Ferdinand, que está com os discos perdidos em uma sacola*) Tem campainha, desgraçado.

FERDINAND *Ahoi.*

MAGDA Mudaram o turno dele.

Ela beija Jan e sai. Jan pega a sacola, tira os discos das capas, olha bem, põe de volta. Ele relaxa um pouco.

FERDINAND (*enquanto isso*) Jan, Jan... Mas e que tal essa? Pink Floyd sem o Syd Barrett e o Syd Barrett sem o Pink Floyd. Desde quando você tem esses discos?

JAN Um tempinho.

FERDINAND O que foi que aconteceu?

JAN A banda chutou o Barrett.

FERDINAND Dá pra ver.

JAN Ele estava louco com as drogas.

FERDINAND Ele *parece* louco no disco. Mas eu adoro ele.

Ferdinand encontra seu abaixo-assinado. Jan olha a capa de Madcap laughs *e tira o disco.*

JAN Ele voltou pra casa da mãe em Cambridge. Ele é de Cambridge. Uma vez eu quase vi ele, ou não, sei lá. Uma menina que eu conheço acha que viu ele e ele cantou pra ela... só que ela não sabia que era ele. Mas ela estava quase sempre chapada, então eu não sei... vai ver era o Grande Deus Pan.

Jan põe o disco na vitrola.

FERDINAND Você vai assinar isso aqui?
JAN Não.
SYD BARRETT (*canta, no disco*) "I really love you and I mean you,
The star above you crystal blue,
Well oh baby my hair's on end about you..."[16]

Blecaute e "Jugband blues", do Pink Floyd.

Corte brusco para noite e silêncio. Primavera de 1974. Ferdinand está lendo uma folha de papel. Jan o observa, nervoso.

JAN Esses shows marginais são tão raros hoje em dia que uma rapaziada do país inteiro ficou sabendo e conseguiu chegar nesse lugarzinho no meio do nada. Assim como carradas de policiais, com cachorros. Eles pararam o show e levaram todo mundo que nem gado até a estação de trem e pra um túnel por baixo dos trilhos, e dentro do túnel a polícia sovou todo mundo de cacetete. Rock 'n' roll!
FERDINAND E daí, o que é que você quer que eu faça com isso?
JAN Faça os teus amigos assinarem.
FERDINAND Que amigos?
JAN Você sabe, aqueles escritores e intelectuais proibidos que andam com você.
FERDINAND E isso seria diferente do exibicionismo moral, então?
JAN Yeah! Uma ação moral genuína.
FERDINAND Ah, que bom. E como é, mesmo?

---

16 Eu te amo de verdade e é você mesmo/ A estrela sobre você, um azul cristalino/ Ah, querida, meu cabelo está de pé por sua causa. (N. T.)

JAN Bom, porque você não tem nenhum interesse nesses meninos e eles não têm nenhum interesse em você.
FERDINAND A diferença é essa?
JAN Isso, eles não ligam pra política... Se as pessoas querem brigar com o governo, é problema delas.
FERDINAND Elas que aguentem as consequências, você quer dizer.
JAN Não... mas, é... De repente você não está entendendo.
FERDINAND De repente você precisava era de um tabefe na cara, mas a diferença ainda está me escapando.
JAN (*irritado*) Eles são estudantes, vão ser expulsos e vão acabar com os piores empregos disponíveis no paraíso do desemprego zero, e o que eu estou dizendo é que eles não foram puxar essa briga. Eles não pediram nada a não ser ficar na deles. Não é só a música, é o oxigênio. Você sabe do que eu estou falando.
FERDINAND Por que você não consegue a assinatura do teu amigo Jirous?
JAN Ele está na cadeia.
FERDINAND Por quê?
JAN Liberdade de expressão. Alguém em um bar chamou ele de mulherzinha, aí o Jirous chamou o cara de bolchevique cabeçudo, e no fim o sujeito era da segurança estatal.
FERDINAND É, bom, com o Jirous nunca se sabe. Vai ver que xingar gente no bar é a ideia de arte dele.
JAN Ele acha que vocês são um bando de veadinhos, também.
FERDINAND Verdade?
JAN A "oposição oficial". Os fãs só querem ficar na deles e curtir a deles.
FERDINAND Isso não diz respeito aos fãs, diz respeito à banda.
JAN Mesma coisa.
FERDINAND (*ficando enfurecido*) Você quer que eu peça a homens sérios...
JAN Mulheres, também, ia ser uma boa.
FERDINAND ... que estão trabalhando em salas de caldeiras e madeireiras...
JAN E cervejarias, certo — grandes fazedores de bicos.
FERDINAND ... que implorem que a polícia venha prendê-los...
JAN Prender por quê?
FERDINAND ... pra que os teus amigos esquisitos doidões com um cabelo até aqui possam ficar na sua? Você é um babaca!

JAN Então isso é um não.

Jan pega o abaixo-assinado de volta.

FERDINAND Você é um imbecil político. Não tem como pedir pras pessoas darem as caras em nome de um pessoal pra quem as pessoas não dão a mínima.
JAN Relaxa, Ferdinand.
FERDINAND Sério, quem são esses caras?
JAN Esquece. Que tal a Magda?
FERDINAND O quê?
JAN Que tal...
FERDINAND Ela está ótima... Pra falar a verdade, eu esqueci... ela te mandou um beijo...
JAN Um beijo?
FERDINAND Deixa eu explicar...
JAN Não. Saquei.
FERDINAND Você não entendeu.
JAN Mande um meu pra ela.
FERDINAND O quê?
JAN Ponho um disquinho?
FERDINAND Não, deixa eu te explicar. Eu não acredito em hierarquia cultural. Dvořak fazia lá a música dele, a Plastic People faz a sua... eu faço o que me cabe — beleza, quanto mais gente melhor e todo mundo é bem-vindo. Só que nenhum de nós é bem-vindo com as coisas como estão. A não ser o Dvořak. Mas... o que eu estou dizendo é...
JAN Eu realmente não quero...
FERDINAND Quem é que vai mudar as coisas pro resto das pessoas? Não são os caras que só querem ficar na deles. O pessoal da Plastic não vai mudar as coisas pro Vaculík e o Grusa poderem publicar os livros deles. Mas *nós* estamos arriscando os nossos pescoços por uma sociedade em que o pessoal da Plastic possa tocar a música deles.
JAN Excelente argumento.
FERDINAND Vá se foder. Só me responda uma coisa. Você leu a carta do Havel pro Husák?
JAN Não.

FERDINAND Não era essa a pergunta. Mas o Havel escreveu essa carta aberta sobre o que deu errado na Tchecoslováquia, a apatia, a paralisia espiritual, a tendência autodestrutiva do que ele chama de pós-totalitarismo...

JAN Santo Deus, Ferdinand! Qual é a pergunta?

FERDINAND Quem é que tem mais chances de chamar a atenção do Husák — o Havel ou a Plastic People of the Universe?

JAN A Plastic People.

FERDINAND Digamos assim, então: quem é que vai expor as contradições ideológicas da ditadura burocrática? Nós, os intelectuais, ou...?

JAN A Plastic People. Por que é que você acha que você está passeando por aí e o Jirous está na cadeia?

FERDINAND Porque ele xingou um cara da polícia secreta.

JAN Não, porque o policial xingou *ele*. Por causa do cabelo dele. O Jirous não corta o cabelo. Isso deixa o policial bravo, aí ele começa alguma coisa que acaba com o Jirous na prisão. Mas o que foi que deixou o policial bravo? Que diferença faz um cabelo comprido? O policial ficou bravo com o seu próprio medo. O medo do policial é o que deixa ele bravo. Ele tem medo da indiferença. O Jirous não dá *bola*. Ele não dá bola nem pro tamanho do cabelo. O policial não tem medo de *dissidentes*! E por que haveria de ter? Os policiais *adoram* dissidentes, como a inquisição adorava os hereges. Os hereges fazem os defensores da fé terem um significado. Ninguém dá mais bola que um herege. O seu amigo Havel dá tanta bola que escreve uma longa carta ao Husák. Não faz a menor diferença se é uma carta de amor ou uma carta de protesto. Quer dizer que eles jogam no mesmo tabuleiro. Então o Husák pode relaxar, foi ele quem fez as regras, o jogo é dele. A população joga de outro jeito, se vendendo por vagas na universidade, ou uma ajudinha no trabalho... eles dão tanta bola que guardam as ideias na cabeça, o cabelo deles não entrega nada. Mas o pessoal da Plastic não dá a menor bola. Eles não estão à venda. Eles vêm de outro lugar, de onde vêm as musas. Eles não são hereges. São pagãos.

Blecaute e "It's only rock 'n' roll", dos Rolling Stones.

Corte brusco para dia e silêncio. Outono de 1975. Jan e Ferdinand estão sentados quase que em animação suspensa. O cabelo de Ferdinand foi cortado bem curto. Uma descarga no banheiro. Um homem sai do banheiro, fechando a braguilha. Ele usa uma jaqueta de couro, a jaqueta preferida dos membros da polícia secreta.

POLICIAL 1 (*sorriso amarelo*) Mil perdões. A minha mira estava ruim. (*em um segundo policial está de pé diante da coleção de discos de Jan*) Tudo bem?
POLICIAL 2 Tudo bem.

Os policiais saem juntos. Ferdinand se mantém fleumático. Jan se levanta de um salto.

JAN Uuch, wuuff, chwiiz, nossa, Jesus, jeeesuuuuus... (*Jan vai olhar no banheiro e volta fazendo careta. Amedrontado*) O que eles queriam?
FERDINAND Eles não queriam nada.
JAN Então por que eles subiram?
FERDINAND Provavelmente estavam de saco cheio. Normalmente eles ficam do lado de fora.
JAN Na frente da minha casa?
FERDINAND Na frente de onde quer que eu vá. (*pausa*) Eu não venho mais aqui, se você quiser.
JAN O negócio é que eu não me sinto adulto a ponto de ir pra cadeia. Está aí uma coisa. Eu definitivamente tenho medo da prisão.
FERDINAND Não é vergonha.
JAN (*irritadiço*) Eu não estou com vergonha. (*ele se torna acusador*) É normal ter medo da prisão. As pessoas normais não fazem coisas que podem mandar alguém pra prisão. Eu nem consigo lembrar o que foi que você fez, ou quem é que você supostamente estava ajudando. Claro, eu entendo que foi por heroísmo, eu só não lembro os detalhes. Você deve ser uma besta de ir pra cadeia por uma coisa que eu esqueci antes de você sair, francamente. Heroísmo não é trabalho honesto, do tipo que mantém o mundo de pé. Ele ofende as pessoas normais e deixa elas com medo. Ele parece tratar de alguma discussão particular que os heróis estão tendo com o governo em nosso nome, e a gente nunca pediu isso.
FERDINAND Relaxa, Jan.
JAN Bom, é muito irritante. Atos heroicos não provêm das suas crenças. Eu acredito nas mesmas coisas que você. Eles provêm do seu caráter. Não é ação de

amigo mostrar que o seu caráter é mais heroico que o meu. Isso me deixa puto. Por que vocês fazem isso? Você agora vai ficar insuportável.

FERDINAND Você reclama com o Jirous?

JAN Não. O caráter do Jirous é heroico e não há o que se fazer. Ele foi um bebê heroico.

FERDINAND Eu conheci ele na cadeia.

JAN Mesmo? Como é que ele estava de cabelo cortado?

FERDINAND Ele explicou a coisa do cabelo. O tentador diz "Corte o cabelo só um pouquinho que a gente deixa você tocar". Aí o tentador diz "Só troquem o nome da banca que vocês podem tocar". E depois disso "Só deixem essa música de fora"... É melhor não começar cortando o cabelo, Jirous disse — não, é *preciso*. Aí nada que você faça nunca vai poder dar apoio à ideia de que tudo está em ordem nesse país. Por que você não me explicou isso? Eu teria assinado a sua carta sem sentido. Outras bandas têm músicos melhores, mas a Plastic é a única banda salva do desejo de reconhecimento. Na cultura alternativa, sucesso é fracasso. Olha o que acontece no Ocidente, diz o Jirous.

Jan se acalmou. Ele escolhe um disco para pôr.

JAN Yeah... o Grateful Dead deve invejar tanto a Plastic... (*o disco começa a tocar "Chinatown shuffle", do Grateful Dead. Depois de um instante*) Como vai a Magda?

FERDINAND O quê?

JAN Como vai a Magda?

FERDINAND Não sei.

Jan acena com a cabeça, compreensivo. Eles ficam sentados ouvindo. Blecaute e o Grateful Dead continua nos amplificadores.

Corte brusco para Cambridge. Maio de 1976. Interior e jardim. A mesa de jantar foi liberada para uma sessão de orientação. Lenka, com 29 anos, está esperando por Eleanor. Lenka é a personificação de uma aparência datada, dos óculos de vovozinha ao vestido e às sandálias. Ela traz seus livros em uma sacola a tiracolo de algodão. Seu cabelo é longo e malcuidado. Lenka tem sotaque tcheco. Max está sentado no jardim com Nigel, que tem cerca de trinta anos. Eleanor entra na área da sala, usando um pano de cozinha como chapéu.

ELEANOR (*entrando*) Certo. Desculpa. Vamos, então.

Eles precisam de alguns segundos para pegar embalo.

NIGEL Você ainda é membro do Partido Comunista, Max?
MAX Sou.
NIGEL Eu acho isso incrível.
MAX Eu sei. (*grita, pedindo ajuda*) Nell! O Nigel está aqui!

Eleanor faz um ruído impaciente, levanta, vai agilmente até a fronteira entre exterior e interior.

ELEANOR Shhh... É hora da soneca da Alice. (*dentro, uma menina de cinco anos começa a chamar a "vovó"*) Ah, pelo amor de Deus!
NIGEL Será que era melhor eu...?
ELEANOR Não. Oi, Nigel. (*Eleanor volta correndo pela área de jantar. Para Lenka*) Desculpa.

Eleanor sai para ir até a criança, já dizendo fofuras.

NIGEL Aquilo era um pano de cozinha na cabeça dela?
MAX Era.
NIGEL (*pausa*) Tudo bem se eu te fizer uma pergunta?
MAX Ela não gostou de eu dizer que você não percebeu que a peruca dela era uma peruca.
NIGEL Não, não sobre isso. Mas com o comunismo, o meu jornal não ia ter permissão de criticar o governo, e nem... bom, você sabe do que eu estou falando. Se você conseguisse o que quer, o *Cambridge Evening News* seria um jornal muito diferente. Assim como a mídia toda. Bom, você é muito mais inteligente que eu. Obviamente. Então a minha pergunta é: eu estou deixando de ver alguma coisa aqui?

MAX Está.

Max levanta e entra na sala.

LENKA Oi.
MAX Oi. Max.
LENKA Eu sei. A gente se encontrou uma vez, com o Jan.
MAX Amiga do Jan.
LENKA Lenka.
MAX Lenka. Ele foi pra casa.
LENKA Eu fiquei.
MAX Claro. Filologia?
LENKA E estudos clássicos.

Nigel entra, de passagem.

NIGEL Eu vou resgatar a nobre senhora.

Ele sai.

LENKA A Eleanor é maravilhosa!
MAX E, daí...?
LENKA A consciência em Safo.
MAX Ah, bom, é, a Eleanor é a pessoa certa pra falar de Safo.
LENKA Mas você, pra falar de consciência.

Lenka sorri para ele. Eleanor volta, agora usando uma peruca.

ELEANOR Desculpa. Espero que eu não tenha te deixado com medo. (*para Max*) Você podia ter me avisado. Aliás, o que é que você está fazendo em casa?

Um beijinho de passagem.

MAX Quase não vejo mais a Esme.
ELEANOR Bom, como você pode ver, Lenka...

MAX Posso ficar ouvindo?

ELEANOR Como? Não!

MAX Uma mosquinha na parede.

ELEANOR Na sopa, mais provável.

LENKA Por mim tudo bem, Eleanor.

ELEANOR Por mim não.

MAX Ah, para com isso, afinal consciência é a minha barata.

ELEANOR Acho que você quer dizer barato, mas de um jeito ou (de outro)...

LENKA Pra falar a verdade eu li o seu livro, professor Morrow.

MAX *Classe e consciência* ou *As massas e o materialismo*?

ELEANOR Não tem Safo nesses livros, tem?

MAX Rá-rá, Cecil B. De Morrow; não, não tem.

LENKA Esclareceu as coisas pra mim.

MAX Eu definitivamente vou ficar.

LENKA Acho que o senhor está errado, sabe.

MAX Ótimo.

Ele senta de frente para Eleanor, esfregando as mãos. A cadeira de Lenka fica na diagonal de Max, junto à mesa.

ELEANOR Max.

MAX A Esme vai chegar daqui a pouquinho pra pegar o Nigel e a menina. (*para Lenka*) Cuidando da criança. Ela é uma vovozinha boazinha, não espalhe. (*Eleanor ri, satisfeita. Max segura sua mão. Um momento. Para Lenka*) Vai em frente.

ELEANOR Você não conhece o texto.

MAX Ótimo. Pode me chamar de Max.

ELEANOR Ela não tem que te chamar de nada, porque você não é...

MAX Ótimo.

Eleanor faz um sinal para Lenka.

ELEANOR Você começa?

LENKA (*pausa*) Não, a senhora começa. Não, eu começo. (*pausa*) Deu um branco total.

MAX Certo, eu começo...

ELEANOR (*grita*) Você nem conhece...

MAX Ótimo.

ELEANOR Eu começo. Safo de saída diz "Ele me parece igual a um deus...".

LENKA Isso!... Ela não começa com o objeto do amor mas com o homem que está recebendo toda a atenção do objeto do amor — o que para Safo o faz igual a um deus. Eu vejo a coisa toda como um grupo de amigos em volta de uma mesa almoçando talvez, e no poema Safo está descrevendo como é sentir amor, desejo e ciúme. Porque ali, na mesa, aquele *homem* está se inclinando para ouvir a doce fala e o lindo riso de sua menina, e é o *corpo* de Safo que enlouquece. O *coração* dela salta como um pássaro batendo as asas, os *olhos* dela param de ver, a *língua* se rompe, as *orelhas* se enchem de barulho, a *pele* fica quente, depois fria e pegajosa, o *corpo* dela está sem controle — está tudo acontecendo assim, na terceira pessoa, essas *coisas* estão se comportando dessa maneira. Lá fora.

ELEANOR Mas a primeira pessoa do singular volta — "Estou verde, acabei, morri ou quase".

LENKA Então está bem. Mas a experiência subjetiva do mundo objetivo *quando este mundo inclui o poeta* é obviamente paradoxal...

ELEANOR "Obviamente" é uma palavra que eu não permito. Ela normalmente significa que alguma coisa é tudo menos óbvia. Por exemplo, você pode reunir num só construto o que está na consciência de Safo e o que está fisicamente "lá fora" no mundo objetivo, como os pássaros e as abelhas? (*Max acena com a cabeça e ergue o polegar: pode, sim*) Sentir o amor é diferente de sentir uma ferroada de abelha.

Max converte o gesto em um balançar da mão, com a palma para baixo.

LENKA O paradoxo a que eu me refiro é que Safo está descrevendo sua própria consciência de fora dela mesma, ela descreve a sensação do amor com a mesma objetividade com que poderia descrever uma ferroada.

ELEANOR O que ela está *descrevendo* é a fisiologia.

MAX Mesma coisa.

ELEANOR (*delicadamente*) Que obviamente não é a mesma coisa. (*Max implica com o "obviamente". Eleanor finge não ter percebido*) Aparentemente não é a mesma coisa. Quando você diz "eu te amo", você não está dizendo "querido, eu andei percebendo uns eventos bem estranhos no meu corpo". (*Max discorda vigorosamente com a cabeça*) A não ser que você seja esquisita.

Max sorri para ela.

LENKA (*concordando*) A não ser que você tenha orientação materialista.

Max sorri para Lenka.

ELEANOR E, enfim, a lista de sintomas de Safo poderia ser uma descrição de outras coisas, como medo ou constrangimento, ou gripe, a bem da verdade.
LENKA Exatamente! Como é que a gente sabe que é amor? Porque o poeta sabe! O mental se separa do físico. Safo tem uma cognição mental do *amor*; e não da gripe. (*Max simula desespero*) Se ela leva uma ferroada de uma abelha, ela sente o ferrão, e localiza a abelha no mundo objetivo. Se leva uma ferroada do amor, ela localiza Afrodite como a responsável pela dor.

Max está desorientado.

ELEANOR Afrodite?
LENKA Afrodite existe para ela. Como Eros. Como todos os deuses. Eles se tornam o agente ativo, e Safo se torna o objeto que recebe a ação.
MAX Espera aí.
ELEANOR Isso, espera aí. (*para Max*) Você fique bem quietinho.
LENKA "Afrodite, vem a mim!", ela grita. E "Eros sacudiu minha mente como o vento sacode os carvalhos"... "Eros! — que derrete meus membros, pilantra doce-amargo..."

Max põe a cabeça na mesa.

ELEANOR Há alguns entre nós que consideram a possibilidade de que Afrodite e Eros sejam um tipo de metáfora...

Lenka se dirige a Max.

LENKA Há alguns entre nós que acham que o conhecimento avança quando damos um nome novo a alguma coisa. Adeus, Eros; bem-vinda, libido. Adeus, Musas; bem-vinda, inspiração.

MAX Há alguns entre nós que achavam que nós tínhamos libertado a razão do nosso pântano ancestral de mito e conversa mole. Aliás, a inspiração também não existe, a não ser como um grupo de neurônios zumbindo no córtex.

LENKA Talvez a gente tenha perdido uma coisa mais velha que a razão, e mais esquisita que a sua máquina de fliperama que acha que está apaixonada.

MAX Máquina de fliperama até que é bacana. Ela gera amor. Gera inspiração. Memória. Gera *pensamento*. Se o mental é separado do físico, como é que ele faz Safo ficar quente e fria e surda e cega naquele almoço?

LENKA Eu não sei. Safo não sabia por que as coisas caem no chão. E daí? Elas caíam mesmo assim. Ela olha para a outra ponta da mesa e está apaixonada, separada de seu corpo. (*ela joga sua melhor carta*) Se é uma ilusão, quem é que está iludido?

MAX Não é "quem" — é "o quê". É o cérebro dela.

LENKA A mente?

MAX A mente *é* o cérebro. O cérebro é uma máquina biológica de pensar. Não fosse o problema meramente técnico de compreender como ele funciona, nós podíamos fazer um com... latinhas de cerveja. Ia ser do tamanho de um estádio, mas ia ficar lá parado, dizendo "Penso, logo existo". (*para Eleanor*) Você está muito quieta.

ELEANOR Bom, eu já ouvi isso.

Lenka ri e saca seu kit de enrolar cigarros.

LENKA O que você gosta nos cérebros, Max, é que eles todos funcionam do mesmo jeito. O que você não gosta nas mentes é que elas não funcionam assim. Pra você a consciência é subversiva — porque a *sua* fixação é a mente coletiva. Mas a política acabou. Você está procurando uma revolução no lugar errado. É na consciência que ela está agora. Nós temos que redescobrir o nosso mistério humano em uma era de tecnologia. Você leu *Zen e a arte da manutenção de motocicletas*? (*ela empurra um livro pela mesa*) Pega emprestado.

ELEANOR Isso é erva, Lenka?

LENKA É, quer uma bolinha?

Ouve-se a criança lá dentro. Ouve-se um carro buzinando.

ELEANOR Não, obrigada. E é a Esme. Desculpe as interrupções.
LENKA Ah, não, foi ótimo.
ELEANOR Eu estava falando da Alice.
MAX (*desanimado*) Eu nunca deixei alguém ter a última palavra, *ainda*.
LENKA (*ri*) À sua disposição.
ELEANOR Na próxima vez a gente vê um pouco de grego.

Eleanor sai. Ruídos dos bastidores e vozes, Eleanor respondendo a Alice. Lenka guarda suas coisas na sacola.

LENKA Foi, de verdade, sabe, foi o máximo...
MAX (*recusando o baseado*) Ah, não, obrigado.
LENKA Eu estou em Newnham.
MAX Talvez eu vá ver Jan nas férias de verão. Eu recebi um convite pra um evento chique de intelectuais-cientistas e tal.
LENKA Ele está preso, você não sabia?
MAX Não! Não, não sabia.
LENKA É. Eu ouvi dizer que ele foi um dos presos.
MAX Um dos quais?
LENKA Com a Plastic People of the Universe e...
MAX O quê? Como assim, aquilo que acabam de... me pediram pra assinar uma carta, junto com um grupinho seleto dos protestadores de sempre sobre um grupo de música popular — eu não tinha ideia de que o Jan...
LENKA E você assinou?

Eleanor volta.

ELEANOR É a Esme, que você não vê mais — ela não vai entrar, tem que pegar as lojas abertas.
MAX O Jan foi preso.

Max sai.

LENKA É. Que pena. (*pausa*) Bom, obrigada. Eu falo com você quando eu tiver...

ELEANOR (*agradável*) Que bom. E, Lenka, não tente trepar com o meu marido antes de eu morrer, ou eu enfio a arte da manutenção de motocicletas nessa tua bocetinha azeda, mas que amor.

Eleanor larga o livro na sacola de Lenka. Lenka engasga, quase chora, tenta falar, e sai pelo jardim. Na casa há sons de gente que sai, a porta fechando. Eleanor fica imóvel, em um estado de exaustão que dissimula quando Max volta, mas continua rígida.

MAX Olha só, chateei a Esme... Eu contei do Jan, e ela...

ELEANOR Tsc, droga...

MAX ... meio que começou a chorar. Eu perdi alguma coisa aqui?

ELEANOR Perdeu.

MAX Você acha? Como assim, porque ela me fez levar uns discos para ele?

ELEANOR Ela pediu que o Jan tirasse a virgindade dela.

MAX Como? Quando?

ELEANOR Na última noite dele na Inglaterra.

MAX Ah. Agora eu estou feliz de não ter assinado aquela carta.

ELEANOR O Jan disse pra ela deixar de ser boba. Disse que só ia tirar um disco dela.

MAX Ah. Que coisa mais burguesa da parte dele. Bom, tudo bem. E agora ele está no xilindró por causa de uma coisa de um grupo de música, diz a Lenka. Me pediram pra assinar um protesto. Tive que morder a caneta um tempo. Será que os cantores de música popular merecem ser presos ou ganhar um monte de dinheiro e ser tratados como deuses? Essa é dura. Escuta, não ria, mas eu acho que a Lenka tem uma quedinha por mim.

ELEANOR Nunca. Você acha que tem alguma coisa, *qualquer* coisa nisso que ela está dizendo?

MAX Não. Não é na consciência que está. Ela não determina a ordem social. É o contrário.

ELEANOR Eu não estou falando da ordem social.

MAX Ser humano é estar reunido. Sociedade! Quando a revolução era jovem e eu era jovem, era todo mundo farinha do mesmo saco. A luta era pelo socialismo através do trabalhismo organizado, e só. O que é que sobrou daqueles dias iluminados de certeza? Cadê o meu lugar? O Partido está perdendo confiança no seu próprio credo. Se o capitalismo pode ser destruído por antirracismo, feminismo, direitos dos gays, boas práticas ecológicas e todos os outros interesses especiais que já são da alçada dos Democratas Sociais, será que ainda faz muito sentido ser comunista?... Passar a vida inteira explicando: não, Stálin não era a história toda, além de tudo? Por que é que as pessoas ficam agindo como se houvesse um risco de a gente esquecer os crimes do comunismo, quando o risco é a gente esquecer as suas realizações? Eu fiquei porque eles representavam tanto pra mim. Agora que parece que eles representam tão pouco pra todo mundo, às vezes eu acho... Nell, o que você acha? Você acha que eu...?

ELEANOR (*não resiste mais*) Eu não dou a mínima! Eu não dou a mínima pra isso! Fique, saia — eu não dou a mínima, Max!

MAX O que foi? O que aconteceu?

ELEANOR É você. O meu corpo está me dizendo que eu não sou nada sem ele, e você está me dizendo a mesma coisa.

MAX Não... *Não.*

ELEANOR Está sim, Max! É como se vocês estivessem mancomunados, você e o meu câncer.

MAX Ah, meu Deus... Nell.

Ele tenta abraçá-la. Chorosa, ela não quer o abraço.

ELEANOR Eles cortaram, cauterizaram e incineraram os meus seios, os meus ovários, o meu útero, metade do meu intestino e um pedacinho do meu cérebro, e eu não estou diminuída, eu sou exatamente quem eu sempre fui. *Eu não sou o meu corpo.* O meu corpo não é nada sem *mim*, essa é que é a verdade. (*ela rasga a frente do vestido*) Olha isso, o que sobrou. Isso aqui lida com os clássicos. Com um feminismozinho meia-boca, com amor, desejo, ciúme e medo — meu Deus do céu, e como lida com o medo! Então quem é a Eleanor que ainda está inteira?

MAX Eu sei disso — eu sei que a sua mente é tudo.

ELEANOR (*furiosa*) Nem ouse, Max — não ouse recorrer a essa palavra *agora*. Eu não quero essa sua "mente", que você consegue fazer com latinhas de cerveja. Não vá com ela no meu enterro. Eu quero a sua alma enlutada ou nada. Não quero o seu impressionante maquinário biológico — quero a coisa em você que me ama.

Ela chega ao fundo do poço e fica lá. Max espera, sem consolá-la. Então ele se agacha perto dela.

MAX Mas é com isso que eu te amo. E só. Não tem mais nada.

O rosto sufocado dela ressurge.

ELEANOR Ah, Max. Ah, Max. Que coragem que você precisou ter agora.

Max a recolhe e a embala. Blecaute e "Welcome to the machine", do Pink Floyd, três minutos e cinquenta segundos depois de começar.

Corte brusco para:
Novembro de 1976. Quarto de Jan. Verão de 1977. Praga. Exterior. Os discos de Jan foram quebrados e estão espalhados entre capas rasgadas. Jan entra, usando roupas de frio. Ele fica parado, olhando os destroços. Ele tira as roupas mais pesadas. Pega um disco quebrado e olha para o selo. Ferdinand entra, usando roupas de frio. Ele está com uma sacola plástica que contém um disco. Fica parado, atônito, entre os cacos de vinil.

FERDINAND Merda. *(Jan concorda)* Filhos da puta. *(Jan concorda)* Merda. *(Jan concorda)* Desculpa. *(Jan entra abruptamente no banheiro. Ferdinand espera. Milan entra na parte externa, com roupas de verão e óculos escuros. Ele se espalha em um banco. Ouve-se a descarga. Jan entra, limpando a boca com as costas da mão. Ferdinand ergue a sacola plástica, constrangido)* Eu peguei emprestado quando você estava preso. *(Jan solta um riso rosnado)* E aí com tudo que...
JAN É. Tempos incríveis. Não tinha nenhum policial no casamento do Jirous. O show foi uma maravilha. Eu pensei — então tá, oito anos com a Plastic na moita deram um jeito na coisa. Aí eles prenderam *todo mundo*. *(ele olha para o disco dentro da sacola)* Beach Boys... Que amor, Ferdinand...
FERDINAND Eu sabia que você não ia ligar.
JAN Eu te devo essa. Foi uma boa carta, aquela primeira.
FERDINAND Não fui eu que escrevi.
JAN Bom, eu não achei que você tinha *escrito*, o sujeito ganhou o Nobel de literatura. Mas vocês foram ótimos, você e os outros veadinhos — vocês tiraram

a gente de lá, quase tudo mundo. Me disseram que falaram da gente no rádio e na TV nos Estados Unidos!

FERDINAND (*empolgado*) Eu estou te dizendo, o julgamento desnudou o sistema, Jan, e mostrou tudo com tanta clareza que quase dava pra ter pena do promotor. O absurdo ia crescendo sem parar até que cobriu a cabeça dele e do juiz... mas eles estavam presos ao ritual. Na saída do tribunal, depois, o Havel me disse: "Ferda, daqui para a frente tomar cuidado parece tão... mesquinho". (*Ferdinand pega um documento datilografado em seu bolso*) Então eu estou juntando assinaturas. (*Ferdinand dá o documento a Jan. A "Carta 77" é um documento grande, cerca de 1500 palavras*) Não é coisa de dissidente, é uma carta — até alguns membros do Partido assinaram...

Jan lhe dá uma olhada e senta para ler.

Exterior — um balão passa flutuando. Dele pende um folheto. Milan, aguentando o calor, espera por Max. A cena externa tem sua própria música, que é animada mas não é alta, como um realejo tocando na rua. Um segundo balão entra flutuando. Milan agarra o segundo sem dificuldade. Ele solta o folheto e dá uma olhada. Ele o amassa casualmente. Max aparece, com roupas de verão.

MILAN *Ahoi*, Max.
MAX *Ahoi, ahoi*. Eu sempre acho esquisito esse cumprimento... parece que todo mundo aqui é pirata.
MILAN Piratadas em um país sem *mar*? (*pausa*) Você não está na... coisa?
MAX Fui convidado pra falar, não pra escutar neurologia. E você. Peixe grande, agora.
MILAN Não, não. Médio. Com uma mesinha.
MAX O que era o balão?
MILAN Rá! Pergunte aos seus amigos.
MAX Que amigos?
MILAN Ontem de noite — aqueles amigos que te fizeram faltar ao jantar. (*desaprovador*) Foi uma coisa meio ingrata, Max. A Faculdade de Filosofia estava sendo pressionada pra retirar o seu convite para a conferência.
MAX Pressão de você?

MILAN Tsc, tsc, Max. Você não conhece os seus amigos. (*ele desamassa o folheto*) "Libertem os prisioneiros da Carta 77." (*jocoso*) Espero que você não tenha passado a noite enchendo balões. (*ele tira o alfinete do Partido da lapela*) Alfinete do partido. Balão. (*ele estoura o balão*) Simbolismo!

Ele ri e recoloca o alfinete.

MAX Quando eu saí do Partido, eu não fiz publicamente, sabe.

MILAN Max, Max...

MAX Teve gente em 56 que queimou as carteirinhas do Partido na praça Trafalgar. Eu só contei pra minha família. No final o meu genro estava dormindo com uma mulher do jornal dele, aí... Ufff! Que bom que a Eleanor perdeu isso tudo. Você não pode imaginar o que é ser a carcaça da semana pra imprensa inglesa. Esme e o marido estão tentando ajeitar as coisas por causa da criança, mas eu tenho lá minhas esperanças de que isso não vá dar em nada.

MILAN Eu lamento muito saber da sua esposa.

MAX Obrigado.

MILAN Então... você queria o quê?

MAX Você se lembra do Jan. Todo mundo que oferece emprego a ele recebe uma visitinha no dia seguinte e ele perde o emprego. Me disseram que ele está dormindo no chão da casa dos amigos, vivendo que nem mendigo. Eu achei que podia tentar dar uma mão para ele.

MILAN Max, isso não está à sua altura. Me peça alguma coisa que valha a pena. O seu amigo é desimportante, eu ia ficar com vergonha de reconhecer a existência dele.

MAX Eu não tenho o que oferecer.

MILAN Bom... me avise quando tiver.

MAX Você sabia que foram vocês que transformaram o Jan em um cartista?

MILAN Não, mas cantarola o começo que eu pego... (*com desprezo*) Cartista! As pessoas normais não gostam dos cartistas, elas gostam de uma vida tranquila, um belo apartamento, uma TV maior... essa coisa toda de "direitos humanos" são os estrangeiros achando que são melhores que nós. Bom, eles não são melhores que nós.

MAX (*com mais raiva que dor*) Mas foram vocês que invocaram essa Carta das profundezas! Era em nome disso que eu estava mantendo a minha fé? Pra algum policial imbecil vir fazer uma patetada dessas? Ninguém lembrava da Tchecoslováquia. Vocês estavam com ela inteirinha nas mãos. E simplesmente por tédio, pela vontade de descontar o rancor de vocês em uns vagabundos que não ofereciam perigo nenhum — *perigo nenhum* —, vocês fizeram um festival pra imprensa ocidental poder cagar em cima de toda a ideia de que um caminho melhor ainda é possível, e olha —, apesar de tudo —, olha para o leste para achar sua fonte.

MILAN Max. Você sabe uma coisa? Você me deixa fascinado.

Max e Milan se separam e saem. Jan termina de ler.

FERDINAND Nós estamos com mais de trezentas assinaturas.
JAN Sei. Vocês vão fazer o que com isso?
FERDINAND Enviar ao Husák.
JAN Enviar. Pelo correio.
FERDINAND Com cópias pra imprensa internacional.
JAN Por mais que não seja coisa de dissidente. Você é uma besta.
FERDINAND Beleza.
JAN Tudo é dissidência, a não ser calar a boca e engolir sapo. Tudo que eu queria era ter aprendido a tocar guitarra, mas agora é tarde demais. Você tem uma caneta?

Ferdinand lhe dá uma caneta. Jan assina, devolve a Carta e a caneta a Ferdinand. Ele testa o toca-discos. Coloca o disco dos Beach Boys, escolhendo a faixa. Ferdinand o observa, incomodado.

FERDINAND Eu te gravo as fitas. Eu sei que não é a mesma coisa. Eu sinto muito mesmo, Jan.
JAN Ei, Ferdo, é só rock 'n' roll.

Os Beach Boys começam a cantar "Wouldn't it be nice". Jan começa a catar os pedaços de discos, jogando-os no lixo.
Blecaute gradual.

Fim do Primeiro ato.

Segundo ato

Blecaute e "I still haven't found what I'm looking for", do U2.

Corte brusco para Cambridge. Verão de 1987. Jardim e interior como antes. Noite, o interior na semiobscuridade. Esme está no jardim, pouco mais que uma sombra e um cigarro reluzente. Alice entra na área de jantar vinda de dentro. Ela tem dezesseis anos, e se parece com Esme jovem, usando a jaqueta de bombardeiro de Esme, que um dia foi vermelha. Ela acende um abajur.

ESME Alice?

Alice vem para fora.

ALICE O que você está fazendo, mãe?
ESME Pensando numa coisa.
ALICE Não, está nada. Você está fumando.
ESME Eu estou fumando numa coisa.
ALICE *(repreende)* Mãe.
ESME Não é um hobby, sabe? Eu percebi quem era aquele cara e o meu corpo disse "Me dá um cigarrinho".
ALICE Que cara?
ESME Aquele cara no supermercado, que disse oi.
ALICE E era quem, então?
ESME Era o Flautista, um menino tão velho quanto a música, meio bode e meio deus.
ALICE Mãe, o que é que você está fumando? Era um careca velho de bicicleta.
ESME Eu estou falando de quando eu tinha a sua idade. É nisso que tudo vai dar se a gente tiver sorte? No vento, numa esquina perto do supermercado, com uma sacolinha no guidão cheia de, sei lá, comida pronta e papel higiênico... com umas caras calombudas e uns corpos cada vez mais grossos com umas roupas sem graça, indo pra casa com as compras? Mas naquela época todo mundo era lindo, reluzindo de beleza. Ele tocou flauta e cantou pra mim, e foi como se de repente o tempo não deixasse as coisas pra trás mas juntasse todas elas, e tudo que já tinha existido ainda estivesse ali, até os mortos,

subindo que nem grama ou caindo que nem chuva em cima dos jardins do crematório, então não foi uma grande surpresa o Grande Deus Pan juntar tudo de novo no meu, sabe, no meu cérebro chapado. (*ela pisa no cigarro*) Voltando às cinzas, afinal. (*ela pega a bituca e a joga para longe*) Olha lá, desisti, então não me enche. Que cara é essa? Está com fome?

ALICE O Grande Deus Pan? Não, eu comi um hambúrguer antes do cinema, só que eu acabei nem indo, fiquei andando por aí pra ver o que eu lembrava. É um fim de mundo, Cambridge, não é?

ESME Tem gente que tem um certo amor pelos prédios das faculdades, acho.

ALICE Eu estou falando da rodoviária e das lojinhas de roupas e tal.

ESME "E tal, e tal."

ALICE A Virgin estava fechada... Quando é que a gente pode ir pra casa?

ESME (*irritada*) Ele acabou de sair do hospital! (*pausa*) Olha... o vovô está de muleta, ele não sabe cozinhar, não quer aceitar o alojamento que a universidade ofereceu, não quer uma empregada, está começando a perder a memória, e no fim das contas não tem como deixar ele desse jeito, então o que é que você ia achar de eu voltar pra cá?

ALICE Quando?

ESME Agora. Acho que eu tive o meu tempo em Hammersmith, agora chega de Godolfyn pra você.

ALICE (*satisfeita*) Ah. Então eu ia ficar com o apartamento?

ESME Não, você ia ficar aqui, comigo, claro.

ALICE Como assim? Eu ia ficar de bobeira um ano em Cambridge antes de começar a estudar, em Cambridge?

ESME O resultado ainda nem chegou.

ALICE (*choraminga aterrorizada*) Mãe...! Mas e os meus amigos?

ESME Bom, você ia conhecer outros.

ALICE Eu não quero outros amigos!

ESME Não tão alto. Bom, acho que você podia ir morar com o seu pai.

ALICE Só tem um banheiro, e é em Tottenham! Enfim, com o papai três é demais, especialmente com a peituda do salão de massagem.

ESME Pode parar com isso. Ela faz aromaterapia e eu era capaz de matar alguém pra ter aqueles peitos.

ALICE Por que eu não posso ficar com o apartamento? Eu ia ficar bem.

ESME Pode ser, mas eu não ia. A bem da verdade, o papai acha que a gente devia vender o apartamento e dividir a grana.

ALICE (*contrariada*) Ah, então vocês já pensaram em tudo, vocês dois.

ESME Já que o jornal levantou acampamento e foi pra Wapping ele quer colocar a metade dele naquela parte reurbanizada das docas... e eu ia ter um dinheirinho sobrando, o que ia ser uma novidade.

ALICE Está certo. Tudo bem. Então o vovô ganha uma empregada de graça, o papai ganha elegantes tijolinhos à vista de frente pro rio, você ganha um pé-de-meia e eu me ferro.

ESME (*exasperada, gritando*) Tudo bem, e o que mais eu posso fazer? Eu já me virei do avesso...

ALICE (*explodindo*) Diga pro vovô que é uma empregada ou a universidade ou arriscar ser encontrado morto quando ninguém atender o telefone dele — *porque não tem outra escolha!*

ESME Eu nunca pensei nisso.

ALICE Então está resolvido. (*Alice entra, muda de opinião e volta para dar um abraço em Esme. Elas ficam um tempo abraçadas*) Mãe.

ESME "Só um banheiro."

ALICE Bom...

ESME Se pelo menos você terminasse a escola quando as pessoas terminam, você ia ter idade pra ficar sozinha, ou ir mochilar por aí...

ALICE Não, mãe, pega leve, eu ainda ia ter dezesseis — esperando o resultado das provas.

ESME Você sabe o que eu estou dizendo, pare de me corrigir. (*um beijinho para encerrar a discussão*) Vá ver como que está o vovô, e não diga nada, deixa que eu falo.

Alice volta para o interior quando Max entra com alguma dificuldade, usando muletas. Fora a perna — ele quebrou o pescoço do fêmur — ele está em boa forma, para sua idade.

ALICE Eu estava indo olhar o senhor. Se o senhor está procurando a mãe, ela está ali fora.

MAX Quanto é quarenta e três por cento de setenta e cinco?

ALICE A mesma coisa que setenta e cinco por cento de quarenta e três. Trinta e dois e um quarto.

MAX Trinta e dois e um quarto!
ALICE O senhor quer uma xícara de chá ou outra coisa?
MAX Quero. Um uísque pequeno. Estou vendo que vai funcionar direitinho, isso de você e a Esme se mudarem pra cá.

Alice congela, e depois sai. Esme percebe que Max entrou. Ela reage como que para entrar mas Max, ágil com suas muletas, chega à fronteira.

ESME Pai... eu disse pra gritar.
MAX O que você está fazendo no escuro?

Max se deixa cair, gemendo, em uma cadeira de jardim.

ESME Eu saí pra fumar um...
MAX Aquela desgraçada tem trinta e dois e um quarto por cento de votos!
ESME A gente pode entrar.
MAX Eu acabei de sentar; não vou sair daqui. Mais cinco anos com os donos do dinheiro mandando nos pobres, por causa de menos de um terço do eleitorado.
ESME E isso não é bom? Você não ia querer *mais* gente do lado dela, ia?
MAX Eu colocaria você contra Sócrates. A tua falta de educação te deixou inexpugnável.
ESME (*furiosa*) Vão pro inferno, então, vocês dois!
MAX O que foi?
ESME Se você não sabe, não sou eu que vou dizer. (*ela evita um pequeno acesso de choro*) Eu estou de saco cheio de tentar agradar todo mundo e ver todo mundo me tratando que nem criança por causa disso.
MAX Nunca.
ESME Trata sim. Pra falar a verdade eu sei tanta coisa quanto você — até mais, de repente —, só que não são coisas profissionais. Eu provavelmente estava viajando nas campinas quando eles falaram de Sócrates. A rainha ácida das viagens pelo interior, é, piadinha... E olha só.
MAX Esme.

Ela não consegue segurar o choro, só por um momento.

ESME É isso da Alice terminar a escola antes de eu estar pronta. Eu estou ficando sem serventia.

MAX A Alice é uma grande realização.

ESME É você que está fazendo isso. A mamãe fez tudo comigo, *além* da profissão!

MAX Venha sentar onde eu posso te alcançar. (*Esme arrasta a cadeira para mais perto. Max pega a mão dela*) Você não está se desculpando por não ser a Eleanor, está?

ESME (*aguerrida*) Não!... Eu trabalho por três por um salário de zeladora em uma lojinha de usados, apesar de eu ainda errar as contas. Mas eu não sou a Eleanor e também não sou a Nico. A Nico era do Velvet Underground. O Velvet Underground era uma banda de rock.

MAX Eu reconheci a semântica.

ESME Ela tinha um cabelão louro. Eu tinha o cabelo sem a banda, e uma notinha mediana no vestibular. Eu fiquei agradecida quando saí de Clarendon Street pra ir pra um apartamentinho vagabundo lá em Milton Road fazendo a janta pro Nigel com a Alice no colo. A comuna foi ficando meio hierárquica.

MAX (*interessado*) Mesmo? Me conte essa história.

ESME (*contrariada*) Não. Pare de fazer tudo virar o *seu* assunto. Eu estou falando de, sei lá, de ser o ó do borogodó em latim com treze anos de idade — e eu era. Bom, agora fui eu que fiz, então você também pode.

MAX Não, mereci a crítica. Ontem, na cabine de votação... não tinha ninguém em quem votar. Ninguém. Não é só você.

ESME (*pequena risada*) Depois do drama de pôr e tirar você do carro?

MAX Quer saber uma coisa horrorosa?

ESME Não. O quê?

MAX Eu pensei em votar na Thatcher.

ESME Por quê?

MAX Pra manter as coisas bem claras. Ásperas e cortantes. Tirar sangue. Escancarar o abismo e enfiar a cara dos trabalhadores lá dentro, recompensar os gordos e satisfeitos. Qualquer coisa pra acordar esses imbecis — qualquer coisa... *qualquer coisa* é melhor que cinco anos de melhorias graduais e acomodações sob o nome de Partido Trabalhista. Mas eu votei neles. E você?

ESME Eu perdi o formulário, o treco postal. Pai... (*ela resolve arriscar*) A Alice está preocupada, achando...

MAX Não se preocupe com ela. Você vai ter que arrumar alguma coisa pra se ocupar.

ESME Não sou eu o problema, é a Alice.

MAX Não, é você.

ESME (*desiste novamente*) Vamos esperar pra ver quando saírem os resultados dela. A gente pode entrar?

MAX A universidade não dá a mínima pros resultados dela. Eles sabem o que querem.

ESME E isso é justo?

MAX Não, mas é adequado. (*ele está se preparando para levantar. Mas se deixa cair*) Espera um minuto só. Cadê aquele... (uísque)?

ESME Como assim?

MAX Está doendo.

Esme começa a levantar. Alice vem da sala com o "uísque curto", e uma caneca de chá para Esme.

ESME Você pode tomar uns neurofens antes da hora, não vai te fazer mal.

MAX Não, não posso...

Alice chega e dá o uísque a Max, e depois o chá para Esme.

ALICE (*para Esme, sem dissimulação*) Tudo certo?

MAX ... Não me deixam tomar o neurofen com álcool.

ESME Pai...

MAX Foi o que o médico disse.

ESME Não, não disse. Ele disse que você não pode tomar álcool com o neurofen.

MAX Dá na mesma. (*ele bebe meio uísque*) A sua mãe e eu estamos falando sobre este ano antes da sua universidade.

ALICE É mesmo?

MAX Um ano desses em Cambridge é uma bobagem. Você ia morrer de tédio.

ALICE Então, vocês vão...

MAX Eu falei com a universidade. Você pode se matricular em setembro. Você vai ser a aluna mais nova de Cambridge. O que você acha? Você vai se formar mais cedo e ganhar um ano livre quando puder aproveitar.

Pausa.

ALICE É, beleza, legal.

ESME (*aliviada*) Querida, você tem certeza?

MAX (*entregando seu copo vazio a Alice*) Será que você podia, Alice? Está me fazendo um bem...

ESME (*para Alice*) Você não se atreva!

ALICE (*entrando na brincadeira*) A minha perna está dormente.

MAX Então eu mesmo pego.

Max desmaia, Alice pega seu copo e uma das muletas.

ESME E tudo bem com os seus amigos?

ALICE Eles são chatos.

Alice entra manquejando, usando a muleta.

ESME Francamente!

MAX Ela tem mais de você do que você acha.

ESME Tem, é? Um sujeito no mercado hoje... uma cara meio feia, com a cabeça quase raspada mas ficando careca mesmo... ele viu a Alice e disse "Oi, é você".

MAX Por quê?

ESME Ele achou que ela era eu. Ele era de uma banda, foi bem famoso, com um cabelo preto desgrenhado, sabe, um belo rosto, ele tinha uma cara, bom, tinha cara de rockstar, mas ele pirou e a banda meio que largou ele... e uma noite, bem naquela época, antes de eu conhecer ele, antes de eu saber que era ele, eu vi ele no jardim. Bem ali. Eu estava com os resultados dos exames dentro da calcinha — o envelope — que eu, sabe, tinha aberto, mas eu pensei "Bom, tudo a seu tempo"... e eu tinha ido até o Dandelion pra ver quem estava tocando, e quando eu cheguei em casa tarde da noite, pelo jardim, ele estava em cima do muro tocando flauta, que nem Pan. (*pausa*) Eu não sabia direito se aquilo tinha acontecido, como com um monte de coisas. Mas depois ele gravou um disco solo, e... bom, eu fui ver ele tocar uma vez, no Corn Exchange, com a minha jaqueta vermelha de couro, de bombardeiro, que eu dei pra Alice. Ele estava na banda que ia abrir. Aquele acabou sendo o último show dele, e ele estava muito louco... O baixista e o baterista tentavam acompanhar, mas eles se encontravam e ele se perdia de novo, então eles deixaram ele na dele, mas ele não desistia, ele ficava se atrapalhando inteiro, borrando os acordes e fazendo caretas com o cabelo em cima das cordas. Ele tinha cortado um dedo e estava sangrando na guitarra. Era terrível mas de algum jeito era genial. Eu subi no palco e dancei. Ele olhou pra mim, meio surpreso. Ele disse: "Ah, oi. É você". Ele era o Flautista.

Blecaute e "Wish you were here", do Pink Floyd, três minutos depois do começo.

Corte brusco. Praga, 1987. Exterior. Espaço aberto. De manhã cedo. Nigel está esperando, sozinho, nervoso. Ele cresceu e se tornou um repórter vivido. Está com uma sacola a tiracolo. Jan chega. Ele traz uma sacolinha de plástico com um disco, e uma de papel com pães franceses. Os onze anos de envelhecimento lhe caíram bem.

JAN *Ahoi*.
NIGEL Ah... oi.
JAN Eu sou o Jan.
NIGEL (*pausa*) Ah, é?
JAN Você é o Nigel. É claro.
NIGEL Ah. "É a minha primeira visita à sua linda..."
JAN Aaagh! "Cigarro! Cê me dá um cigarrinho?"
NIGEL (*aliviado*) Ah, meu Deus, que pesadelo! Eu esqueci os cigarros, aí as lojas não estavam abertas, aí eu parei o táxi a quilômetros de distância caso estivessem me...
JAN (*animado, apertando a mão dele*) Tudo bem! Eu não fumo. Está tudo em ordem. Diga pro Tomas que não precisa agir que nem criminoso!
NIGEL Eu estava com medo de te encrencar.
JAN Encrenca já é outra coisa. Como é que está o Tomas?
NIGEL Eu não conheço ele. Ele é só o cara de Londres que a gente procura pra saber de coisas dos dissidentes tchecos.
JAN Mas você está aqui por causa do Gorbatchov, claro?
NIGEL É, mas o nosso correspondente em Moscou está cobrindo a parte diplomática, ele chegou antes do Gorby. Eu estou cobrindo isso dos dissidentes, o que basicamente quer dizer ficar na fila para entrevistar o Havel. Então eu agradecia se você me desse alguma matéria.

JAN Uma história?

NIGEL (*olhando para a frente*) E isso tudo aí é o quê? Eu estava aqui pensando...

JAN O muro John Lennon.

NIGEL *Muro* John Lennon?

JAN Quando o Lennon morreu as pessoas começaram a vir aqui... Sabe... acender velas e tocar as músicas dele...

NIGEL (*interessado*) Mesmo? As flores são pro Lennon?

JAN (*faz que sim*) A polícia vem e limpa tudo e prende umas pessoas, aí começa tudo de novo.

Nigel se aproxima para ver mais de perto. De perto dali vem o som de Lennon cantando "Give peace a chance" em um toca-fitas minúsculo.

NIGEL Hippies tchecos! Fotos do cara. Alguém já fez isso aqui?

JAN Isso é uma matéria?

Nigel pondera, e depois fecha o rosto.

NIGEL É um texto. Mas não é uma matéria. (*ele volta, tirando um punhado de cassetes da bolsa*) A Esme mandou. Ela disse que vocês provavelmente não iam ter CDs...

JAN (*aceitando*) Obrigado! Por favor agradeça a ela. (*ligeiramente surpreso*) Ahn, Madonna... e Queen... da Esme? Como é que ela está?

NIGEL Ela está bem, tudo bem.

JAN O que é que ela está fazendo agora?

NIGEL Não muito. Lidando com a Alice. A nossa filha vai começar em Cambridge. (*Nigel abre a carteira e mostra*) A inteligência da família pulou uma geração. É ela, aqui.

JAN (*espantado*) Com a Eleanor?

NIGEL Com a Esme. A Alice com a Esme.

JAN (*faz as contas*) Ah. Claro. Posso? (*ele olha por um tempo*) Ela é... Obrigado. (*abruptamente*) Isso é pra ela. The Plastic People of the Universe. Disco ao vivo, muito raro, ilegal, na verdade — fizeram com umas fitas que um turista gravou.

NIGEL (*nervoso*) Beleza. O que é que pode acontecer se me pegam com isso? (*Jan *passa o dedo pela garganta*) Merda. De verdade? Beleza. (*ele está pronto para sair*) Bom... desculpa te acordar tão cedo.

JAN Não, eu estou chegando do trabalho. (*mostra um pãozinho que está no saco de papel*) Ainda está quente.

NIGEL (?)

JAN Eu estou trabalhando numa padaria.

NIGEL Ah. Beleza. Vai ter que ser o Havel.

JAN Você não precisa do Havel. Eu posso te contar do Havel. O Havel está desesperado com o povo tcheco. Quando o Gorbatchov e a linda Raíssa sorriem e acenam, os tchecos ficam loucos. Eles acham que o Gorbatchov chegou para salvá-los de Husák. Quando é que eles vão aprender que só podem se salvar sozinhos?! Esse é o Havel. Quando nós éramos reformistas, os soviéticos invadiram. Agora que os soviéticos são reformistas, eles descobriram um profundo respeito pelo direito da Tchecoslováquia se governar sozinha. O Havel vê a graça disso tudo, é a obrigação dele. Por que o presidente Husák não consegue entender? Porque ele sabe que acabou. Ele é um realista. Gorbatchov sacou há muito tempo, ele é um economista.

NIGEL Acabou?

JAN Claro. O Gorbatchov é uma obra-prima. Ele joga golfe, ele bebe uísque, o alfaite dele é reformista, ele tem até uma esposa reformista, e é um líder comunista! Ele descobriu o conceito de asilo político interno para todos. Perestroika!

NIGEL Beleeeza... Como eu disse, eu não estou fazendo a matéria de reflexão. Eu preciso é de uma história.

JAN Não tem histórias na Tchecoslováquia. Nós temos um acordo entre nós, de não perturbar as aparências. O nosso objetivo é a inércia. A gente produz banalidade em massa. A gente não tem história desde 68, só pseudo-história — os jornais relatam discursos, cerimônias, jubileus, anúncios do mais recente triunfo do socialismo... (*nostálgico*) Eu adorava os nossos jornais.

NIGEL Obrigado. Essa é uma tendência inovadora.

JAN Bom, eles são humanos... às vezes, estúpidos e bárbaros, mas com tantos jornais, todos diferentes, há uma correção dos extremos. Aqui só existe um agente da verdade. Isso não é humano — os humanos discordam uns dos outros.

NIGEL É. Na mosca. Bom, eu vou voltar pro Inter-Continental pra tomar café. Bom te ver.

JAN Não esqueça... (o disco).

NIGEL (Ah, é.)

JAN Eu estava nesse show, diga pra ela, na casa do Havel, no interior.

NIGEL (*interessado*) Na casa do Havel? Recentemente?

JAN Não — antes de ele ir preso.

NIGEL (Merda.)

JAN A banda não tinha mais lugares seguros pra tocar, nem pra ensaiar, a não ser por alguns amigos dispostos a correr o risco. Depois do último show deles a polícia incendiou o prédio.

NIGEL (*interessado*) Quando foi isso?

JAN Ah... seis anos.

NIGEL Bosta.

JAN Depois disso ficou mais difícil. Emigração, prisão...

NIGEL (*perdendo interesse*) É, pena.

JAN Com a polícia, era pessoal, contra a banda. Pras outras bandas agora a gente tem o Rockfest.

NIGEL Rock Fest...?

JAN Claro. Até um governo comunista quer ser popular. Rock 'n' roll é barato, então a gente tem um festival de rock no Palácio da Cultura.

NIGEL Isso já é melhor.

Ele saca um caderno.

JAN Os organizadores convidaram a Plastic se eles mudassem o nome pra PPU. A banda entrou numa discussão. Bom, é uma pergunta. Se você toca sua música e esconde o nome, você está fazendo o governo de bobo ou é o governo que está te fazendo de bobo? Finalmente eles concordaram que PPU não era exatamente uma mudança de nome. Eles chamaram uma cantora, como a Nico, e ensaiaram. Mas a polícia descobriu e cortou a luz.

Nigel está mais alerta.

NIGEL Quando foi isso?

JAN Aí eles receberam uma oferta pra tocar em um bar em Brno se concordassem em aparecer no cartaz como "Uma banda de Praga". Foi uma crise. Uns disseram sim, outros disseram não. Os caras se xingaram. Pesado, mesmo. Acabou com a Plastic. Hoje não existe mais a banda, depois de vinte anos, acabou.

NIGEL *(pausa)* Quando foi isso?

JAN Ontem.

NIGEL *(aponta o dedo para Jan)* Eu sabia que você ia ter uma história de dissidentes se se esforçasse.

JAN A bem da verdade, a Plastic People não é uma coisa de dissidentes.

NIGEL É uma coisa de dissidentes. Vai por mim.

JAN *(desorientado)* Beleza.

NIGEL Onde é que eu posso achar alguém da banda?

JAN No Klamovka — é um bar, no parque Kosire.

NIGEL Você me leva?

JAN *(faz que sim)* Eu vou fazer uma ligação. Vou deixar uma mensagem.

NIGEL Valeu. Você está indo aonde agora?

JAN *(aponta)* Mas você pode pegar um táxi na ponte.

NIGEL Legal.

JAN Como é que está o Max?

NIGEL O velho desgraçado vai fazer setenta este ano.

JAN Ah... é, outubro.

NIGEL Eu não falo com ele. Eu e a Esme não estamos juntos, você sabe.

JAN Ah. Não.

NIGEL É. Te vejo depois, então.

Nigel se afasta.

JAN Escuta só. De repente você pode escrever sobre o disco. Os jornalistas estrangeiros nunca falam da música... só isso de eles serem símbolos da resistência.

NIGEL É... a história é essa, infelizmente.

Nigel sai. Blecaute e "Bring it on home", de John Lennon, da caixa Anthology.

Corte brusco para silêncio e luz do dia. Verão de 1990. Na mesa do jardim, Esme está fazendo alguma coisa, com um caderno e uma apostila. Sua jaqueta de verão está no encosto da cadeira. O telefone começa a tocar na casa. Atendem o telefone.

ALICE (*fora*) Vô! Telefone!

Alice entra na sala. Seu cabelo louro e comprido foi cortado curto. Ela agora tem dezenove anos, e cresceu mais que três anos. Os itens necessários para uma mesa para seis estão aglomerados aleatoriamente sobre a mesa. Há uma gaveta sobre a mesa. Alice pega seis apoios de pratos e começa a arrumar a mesa. Esme surta completamente — ela se levanta de um salto, joga a caneta no chão, tenta rasgar o livro em dois, joga o livro contra a mesa.

ESME Puta que pariu caralho merda filho de uma puta do cacete *bosta*! (*ela pega a cadeira e está a ponto de arremessá-la ao chão quando Alice chega até ela, dominando-a*) Merda do caralho merda...

ALICE Está tudo bem, está tudo bem! Mãe...!

ESME Foda-se tudo — e não *ria*!

ALICE (*mentindo*) Eu não estou rindo. Não estou. (*Esme senta, furiosa e deprimida. Alice dá uma olhada nas coisas que estão na mesa*) Então, o que é isso? Hum. Primeira Parte. "Leia o poema cuidadosamente..." Sei, então sem prestar atenção não dá, né? Beleza... "Leia o poema cuidadosamente. Um. Que metro Catulo está empregando? Dica, ponto de exclamação! O poema é a versão de Catulo para um poema da poetisa grega Safo." Meu Deus, agora eles estão dando dicas nas provas?

ESME (*grunhe*) Espera só.

ALICE Enfim, a pista é essa. Fico imaginando se o metro podia ser...? (*Esme solta um ruidinho. Alice faz que não ouviu*) Como?

ESME (*resmunga*) Sáfico.

ALICE Sáfico! Então essa já foi. "Dois. Faça a escansão do poema, marcando claramente os pés e a quantidade de cada sílaba." Em vez de escandir e não dar na vista. Muito bem. Então... (*ela folheia a apostila de Esme*) Ah, a estrofe sáfica! Quatro versos. Tum-ti, tum-ti, tum-ti-ti, tum-ti, tum-ti, com um tum-tum como possibilidade para o segundo e o quinto pés — vezes três.

ESME Eu sei.

ALICE Quarto verso: tum-ti-ti, tum-ti ou tum-tum.

ESME Eu sei!

ALICE Então a parte boa é que você nunca precisa se decidir entre um tum-ti-ti e um tum-ti ou um tum-tum. É só uma questão de contar as sílabas.

ESME Rá! Então faz. Faça a última estrofe — e, sim, eu vi a elisão.
ALICE (*dá uma olhada no texto*) As três elisões, mãe.
ESME Três?
ALICE As palavras que terminam em "m" sofrem elisão como as vogais, antes de uma vogal.
ESME Por quê?
ALICE Não sei.
ESME (*furiosa*) Bom, mas como é que a gente podia saber *isso*!

Alice lhe mostra o lugar do livro que diz isso. Um jovem, Stephen, alguns anos mais velho que Alice, entra na sala carregando desajeitado quatro garrafas de vinho e um tabloide. Ele se livra daquilo e vê Alice, que lhe devolve discretamente o aceno. Stephen volta sua atenção para o jornal. Enquanto isso...

ESME (*com dignidade*) Certo. Obrigada.
ALICE (*retomando*) "Três. Traduza o poema para o inglês." Haverá desconto por traduções para o norueguês. (*traduzindo do latim à primeira vista*) "Ele me parece igual a um deus, mais que os deuses, aquele homem que, sentado diante de você..."
ESME Isso, *obrigada*, querida.
ALICE "Vê e ouve teu doce riso..."
ESME *Eu* é que vou fazer. Como é que está tudo para a visita real?
ALICE O Stephen veio ajudar.

Alice entra, e "não consegue mais ouvir". Stephen fecha o jornal e o abre em uma página diferente. Alice lhe dá um beijo casual na boca.

ALICE Você é bom. O que o Max está fazendo?
STEPHEN Telefone.
ALICE Ainda?
STEPHEN Eu devia...?
ALICE Arrumar a mesa. Seis lugares. Eu vou pegar os guardanapos.
STEPHEN Certo. Ah — não, não, eu não vou ficar, eu não sou da família.
ALICE Transa oficial é família, e afinal eu quero que você fique, por causa do Max — se ele se entedia, ele começa a dizer coisas.

STEPHEN Não, não... ela é *sua* madrasta.
ALICE Está com medo?
STEPHEN E como... Você leu a coluna dela?
ALICE Ah, você já pegou?
STEPHEN Ó.
ALICE Agora eu não posso.
STEPHEN Tem uma foto dela.

Alice dá uma olhada na foto.

ALICE (*lacônica*) Bonitinha.
STEPHEN Hm, tem um texto sobre o seu amigo Syd, hum, Roger...
ALICE Sobre o disco?
STEPHEN Não muito. Eu guardo pra você. Ele está legal, então?
ALICE Claro que está. Ele fica muito bem quando as pessoas deixam ele em paz pra cuidar das pinturas e do jardim e não ter que falar com elas...

Max entra. Ele agora usa apenas uma bengala.

ALICE (*para Max*) Onde é que ficam os guardanapos?
MAX Pra que isso tudo?
ALICE Isso tudo o quê? Você não esqueceu...?
MAX Ai, Jesus.
ALICE O que foi que você fez?
MAX Não se assuste. O que você está cozinhando para o seu pai?
ALICE Torta de peixe.
MAX Que sorte... cabem mais dois?
STEPHEN Eu caio fora.
ALICE *Não*. Como assim?
MAX Tem um sujeito que veio de Praga só pra me ver, e eu acho que...
ALICE Mas é a apresentação da esposa!
MAX Eu esqueci completamente. A bem da verdade, dois a mais vai evitar que a coisa vire uma batalha de titãs.
ALICE (*eriçando-se*) Espero que você não esteja pensando em cutucar a moça.
MAX Eu estava falando de você. (*Alice bate um grande moedor de pimenta na mesa e*

sai batendo os pés e bufando. Max percebe Esme, que continuou concentrada) Eu disse "A Eleanor não queria que você fosse assim tão fundo". Ela ficou doida e me chamou de idiota. Aparentemente tem a ver com uma ideia lá dela de virar guia de cruzeiros pela Grécia.

STEPHEN Quem é esse tcheco?

Stephen larga o jornal e começa um esforço baldado para pôr a mesa.

MAX Jan? Ele é professor de filosofia na Universidade Karlova... ex-dissidente — ficou preso por um tempo.
STEPHEN Então por que ele não é embaixador, ou ministro de alguma coisa?
MAX Ora, ora. Vem aqui e me conta o que os camaradas estão aprontando agora que a história acabou.
STEPHEN Não posso, eu tenho que pôr a mesa. Por que você não lê o jornal, aí ia ficar sabendo.
MAX *Marxismo Hoje?* Não é tanto uma questão do eurocomunismo. No fim foi por causa da coisa das encomendas pelo correio. Eu não consegui engolir as meias com as foices e martelos.
STEPHEN Bom, leia o *Morning Star* e fique a par dos comunas.
MAX Os comunas... Como os anos passam. Dubcek está de volta. A Rússia concorda em retirar suas tropas. A Tchecoslováquia abaixa as calcinhas para dar as boas-vindas ao capitalismo. E a única coisa que sobrou de agosto de 68 é um apelidinho ofensivo pros únicos comunistas de verdade que sobraram no Partido Comunista. Eu tenho exatamente a idade da Revolução de Outubro...
STEPHEN Eu sei, você disse.
MAX A minha vida teria ficado bem encaixadinha se eu tivesse batido as botas em março. Da Revolução de Outubro à dissolução do Partido Comunista da União Soviética. Quando foi que começou a dar errado?
STEPHEN 1917?

O fogo de Max ainda não se apagou. Ele ainda é capaz de meter medo. Ele brande a bengala na direção de Stephen, e bate com ela na mesa, estilhaçando um ou dois pratos.

MAX Você não ganhou o direito de ser condescendente! Seu bostinha imaturo, eu aviso quando estiver aceitando piadinhas!

Esme levantou de um salto e veio correndo.

ESME O que foi?
STEPHEN Não era piada, Max. Sinto muito se você achou isso.

Esme já viu a louça quebrada. Ela começa a recolher os cacos.

ESME Mas o *quê*...?
MAX Parece que eu dediquei a minha vida a um erro.
STEPHEN A *corrigir* um erro.
ESME Do que é que vocês estão falando?!
STEPHEN (*para Max*) *Eu* estou falando de dezembro de 1917, "As instruções gerais sobre o controle dos trabalhadores" em resposta aos Comitês Fabris de Petrogrado...
ESME (*furiosa*) Ah, pelo amor de Deus! Vocês parecem duas criancinhas!...
MAX Comitês Fabris?
ESME ... e eu não vou aceitar esse tipo de coisa na minha casa!
MAX Seu merdinha anarquista!
ESME *Chega*!

Pausa.

STEPHEN (*arrependido*) Desculpa.
ESME Eu achei que você tinha vindo pra ajudar.
STEPHEN Eu estou ajudando. (*Esme entra na casa com os cacos da louça*) A casa é dela?
MAX Claro que não. É da universidade. Meu Deus. E quanto a você. Jesus todo-poderoso. O menino subiu à plataforma pra contestar as letrinhas miúdas do controle dos trabalhadores nos Comitês Fabris de Petrogrado.
STEPHEN Você perguntou. Quando o comunismo soviético desmoronou ele estava mais longe da teoria do que quando começou — então eu diria que ele deu errado no começo.
MAX Então esqueça a guerra civil, a fome, Hitler, a hegemonia americana — tudo deu errado quando não confiaram nos trabalhadores pra administração dos locais de trabalho. Você não é anarquista, você é utópico. Não sei por que você se filiou.

STEPHEN Eu não sei por que você saiu. Você ainda tem o hinário. Mas não é comunismo se a elite revolucionária está dando as ordens e os trabalhadores ainda estão aceitando. Era esse o centro da questão, se você quer saber.

MAX Bom, não é o centro da questão pra *nós, agora*! O voto da classe operária podia transformar este país em um país socialista *permanentemente*, e eles votaram aos milhões no governo conservador mais reacionário dos tempos modernos. Nós damos merda a esse povo. Eles comem merda, leem merda, assistem merda, ganham duas semanas pra tomar sol e ficam contentes. Por que eles não estão com raiva? Esse que é o centro da porra da questão!

STEPHEN Então vocês deviam estar ouvindo o que eles estão dizendo, em vez de desprezar essas pessoas por causa dos tabloides de merda, da TV de merda, dos pacotes de férias... Não, de verdade, você odeia o que aconteceu com este país — a cultura de massas e a cultura dos yuppies, tanto uma quanto a outra. Os trabalhadores decepcionaram a gente, né? Eles *correm* pra comprar as casinhas nos conjuntos habitacionais e as ações das estatais. O Partido Trabalhista foi mais pra esquerda e foi massacrado — e *você* acha que o problema é que eles não são "esquerdistas" o *suficiente*. Bom, acabou. Marx leu Darwin mas não enxergou. O capitalismo não se autodestrói, ele se adapta. Os comunas estão de olhos fechados, ainda se guiando pelo boneco de neve derretida do trabalhismo. Os trotskistas podem organizar manifestações revolucionárias em toda a Inglaterra, até você perceber que são os mesmos fãs que aparecem em todos os shows. A gente pode tirar os conservadores do poder com modernização. Eurocomunismo ganha votos.

MAX (*bravo*) Claro que ganha. Mas por que chamar de comunismo?

ESME (*entrando*) Quem é esse pessoal que você convidou?

MAX (*para Esme*) Se eu te disser "Eu sou eurovegetariano, então eu posso comer carneiro", você ia (a) rir da minha cara, (b)...

STEPHEN Torta de peixe, Max. Não é carneiro, certo? Torta de peixe.

ESME (*para Stephen*) A Alice precisa que você vá fazer aquele seu molho de salada. (*Esme afasta o jornal, e depois se dá conta*) Ah... essa é a...?

STEPHEN (Isso.)

ESME (*como Alice*) Bonitinha. "Candida, a explêndida, a colunista que não te enrola..." Coitadinho do Nigel. "Cantinho da Candida"... "Os selos vão subir e não adianta meter a língua." Essa frase está certa?

STEPHEN Estou vendo que vocês vão se dar bem.

ESME Você mostrou pra Alice? Olha.

STEPHEN Pra falar a verdade, esconda em algum lugar até depois. Tem uma página dupla sobre o Syd Barrett, ela vai pirar. Eles descrevem o cara como um vegetal com os olhos estanhados de um animal assustado. O que é meio esquisito se você para pra pensar.

Esme achou a página.

ESME Ah, meu Deus...

STEPHEN Eles pegaram o cara em casa.

ESME Ele parece um amor. "Um zumbi chapado que late como um cachorro"... Sério, eles podem fazer uma coisa dessas?

MAX De quem é que vocês estão falando?

STEPHEN Um cara que a Alice conhece.

MAX O que tem ele?

ESME Nada.

STEPHEN Ele é meio introspectivo, só isso.

Esme encara a foto de Syd.

ESME Ele era tão...

A cabeça de Alice aparece, ela chama Stephen. Esme, em resposta a isso, fecha o jornal.

STEPHEN Molho de salada.

Stephen sai. Esme folheia o jornal.

MAX *(cansado)* O que é que se há de fazer?

ESME Não se preocupe, eu vou cuidar de tudo agora. *(ela dobra o jornal de novo na página da foto de Candida, detendo-se nela)* Você viu a foto da mulher do Nigel?

MAX *(saindo)* Não se preocupe, essas fotos das colunas são sempre antigas.

ESME Como é que você sabe?

MAX É o tipo de coisa que eu sei.

Max sai. Esme "esconde" o jornal em uma gaveta e sai para pegar seus livros. Jan entra pelo jardim. Ele traz uma pasta. Vê Esme. Ele a observa por um momento. Então ela o vê.

JAN *Ahoi.*
ESME Ah, meu Deus. Jan.
JAN Isso mesmo. Oi.
ESME Jan.

Esme, carregando suas coisas, vai até ele para cumprimentá-lo. Eles conseguem uma combinação desajeitada de beijo no rosto e aperto de mão e a outra bochecha.

JAN O Max não...?
ESME Não! Não, não disse. Ele provavelmente pensou que tinha, mas... Ah, entra, por que você veio a Cambridge?

Ela o leva para dentro e larga seus livros.

JAN Para ver o Max. Ele anda esquecendo coisas agora?
ESME Um pouco.
JAN Setenta... e três, quase.
ESME Isso. Quanto você vai...?
JAN O Max disse pra almoçar.
ESME Claro, mas em Cambridge?
JAN Só pra ver o Max.
ESME Quando foi que você falou com ele?
JAN Ontem, de Praga... e agora há pouco, da casa da doutora Chamberlain.
ESME Senta um pouco. *(muda de ideia)* Não, você quer ver o Max, claro.
JAN Não... Não. Agora não tem pressa. *(Jan senta e larga sua pasta a seu lado)* Primeira vez que eu dirigi na Inglaterra. Muito bacana. Uma aventura. Vim de Stansted.
ESME Você alugou um carro no aeroporto? Bom, claro que alugou. Eu me liguei. *(pausa. Súbito)* Olha, tem vinho.
JAN Não...
ESME Ou...
JAN Não. *(pausa: os livros)* Então, o que você está...?

ESME Ah, só... só arranjando o que fazer. Quem é a doutora Chamberlain?
JAN Você sabe. A Lenka.
ESME Ah. A Lenka. Eu não sabia... Ela não era casada naquela época.
JAN (*pequena risada*) Não, claro que não. Ah, você quer dizer quando...
ESME Isso. *O quê?*
JAN Com o Max.
ESME Era disso que eu estava falando.
JAN A Lenka me contou. Ela e o Max.
ESME Ele não durou muito tempo.
JAN Nem o senhor Chamberlain, pelo que ela me disse.
ESME Ah, então, então você vai ficar na Lenka?
JAN Não. Eu... parei só pra falar com ela...
ESME Ah — ela é a outra que vem almoçar.
JAN Ela vem. Ela está com uma aluna, aula particular... Plutarco.
ESME Então... bom, você pode ficar, é claro.
JAN Não, eu tenho que voltar.
ESME (*salta*) O almoço!... Ah, meu Deus... não tem importância, não tem importância *mesmo*, mas o Nigel acabou de casar — ele é o meu...
JAN Claro. O Nigel. Das fitas.
ESME Isso — aquele Nigel. Ele casou com uma jornalista. O negócio é que eles iam almoçar na casa da Alice e do namorado, pra ela, sabe, conhecer a nova — ah, Alice é a minha... minha e do Nigel...
JAN Não, eu sei.
ESME Isso. Mas agora vai ser tudo *aqui*, porque ela amarelou.
JAN Ficou doente.
ESME Não, ela... (*arrevesada*) Você está rindo da minha cara?
JAN Não. Desculpa.
ESME (*pausa*) Então o que aconteceu?
JAN (?)
ESME Então não me diga.
JAN O quê?
ESME Não sei. Você liga, entra num avião, aluga um carro, vem até Cambridge, só pra ver o Max, e volta de carro pro aeroporto. É isso, né?
JAN Isso. Nada sério mesmo.

Alice entra com uma bandeja carregada de coisas para a mesa.

ALICE Ah. Oi. Tudo bem?
ESME Essa é a Alice. Jan.
ALICE Oi.
JAN Sim. Olá.
ESME (*animada*) Algumas fitas eram da Alice.
JAN (*esclarecido*) Ah. (*ele aponta um dedo para Alice*) "Like a virgin"... "A kind of magic"...
ALICE Ah... você é aquele cara.
JAN "Born in the USA."

Alice consegue se pôr à vontade.

ALICE É, minha culpa, e não esqueça da "Antologia de Sucessos"... Eu te dei umas coisas boas, não que nem a mãe que te entupiu com aquelas coisas techno pós-punk depressão-visceral-com-bateria-eletrônica que ela adorava.
ESME Eu achava que era cabeça.
JAN (*sério*) Ah, é... Kraftwerk, uma crise de identidade modernista em um período reacionário.
ESME Viu? Como é que está tudo lá com, sabe, a questão dos pães e dos peixes e tal?
ALICE Água no feijão, digamos. (*para Jan*) A gente se fala depois. Você tem *Opel*?
JAN Não. O quê...?
ALICE Saiu um disco novo do Barrett... bom, não é *novo*; sobras de estúdio, mas vale a pena. A mãe me contou da noite em que vocês...
ESME Tem um *take* diferente de "Golden hair".
ALICE É. Sem os *overdubs*. Você devia comprar.

Alice sai.

JAN O Syd Barrett ainda mora em Cambridge?
ESME (*faz que sim*) Ele se chama de Roger.
JAN Roger?
ESME É o nome dele.

JAN Ia ser incrível falar com ele.

ESME Bom, não dá, infelizmente.

JAN Eu sei. Eu queria dizer que, se ele... pulasse pra cima do muro, sabe. Só ver o cara.

ESME A Alice sabe onde ele mora mas você não pode ir.

JAN Beleza.

ESME Não diga que eu disse.

JAN Beleza. Os Rolling Stones estão em Praga esse sábado. Os Rolling Stones em Strahov... Strahov é onde os comunistas faziam os grandes espetáculos deles. A vida virou uma coisa impressionante.

ESME Eu não contei pra Alice do... Só do muro.

JAN O Grande Deus Pan.

ESME Você não esqueceu.

JAN Ah, sim. Claro.

ESME Eu vi o Syd... Roger... de bicicleta um dia quando eu estava com a Alice, e contei pra ela... aí ela comprou *The madcap laughs*, eu só tinha o vinil, e quando eu fui ver... bom, ela, sabe, meio que adotou ele... (*ri sozinha*)... mesmo sem ele saber direito. Ela protege ele.

JAN De quê?

ESME Só gente que vem encher o saco dele, umas peregrinações basicamente, gente que acha que o Pink Floyd virou uma merda depois de 68...

Jan ri. Max entra, avisado por Alice.

MAX Jan!

JAN Max. Com três pernas.

MAX Não se engane, foi a cabeça que eu perdi. A Esme explicou? Eu esqueci que vinha a família...

JAN Eu não vou comer.

MAX Não tem problema, estamos inserindo sardinhas na torta de peixe.

ESME (*assustada*) Espero que não! Pegue um copo de vinho pro Jan.

Esme sai correndo para salvar o almoço.

MAX Cuide do vinho. Eu vou querer uma cerveja. Sem copo.

JAN Cerveja pra mim também. Obrigado.

Jan lida com as cervejas.

MAX Nós dois estamos com uma cara boa. Cadê a Lenka?
JAN Ela vai chegar em meia hora.

Jan entrega a garrafa de cerveja.

MAX Você precisa de meia hora?
JAN (*ri*) Ela está com uma aluna.
MAX Ah, tá. Skol.
JAN Skol.

Eles batem as garrafas e bebem.

MAX Lenka... Ela te contou?
JAN Contou.
MAX "Um mês de nada ou antes que envelhecessem os sapatos", né? O luto não funciona como a gente pensa. Ele se guarda pra si próprio, nada que você faça faz qualquer sentido pra ele. Fazer alguma coisa é a mesma coisa que não fazer — o luto chupa o valor do mundo como uma bomba chupa o oxigênio. Levar a mulher pra cama; não levar a mulher pra cama. Que diferença faz? Ficar; sair... (*pausa*) A Eleanor sempre defendia ela. Talvez tenha sido isso. (*leve*) Mas eu não melhoro com a idade, eu não ofereço nada em troca do que me dão, eu falei mal da astrologia e do I-Ching... e a Lenka queria um marido, pra poder ir para casa com uma passagem de volta que funcionasse...
JAN Max...
MAX Sim. Qual o problema?
JAN Não tem problema.

Jan abre a valise e tira uma pasta antiga de papelão. Ele dá a pasta a Max.

MAX (?)
JAN É a sua ficha policial secreta. *Statni Bezpecnost.*

MAX Ah. Eu estava mesmo pensando nisso. Por que ficou com você?
JAN Uma amiga me deu. Magda. Você encontrou com ela uma vez. Agora ela é advogada, e está trabalhando pra comissão parlamentar que investiga o arquivo da STB.

Max casualmente abre a pasta e dá uma olhada no conteúdo.

MAX Os originais. Que amiga. Deve ter muita coisa saindo de baixo dos móveis.
JAN É.
MAX Bom, Jan, eu não sei ler tcheco, então você vai ter que me dizer.

Max devolve a pasta.

JAN Não é muita coisa, alguns encontros com um contato, Milan, um nome de guerra, e dois documentos, de 1968 e 1977.
MAX Ah, é... 1968. (*ri*) Alguém do Gabinete... jantou no refeitório uma noite e começou a ficar empolgado por causa do porto... disse que os soviéticos iam acabar com o Dubcek à base de martelo e que isso estava decidido — ele tinha visto a minuta do Comitê de Inteligência Comum. Isso foi umas semanas antes da invasão. Eu achei que se contasse aos tchecos eu podia fazer o Dubcek cair em si. E 1977, você disse. Deve ser o meu trabalho sobre a esquerda britânica. (*Jan lhe dá um documento extenso*) Isso é uma tradução?
JAN Não uma tradução, um resumo detalhado. Um estudo das alianças dentro do governo trabalhista e do Partido Trabalhista... sobre a Europa, sobre o Relacionamento Especial, a Guerra Fria, o movimento pacifista... Comentários, análises, previsões... e também descrições de certos políticos, aparentemente muito divertidas.
MAX Basicamente senso comum e fofoca do alto escalão.
JAN Mas boas informações básicas, diz aqui.

Algo chama a atenção de Max enquanto ele vira as páginas.

MAX Por que o seu nome está aqui?
JAN Porque isso explica — você trocou essas coisas pela minha liberdade. Em setembro de 77 eu estava na prisão em Ruzyne, com uma sentença de um

ano por ser um parasita, que é não ter emprego. Um dia chamaram o meu nome e duas horas depois eu estava na frente da cadeia, novamente parasita, mas lá está um Tatra com três policiais dentro esperando por mim. "Entra." Eu entrei. Eles não abriram a boca. Me levaram pra padaria nova de Michle e foram comigo até o escritório. O policial que estava no comando disse pro chefe: "Esse homem agora trabalha aqui". Aí o carro foi embora, e eu trabalhei doze anos na padaria.

MAX Então, bom. Então essa sua amiga, ela viu isso na minha ficha e daí, o quê? Roubou?

JAN É. É um presente.

MAX Um presente. E o que você acha que eu vou fazer com isso?

JAN Que diferença faz pra mim?

MAX Eu vou te dizer uma coisa, Jan. Por que você não pega essa pasta e se manda de volta pra merda da sua cidade?

JAN (*pausa*) Beleza.

MAX (*nervoso*) Eu não preciso ser salvo.

JAN Beleza. Desculpa.

MAX Eu não fiz nada que não esteja preparado para defender. Então não fique esperando que eu te agradeça por me dizer o contrário. Estamos resolvidos?

JAN (*pausa*) Em Cambridge, ser seu orientando, convidado pras reuniões dos Filósofos Marxistas, foi uma grande alegria... esta casa, a sua família. Fingir ser um bom comunista era ridículo, mas e eu com isso? Eu estava em Cambridge! Eles achavam que estavam me usando, mas eu é que estava. A minha realidade é que era de verdade... E a única coisa que eles queriam que eu desse em compensação era... um estudo da personalidade, sim, de Max Morrow.

MAX Por que eu?

JAN Ei, Max — um aliado ideológico e *persona grata* com a classe dominante? Lógico. Por que é que eles não iriam querer tirar as suas medidas? Quando eu li esse artigo eu entendi como você tinha estragado as minhas férias de verão de 68. Como eles devem ter ficado empolgados quando, sem aviso, você entrega um bônus desse tipo! Me disseram pra não voltar pra casa, me tornar indispensável por aqui...

MAX O que aconteceu quando você chegou em casa?

JAN Pegaram os meus discos.

MAX E só?
JAN Eu peguei os discos de volta e como pagamento eu disse coisas que eles já sabiam. Quem era amigo de quem, sabe. Eles acham que estão te usando, mas na verdade é você que está. Mas finalmente, em 76, eles me fizeram lembrar quem estava usando quem. Eles quebraram os meus discos. Porque, no fim, existem duas realidades, a nossa e a deles.
MAX Isso aqui está indo a algum lugar?
JAN Eu estou pedindo o seu perdão.
MAX Ah. Tudo bem. Vai, meu filho, e não peques mais. Só isso?

Max não se altera. Não é satisfatório, mas Jan aquiesce.

JAN O que é que eu faço com isso?
MAX Não dou a mínima. (*desagradável*) O que foi que você fez com a sua?
JAN A STB queimou muitas nos últimos dias do comunismo. Então parece que eu não tenho ficha.

Max ri.

MAX Bom, então você não precisava me contar, não é?
JAN Não.

Max entende, mas não vai desmontar por causa disso. Ele suspira e se abre apenas o suficiente para conceder um abraço constrangido a Jan. Jan começa a tremer, então Max o abraça mais forte. Blecaute, e "Don't cry", dos Guns'n'Roses.

Corte brusco para:
Almoço para oito já nos últimos estágios, um sucesso, pelo som do burburinho em que ainda há algum riso. Duas ou mais cadeiras que não combinam com as outras foram acrescentadas. Jan está em uma extremidade da mesa, ao lado de Lenka. Max está diante de Jan, na outra ponta, ao lado de Esme. Há três conversas acontecendo simultaneamente com alguma empolgação. Jan está falando com Lenka em tcheco. Ela lhe concede toda sua atenção, inclinando-se para ouvir o que ele diz, rindo, feliz. A segunda conversa é entre Nigel, Alice e Stephen. A terceira conversa é entre Candida, Max e, conceitualmente, Esme, que não contribui. Pouco ou nada de compreensível emerge do burburinho. Candi-

da é da mesma idade de Nigel, cerca de quarenta, autossuficiente, atraente. Lenka ainda é sexy com seus quarenta e poucos anos. Jan está contando a Lenka, em tcheco, como sua mãe cantava e quando Jan canta, em inglês, sua voz cai em um buraco do burburinho.

JAN (*em inglês*) "*...but I know we'll meet again...*" (*Lenka ri. Pedindo desculpas a todos*) Perdão. A infância é uma terra perdida. Quando eu voltei ela não estava aqui.
STEPHEN Quando foi que você voltou?
JAN Entre 66 e 68.
LENKA Essa também está perdida.
CANDIDA Eu não me lembro dos anos 60, então devo ter estado por lá.
NIGEL Eu achava que você não tinha nascido ainda, querida.
MAX Os anos 60 me deixavam com vergonha. Era como abrir a porta errada em um bordel altamente especializado. Até hoje tem gente na vida pública por aí que não consegue me olhar nos olhos porque eu os conheci quando eles andavam vestidos que nem crianças gigantes de cinco anos de idade em um casamento elegante... trocando máximas fajutas que eles tiravam de umas religiões orientais que entendiam errado.
NIGEL Eu tive um cafetã. Existem fotos.
LENKA O Jan tinha cabelo.
JAN Tinha mesmo. Todo mundo tinha. Era nosso direito.
NIGEL Quando eu conheci a Esme, ela estava morando na Clarendon Street em um... você diria que aquilo era uma república ou uma comuna? Esme?
ESME É...
NIGEL Eu me infiltrei pra fazer uma matéria, mas — infelizmente — me naturalizei.
ALICE Não infelizmente. Você se apaixonou pela mãe.
CANDIDA Muito bem colocado.
MAX Os anos 50 foram a última vez em que a liberdade se abria quando as pessoas estavam deixando a juventude para trás. Depois disso, os jovens já começavam com mais liberdade do que sabiam usar... mas — lamentavelmente — confundiram essa liberdade com liberação sexual e a liberdade de ficar doidões... aí foi tudo por água abaixo.
NIGEL Na mosca. Sexo, drogas e rock 'n' roll.
LENKA (*reclama em altos brados*) Espera aí, a gente mudou o mundo.

CANDIDA É... o que vocês me dizem de 1968?

MAX O que foi que aconteceu em 68?

CANDIDA A revolução!

MAX Você vai ter que me dar uma mãozinha. Eu tenho aquela doença que faz você esquecer o nome da doença.

LENKA A Candida está falando da revolução cultural.

CANDIDA Não, não estou, eu estou falando das ocupações — Paris, a Faculdade de Economia de Londres, ou no meu caso a Faculdade de Artes de Hornsey.

MAX Ah, as ocupações. Certo. Você se lembra da ocupação de 68, Jan?

ALICE Vô.

MAX O quê?

ALICE Você sabe o quê.

CANDIDA (*sorri para Alice*) O Max sabe muitíssimo bem do que eu estou falando, e nós estávamos todos alucinados com a possibilidade de derrubar o capitalismo.

NIGEL Derrubar o capitalismo foi a indiscrição juvenil da Candida.

MAX Teatro de rua.

CANDIDA E o fim da guerra. Todas as guerras, não só o Vietnã. Eu não sei do que você está falando com essa coisa das fantasias. Eu usava uma jaqueta de camuflagem e coturnos. Ah, entendi o que você estava dizendo. Mas eu também tinha um casaco Sargent Pepper, da Chelsea Girl. Não, está bem, então a gente se fantasiava. E daí? A gente era muito politizado. O meu namorado era caricaturista da *Black Dwarf*.

Jan fica confuso. Lenka explica.

LENKA Jornal.

MAX Mas a Lenka tem razão. Acabou sendo meramente uma revolução cultural. Deixou o sistema bem onde estava... porque, como eu poderia ter te dito na época, alterar o psiquismo não tem efeito algum na estrutura social. Você cai fora ou se encaixa. No fim, você se encaixou. (*para Esme*) Manda essa garrafa pra cá.

CANDIDA (*ri*) E eu é que sou famosa por mandar ver nos ricos e famosos.

MAX (*para Esme*) Garrafa.

Stephen empurra uma garrafa de vinho para Max, passando-a pela frente de Esme.

ESME O quê? Ah. Quem quer mais (café)...?

Esme levanta, levando o bule.

ALICE (*preocupada com ela*) Quer que eu...?
LENKA Não tente me pôr do seu lado, Max. "Faça amor, não faça a guerra" foi mais importante que "Trabalhadores do mundo, uni-vos".
JAN Eu concordo com a Lenka.

Esme lança um olhar para Jan e Lenka, e sai com o bule. Alice vai atrás de Esme, preocupada.

ALICE O que você está fazendo, mãe? Eu já enchi o bule.
LENKA (*enquanto isso*) A bem da verdade, a *propriedade* das fábricas não muda nada.
STEPHEN (*achando divertido*) Viu essa, Max?
CANDIDA (*não resistindo à tentação*) Como assim me encaixei?
NIGEL Sim, nós somos o quarto poder, muito obrigado. Muitos homens de bem foram presos para estabelecer o direito de o público saber.
MAX Foram presos mesmo, e pessoalmente eu ia ficar bem quietinho sobre isso se estivesse enchendo metade de um jornal com baboseiras "picantes" sobre celebridades de que eu nunca ouvi falar.
STEPHEN Na verdade eles iam adorar isso.
MAX O proletariado não quis seguir o exemplo do Stephen, então ele segue o do proletariado. (*Alice volta com o bule. Ela silenciosamente oferece café a Candida e ganha um sorriso. Enquanto isso, para Candida*) Eu vou te dizer, então. Tudo que você escreve é refém do mercado. O seu proprietário é escravo do consumidor. Enquanto os lucros crescem, ele vai te recompensar por contar mentiras; quando os lucros caem, ele vai te castigar por contar a verdade...
NIGEL (*explode*) Isso é bobagem, Max!

Alice continua passando com o café.

MAX (*para Candida*) Tente "mandar ver" com os anunciantes.

CANDIDA (*calma*) Pra falar a verdade, o meu contrato diz que nenhuma palavra da minha coluna pode ser mudada a não ser em caso de calúnia.

MAX O seu contrato não serve pra nada. Por que você iria pôr os seus privilégios em risco?

ALICE Vô.

MAX (*deliberadamente entendendo outra coisa*) Não, obrigado.

ALICE Você chateou a mãe.

MAX Como?

ALICE Como?! (*ela larga o bule e vai para sua cadeira*) Ela subiu mesmo. Acho que está enjoada por causa de alguma coisa.

JAN (*para Alice*) Ela está (legal)...?

NIGEL (*apontando para Jan*) Isso — pergunte a *ele*!

MAX Perguntar o que a ele?

NIGEL Peça pra ele lhe falar da verdade e das mentiras no seu amado sistema.

MAX Eu não preciso que o Jan me conte. Nenhum sistema se dedica a solapar suas próprias bases. Os jornais são parte do sistema, e a verdade é relativa a esse fato singelo.

NIGEL (*triunfante*) Obrigado!

MAX Eu estava falando sobre esse seu pessoal.

NIGEL (*confirmando*) Diga pra ele o que você me disse em Praga.

JAN O que foi que eu disse?

NIGEL Sei lá, merda... você estava lá. Sobre aquilo de que ser humano é ter um monte de verdades diferentes.

JAN Não, eu disse que era humano discordar sobre a verdade.

NIGEL Exatamente. Esse é o nosso sistema.

JAN Mas o Max tem razão. Como foi que o jornal de propaganda do Partido e a imprensa capitalista chegaram à mesma relação com a verdade? Porque todos os sistemas são irmãos de sangue. Trocar um sistema pelo outro não foi o objetivo da Revolução de Veludo. Nós temos que começar de novo com os sentidos comuns das palavras. Dar novos sentidos às palavras é o jeito que os sistemas têm de mentir pra si próprios, a começar pelas palavras que lhes dão nome — socialismo, democracia... Uma invasão se transforma em auxílio fraterno, e um parasita pode ser alguém que está castigado com o desemprego e castigado novamente por estar desempregado — não é isso, Max?

MAX Eu teria deixado você de molho se a Esme me deixasse em paz.

LENKA As mentiras não começam com o idioma...

JAN (*para Max*) Como assim? A Esme...?

LENKA A primeira mentira foi o homem dar as costas para a sua natureza.

CANDIDA E as meninas aqui?

STEPHEN Falando nisso, Candida, você leu a matéria de vocês hoje sobre o doido do Barrett?

CANDIDA A minha?

LENKA Eu li.

NIGEL Imagino que vocês vão dizer que não é verdade.

STEPHEN Não é tão simples. O que aquilo é, é uma mentira inatacável. Pra qualquer um que saiba das coisas, é bobagem exagerada, aparentemente escrita pra leitores retardados, e cruelmente maldosa, mas completamente segura, um tipo de triunfo, na verdade. Mas o mais esquisito ali é que a crueldade e a desonestidade são completamente desmotivadas, é só como que um *estilo*. Lenka, por que você compra aquilo?

LENKA Tem o melhor horóscopo.

MAX (*para Stephen*) Os jornais são a natureza humana no papel, e sendo a natureza humana o que é, cheia de crueldade e *superstição*, a Lenka...

NIGEL (*levantando*) Então, gente, muito obrigado...

MAX ... eu prefiro um *sistema* em que os jornais são chatos demais para causar muito dano.

NIGEL Vamos, Candida.

Nigel sai para pegar o casaco dela.

CANDIDA Eu tenho que dizer tchau pra Alice.

LENKA Você acha que a natureza humana é um animal que tem que ser posto numa jaula. Mas é a jaula que deixa o animal mau.

NIGEL (*voltando com o casaco de Candida*) Tchau, gente.

MAX A jaula é a razão.

LENKA A razão é a *sua* superstição. A natureza é mais enigmática que a razão, e mais estranha.

MAX Isso agora vai dar no I-Ching?

Lenka agarra uma faca e se estica sobre a mesa na direção de Max.

NIGEL A gente só veio ver a Alice. Vamos deixar vocês com essa conversa.

Alice entra com um jornal.

ALICE Esse é o seu jornal, Candida?
LENKA (*interrompida*) Acho que é meu.

Alice estraçalha o jornal nos ombros de Candida. Nigel puxa Alice para longe. Alice se libera e sai às lágrimas. Stephen vai atrás dela. Candida está em estado de choque. Nigel a abraça.

NIGEL Vocês são todos loucos! (*ele tira Candida dali, com um último comentário dirigido a Max*) Eu vou lhe dizer qual é o seu problema — você passou a vida inteira errado e sabe disso. Vamos, querida.

Max, Lenka e Jan ficam imóveis olhando a saída. Vozes do lado de fora, e a porta da frente é batida.

MAX (*pausa*) E estava indo tão bem. (*Max pega a mão de Lenka, retira a faca, põe a mão dela contra os lábios*) Bom ter você de volta. Eu estava ficando chato. (*Lenka beija a cabeça de Max*) Eu pedi pra Lenka ficar.
JAN Ah. Que bom. Ficar?
MAX Um dia de cada vez, sabe?
LENKA A Esme ficou chateada.
MAX Ela não sabe.
LENKA Você não perguntou?
MAX Por quê? A casa é minha.

Ela lhe dá um soco de brincadeira.

LENKA O que foi que deixou ela chateada, então?
JAN Eu não quero ir embora sem...

Max seca seu copo de vinho, desanimado.

MAX Era uma vez um lugar, um país imenso em que operários de queixos quadrados balançavam martelos e sorridentes mocinhas rechonchudas com lenços na cabeça erguiam fardos de trigo, e todo mundo cantava, e publicavam-se volumes de poesia em edições de cem mil exemplares que esgotavam em um dia... O que foi que aconteceu com essa terra?
JAN Se eles pudessem comprar pornografia, a poesia ia vender como a poesia vende no Ocidente. A gente ainda não entendeu o que fez.
MAX (*sorriso amarelo*) Eu entendo.
JAN Diga obrigado pra Esme.
MAX Volte e termine o seu doutorado.
JAN Quando a minha mãe morreu eu pensei nisso. Em emigrar, até.
MAX O Jan adora a Inglaterra.
JAN (*ri*) Adoro mesmo!
LENKA Você acha que adora. Não volte, Jan. Este país perdeu a coragem. Colocaram alguma coisa na água depois que você foi embora. É uma democracia de obediência. Eles têm medo de usar a cabeça, caso a cabeça deles lhes conte heresias. Eles pedem desculpas pela história. Pedem desculpas pelos bons modos. Pela diferença. É um concurso de desculpas. Você ganhou o seu país de volta. Por que é que você iria trocar isso por um outro país que está fodido há pelo menos cinquenta anos?

Esme entra segurando um disco, Opel.

ESME Desculpa. Eu... Todo mundo já foi?
LENKA Você está melhor, Esme?
ESME Como assim? (*ela entrega o disco a Jan*) Comprei uma coisa pra você levar.
JAN Nossa... Obrigado.
ESME Caso você, caso você não consiga achar.
JAN *Opel!*
ESME (*para Max*) O que você achou dela?

Jan larga o disco na mesa e revira sua valise.

MAX Foi uma surpresa agradável.
ESME De verdade? Tomara que a Alice goste dela.
JAN Então. Até um dia de sol.

Ele aperta a mão de Max.

MAX Cadê o seu carro?

Jan faz um gesto na direção do jardim. Ele troca beijinhos com Lenka.

JAN Foi bom te ver, Esme.
ESME Vai pela sombra, então. (*eles trocam beijos. Jan sai abruptamente pelo jardim. Lenka começa a limpar a mesa*) Não... faça isso.

Lenka desiste imediatamente; um reconhecimento de território ocupado.

LENKA Desculpa. (*pausa*) Eu devia ter dito, o Max quer que eu, pediu pra eu, pra ficar. Você se incomoda, Esme?
MAX Por que ela ia se incomodar? Divide o fardo.
LENKA Eu não vou ficar... se você...
ESME Ele esqueceu de levar. (*ela pega o disco*) Desculpa. Como...?
LENKA Eu tenho saudade dele... e o Max diz que tem saudade de mim.
ESME É. Claro. Claro que eu não me incomodo. Quando foi que vocês...? (*desorientada*) Você quer dizer agora, isso aconteceu agorinha mesmo?
LENKA Ele não queria desligar o telefone. Eu disse que ia pensar. (*ri*) Mas pus umas coisas no carro.
ESME Eu vi que você estava feliz. Eu pensei... Ah, Lenka. (*Esme abraça Lenka, ri numa tosse*) Cadê a minha...?

Esme vai direto para sua jaqueta na cadeira de jardim... acende um cigarro, senta, fuma, apaga o cigarro depois de duas tragadas, fica sentada olhando para o nada. Lenka e Max saem da sala de braços dados. Jan volta para o jardim.

JAN *Ahoi.*
ESME Jan. Ah... então, você deixou em cima da mesa.

JAN (?)

ESME Você voltou por causa do Syd?

JAN Ah... não.

ESME Ah. Eu saí pra fumar, aí lembrei que eu não fumo.

JAN Ah.

ESME Queria ter uma erva. (*ela gesticula para o muro do jardim*) Ele era lindo. Era como a garantia da beleza.

JAN Eu vim te perguntar... se você quer vir comigo?

ESME Quero.

JAN Pra Praga.

ESME Claro. Quero. Claro.

JAN Você vem agora?

ESME Vou. Tudo bem. Eu tenho que ir pegar o meu passaporte.

JAN Tudo bem.

ESME Está lá em cima.

JAN Tudo bem.

ESME Você vai estar aqui quando eu voltar?

JAN Vou.

Esme se vira para entrar, anda, olha para trás, volta a andar velozmente. Jan pega Opel *e olha. Blecaute. "Vera", do Pink Floyd — inteira:*
"Alguém se lembra de Vera Lynn?
Lembram como ela disse que nós íamos nos reencontrar?
Vera, Vera, o que aconteceu com você?
Será que mais alguém se sente como eu?"

Corte brusco para:
Praga, exterior, 1990 (muro Lennon). Em um local próximo ao muro Lennon, Esme, com roupas de verão coloridas e baratas, feliz por trás dos óculos escuros, posa para várias fotografias tiradas por Jan com uma câmera barata. A versão dos Beatles de "Rock and roll music" toca nos bastidores em um toca-fitas minúsculo.

ESME Dá um beijo. (*ele a beija breve, levemente*) Um beijo *de verdade*.

JAN Não. Isso aqui é a Tchecoslováquia, você não pode fazer que nem no seu paisinho bárbaro. (*ele lhe dá um beijo*) Certo?

Ferdinand chega ao muro Lennon.

FERDINAND Jan?

Ele vê Ferdinand chegar.

JAN Ferdo!

Em outro lugar (Cambridge, 1990): Lenka com uma aluna. Enquanto Ferdinand se junta a Jan e eles se cumprimentam animados em tcheco, a aluna traduz do grego "sem olhar" para seu Plutarco; Ferdinand continua falando tcheco com Jan (ele está contando de seu novo emprego no gabinete do presidente Havel).

ALUNA "... Na terceira vez, Thamus respondeu a quem chamava, e ele gritou
 'Quando estiveres perto o suficiente de Palodes...'"
LENKA Bom.
ALUNA "... 'Digam que o Grande Pan morreu'..."

A aluna continua sem ser ouvida, enquanto Jan apresenta Ferdinand a Esme.

JAN Ferdinand. Ele não fala inglês a não ser por letras de músicas.
FERDINAND *Ahoi!*
ESME *Ahoi!*
FERDINAND *Ferda!*
ESME Esme!
JAN O Ferda está trabalhando no gabinete do presidente Havel.

Ferdinand começa outro assunto em tcheco. A aluna continua.

ALUNA "... Thamus era o timoneiro egípcio, que não era conhecido pelo nome..."
 Hhm, *empleoton*...?
LENKA Particípio passado...
ALUNA Isso. "... pelos que navegavam..."

A aluna e Lenka diminuem de volume. Jan parece preocupado.

ESME O que foi?
JAN Nada.
ESME Não... me diga.

Ferdinand fica por ali enquanto Jan começa a explicar.

JAN O Ferda viu um amigo da Plastic People. Agora ele está com uma banda nova. *Pulnoc*. Quer dizer "meia-noite". Eles vão pros Estados Unidos.
ESME E qual é o problema?
JAN Nada. Nada mesmo. São novos tempos. Quem vai ficar rico? Quem vai ficar famoso?

A aluna continua.

ALUNA "... e Thamus à popa gritou na direção da praia — 'O Grande Pan está morto!'."

Magda chega e chama Jan. Lenka e a aluna diminuem de volume.

MAGDA Jan!
JAN Magda!

Jan e Magda se abraçam.

JAN *(para Magda, em tcheco)* Essa é a Esme — a menina de Cambridge.
MAGDA *(para Esme)* Ahoi. Magda.
ESME *Ahoi*. Esme.
MAGDA *(para Jan, com sotaque tcheco)* Rolling Stones!
JAN Mas a gente tem que comer antes do show.

Contínuo: a cena se desloca para as mesas do café. Ferdinand e Magda vão para uma das mesas. Jan e Esme sentam em outra. Chega um garçom. Em tcheco, Ferdinand e Magda fazem seus pedidos ao garçom.

MAGDA *(em tcheco)* Duas cervejas, e um sanduíche de queijo pra mim.

Esme pega o cardápio de Jan. Jan pede uma cerveja para ele.

ESME Eu te digo o que eu quero.
JAN Você não sabe ler.
ESME Posso pedir o que eu quiser?
JAN Pode.
ESME Como entrada, eu quero o beijo-por-tudo... e como prato principal eu quero a trepada-até-cansar. Depois eu vejo a sobremesa.
JAN (*para o garçom, em tcheco*) Duas cervejas.
GARÇOM (*em inglês, sotaque tcheco*) Então são quatro cervejas e um sanduíche.

A reação de Jan é imediata. A de Esme demora um pouco. O garçom sai.

ESME (*se dando conta*) Ele... ele não... disse isso em inglês?
JAN (*para Esme*) Como? Não... acho que não...
ESME Disse *sim*! Eu não dou a *mínima* bola! Não dou a *mínima*! Não dou a *mínima*!

Começam os ruídos pré-show como na primeira faixa do disco ao vivo dos Stones, No security. *Agora, no próprio estádio, Jan, Esme, Ferdinand e Magda estão concentrados no palco distante. Eles saltam quando a banda aparece. Os primeiros acordes de guitarra estilhaçam o ruído da multidão. Veem-se os Rolling Stones na tela, tocando em Praga em agosto de 1990. A imagem escurece e some.*

Fim

Barrett, Havel e outros: algumas datas

As datas dos eventos musicais estão em itálico

1967

MARÇO
"The Velvet Underground and Nico".

AGOSTO
Pink Floyd, "The piper at the gates of dawn".

DEZEMBRO
Velvet Underground, "White light/White heat" (junho de 1968 na Grã-Bretanha).

1968

JANEIRO
Último show de Syd Barrett com o Pink Floyd.

MARÇO
Manifestantes enfurecidos tentam invadir a embaixada americana em Londres depois de um comício contra a guerra do Vietnã.

MAIO
Milhares de estudantes, apoiados por trabalhadores em greve, lutam com a polícia em Paris. Na Faculdade de Economia de Londres e outras universidades e faculdades de arte, estudantes invadem as reitorias. Enquanto isso, Moscou desloca tropas soviéticas para a fronteira tcheca, assustada com a liberalização da Tchecoslováquia sob o governo do líder comunista Alexander Dubcek.

JUNHO
Syd Barrett, "Jugband blues" (em "A saucerful of secrets", do Pink Floyd).

JULHO
Líderes soviéticos e tchecos se encontram em uma cidadezinha fronteiriça para resolver suas diferenças a respeito da "Primavera de Praga".

AGOSTO
20-21 As forças do Pacto de Varsóvia invadem a Tchecoslováquia.

OUTUBRO
A Tchecoslováquia e a União Soviética assinam um acordo que permite que as tropas soviéticas permaneçam "temporariamente" no país.

1969
JANEIRO
Jornalistas tchecos concordam com a autocensura para pôr um fim a seu conflito com o governo.

JANEIRO
No dia 16, Jan Palach põe fogo em seu corpo na praça Wenceslau, em Praga, e morre três dias depois.

FEVEREIRO
O destino dos tchecos, debate entre Milan Kundera e Václav Havel.

MARÇO
Velvet Underground, "The Velvet Underground" (abril na Grã-Bretanha).

ABRIL
Dubcek é derrubado.
Começa de fato a "Normalização", sob seu substituto, Gustav Husák.

MAIO
O Comitê Central tcheco adota políticas linha-dura e começa expurgos de reformistas.

JULHO
Primeiro homem na Lua.
Os Rolling Stones fazem um show gratuito no Hyde Park para 250 mil pessoas.

NOVEMBRO

Syd Barrett, "Octopus"/"Golden hair" (compacto).

1970

JANEIRO

Syd Barrett, "The madcap laughs".

FEVEREIRO

O Partido Comunista Tcheco anuncia verificações de fidelidade.

ABRIL

Os Beatles acabam formalmente.

MAIO

Quatro estudantes mortos a tiros pela Guarda Nacional na Universidade Estadual de Kent, Ohio.

JUNHO

Dubcek é expulso do Partido Comunista.

NOVEMBRO

Syd Barrett, "Barrett".

1971

MARÇO

"Andy Warhol's Velvet Underground featuring Nico" (Grã-Bretanha).

1972

JANEIRO

Improviso de Syd Barrett, porão do King's College, Cambridge.

FEVEREIRO

Improvisos de Syd Barrett, Café Dandelion, Cambridge; Market Square, Cambridge.

24 *Último show de Syd Barrett, Corn Exchange, Cambridge.*

MARÇO
O Sindicato dos Jornalistas tchecos anuncia que quarenta por cento dos jornalistas foram demitidos desde agosto de 1968 por não seguirem a linha do governo.

JUNHO
Cinco invasores presos no edifício Watergate.

1974
Havel passa nove meses trabalhando numa cervejaria, a inspiração para *Plateia*, sua primeira peça com Ferdinand Vanek.

1975
FEVEREIRO
Margareth Thatcher se torna líder dos Conservadores.

ABRIL
"Carta ao dr. Husák", de Havel.

1976
JULHO E SETEMBRO
Sete membros da contracultura rock 'n' roll recebem sentenças de prisão por difundirem ideias antissocialistas.

SETEMBRO
Sete escritores tchecos assinam uma carta a Heinrich Böll pedindo solidariedade para com os roqueiros que estão sendo julgados.

1977
JANEIRO
240 pessoas assinam a Carta 77, acusando o governo tcheco de violar os direitos humanos que tinha concordado apoiar ao assinar o "Acordo de Helsinque".

AGOSTO
Morte de Elvis Presley.

1978

OUTUBRO

O poder dos sem poder, de Havel, reacende o debate sobre os "dissidentes" na Tchecoslováquia.

1979

MAIO

A senhora Thatcher se torna primeira-ministra.
Oito dos principais "cartistas", inclusive Havel, são presos. Em outubro, seis deles recebem sentenças de dois a cinco anos de prisão.

1980

DEZEMBRO

John Lennon é assassinado.

1985

MARÇO

Gorbatchov se torna líder da União Soviética.

1987

JANEIRO

Gorbatchov anuncia a *perestroika* (reconstrução) e um maior "controle vindo das bases".
As lideranças tchecas se recusam a publicar o discurso da *perestroika*, de Gorbatchov, apesar do fato de a TV soviética estar à disposição da população da Tchecoslováquia.

FEVEREIRO

Morte de Andy Warhol.

ABRIL

Gorbatchov visita Praga.

JUNHO

A senhora Thatcher é eleita para um terceiro mandato.

DEZEMBRO

A senhora Thatcher e o senhor Gorbatchov se encontram em Londres.
Husák renuncia como líder do Partido na Tchecoslováquia, mas mantém a presidência.

1988
OUTUBRO
Syd Barrett, "Opel".

1989
NOVEMBRO
Queda do Muro de Berlim.
A liderança comunista tcheca renuncia.

DEZEMBRO

A União Soviética e quatro outros países do Pacto de Varsóvia condenam conjuntamente a invasão da Tchecoslováquia em 1968.

10 O primeiro governo tcheco não comunista em 41 anos é empossado pelo presidente Husák, que imediatamente renuncia.
29 A Assembleia Federal, comandada pelo reeleito Alexander Dubcek, elege Václav Havel por unanimidade como presidente da República.

1990
JANEIRO

O governo tcheco nomeia o músico americano Frank Zappa como representante para o comércio e o turismo da Tchecoslováquia, gesto que depois foi reconsiderado, como "um excesso de empolgação".

FEVEREIRO

O presidente Havel encontra o líder soviético Gorbatchov em Moscou para acertar a retirada imediata das tropas soviéticas da Tchecoslováquia.

AGOSTO
Os Rolling Stones tocam em Praga.

2006

JULHO

7 *Morte de Syd Barrett, seis meses depois de seu sexagésimo aniversário.*

Fontes

Chronicle of the Twentieth Century, Longman.

Gregory C. Ference (org.). *Chronology of twentieth-century eastern Europe history*. Detroit, MI, Gale Research, 1994.

Jan Vladislav (org.). *Václav Havel, or living in truth*. Londres, Faber and Faber, 1987.

Julian Palacios. *Lost in the woods: Syd Barrett and the Pink Floyd*. Londres, Boxtree, 1997.

Victor Bockris e Gerard Malanga. *Up-tight: the Velvet Underground story*. Nova York, Omnibus Press, 1996.

ROSENCRANTZ E GUILDENSTERN MORRERAM

A estreia de *Rosencrantz e Guildenstern morreram* aconteceu com um texto ligeiramente abreviado, em 24 de agosto de 1966, no Cranston Street Hall, em Edimburgo, com o Oxford Theatre Group, como parte da sessão *fringe* do festival de Edimburgo. O elenco foi o seguinte:

ROSENCRANTZ	David Marks
GUILDENSTERN	Clive Cable
O ATOR	Jules Roach
TRÁGICOS	Ron Forfar, Nic Renton, Howard Daubney
HAMLET	John Dodgson
OFÉLIA	Janet Watts
CLÁUDIO	Nick Elliot
GERTRUDES	Frances Morrow
POLÔNIO	Walter Merricks
Direção	Brian Daubney

A primeira produção profissional estreou em 11 de abril de 1967 no Old Vic Theatre, em Londres, com a National Theatre Company. O elenco foi o seguinte:

ROSENCRANTZ	John Stride
GUILDENSTERN	Edward Petherbridge
O ATOR	Graham Crowden
ALFRED	Alan Adams
TRÁGICOS	Oliver Cotton, Neil Fitzpatrick, Luke Hardy, Roger Kemp
HAMLET	John McEnery
OFÉLIA	Caroline John
CLÁUDIO	Kenneth Mackintosh
GERTRUDES	Mary Griffiths
POLÔNIO	Peter Cellier
HORÁCIO	David Hargreaves
FORTINBRAS	David Bailie
1º EMBAIXADOR	David Ryall

CORTESÃOS & CRIADOS	David Belcher, Margo Cunningham, Denis de Marne, Kay Gallie, Reginald Green, David Hargreaves, William Hobbs, Richard Kay, Lee Menzies, Lennard Pearce, Ron Pember, Frederick Pyne, Maggie Riley, David Ryall, Christopher Timothy
Direção	Derek Goldby
Cenografia	Desmond Heeley

Primeiro ato

Dois elisabetanos matando tempo em um lugar sem qualquer personalidade perceptível. Estão bem vestidos — chapéus, capas, bastões e tudo mais. Cada um deles tem uma grande bolsa de couro para moedas.

A bolsa de Guildenstern está quase vazia. A bolsa de Rosencrantz está quase cheia.

Sendo que o motivo é: estão apostando no cara ou coroa, da seguinte maneira: Guildenstern (daqui por diante "Guil") tira uma moeda de sua bolsa, e a arremessa para o alto, deixando que caia no chão. Rosencrantz (daqui por diante "Ros") examina a moeda, anuncia que foi "cara" (e foi) e a coloca em sua bolsa. Eles então repetem o processo. Estão aparentemente fazendo isso há algum tempo.

A sequência de "caras" é impossível, e no entanto Ros não trai qualquer reação de surpresa — não se sente surpreso. Contudo, ele é delicado o bastante para se sentir um pouco constrangido por tirar tanto dinheiro de seu amigo. Que seja essa sua marca como personagem.

Guil se dá conta plenamente da estranheza daquilo tudo. Ele não se preocupa com o dinheiro, mas se preocupa com as implicações; ciente, mas não disposto a entrar em pânico por causa disso — sua marca como personagem.

Guil senta. Ros levanta (é ele quem se move, apanhando as moedas).

Guil arremessa. Ros examina a moeda.

ROS Cara (*ele apanha a moeda e a põe na bolsa. O processo se repete*) Cara. (*de novo*) Cara. (*de novo*) Cara. (*de novo*) Cara.

GUIL (*jogando uma moeda*) A construção do suspense é uma arte.

ROS Cara.

GUIL (*jogando outra*) Embora possa acontecer por pura sorte.

ROS Cara.

GUIL Se é que é essa a palavra que eu quero.

ROS (*ergue a cabeça para olhar para Guil*) Setenta e cinco a zero. (*Guil levanta mas não tem para onde ir. Ele joga outra moeda por cima do ombro sem olhar para ela, estando concentrado em seu ambiente, ou na falta dele*) Cara.

GUIL Um sujeito mais fraco poderia se ver tentado a reexaminar sua fé, no mínimo segundo a lei das probabilidades.

Ele joga uma moeda por cima do ombro enquanto se dirige para examinar o fundo do palco.

ROS Cara.

Guil, examinando os confins do palco, arremessa mais duas moedas enquanto isso, uma de cada vez, é claro. Ros anuncia cada uma delas como "cara".

GUIL *(pensando em voz alta)* A lei das probabilidades, como já se disse de maneira algo excêntrica, tem algo a ver com a proposição de que seis macacos *(ele surpreendeu a si próprio)*... se seis macacos fossem...
ROS Um joguinho?
GUIL Será?
ROS E você?
GUIL *(entendendo)* Um joguinho. *(joga uma moeda)* A lei das médias, se eu entendi direito, significa que se seis macacos fossem arremessados para o ar durante um tempo suficiente eles iam aterrisar de bunda mais ou menos o mesmo número de vezes que aterrisariam de...
ROS Cara.

Ele apanha a moeda.

GUIL O que nem assim de primeira não me parece ser uma especulação muito frutífera, em qualquer sentido, mesmo sem os macacos. Quer dizer, você não iria *apostar* numa coisa dessas. Eu quero dizer que *eu* apostaria, mas *você* não... *(enquanto ele joga uma moeda)*
ROS Cara.
GUIL Ia?

Joga uma moeda.

ROS Cara. *(repete)* Cara. *(ele ergue os olhos para Guil — risada constrangida)* Está ficando meio tedioso, né?
GUIL *(frio)* Tedioso?
ROS Bom...
GUIL E o suspense?
ROS *(inocente)* Que suspense?

Pequena pausa.

GUIL Deve ser a lei dos rendimentos decrescentes... Estou sentindo que a maré está para virar. (*energizando-se um pouco. Ele tira uma moeda, arremessa-a bem alto, pega, vira-a nas costas da outra mão, examina a moeda — e a arremessa para Ros. Sua energia se apaga e ele senta*) Bom, eram chances iguais... se os meus cálculos estão corretos.

ROS Oitenta e cinco em seguida... Batemos o recorde!

GUIL Não seja ridículo.

ROS Fácil!

GUIL (*bravo*) É isso, então? E só?

ROS O quê?

GUIL Um novo recorde? É só até aí que você está preparado para ir?

ROS Bom...

GUIL Sem perguntas? Nem um momento?

ROS Foi você mesmo que arremessou.

GUIL Nem a sombra de uma dúvida?

ROS (*magoado, agressivo*) Bom. Eu ganhei — não foi?

GUIL (*aproxima-se dele — falando mais baixo*) E se você tivesse perdido? Se elas tivessem caído contra você, oitenta e cinco vezes seguidas, uma depois da outra, sem mais nem menos?

ROS (*estúpido*) Oitenta e cinco em sequência? *Coroa?*

GUIL Sim! O que você ia achar disso?

ROS (*estúpido*) Bom... (*jocoso*) Bom, eu ia dar uma boa olhada nas suas moedas, para começar!

GUIL (*afastando-se*) Estou aliviado. Pelo menos nós ainda podemos contar com o interesse próprio como um fator previsível... Imagino que esse seja o último a desaparecer. A sua capacidade de confiança me fez ficar imaginando se talvez... você, sozinho... (*ele repentinamente se vira contra ele, estende o braço*) Está com você. (*Ros agarra sua mão. Guil o puxa para si. Mais intenso*) Nós estamos jogando cara ou coroa juntos desde... (*ele o libera quase com a mesma violência*) Não é a primeira vez que nós jogamos cara ou coroa!

ROS Ah, não... Nós estamos jogando cara ou coroa desde que eu me conheço por gente.

GUIL E quanto tempo tem isso?

ROS Não lembro. Mas veja só — oitenta e cinco vezes!
GUIL E?
ROS Vai ser duro de bater, imagino.
GUIL É *isso* que você imagina? E só? Nada de *medo*?
ROS Medo?
GUIL (*enfurecido — arremesa uma moeda ao chão*) Medo! A fresta que pode inundar o teu cérebro de luz!
ROS Cara... (*ele coloca a moeda na bolsa. Guil senta desanimado. Tira uma moeda, joga, deixa que caia entre seus pés. Ele olha para ela, apanha-a, joga para Ros, que a põe na bolsa. Guil tira outra moeda, joga, pega no ar, vira sobre a outra mão, olha para ela, e a joga para Ros, que a põe na bolsa. Guil tira uma terceira moeda, joga para cima, segura-a com a mão direita, vira-a no punho esquerdo, lança-a no ar, segura-a com a mão direita, ergue a perna esquerda, joga a moeda por baixo dela, segura-a e a vira no alto da cabeça, onde fica parada. Ros vem, olha para ela, põe na sacola*) Eu estou com medo...
GUIL Eu também.
ROS Eu estou com medo que não seja o nosso dia.
GUIL Eu estou com medo que seja.

Uma pequena pausa.

ROS Oitenta e nove.
GUIL Deve ser indicativo de alguma coisa, além da redistribuição da riqueza. (*ele pensa*) Lista de possíveis explicações. Um. É um desejo meu. Lá dentro, onde tudo se esconde, eu sou em essência um homem que lança moedas de duas caras, e aposta contra si próprio como uma redenção particular por um passado de que não lembra.

Ele joga uma moeda para Ros.

ROS Cara.
GUIL Dois. O tempo parou, mortinho, e uma única experiência de se jogar uma única moeda se repetiu noventa vezes... (*ele joga uma moeda, olha para ela, passa-a para Ros*) No geral, duvidoso. Três. Intervenção divina, ou seja, uma intervenção benéfica do céu no que se refere a ele, ver os filhos de Israel,

ou um castigo do céu no que se refere a mim, ver a mulher de Lot. Quatro. Uma demonstração espetacular do princípio de que cada moeda individual jogada individualmente (*joga uma*) tem tanta chance de dar cara quanto coroa e portanto não deveria causar surpresa em cada oportunidade individual em que isso acontece.

Acontece. Ele a joga para Ros.

ROS Nunca vi uma coisa dessas!
GUIL E um silogismo: um, uma coisa anormal o deixaria intrigado. Dois, ele continua se sentindo em casa. Três, isso não é uma coisa anormal... Casa... Qual é a primeira coisa que você lembra?
ROS Ah, vejamos... A primeira coisa que me vem à cabeça, você quer dizer?
GUIL Não... A primeira coisa que você lembra.
ROS Ah. (*pausa*) Não, não adianta. Apagou. Faz muito tempo, já.
GUIL (*paciente mas no limite*) Você não está me entendendo. Qual é a primeira coisa que você lembra depois de todas as coisas que esqueceu?
ROS Ah, entendi. (*pausa*) Esqueci a pergunta.

Guil levanta de um salto e caminha de um lado para outro.

GUIL Você está feliz?
ROS O quê?
GUIL Contente? Satisfeito?
ROS Acho que sim.
GUIL O que você está fazendo neste exato momento?
ROS Não sei. O que você quer fazer?
GUIL Eu não tenho desejos. Nenhum. (*ele para bruscamente de caminhar*) Tinha um mensageiro... isso mesmo. Nós fomos convocados. (*ele se volta para Ros e dispara...*) Silogismo segundo: um, a probabilidade é um fator que opera no domínio das forças naturais. Dois, a probabilidade não está operando como fator. Três, nós estamos agora sob o domínio de forças, não, sub ou sobrenaturais. Discutir. (*Ros se assusta como era de esperar — corrosivo*) Não tão animadamente.
ROS Desculpa, eu — o que é que você tem?

GUIL A abordagem científica para a investigação de fenômenos é uma defesa contra a pura emoção do medo. Mantenha o controle e continue enquanto há tempo. Agora — seguindo o silogismo anterior: esse aqui é complicado, me acompanhe com cuidado, pode se revelar um consolo. Se postulamos, e acabamos de postular, que sob o domínio de forças não, sub ou sobrenaturais *a probabilidade* é que a lei da probabilidade não seja um fator ativo, então temos de aceitar que a probabilidade da *primeira* parte não vai ser um fator ativo, e nesse caso a lei da probabilidade *vai* ser um fator ativo sob o domínio de forças não, sub ou sobrenaturais. E como ela obviamente não o tem sido, podemos concluir que não estamos sob o domínio de forças não, sub ou sobrenaturais afinal; com toda probabilidade, pelo menos. O que é um grande alívio para mim pessoalmente. (*pequena pausa*) Tudo muito bem, a não ser pelo fato de que... (*ele continua com uma histeria tensa, sob controle*) Nós estamos jogando cara ou coroa desde não sei quando, e em todo esse tempo (se é que *passou* esse tempo todo) eu não imagino que qualquer um de nós tenha tido mais que uma ou duas moedas a mais que o outro. Espero que isso não soe surpreendente porque essa mesma assurpreendentidade é algo a que eu estou tentando me agarrar. A equanimidade do jogador mediano de cara ou coroa depende da lei, ou melhor, da tendência, ou, digamos, da probabilidade, ou no mínimo de uma chance matematicamente calculável, que garante que ele não vai se transtornar perdendo demais nem transtornar seu adversário ganhando demais. Isso gerava algum tipo de harmonia e algum tipo de confiança. Isso ligava o fortuito e o ordenado em uma união reconfortante que nós reconhecíamos como natureza. O sol nascia mais ou menos tanto quanto se punha, a longo prazo, e uma moeda dava cara mais ou menos tanto quanto dava coroa. Aí chegou um mensageiro. Nós tínhamos sido convocados. Nada mais aconteceu. Noventa e duas moedas jogadas consecutivamente deram cara noventa e duas vezes consecutivas... e pelos últimos três minutos, no vento de um dia sem vento, eu venho ouvindo o som de tambores e de uma flauta...

ROS (*cortando as unhas da mão*) Outro curioso fenômeno científico é o fato de que as unhas crescem depois da morte, assim como a barba.

GUIL O quê?

ROS (*alto*) Barba!

GUIL Mas você não está morto.

ROS (*irritado*) Eu não disse que elas *começavam* a crescer depois da morte! (*pausa, mais calmo*) As unhas também crescem antes do nascimento, mas não a barba.

GUIL *O quê?*

ROS (*grita*) Barba! O que é que você tem? (*reflexivamente*) Mas as unhas do pé nunca crescem, por outro lado.

GUIL (*confuso*) As unhas do pé nunca crescem por outro lado?

ROS E crescem? É engraçado... Eu corto as unhas da mão o tempo todo, e toda vez que eu penso em cortar, elas precisam ser cortadas. Agora, por exemplo. E no entanto eu nunca, pelo que eu saiba, corto as unhas do pé. Elas deviam estar enroscadas embaixo dos meus pés a essa altura, mas isso não acontece. Eu nunca penso nelas. Talvez eu corte distraído, quando estou pensando em outra coisa.

GUIL (*enervado com essas digressões*) Você lembra a primeira coisa que aconteceu hoje?

ROS (*imediatamente*) Eu acordei, imagino. (*acionado*) Ah... lembrei agora — aquele sujeito, um estrangeiro, foi ele que nos acordou...

GUIL Um mensageiro.

Ele relaxa, senta.

ROS Isso mesmo — céu fosco logo antes da aurora, um sujeito de pé na sela para bater na janela... gritos... Que gritaria é essa?! Some daqui!... Mas aí ele gritou os nossos nomes. Você se lembra disso — esse sujeito nos acordou.

GUIL Isso.

ROS Nós fomos convocados.

GUIL Isso.

ROS É por isso que estamos aqui. (*ele olha em volta, parece em dúvida, então vem a explicação*) Viajando.

GUIL Isso.

ROS (*dramático*) Era urgente — questão de extrema urgência, um conclame real, nas palavras dele: questão oficial e sem perguntas — luzes nos estábulos, encilhar e nos lançar de cabeça e disparados pela paisagem, nossos guias ficando para trás na louca perseguição de nosso dever! Receosos de chegar tarde demais!!

Uma pequena pausa.

GUIL Tarde demais para quê?
ROS E eu é que vou saber? Nós ainda não chegamos lá.
GUIL Então o que estamos fazendo aqui, eu me pergunto.
ROS É de se perguntar mesmo.
GUIL É melhor a gente ir indo.
ROS É de se imaginar mesmo.
GUIL É melhor a gente ir indo.
ROS (*ativo*) Certo! (*pausa*) Aonde?
GUIL Adiante.
ROS (*indo adiante até a boca de cena*) Ah. (*hesita*) Por onde foi que nós... (*ele vira para o outro lado*) Por onde foi que nós...?
GUIL Praticamente começando do zero... Um despertar, um homem de pé na sela para bater na janela, nossos nomes gritados em uma certa aurora, uma mesagem, um conclame... Um novo recorde de cara ou coroa. Nós não fomos... escolhidos... simplesmente para sermos abandonados... largados para encontrar nosso caminho sozinhos... Nós temos direito de receber alguma orientação... Eu imaginaria.
ROS (*alerta, ouvindo*) Olha só...! Olha só...
GUIL Sim?
ROS Eu estou ouvindo... Eu achei que estava... música.

Guil se levanta.

GUIL Sim?
ROS Como uma banda. (*ele olha em volta, ri constrangido, expiando sua culpa*) Parecia... uma banda. Tambores.
GUIL Sim.
ROS (*relaxa*) Podia ter sido de verdade.
GUIL "O vermelho, o azul e o verde são reais. O amarelo é uma experiência mística de que todos participamos" — demolir.
ROS (*na beirada do palco*) Deve ter sido um trovão. Como um tambor...

No fim da fala seguinte, a banda é vagamente audível.

GUIL Um homem que interrompe sua jornada entre um e outro lugar em um terceiro, sem nome, personalidade, população ou significado, vê um unicórnio atravessar sua trilha e desaparecer. Isso, por si só, é impressionante, mas há precedentes para encontros místicos de todo tipo, ou, para ser menos radical, uma gama de persuasões que nos levam a atribuí-los à imaginação; até que... "Meu Deus", diz um outro homem, "eu devo estar sonhando, eu achei que tinha visto um unicórnio." E nesse momento acrescenta-se uma dimensão que vai tornar a experiência tão assustadora quanto poderia ser. Uma terceira testemunha, você entende, não acrescenta mais dimensões mas apenas dilui tudo, e uma quarta, ainda mais, e quanto mais testemunhas houver, mais diluída fica a experiência e se torna mais razoável até que seja rala como a realidade, o nome que damos à experiência comum... "Olha, olha!", recita a multidão. "Um cavalo com uma flecha na testa! Devem ter achado que era um veado."

ROS (*ansioso*) Eu sabia desde o começo que era uma banda.

GUIL (*cansado*) Ele sabia desde o começo que era uma banda.

ROS Estão chegando!

GUIL (*no último momento antes de entrarem — nostálgico*) Eu lamento que não fosse um unicórnio. Seria bom ter unicórnios.

Os Trágicos são seis em número, incluindo um menino novinho (Alfred). Dois puxam e empurram um carrinho entupido de adereços e pertences. Há também um Tocador de Tambor, um Cornetista e um Flautista. O Porta-Voz ("o Ator") não tem um instrumento. Ele fecha o grupo e é o primeiro a perceber a presença deles.

ATOR Alto! (*o grupo se vira e se detém. Animado*) Uma plateia! (*Ros e Guil fazem por se levantar*) Não se mexam! (*eles se deixam cair de novo. Ele os contempla carinhosamente*) Perfeito! Que sorte termos aparecido.

ROS Para nós?

ATOR Vamos torcer que seja. Mas encontrar dois cavalheiros na estrada — nós não teríamos esperado encontrá-los fora dela.

ROS Não?

ATOR Um belo encontro, na verdade, e bem na hora.

ROS Por quê?

ATOR Ora, estamos enferrujando e os senhores nos apanham bem no ponto de decadência — a essa altura de amanhã nós já teríamos esquecido tudo que jamais soubemos. Que ideia, hein? (*ele ri generosamente*) Nós estaríamos de volta ao nosso começo — improvisando.

ROS Saltimbancos, então?

ATOR Nós podemos saltimbancar se é esse o seu gosto, e sendo os tempos o que são... Caso contrário, pelo cantar de uma moeda podemos apresentar uma seleção de romances macabros, plenos de belas cadências e cadáveres, pirateados dos italianos; e não é difícil esse cantar — mesmo uma única moedinha tem lá sua música. (*eles todos fazem floreios e uma reverência, esfarrapados*) Trágicos, a suas ordens.

Ros e Guil se puseram de pé.

ROS Meu nome é Guildenstern, e este é Rosencrantz. (*Guil entra em breve debate com ele. Sem constrangimento*) Perdão — o nome *dele* é Guildenstern, e *eu* sou Rosencrantz.

ATOR Quanto prazer. Já atuamos para números maiores, claro, mas a qualidade vale alguma coisa. Eu reconheci os senhores imediatamente...

ROS E quem somos nós?

ATOR ... como colegas artistas.

ROS Achei que nós fossemos cavalheiros.

ATOR Para alguns de nós é a atuação, para outros, o mecenato. São dois lados da mesma moeda, ou, digamos, já que somos tantos, o mesmo lado de duas moedas. (*faz nova reverência*) Não aplaudam alto demais — é um mundo muito antigo.

ROS Qual é a sua linha?

ATOR Tragédia, senhor. Mortes e revelações, universais e particulares, desenlaces tanto inesperados quanto inexoráveis, melodrama travestido em todos os níveis, incluindo o sugestivo. Nós transportamos os senhores para um mundo de intriga e ilusão... palhaços, se os senhores preferem, assassinos — podemos lhes mostrar fantasmas e batalhas, no nível da escaramuça, heróis, vilões, amantes atormentados... peças de oratória de veia poética; podemos lhes dar espadas ou estupros ou ambos, a escolha é sua, esposas infiéis e virgens possuídas — flagrante delito tem seu preço, mas isso já entra na rubrica do realismo, que tem condições especiais. Estou chegando perto, hein?

ROS (*em dúvida*) Bom, não sei...

ATOR Custa pouco assistir, e um pouco mais se os senhores por acaso entrarem em cena, se é esse o seu gosto, e sendo os tempos o que são.

ROS E são o quê?

ATOR Indiferentes.

ROS Maus?

ATOR Perversos. Mas quais são exatamente seus desejos? (*ele se volta aos Trágicos*) Senhores, apresentem-se. (*os Trágicos se organizam em algo como uma linha*) *Voilà!* Estão vendo alguma coisa que agrade?

ROS (*dúbio, inocente*) O que é que eles fazem?

ATOR Deixe a sua imaginação correr solta. Eles são mais que surpreendentes.

ROS E quanto?

ATOR Para participar?

ROS Para assistir.

ATOR Assistir o quê?

ROS Uma encenação privada.

ATOR Privada, quanto?

ROS Bom, nós somos só dois. Isso basta?

ATOR Para uma plateia, decepcionante. Para *voyeurismo*, na média.

ROS Qual é a diferença?

ATOR Dez florins.

ROS (*horrorizado*) Dez *florins!*

ATOR Eu quis dizer oito.

ROS Juntos?

ATOR Cada um. Acho que o senhor não está entendendo...

ROS O que é que você está *dizendo*?

ATOR O que é que eu estou dizendo — sete.

ROS Por onde é que vocês *andaram*?

ATOR Por aí. Uma ninhada de infantes tomou de assalto a cidade. Companhias juvenis, é essa a moda. Mas eles não podem acompanhar o nosso repertório... nós nos curvamos diante de qualquer coisa se é isso que os senhores querem.

Ele olha Ros significativamente, mas Ros devolve o olhar inexpressivamente.

ROS Eles vão crescer.
ATOR (*desistindo*) Nasce um a cada minuto. (*para os Trágicos*) Adiante!

Os Trágicos começam a retomar seus fardos e sua jornada. Guil finalmente acorda.

GUIL Aonde vocês estão indo?
ATOR Aaalto! (*eles param e se voltam*) Para casa, senhor.
GUIL Vindo de onde?
ATOR De casa. Somos um povo errante. Nos servimos do que o acaso nos oferece.
GUIL Foi acaso, então?
ATOR Acaso?
GUIL Vocês terem nos encontrado.
ATOR Ah, sim.
GUIL Vocês estavam procurando?
ATOR Ah, não.
GUIL Acaso, então.
ATOR Ou destino.
GUIL Seu ou nosso?
ATOR Mal poderia ser um sem ser o outro.
GUIL Destino, então.
ATOR Ah, sim. Nós não temos controle. Hoje à noite representamos na corte. Ou amanhã à noite. Ou na taberna. Ou não.
GUIL Talvez eu possa usar minha influência.
ATOR Na taberna?
GUIL Na corte. Eu diria que tenho certa influência.
ATOR O senhor diria isso?
GUIL Eu tenho influência com tudo.
ATOR Contudo o quê?

Guil agarra violentamente o Ator.

GUIL Eu tenho influência! (*o Ator não resiste. Guil o libera aos poucos. Com mais calma*) Você disse alguma coisa... sobre entrar em cena...
ATOR (*alegremente se soltando*) Disse sim! Disse sim! O senhor é mais rápido que

o seu amigo... (*conspiratório*) Agora, por um punhado de florins eu posso oferecer uma representação privada e sem cortes do Rapto das Sabinas — ou na verdade Sabina, ou na verdade o Alfred... (*por cima do ombro*) Ponha a saia, Alfred... (*o Menino começa a tentar se meter em um vestido de mulher*)... e por oito o senhor pode participar... (*Guil recua, o Ator o segue*)... em qualquer um dos papéis... (*Guil recua*)... ou os dois por dez... (*Guil tenta fugir. O Ator segura-lhe a manga*)... com bis... (*Guil dá um murro no rosto do Ator. O Ator se recolhe. Guil fica parado, tremendo. Resignado e tranquilo*) Tire a saia, Alfred...

Alfred tenta sair de seu vestido meio vestido.

GUIL (*sacudindo de raiva e medo*) Podia ter sido — não precisava ter sido *obsceno*... Podia ter sido — uma ave fora de estação, pousando com suas penas brilhantes no meu ombro... Podia ter sido um anão sem língua parado ao lado da estrada para mostrar o caminho... Eu estava *preparado*. Mas é isso, não é? Nenhum enigma, nenhuma dignidade, nada de clássico, portentoso, só isso — um pornógrafo cômico e um bando de prostitutas...
ATOR (*recebendo a descrição com uma reverência do chapéu, curvando-se: triste*) Os senhores deveriam ter nos encontrado em tempos melhores. Éramos puristas. (*se endireita*) Adiante.

Os Atores se preparam para partir.

ROS (*sua voz mudou: ele agora entendeu*) Perdão!
ATOR Aaalto! (*eles se detêm*) A-al-lfred!

Alfred recomeça a luta com a roupa. O Ator se adianta.

ROS Vocês não são... ahn... exclusivamente atores, então?
ATOR Nós somos inclusivamente atores, senhor.
ROS Então vocês fazem... exibições?
ATOR Representações, senhor.
ROS Sim, claro. Isso dá mais dinheiro, não é?
ATOR Há mais demanda, senhor.
ROS Sendo os tempos o que são.

ATOR Sim.
ROS Indiferentes.
ATOR Completamente.
ROS Você sabe que eu não tinha ideia...
ATOR Não.
ROS Quer dizer, eu *ouvi falar* disso — mas eu mesmo nunca tinha...
ATOR Não.
ROS Quer dizer, o que exatamente vocês *fazem*?
ATOR Nós fazemos o nosso, de sempre, mais ou menos, só que do avesso. Fazemos no palco as coisas que supostamente deveriam acontecer fora dele. O que é um tipo de integridade, se você considerar toda saída como uma entrada para outro lugar.
ROS (*nervoso, alto*) Bom, eu não sou bem o tipo de homem que... Não, mas não saia correndo — sente aqui e nos conte algumas coisas que as pessoas pedem para vocês fazerem...

O Ator lhe dá as costas.

ATOR Adiante!
ROS Só um minuto! (*eles se viram e olham para ele, inexpressivos*) Bom, tudo bem — eu não ia me incomodar de ver... só de ter uma ideia do tipo de... (*corajosamente*) O que vocês podem fazer por isso?

E joga uma só moeda no chão entre eles. O Ator cospe na moeda, de onde está. Os Trágicos ficam contrariados, tentando pegar a moeda. Ele os afasta a socos e pontapés.

ATOR Em frente! (*Alfred ainda está meio vestido meio desvestido. O Ator lhe dá umas pancadas. Para Alfred*) Que brincadeira é essa?

Ros, envergonhado, ficou enfurecido.

ROS Imundície! Que nojo — eu vou delatá-los às autoridades — *pervertidos*! Eu sei muito bem o que vocês querem, é tudo sujeira!

Os Atores estão prestes a se retirar. Guil se manteve afastado.

GUIL (*casualmente*) Você quer fazer uma aposta?

Os Trágicos se voltam para ele e se mostram interessados. O Ator se adianta.

ATOR Em que tipo de aposta o senhor estava pensando?

Guil anda metade da distância que o separa do Ator, para com o pé sobre a moeda.

GUIL O dobro ou nada.
ATOR Bom... cara.

Guil ergue o pé. O Ator se curva. Os Trágicos se aglomeram em torno dele. Alívio e cumprimentos. O Ator pega a moeda. Guil joga-lhe uma segunda moeda.

GUIL De novo? (*alguns dos Trágicos são a favor, outros, contra*) Um para um. (*o Ator faz que sim e joga a moeda*) Cara. (*e é. Ele pega a moeda*) De novo.

Guil joga a moeda.

ATOR Cara.

E é. O Ator apanha a moeda. Ele está novamente com duas moedas. Ele joga uma delas.

GUIL Cara.

E é. Guil pega a moeda. E então a arremessa imediatamente.

ATOR (*micro-hesitação*) Coroa.

Mas é cara. Guil apanha a moeda. O Ator joga sua última moeda como pagamento, e lhe dá as costas. Guil não pega a moeda; põe o pé sobre ela.

GUIL Cara.
ATOR Não! (*pausa. Os Trágicos são contra isso tudo. Desculpando-se*) Eles não estão achando justo.

GUIL (*ergue o pé, se agacha; pega a moeda ainda agachado; ergue os olhos*) Vocês tinham razão... cara. (*joga a moeda, cobre-a no chão com um tapa*) Cara, eu ganho.
ATOR Não.
GUIL (*destapa a moeda*) Certo de novo. (*repete*) Cara, eu ganho.
ATOR Não.
GUIL (*destapa a moeda*) E certo de novo. (*repete*) Cara, eu ganho.
ATOR *Não!*

Ele se afasta, os Trágicos com ele. Guil se levanta, aproxima-se.

GUIL Você acreditaria numa coisa dessas? (*afasta-se, relaxa, sorri*) Aposte que o ano em que eu nasci multiplicado por dois é um número ímpar.
ATOR O ano em que *você* nasceu...!
GUIL Se você não confia em mim, não aposte comigo.
ATOR O senhor confiaria em *mim*?
GUIL *Aposte* comigo então.
ATOR O ano em que eu nasci?
GUIL Ímpar, você ganha.
ATOR Valendo...

Os Trágicos se aproximaram, olhos bem abertos.

GUIL Certo. O ano em que você nasceu. Multiplique por dois. Par eu ganho, ímpar eu perco.

Silêncio. Um suspiro pavoroso quando os Trágicos percebem que qualquer número multiplicado por dois é par. Então uma briga terrível quando reclamam. Então um terrível silêncio.

ATOR Nós não temos dinheiro.

Guil se vira para ele.

GUIL Ah. Mas então o *que* vocês têm? (*o Ator silenciosamente apresenta Alfred. Guil mira Alfred com tristeza*) Foi por isso?

ATOR É o melhor que nós temos.

GUIL (*erguendo os olhos e olhando em volta*) Então os termos de fato são ruins. (*o Ator começa a falar, um protesto, mas Guil vira-se para ele maldosamente*) Até o ar está fedendo. (*o Ator se afasta. Guil vai até a boca de cena e se volta*) Venha aqui, Alfred. (*Alfred vai até ele e para, assustado e pequeno. Delicadamente*) Vocês perdem muito?

ALFRED Sim, senhor.

GUIL Então o que é que você ainda pode ter a perder?

ALFRED Nada, senhor.

Pausa. Guil olha para ele.

GUIL Você gosta de ser... ator?

ALFRED Não, senhor.

Guil olha em torno, para a plateia.

GUIL Você e eu, Alfred — nós podíamos criar um precedente dramático aqui. (*e Alfred, que estava quase chorando, começa a fungar*) Ah, por favor, Alfred, não é assim que nós vamos encher os teatros da Europa. (*o Ator foi até eles, para censurar Alfred. Guil o corta de novo. Maldosamente*) Vocês conhecem alguma peça?

ATOR Peça?

ROS (*adiantando-se, titubeando tímido*) Exibições...

GUIL Eu achei que vocês tinham dito que eram atores.

ATOR (*se dando conta*) Ah. Ah, enfim, nós *somos*. Somos. Mas não tem havido muita procura...

GUIL Vocês perderam. Bom, então — uma dos gregos, talvez? Vocês conhecem as tragédias da antiguidade, não? Os grandes clássicos homicidas? Matri, patri, fratri, sorori, uxori e nem é preciso dizer...

ROS Sexy...

GUIL ... suicidas... Hum? Donzelas que aspiram à divindade...

ROS E vice-versa.

GUIL É do ramo de vocês, não é?

ATOR Bem, não, eu não posso dizer que seja, na verdade. Nós somos mais da escola de sangue, amor e retórica.

GUIL Muito bem, eu deixo a escolha para vocês, se é que há alguma escolha entre eles.

ATOR Mal se pode separá-los, senhor — bem, eu posso lhe dar sangue e amor sem retórica, e posso lhe dar sangue e retórica sem amor, e posso dar os três simultânea ou consecutivamente, mas eu não posso lhe dar amor e retórica sem sangue. O sangue é obrigatório — é tudo sangue, sabe?

GUIL É isso que as pessoas querem?

ATOR É o que nós fazemos.

Uma pequena pausa. Ele dá as costas. Guil toca o ombro de Alfred.

GUIL (*seco, delicado*) Obrigado; nós mandamos avisar.

O Ator foi para o fundo do palco. Alfred vai atrás.

ATOR (*para os Trágicos*) Trinta e oito!

ROS (*cruzando, fascinado e esperançoso*) Uma posição?

ATOR Senhor?

ROS Uma das suas... ceninhas?

ATOR Não, senhor.

ROS Ah.

ATOR (*para os Trágicos, agora mexendo no carrinho, já tirando dele vários adereços. Indicando o fundo do palco*) Entradas lá e lá.

O Ator não saiu de onde estava durante as últimas quatro falas. Ele não se move agora. Guil espera.

GUIL Bem... você não vai vestir o seu figurino?

ATOR Eu nunca tiro o meu figurino, senhor.

GUIL Sempre representando.

ATOR Exatamente.

Pausa.

GUIL Você não vai — *entrar*?

ATOR Eu já *estou* aqui.
GUIL Mas se você *está* aqui, você não tem como *entrar*. Não é?
ATOR Eu *começo* aqui.
GUIL Mas ainda não *começou*. Vai. Nós vamos ficar esperando.
ATOR Eu lhe dou um aceno.

Ele não se move. Sua imobilidade agora chama a atenção, e começa a ficar embaraçosa. Pausa. Ros caminha na direção dele até ficarem face a face.

ROS Com licença. (*pausa. O Ator levanta o pé da boca de cena. Estava cobrindo a moeda de Guil. Ros põe o pé sobre a moeda. Sorri*) Obrigado.

O Ator se vira e sai. Ros se curvou para a moeda.

GUIL (*movendo-se para sair*) Vem.
ROS Puxa vida — isso foi sorte.
GUIL (*virando-se*) O quê?
ROS Deu coroa.

Ele lança a moeda para Guil, que a apanha. Simultaneamente, uma mudança de iluminação suficiente para alterar o clima de ar livre para um de interior, mas nada violento. E Ofélia corre algo assustada, erguendo as saias — seguida por Hamlet. Ofélia estava costurando e traz a roupa nas mãos. Os dois estão mudos. Hamlet, com o gibão todo desatado, sem chapéu na cabeça, meias maculadas, sem ligas e caídas até seus tornozelos, pálido como sua camisa, joelhos batendo um no outro... e com uma aparência tão miserável... ele a toma pelo pulso e a segura firme, então se afasta pelo comprimento de seu braço, e com a outra mão sobre o cenho, deixa-se cair em tamanho exame de seu rosto como se fora desenhá-lo... Por fim, com ligeiro sacudir do braço, e três vezes sua cabeça oscilando para cima e para baixo, ele ergue um suspiro tão miserável e profundo que de fato parece abalar-lhe todo o peso e dar fim a seu ser. Isto feito ele a deixa ir e, cabeça por sobre o ombro, sai pelos fundos sem tirar dela os olhos... ela corre para o outro lado. Ros e Guil ficaram congelados. Guil descongela primeiro. Ele cai em cima de Ros.

GUIL Vem.

Mas um toque de clarins — entram Cláudio e Gertrudes, com seu séquito.

CLÁUDIO Bem-vindo, caro Rosencrantz... *(ele ergue uma mão para Guil enquanto Ros se curva — Guil se curva tarde e apressadamente)...* e Guildenstern. *(ele ergue uma mão para Ros enquanto Guil se curva para ele — Ros está ainda se endireitando de sua reverência anterior e a meio caminho ele se curva novamente. Com a cabeça baixa, ele se contorce para olhar para Guil, que está no meio da subida)*
    Por mais que já quiséssemos vos ver,
    Nossa necessidade provocou
    Nosso chamado.
(Ros e Guil ainda ajeitando as roupas por causa da presença de Cláudio)
    Algo haveis ouvido
    De Hamlet e sua transformação,
    Pois nem o externo, nem o homem interno
    Parece o que já foi. Que mais será,
    Além do pai defunto, a pô-lo assim,
    Tão distante da razão de si próprio,
    Nem sei sonhar. Convoco-vos, portanto,
    Pois fostes desde jovens seus amigos,
    E sois tão próximos de sua idade,
    A conceder-nos vossa estada aqui
    Por algum tempo, e em vossas companhias,
    Levá-lo à diversão, e descobrir
    O quanto possam vir a compreender,
    Se algo não sabemos que o aflige,
    Que exposto poderíamos curar.
GERTRUDES Bons *(microssuspense)* senhores... *(ambos se curvam)*
    Ele só fala em vós,
    E, certa estou, não há dois homens vivos,
    A quem se ligue mais. Se vós puderes
    Mostrar-nos tão gentil disposição
    De mais tempo ficar aqui conosco,
    Por lucro e aumento de nossa esperança,
    Vossa visita será agradecida,
    Como compete à memória de um rei.

ROS Ambas vossas majestades
   Podem, pelo poder que têm conosco,
   Vossos desejos pôr mais como ordens
   Que pedidos.
GUIL Obedecemos ambos,
   E aqui nos entregamos reverentes
   Dispondo a vossos pés nosso serviço,
   A vossas ordens.
CLÁUDIO Grato, Rosencrantz (*virando-se para Ros, que é apanhado despreparado, enquanto Guil se curva*)... e doce Guildenstern. (*virando-se para Guil, que está profundamente curvado*)
GERTRUDES (*corrigindo*) Grata, Guildenstern (*virando para Ros, que se curva enquanto Guil detém um movimento ascendente para também se curvar — ambos fazem uma funda reverência, enquanto se entreolham*)... e doce Rosencrantz. (*virando-se para Guil, ambos no processo de se endireitar — Guil se interrompe de novo e se curva novamente*)
   E digo vão imediatamente
   A ver meu alterado filho. Vão,
   Vocês, levá-los até onde Hamlet está.

Dois servos saem pelos fundos, indicando que Ros e Guil devem segui-los.

GUIL Que o céu nos deixe, e a nossas atitudes,
   Ser-lhe úteis e agradáveis.
GERTRUDES Amém!

Ros e Guil vão na direção de uma das coxias, na boca de cena. Antes de chegarem lá, Polônio entra. Eles param e se curvam para ele. Ele acena com a cabeça e se apressa para o fundo do palco, para Cláudio. Eles se viram e olham para ele.

POLÔNIO Os embaixadores da Noruega, meu bom senhor, voltaram satisfeitos.
CLÁUDIO Tu sempre foste pai de boas-novas.
POLÔNIO Serei, senhor? Garanto, meu bom rei,
   Ostento meu dever como minh'alma,
   Tanto a meu Deus quanto a meu doce rei;

E penso, ou então este meu cérebro,
Não segue mais tão certo o vero rastro
Das intrigas, que tenho descoberta
A causa mesma do estado de Hamlet...

Saem, deixando Ros e Guil.

ROS Eu quero ir para casa.
GUIL Não deixe eles confundirem você.
ROS Eu estou meio fora de compasso aqui...
GUIL Nós logo vamos estar em casa e sãos — salvos e em casa — eu vou...
ROS Isso tudo passa do limite aqui...
GUIL ... eu vou levar você para casa e...
ROS ... limita o meu comparsa...
GUIL ... salvar você a salvo e...
ROS (*quebrando, agudo*) ... por cima da minha casa, por cima do meu cadafalso!... Eu estou te dizendo que isso tudo sai para um beco, eleva uma saída, emboca em um enlevo, isso tudo leva a um beco sem saída...
GUIL (*enfermeira*) Calma!... e logo nós vamos estar em casa e salvos... e *sãos* e salvos... (*rapidamente*) Por acaso já te aconteceu de você de repente e sem nenhum motivo não ter a menor ideia de como se escreve a palavra... "esposa"... ou "casa"... porque quando você escreve você simplesmente não lembra de jamais ter visto aquelas letras naquela ordem antes...?
ROS Eu lembro...
GUIL Lembra?
ROS Eu lembro de quando não havia perguntas.
GUIL Sempre houve perguntas. Trocar um conjunto por outro não é grande coisa.
ROS Respostas, sim. Havia respostas para tudo.
GUIL Você esqueceu.
ROS (*inflamado*) Eu não esqueci... como eu lembrava o meu nome... e o seu, ah *sim*! Havia respostas por *toda* parte. Não havia dúvida disso — as pessoas sabiam quem eu era e se não sabiam elas perguntavam e eu dizia.
GUIL Dizia, o problema é, que cada um é... plausível, sem ser instintivo. A vida toda você passa tão perto da verdade, que ela se torna uma mácula permanente no canto dos olhos, e quando alguma coisa lhe dá um empurrãozinho

e a faz entrar em foco, é como sofrer uma emboscada de um monstro. Um homem de pé na sela na aurora semi-iluminada, semiviva, bateu na janela e gritou dois nomes. Ele era só um chapéu e uma capa levitando por entre a pluma cinzenta da sua própria respiração, mas quando ele chamou, nós viemos. Até aí é uma certeza — nós viemos.

ROS Bom, eu posso te dizer que eu estou morrendo de tédio com isso tudo. Pouco me importa um ou outro, então por que você não se decide?

GUIL Nós não podemos aceitar uma coisa assim tão arbitrária. E também não viemos até aqui só para um batizado. Isso *tudo*... veio antes de nós. Mas nós somos comparativamente afortunados; podíamos estar abandonados, percorrendo todo o campo da onomástica humana, como dois cegos saqueando um bazar em busca de seus próprios retratos... Pelo menos nos oferecem alternativas.

ROS Bom, de agora em diante...

GUIL ... Mas não escolhas.

ROS Você me fez passar vergonha lá dentro.

GUIL Eu passei tanta vergonha quanto você.

ROS (*um grito de angústia*) Eu só peço consistência!

GUIL (*em tom baixo, retórica cínica*) Santificada seja a Vossa ausência.

ROS (*uma queda, falecendo*) Eu quero ir para casa. (*move-se*) De onde foi que nós viemos? Eu perdi a minha orientação.

GUIL O único começo é o parto e o único fim é a morte — se você não puder contar com isso, vai poder contar com o quê?

Eles se conectam novamente.

ROS Nós não devemos nada a ninguém.

GUIL Nós fomos envolvidos. As nossas menores ações disparam outras em outros lugares, e são disparadas por elas. Fique de olho aberto, ouvido atento. Olhe onde pisa, siga as instruções. Vai dar tudo certo.

ROS Por quanto tempo?

GUIL Até que os eventos tenham acabado de se desenrolar. Há uma lógica aqui — cuidaram de tudo por você, não se preocupe. Aproveite. Relaxe. Ser pego pela mão e levado, como ser criança de novo, mesmo sem a inocência, uma criança... É como ganhar um prêmio, uma fatia a mais de infância quando você menos espera, como prêmio por ter sido bonzinho, ou como compensação por nunca ter tido uma... Eu estou me contradizendo?

ROS Não lembro... Em que nós podemos nos apoiar?

GUIL Nos deram uma tarefa. A transformação de Hamlet. O que você guardou?

ROS Bom, ele mudou, não foi? Nem o externo nem o homem interno parece...

GUIL Levá-lo à diversão — descobrir o que o aflige.

ROS Algo além da morte do pai...

GUIL Ele só fala de nós... Não há dois homens vivos a quem se ligue mais que a nós.

ROS Nós o animamos — entendemos o que está errado...

GUIL Exato, é uma questão de fazer as perguntas certas e entregar o mínimo que nós pudermos. É um jogo.

ROS E aí nós podemos ir?

GUIL E receber a gratidão que compete à memória de um rei.

ROS Gostei disso. O que você acha que ele quis dizer com memória?

GUIL Ele não esquece os amigos.

ROS Você podia dar uma estimativa?

GUIL Difícil dizer, na verdade... alguns reis têm uma tendência à amnésia, outros, imagino... o contrário, seja lá o que for...

ROS Sim... mas...

GUIL Elefantíase...?

ROS Não quanto tempo — quanto dinheiro?

GUIL *Retentivo* — ele é um rei muito retentivo, um retentor real...

ROS Que brincadeira é essa?

GUIL Palavras, palavras. Só podemos nos apoiar nelas.

Pausa.

ROS Nós não devíamos estar fazendo alguma coisa... construtiva?

GUIL O que você tinha em mente?... Uma versão baixa e truncada de uma pirâmide humana...?

ROS Nós podíamos ir.

GUIL Aonde?

ROS Atrás dele.

GUIL Por quê? Agora eles nos colocaram no nosso lugar — se nós começarmos a andar de um lado para o outro, nós todos vamos passar a noite uns atrás dos outros.

Momento.

ROS (*na boca de cena*) Que coisa mais intrigante! (*vira-se*) Eu estou me sentindo como um espectador — uma perspectiva aterradora. A única coisa que deixa isso suportável é a crença irracional de que alguém interessante vai aparecer daqui a pouco...
GUIL Está vendo alguém?
ROS Não. Você?
GUIL Não. (*na boca de cena*) Que belo tormento — ser mantido intrigado sem jamais ser esclarecido... (*pausa*) Nós não fomos treinados.
ROS Nós podíamos jogar perguntas.
GUIL Ia servir para quê?
ROS Treino!
GUIL Afirmação! Um a zero.
ROS Trapaceiro!
GUIL Como assim?
ROS Eu nem tinha começado.
GUIL Afirmação. Dois a zero.
ROS Isso está valendo?
GUIL O quê?
ROS Isso está valendo?
GUIL Falta! Repetição não vale. Três a zero. Primeiro game para...
ROS Eu não brinco mais se você vai ficar fazendo assim.
GUIL Quem saca?
ROS Hã?
GUIL Falta! Grunhido não vale. Zero a um.
ROS Quem está na vez?
GUIL Por quê?
ROS Por que não?
GUIL Para quê?
ROS Falta! Sinônimo não vale! Um a um.
GUIL O que está acontecendo nesse mundo de meu Deus?

ROS Falta! Retórica não vale. Dois a um.

GUIL Isso tudo representa o quê?

ROS Você não consegue imaginar?

GUIL Você estava falando comigo?

ROS Tem mais alguém aqui?

GUIL Quem?

ROS Como é que eu poderia saber?

GUIL Por que você está perguntando?

ROS Você está falando sério?

GUIL Isso foi retórica?

ROS Não.

GUIL Afirmação! Dois a dois. *Game point*.

ROS Qual o seu problema hoje?

GUIL Quando?

ROS O quê?

GUIL Ficou ensurdecido?

ROS Fiquei um suicida?

GUIL Sim ou não?

ROS E existe escolha?

GUIL E existe Deus?

ROS Falta! *Non sequitur* não vale, três a dois, um game para cada lado.

GUIL (*sério*) Qual é o seu nome?

ROS E o seu?

GUIL Eu perguntei primeiro.

ROS Afirmação. Um a zero.

GUIL Qual é o seu nome quando você está em casa?

ROS E o seu?

GUIL Quando eu estou em casa?

ROS E é diferente em casa?

GUIL Que casa?

ROS Você não tem casa?

GUIL Por que você está perguntando?

ROS Aonde você quer chegar?

GUIL (*enfaticamente*) Qual é o seu nome?!

ROS Repetição. Dois a zero. *Match point* para mim.

GUIL (*agarrando-o violentamente*) QUEM VOCÊ PENSA QUE É?
ROS Retórica! Game e jogo! (*pausa*) Onde é que isso vai acabar?
GUIL Eis a questão.
ROS Tudo é a questão.
GUIL Você acha que faz diferença?
ROS E para você, não faz?
GUIL E por que deveria?
ROS Que diferença faria um porquê?
GUIL (*delicadamente provocativo*) Não faz diferença por que faria diferença?
ROS (*cercando-o*) Qual é o *problema* com você?

Pausa.

GUIL Não faz diferença.
ROS (*uma voz no deserto*) ... Qual é o jogo?
GUIL Quais são as regras?

Entra Hamlet por trás deles, cruzando o palco, lendo um livro... No que ele está para desaparecer, Guil percebe sua presença.

GUIL (*rispidamente*) Rosencrantz!
ROS (*de um salto*) O que foi!

Hamlet sai. Eles percebem o triunfo, e sorriem.

GUIL E aí! O que você achou dessa?
ROS Inteligente!
GUIL Natural?
ROS Instintivo.
GUIL Se convenceu?
ROS Tiro o chapéu para você.
GUIL Aperta aqui.

Apertam-se as mãos.

ROS Agora eu tento com você – Guil...!
GUIL Não agora... me pegue desprevenido.
ROS Certo. (*eles se separam. Pausa. À parte, para Guil*) Pronto?
GUIL (*explode*) Não seja estúpido.
ROS Desculpa.

Pausa.

GUIL (*dispara*) Guildenstern!
ROS (*de um salto*) O que foi? (*ele fica imediatamente cabisbaixo, Guil fica revoltado*)
GUIL Eu só peço consistência!
ROS (*baixinho*) Eu só busco imortalidade...
GUIL (*uma queda, falecendo*) Santificada seja Vossa idade...

Um momento.

ROS Quem era?
GUIL Você não reconheceu?
ROS Ele não me reconheceu.
GUIL Ele não viu você.
ROS Eu não vi ele.
GUIL Veremos. Eu *quase* não o reconheci, ele está mudado.
ROS Deu para ver isso?
GUIL Transformado.
ROS Como é que você sabe?
GUIL Por dentro e por fora.
ROS Estou vendo.
GUIL Ele não é o mesmo.
ROS Mudou.
GUIL Isso eu vi. (*um momento*) Decobrir o que o aflige.
ROS Eu?
GUIL Ele.
ROS Como?
GUIL Pergunta e resposta. À moda antiga.
ROS Ele está aflito.

GUIL Você pergunta, eu respondo.
ROS Ele não é mais o mesmo, sabe.
GUIL Eu sou ele, sabe.

Um momento.

ROS E eu sou quem então?
GUIL Você é você mesmo?
ROS E ele é você?
GUIL Nem um pouco.
ROS Você está aflito?
GUIL Isso mesmo. Pronto?
ROS Vamos voltar um pouco.
GUIL Eu estou aflito.
ROS Estou vendo.
GUIL Descubra o que me aflige.
ROS Certo.
GUIL Pergunta e resposta.
ROS Como é que eu começo?
GUIL Me aborde.
ROS Meu caro Guildenstern!
GUIL (*baixinho*) Você esqueceu — não foi?
ROS Meu caro Rosencrantz!
GUIL (*grande controle*) Eu não acho que você está entendendo direito. O que nós estamos tentando aqui é uma hipótese em que *eu* respondo por *ele*, enquanto *você* me faz perguntas.
ROS Ah! Pronto?
GUIL Você sabe o que fazer?
ROS Como assim?
GUIL Você é imbecil?
ROS Perdão?
GUIL Ficou ensurdecido?
ROS Você disse alguma coisa?
GUIL (*uma advertência*) Agora não...
ROS Afirmação.

GUIL (*grita*) Agora não! (*pausa*) Se eu ainda tinha qualquer dúvida, ou esperança, na verdade, ela desapareceu. O que é que nós podemos ter em comum a não ser a nossa situação? (*eles se separam e sentam*) Talvez ele volte por aqui.
ROS A gente devia ir embora?
GUIL Por quê?

Pausa.

ROS (*levanta de um salto. Estala os dedos*) Ah! Você quer dizer que... você finge ser *ele*, e *eu* te faço perguntas!
GUIL (*seco*) Muito bem.
ROS Você me confundiu.
GUIL Deu para ver.
ROS Como eu começo?
GUIL Me aborde.

Eles ficam frente a frente, numa pose rígida.

ROS Meu honrado senhor!
GUIL Meu caro Rosencrantz!

Pausa.

ROS Então eu estou fingindo ser você?
GUIL Claro que não. Se você não se incomoda. Podemos continuar?
ROS Pergunta e resposta.
GUIL Certo.
ROS Certo. Meu honrado senhor!
GUIL Meu caro amigo!
ROS Como vai?
GUIL Aflito!
ROS Mesmo? De que maneira?
GUIL Transformado.
ROS Por dentro ou por fora?
GUIL Os dois.

ROS Estou vendo. (*pausa*) Nada muito novo até aqui.
GUIL Entre em detalhes. *Sonde*. Examine o contexto, estabeleça a situação.
ROS Então... Então o seu tio é o rei da Dinamarca?!
GUIL E o meu pai antes dele.
ROS E o pai dele antes dele?
GUIL Não, o meu pai antes dele.
ROS Mas é claro que...
GUIL Uma pergunta muito justa.
ROS Deixa eu entender isso aqui. O seu pai era rei. O senhor era filho único. O seu pai morre. O senhor é maior de idade. O seu tio se torna rei.
GUIL Sim.
ROS Incomum.
GUIL Acabou comigo.
ROS Sem sombra de dúvida. O senhor estava onde?
GUIL Na Alemanha.
ROS Usurpação, então.
GUIL Ele se meteu.
ROS E falando nisso...
GUIL Como não falar?
ROS Não quero ser pessoal.
GUIL É público e notório.
ROS O casamento da sua mãe.
GUIL Ele se meteu.

Um momento.

ROS (*lúgubre*) O corpo dele ainda estava quente.
GUIL E o dela também.
ROS Extraordinário.
GUIL Indecente.
ROS Apressado.
GUIL Suspeito.
ROS Faz pensar.
GUIL Não pense que eu não pensei nisso.
ROS E com o irmão do marido.

GUIL Eles eram próximos.
ROS Ela foi a ele...
GUIL ... próximos demais...
ROS ... em busca de consolo.
GUIL A coisa parece feia.
ROS Tudo somado...
GUIL Incesto e adultério.
ROS Você iria assim tão longe?
GUIL Nunca.
ROS Resumindo: seu pai, que o senhor ama, morre, o senhor é o herdeiro, o senhor volta e descobre que mal o cadáver havia esfriado e o irmão mais novo dele já tinha trepado no trono e na cama dele, ofendendo assim tanto as práticas legais quanto as naturais. Agora por que, exatamente, o senhor está se comportando dessa maneira bizarra?
GUIL Nem imagino! (*pausa*) Mas isso tudo é bem sabido, conhecidíssimo. E no entanto ele nos convocou. E nós viemos.
ROS (*alerta, ouvido atento*) Olha só! Eu ouvi uma música...
GUIL Nós estamos aqui.
ROS ... como uma banda... Eu achei que tinha ouvido uma banda.
GUIL Rosencrantz...
ROS (*desligado, ainda ouvindo*) O quê?

Pausa, curta.

GUIL (*delicadamente seco*) Guildenstern...
ROS (*irritado com a repetição*) O quê?
GUIL Você não vê a mínima diferença?
ROS (*virando-se estupidamente*) Ahn?

Pausa.

GUIL Vá lá ver se ele está lá.
ROS Quem?
GUIL Lá.

Ros vai para a coxia no fundo do palco, olha, volta, formalmente dando seu relato.

ROS Sim.
GUIL O que ele está fazendo?

Ros repete o movimento.

ROS Falando.
GUIL Sozinho? (*Ros começa a se mover. Guil atropela impaciente*) Ele está sozinho?
ROS Não.
GUIL Então ele não está falando sozinho, não é?
ROS Não está *sozinho* falando... Vindo para cá, acho. (*ardiloso*) Será que nós devíamos sair?
GUIL Por quê? Agora estamos marcados.

Hamlet entra, andando de costas, falando, seguido por Polônio, pelo fundo do palco. Ros e Guil ocupam os dois cantos da boca do palco, olhando para o fundo.

HAMLET ... pois mesmo o senhor seria jovem como sou se como o caranguejo pudesse andar para trás.
POLÔNIO (*à parte*) Sendo loucura, tem contudo método. E sairíeis do ar, meu senhor?
HAMLET Para a sepultura.
POLÔNIO De fato, isso é verdade, seria de fato sair do ar. (*Hamlet cruza para a saída do fundo do palco, Polônio dando apartes ininteligíveis até que...*) Senhor, peço que me deis vossa licença.
HAMLET Não podeis pedir de mim coisa de que eu mais queira me livrar — exceto minha vida, exceto minha vida, exceto minha vida...
POLÔNIO (*cruzando para a boca do palco*) Bom dia, meu senhor. (*para Ros*) Procurais o senhor Hamlet? Lá está.
ROS (*para Polônio*) Deus esteja convosco, senhor.

Polônio sai.

GUIL (*chama Hamlet da boca do palco*) Meu honrado senhor!

ROS Meu caríssimo senhor!

Hamlet no fundo do palco, ao centro, vira-se para eles.

HAMLET Meus excenlentíssimos amigos! Como vais, Guildenstern? (*descendo o palco com um braço erguido para Ros; Guil, enquanto isso, curvando-se para saudação alguma. Hamlet se corrige. Ainda para Ros*) Ah, Rosencrantz!

Eles riem animados do equívoco. Encontram-se no meio do palco, viram-se para o fundo para falar. Hamlet no meio, um braço sobre cada ombro.

HAMLET Camaradas, como estais?

Blecaute.

Segundo ato

Hamlet, Ros e Guil conversando, a continuação da cena anterior. A conversa deles, que caminham, de início é indecifrável. A primeira fala compreensível é de Hamlet, no fim de uma fala curta — ver Shakespeare, ato II, cena ii.

HAMLET Praga, há nisso algo além do natural, se pudesse achá-lo a filosofia.

Um floreio da banda dos Trágicos.

GUIL Lá vêm os atores.
HAMLET Senhores, sois bem-vindos a Elsinore. Suas mãos, vinde. (*ele aperta as mãos deles*) Os adereços das boas-vindas são elegância e cerimônia. Deixai-me convosco acompanhar esta etiqueta, por que minha recepção aos atores (que, digo-vos, deve-se bem mostrar) não pareça ser mais adequada que a vossa. Sois bem-vindos. (*prestes a sair*) Mas meu pai-tio e minha mãe-tia estão enganados.
GUIL Em quê, meu senhor?
HAMLET Só estou louco a nor-noroeste; quando o vento é sul eu diferencio um cerro de uma serra de mão.

Polônio entra enquanto Guil se vira para sair.

POLÔNIO Que o bem vos acompanhe, senhores.
HAMLET (*para Ros*) Atenta, Guildenstern (*incerto, para Guil*), e tu também; a cada ouvido um ouvinte. Aquele bebezão que ali vedes ainda não saiu de seus cueiros...

Ele leva Ros para o fundo do palco, conversando.

POLÔNIO Meu senhor! Tenho novas para vós.
HAMLET (*largando Ros e imitando*) Meu senhor, tenho novas para vós... Quando Roscius atuava em Roma...

Ros desce o palco para novamente se juntar a Guil.

POLÔNIO (*enquanto sai atrás de Hamlet*) Os atores cá chegaram, meu senhor.
HAMLET Novíssimas!

Saem Hamlet e Polônio. Ros e Guil ponderam. Ambos relutantes em ser o primeiro a falar.

GUIL Hm?
ROS Sim?
GUIL Como?
ROS Achei que você...
GUIL Não.
ROS Ah.

Pausa.

GUIL Acho que podemos dizer que clareamos um pouco o terreno.
ROS Você acha?
GUIL Acho que podemos dizer.
ROS Eu acho que podemos dizer que ele nos fez passar ridículo.
GUIL Nós escondemos o jogo, claro.
ROS (*sarcástico*) "Pergunta e resposta. À moda antiga"! Ele estava acabando com a gente do começo ao fim.
GUIL Ele nos apanhou no contrapé uma vez ou outra, talvez, mas eu achei que nós ganhamos algum terreno.
ROS (*simples*) Ele acabou com a gente.
GUIL Ele pode ter levado alguma vantagem.
ROS (*enervado*) Vinte e sete a três, e você acha que ele pode ter levado vantagem? Ele *acabou* com a gente.
GUIL E as nossas evasivas?
ROS Ah, as nossas evasivas foram lindas. "Fostes convocados?", diz ele. "Meu senhor, nós fomos convocados..." Eu nem sabia onde me enfiar.
GUIL Ele teve seis retóricas...
ROS Foi pergunta e resposta, isso foi. Vinte e sete questões que ele cuspiu em dez minutos, e respondeu três. Eu estava esperando que você *sondasse*. "Quando é que ele vai começar a *sondar*?", eu me perguntava.

GUIL ... e duas repetições.
ROS Nós dois juntos mal fizemos uma boa pergunta.
GUIL Nós conseguimos os *sintomas* dele, não foi?
ROS Metade do que ele disse significava outra coisa, e a outra metade não significava coisa alguma.
GUIL Ambição frustrada — uma sensação de mágoa, esse é o meu diagnóstico.
ROS Seis retóricas e duas repetições, o que deixa dezenove, das quais nós respondemos quinze. E o que foi que conseguimos em troca? Ele está deprimido!... A Dinamarca é uma prisão e ele preferia viver em uma casca de noz; uma certa enrolação a respeito da natureza da ambição, que nunca ficou especificada, e finalmente uma questão direta que podia ter levado a alguma coisa, e levou de fato a sua esclarecedora declaração de ser capaz de diferenciar um cerro de uma serra de mão.

Pausa.

GUIL Quando o vento é sul.
ROS E o tempo está limpo.
GUIL E quando não, ele não consegue.
ROS Ele está à mercê dos elementos. (*lambe o dedo e o levanta — encarando a plateia*) Isso é sul?

Eles encaram a plateia.

GUIL Não tem *cara* de sul. O que foi que te fez achar que era?
ROS Eu não *disse* que achava. Por mim podia muito bem ser norte.
GUIL Eu não teria imaginado.
ROS Bom, se você vai ser dogmático.
GUIL Espera um pouco — nós viemos grosseiramente pelo sul, segundo um mapa grosseiro.
ROS Sei. Bom, e a gente veio por onde? (*Guil olha em volta vagamente*) Grosseiramente.
GUIL (*limpa a garganta*) De manhã o sol estaria a leste. Acho que podemos presumir isso.
ROS Que é de manhã?

GUIL E se é, e o sol está *lá* (*sua direita, enquanto ele encara a plateia*) por exemplo, *lá* (*à frente*) seria o norte. Por outro lado, se não é de manhã e o sol está *lá* (*sua esquerda*)... *lá*... (*uma obviedade decepcionante*) ainda seria norte. (*entendendo*) Digamos assim, então, se nós viemos de lá (*à frente*) e é de manhã, o sol estaria *ali* (*sua esquerda*), e se na verdade ele está *lá* (*atrás dele*), e se lá é que é o sul (*sua esquerda*) e o sol na verdade está *ali* (*à frente*), então é de tarde. No entanto, se nada disso se verifica...

ROS Por que você não vai dar uma olhada?

GUIL Pragmatismo?!... É só isso que você tem para oferecer? Parece que você não tem noção de onde estamos! Você não vai encontrar a resposta escrita para você no mostrador de uma bússola — eu não posso te dizer isso. (*pausa*) Além disso, nunca dá para saber aqui tão ao norte — provavelmente está escuro lá fora.

ROS Eu meramente sugiro que a posição do sol, caso ele esteja no céu, poderia te dar uma ideia aproximada da hora; alternativamente, o relógio, caso esteja funcionando, poderia te dar uma ideia aproximada da posição do sol. Eu esqueci qual delas você está tentando estabelecer.

GUIL Eu estou tentando estabelecer a direção do vento.

ROS Não tem vento nenhum. Uma *corrente de ar*, sim.

GUIL Nesse caso, a origem. Se seguirmos a corrente até a sua fonte, ela pode nos dar uma ideia aproximada da nossa rota de entrada — que podia nos dar uma ideia aproximada do sul, para futura referência.

ROS Está vindo do chão. (*ele examina o chão*) Isso não pode ser o sul, não é?

GUIL Isso não é um ponto cardeal. Lamba o dedão do pé e balance ele um pouco por aí.

Ros considera a distância até seu pé.

ROS Não, acho que você vai ter de lamber para mim.

Pausa.

GUIL Eu estou disposto a largar essa história toda.
ROS Ou eu podia lamber o seu, claro.
GUIL Não, obrigado.

ROS Eu até balanço ele por aí para você.
GUIL (*grudado na cara de Ros*) Meu Deus do céu, o que é que você tem?
ROS Só sendo simpático.
GUIL (*recolhendo-se*) Alguém podia entrar. É com o que estamos contando, afinal. No fim.

Pausa considerável.

ROS Talvez eles todos tenham morrido pisoteados uns pelos outros na pressa... Dê um grito para eles. Alguma coisa provocativa. Deixe eles *intrigados*.
GUIL Engrenagens foram acionadas, e elas têm lá seu ritmo, a que nós estamos... condenados. Cada movimento é ditado pelo anterior — é isso que *ordem* quer dizer. Se nós começamos a ser arbitrários vai virar tudo uma zona: pelo menos, vamos esperar que sim. Porque se nós por acaso, por mero acaso, descobríssemos, ou mesmo suspeitássemos, que a nossa espontaneidade fazia parte da ordem deles, nós íamos saber que estávamos perdidos. (*ele senta*) Um chinês da dinastia T'ang — e, por essa mesma definição, um filósofo — sonhou que era uma borboleta, e a partir daquele momento ele nunca mais teve certeza de que não era uma borboleta sonhando que era um filósofo chinês. Tenha inveja dele; na sua dupla segurança.

Uma pausa considerável. Ros levanta de um salto e berra para a plateia.

ROS Fogo!

Guil dá um pulo.

GUIL Onde?
ROS Está tudo bem... Eu estou demonstrando o mau emprego da livre expressão. Para provar que ele existe. (*ele olha para a plateia, ou seja, aquela direção, com desprezo — e para outras direções, e então novamente para a frente*) Nenhum movimento. Eles deviam morrer queimados onde estão.

Ros pega uma de suas moedas. Joga. Apanha. Olha. Guarda.

GUIL Era o quê?
ROS O quê?
GUIL Cara ou coroa?
ROS Ah. Eu não olhei.
GUIL Olhou, sim.
ROS Ah, olhei? (*ele pega uma moeda, olha para ela*) Isso mesmo — lembra alguma coisa.
GUIL Qual é a última coisa que você lembra?
ROS Eu não quero que me lembrem disso.
GUIL Nós atravessamos as nossas pontes quando chegamos a elas e queimamos depois de passar, com nada como prova do nosso progresso a não ser uma lembrança do cheiro da fumaça, e uma pressuposição de que um dia os nossos olhos estiveram cheios d'água.

Ros se aproxima dele animadíssimo, segurando uma moeda entre o indicador e o polegar. Ele a cobre com a outra mão, separa os punhos fechados e os estende para Guil. Guil considera os dois. Aponta a mão esquerda, Ros a abre e mostra que está vazia.

ROS Não. (*o processo se repete. Guil indica a mão esquerda novamente. Ros mostra que está vazia*) Um blefe duplo!

O processo se repete — Guil bate em uma mão, depois na outra, rapidamente. Ros sem se dar conta mostra que as duas estão vazias. Ros ri enquanto Guil se vira para o fundo do palco. Ros para de rir, olha em volta dos pés, tateia a roupa, desorientado. Polônio rompe a situação entrando pelo fundo do palco seguido dos Trágicos e de Hamlet.

POLÔNIO (*entrando*) Vinde, senhores.
HAMLET Segui-o, amigos. Ouviremos amanhã uma peça. (*á parte, para o Ator, que é o último dos Trágicos*) Ouviste-me, grande amigo? Podes encenar "O assassinato de Gonzago"?
ATOR Sim, meu senhor.
HAMLET Será a peça da noite de amanhã. Poderíeis caso necessário estudar uma fala de cerca de doze ou dezesseis versos que eu comporia e nela inseriria, não poderíeis?
ATOR Sim, meu senhor.

HAMLET Muito bem. Segui aquele senhor, e tentai não zombar dele.

O Ator, cruzando para a boca do palco, percebe Ros e Guil. Para. Hamlet, cruzando para a boca do palco, dirige-se a eles sem pausa.

HAMLET Meus bons amigos, deixo-vos até a noite. Sois bem-vindos a Elsinore.
ROS Bom, meu senhor.

Hamlet sai.

GUIL Então você nos alcançou.
ATOR (*frio*) Ainda não, senhor.
GUIL Agora cuidado com a língua, ou nós vamos mandar arrancá-la e jogar fora o resto de você, como um rouxinol em um banquete romano.
ROS Tirou as palavras da minha boca.
GUIL Você ia ficar *sem* palavras.
ROS Ia ficar de língua presa.
GUIL Como um mudo em um monólogo.
ROS Como um rouxinol em um banquete romano.
GUIL A sua dicção vai se desmontar.
ROS As suas falas vão ser cortadas.
GUIL Vão virar pantomimas.
ROS E pausas dramáticas.
GUIL Você nunca vai *encontrar* a sua voz.
ROS Lamber os beiços.
GUIL Sentir o gosto das lágrimas.
ROS Do café da manhã.
GUIL Não vai nem ver a diferença.
ROS Não vai haver diferença.
GUIL Nós vamos tirar as palavras da sua boca.
ROS Então você nos entendeu.
GUIL Então você nos alcançou.
ATOR (*exaltado*) Ainda não! (*amargo*) Vocês nos abandonaram.
GUIL Ah! Eu tinha esquecido — vocês encenaram um espetáculo dramático no caminho. É verdade, eu lamento termos sido obrigados a perder.

ATOR (*explode*) Nós não podemos nos olhar nos olhos! (*pausa, mais controlado*) Vocês não entendem a humilhação — ser enganado e ver desmoronar a única pressuposição que torna viável a nossa existência... a de que alguém está *assistindo*... O enredo já tinha consumido dois cadáveres antes de nos darmos conta da nossa situação, desnudados no meio de lugar nenhum e nos derramando em um poço sem fundo.

ROS Isso é que é o trinta e oito?

ATOR (*perdido*) Lá estávamos nós — crianças dementes desfilando em roupas que ninguém jamais usou, falando como homem algum jamais falou, jurando amor com perucas e dísticos rimados, matando uns aos outros com espadinhas de madeira, vãs declarações de fé arremessadas sobre promessas vazias de vingança — e cada gesto, cada pose, sumindo no ralo ar despovoado. Nós empenhamos nas nuvens nossa dignidade, e as néscias aves ouviram. (*ele os cerca*) Vocês não estão entendendo? Nós somos *atores* — nós somos o contrário das pessoas! (*eles se encolhem desorientados, a voz dele se acalma*) Pensem, dentro das suas cabeças, *agora*, pensem na coisa mais... *privada*... *secreta*... íntima que vocês jamais tenham feito, seguros na consciência da sua privacidade... (*ele lhes dá — e à plateia — uma boa pausa. Ros assume um olhar ardiloso*) Estão pensando? (*ele ataca com a voz e a cabeça*) Pois bem, eu vi vocês fazendo isso!

Ros salta, disfarçando alucinadamente.

ROS Nunca! É mentira!

Ele se corrige com uma risadinha no vácuo e senta novamente.

ATOR Nós somos atores... Nós penhoramos as nossas identidades, seguros das convenções da nossa profissão; que alguém estaria assistindo. E aí, gradualmente, ninguém estava. Nós nos vimos, abandonados. Foi só no longo solilóquio do assassino que pudemos olhar em volta; por mais que estivéssemos congelados de perfil, os nossos olhos buscaram vocês, primeiro confiantes, depois hesitantes, depois desesperados à medida que cada tufo de grama, cada tronco, cada canto visível em todas as direções se verificava desabitado, e enquanto isso o rei assassino se dirigia ao horizonte com sua pesarosa culpa interminável... As nossas cabeças começaram a se mover, cuidadosas como lagartos, o cadáver da imaculada Rosalinda espiou por entre os dedos, e o rei gaguejou. Mesmo aí, o costume e uma fé teimosa de que a nossa plateia nos espionava por detrás do arbusto mais próximo forçavam nossos corpos a seguir cambaleantes muito depois de terem sido esvaziados de sentido, até que como carroças desgovernadas eles pararam se arrastando. Ninguém se apresentou. Ninguém gritou conosco. O silêncio era impossível de romper, ele se impunha sobre nós; era obsceno. Tiramos as nossas coroas e espadas e as nossas roupas de ouropel e seguimos silentes pela estrada de Elsinore.

Silêncio. Então Guil aplaude, solo, com lenta ironia medida.

GUIL Brilhantemente recriado — ah, se esses meus olhos pudessem chorar!... Um pouco pesado nas metáforas, no entanto. Não é uma crítica — só questão de gosto. E então eis vocês aqui — é de matar. É uma figura de linguagem... não é? Bom, digamos que nós compensamos vocês, pois vocês podem ter certeza a quem devem agradecer por essa atuação na corte.
ROS Nós contamos com vocês para tirá-lo de si. Vocês são a diversão para que nós o levamos... (*ele deixa escapar uma risadinha microscópica mas se recupera imediatamente*) e com isso eu não estou me referindo à imundície normal de vocês; vocês não podem tratar a realeza como se eles fossem pessoas com desejos pervertidos normais. Eles nem conhecem essas coisas e vocês nem conhecem a eles, para sobrevivência mútua. Então apresentem um belo espetáculo limpo apropriado para toda a família, ou podem ter certeza de que vão fazer parte do piso da taberna hoje à noite.
GUIL Ou amanhã à noite.
ROS Ou não.
ATOR Nós já temos acesso aqui. E sempre tivemos.
GUIL Vocês já atuaram para ele?
ATOR Sim, senhor.
ROS E para que *ele* se inclina?
ATOR Clássicos.
ROS Ah, safadinho!
GUIL O que vocês vão apresentar?

ATOR "O assassinato de Gonzago".
GUIL Plena de belas cadências e cadáveres.
ATOR Pirateada dos italianos.
ROS E trata de quê?
ATOR De um rei e uma rainha...
GUIL Escapismo! E o que mais?
ATOR Sangue...
GUIL ... amor e retórica.
ATOR (*saindo*) Isso.
GUIL Você está indo aonde?
ATOR Eu entro e saio como queira.
GUIL Você é evidentemente um sujeito que conhece os caminhos.
ATOR Já estive aqui.
GUIL Nós ainda estamos tentando achar onde pôr os pés.
ATOR Eu me concentraria em não perder a cabeça.
GUIL Baseado em experiência prévia?
ATOR Precedentes.
GUIL Você já esteve aqui antes.
ATOR E eu sei de onde sopra o vento.
GUIL Funcionando em dois níveis, então? Que coisa mais inteligente! Imagino que seja natural para você, que já está nesse ramo, por assim dizer. (*o rosto sério do Ator não parece mudar. Ele se move como se fosse sair novamente. Guil pela segunda vez o interrompe*) A verdade é que nós apreciamos a sua companhia, na falta de outra. Andam nos deixando tanto por conta própria — chega uma hora que você agradece a incerteza de ser abandonado à vontade dos outros.
ATOR A incerteza é o estado normal. Vocês não são nada especiais.

Ele se prepara de novo para sair. Guil perde a compostura.

GUIL Mas, pelo amor de Deus, o que é que a gente tem de *fazer*!
ATOR Relaxe. Reajam. É o que as pessoas fazem. Vocês não podem viver questionando a sua situação a cada esquina.
GUIL Mas nós não sabemos o que está acontecendo, ou o que fazer de nós mesmos. Nós não sabemos como *agir*.
ATOR Ajam com naturalidade. Pelo menos vocês sabem por que estão aqui.

GUIL Nós só sabemos o que nos dizem, e já é bem pouco. E pelo que nós sabemos nem é verdade.

ATOR Pelo que todo mundo sabe, nada é. Tudo tem de ser aceito na base da confiança; a verdade é só o que se aceita como verdade. É a moeda da vida. Pode não haver mais nada por trás, mas não faz diferença, desde que se honre a dívida. Agimos por pressuposição. O que vocês presumem?

ROS Hamlet não é mais o mesmo, por fora ou por dentro. Nós temos de descobrir o que o aflige.

GUIL Ele não entrega muita coisa.

ATOR Quem é que entrega, hoje em dia?

GUIL Ele está... melancólico.

ATOR Melancólico?

ROS Louco.

ATOR Louco, como?

ROS Ah. (*para Guil*) Louco como?

GUIL Mais macambúzio que louco, talvez.

ATOR Melancólico.

GUIL Mal-humorado.

ROS Ele tem maus humores.

ATOR Humores macambúzios?

GUIL Loucos. E mesmo assim.

ROS Precisamente.

GUIL Por exemplo.

ROS Ele fala sozinho, o que pode ser loucura.

GUIL Se o que ele falasse não fizesse sentido, mas faz.

ROS O que sugere o contrário.

ATOR De quê?

Pequena pausa.

GUIL É isso. Um homem que fala sozinho fazendo sentido não é mais louco que um homem que fala acompanhado sem fazer sentido.

ROS Ou tão louco quanto.

GUIL Ou tão louco quanto.

ROS E ele faz as duas coisas.

GUIL Está aí.
ROS Completamente são de pedra.

Pausa.

ATOR Por quê?
GUIL Ah. (*para Ros*) Por quê?
ROS Exatamente.
GUIL Exatamente o quê?
ROS Exatamente porquê.
GUIL Exatamente por que *o quê*?
ROS O quê?
GUIL *Por quê?*
ROS Por que o quê, exatamente?
GUIL Por que ele está louco?!
ROS *Eu* não sei!

Um momento.

ATOR O velho acha que está apaixonado pela sua filha.
ROS (*chocado*) Santo Deus! Nós estamos fora do compasso aqui.
ATOR Não, não, não — *ele* não tem filha... O velho acha que ele está apaixonado pela *sua* filha?
ROS O velho está?
ATOR Hamlet, apaixonado pela filha do velho, o velho acha.
ROS Rá! Está começando a fazer sentido! Paixão não correspondida!

O Ator se move.

GUIL (*fascista*) Ninguém sai deste cômodo! (*pausa, constrangido*) Sem um motivo *muito* bom.
ATOR Por que não?
GUIL Essa andação de um lado para o outro já mais que passou do limite da arbitrariedade — eu estou rapidamente perdendo o controle aqui. Daqui por diante a razão há de prevalecer.

ATOR Eu tenho falas para decorar.
GUIL Passarás!

O Ator passa para uma das coxias. Ros cerca a boca com as mãos e grita para a outra.

ROS Próximo!

Mas ninguém vem.

GUIL O que é que você estava esperando?
ROS Algo... alguém... nada. (*eles sentam, virados para a frente*) Está com fome?
GUIL Não, e você?
ROS (*pensa*) Não. Você lembra daquela moeda?
GUIL Não.
ROS Acho que perdi.
GUIL Que moeda?
ROS Eu não lembro exatamente.

Pausa.

GUIL Ah, aquela moeda... inteligente.
ROS Eu não lembro como foi que eu fiz aquilo.
GUIL Provavelmente é natural para você.
ROS É, arranjei um número de parar o trânsito com essa.
GUIL Faz de novo.

Breve pausa.

ROS Nós não podemos bancar.
GUIL É, há que se pensar no futuro.
ROS É o mais normal.
GUIL Ter um. Afinal, ele está lá o tempo todo... agora... e agora... e agora...
ROS Podia continuar para sempre. Bom, não para *sempre*, imagino. (*pausa*) Por acaso você pensa em você mesmo *morto* às vezes, deitado num caixão com tampa?

GUIL Não.

ROS Nem eu, na verdade... É uma bobagem se deprimir com isso. Quer dizer, a gente fica pensando como se estivesse *vivo* dentro do caixão; a gente esquece de levar em conta o fato de que a gente está *morto*... o que deve fazer toda diferença... não deve? Quer dizer, você nunca ia *saber* que estava num caixão, não é? Ia ser que nem estar *dormindo* num caixão. Não que você fosse gostar de dormir num caixão, veja bem, não sem ter ar — você ia acordar morto, para começar, e aí como é que ia ser? Além de você estar no caixão. É dessa parte que eu não gosto, francamente. Por isso que não penso nisso... (*Guil se mexe inquieto, enrolando-se com a capa*) Porque você não ia poder fazer nada, não é? Enfiado daquele jeito num caixão, quer dizer, você ia ficar lá para sempre. Mesmo levando em conta o fato de que você está morto, francamente... se *pergunte*, se eu te perguntasse assim de chofre — eu vou te enfiar nesse caixão agora, você ia preferir estar vivo ou morto? Naturalmente você ia preferir estar vivo. A vida num caixão é melhor que vida nenhuma. Espero. Você ia ter uma chance, pelo menos. Você podia ficar lá deitado pensando: bom, pelo menos eu não estou morto! Daqui a pouquinho alguém vai bater na tampa e me mandar sair. (*batendo no chão com as mãos fechadas*) "Ei, você aí, fulano! Sai daí!"

GUIL (*salta selvagem*) Não precisa martelar isso até me matar!

Pausa.

ROS Eu não ia nem pensar nisso, se fosse você. Você só ia ficar deprimido. (*pausa*) A eternidade é uma ideia terrível. Quer dizer, onde é que vai acabar? (*pausa, então, animado*) Dois cristãos dos primeiros tempos se encontram por acaso no paraíso. "Mas Saulo de Tarso", gritou um. "O que é que *você* está fazendo aqui?!"... "Tarso o cacete", respondeu o outro, "eu já sou Paulo." (*Ros levanta inquieto e bate os braços como asas*) Eles nem se importam. Nós não representamos nada. Nós podíamos ficar calados até ficar de cara verde, que eles não iam aparecer.

GUIL Roxa, vermelha.

ROS Um cristão, um muçulmano e um judeu se encontram por acaso em uma carruagem fechada... "Silverstein!", gritou o judeu, "quem é o seu amigo?"... "O nome dele é Abdula", replicou o muçulmano, "mas ele não é mais meu amigo depois que se converteu." (*ele salta novamente, bate o pé e grita para as coxias*) Tudo bem, nós sabemos que vocês estão aí dentro! Saiam e abram o bico! (*pausa*) Nós não temos controle. Nenhum... (*ele caminha*) O que terá acontecido no momento em que pela primeira vez a gente soube da morte? Deve ter havido um, um momento, na infância, quando te ocorreu pela primeira vez que você não ia ficar para sempre. Deve ter sido terrível — gravado na memória. E no entanto eu não consigo lembrar. Nunca me ocorreu mesmo. O que é que a gente depreende disso? Nós devemos nascer com uma intuição de mortalidade. Antes de sabermos as palavras certas, antes de sabermos que existem palavras, nós chegamos, ensanguentados e berrando com o conhecimento de que apesar de todas as bússolas do mundo só existe uma direção, e o tempo é sua única medida. (*ele reflete, ficando mais desesperado e mais rápido*) Um hindu, um budista e um domador de leões se encontraram por acaso, em um circo na fronteira indo-chinesa. (*ele desmonta*) Eles nem estão lembrando de nós! Muito bem, eu não vou tolerar mais isso! No futuro, vão me perceber. (*ele gira de novo nos calcanhares para olhar para as coxias*) Fiquem aí, então! Eu proíbo todas as entradas! (*ninguém vem... Respirando pesado*) Melhor assim...

Imediatamente, atrás dele entra uma grande procissão, principalmente Cláudio, Gertrudes, Polônio e Ofélia. Cláudio segura o cotovelo de Ros quando passa e imediatamente mergulha numa conversa: o contexto é Shakespeare, ato III, cena i. Guil ainda está olhando para a frente enquanto Cláudio, Ros etc. passam para o fundo do palco e se viram.

GUIL Morte seguida da eternidade... o pior dos dois mundos. É uma ideia terrível.

Ele se vira para o fundo do palco para participar da conversa com Cláudio. Gertrudes e Ros seguem para a boca do palco.

GERTRUDES Ele recebeu-vos bem?
ROS Cavalheirissimamente.
GUIL (*voltando a tempo de pegar a deixa*) Mas tendo de forçar sua vontade.
ROS (*uma mentira descarada e ele sabe e demonstra, talvez apanhando o olhar de Guil*)
    Sem questionar, mas a nossas demandas libérrimo atendeu.
GERTRUDES Vós o tentastes a qualquer passatempo?

ROS Madame, calhou que certos atores
     Topamos na estrada; e deles falamos
     E pareceu que ele se alegrou
     Quando isso ouviu. Estão aqui na corte,
     Segundo me parece já têm ordem
     De para ele atuar.
POLÔNIO Verdade.
     E a mim urgiu que a Vossas Majestades
     Levara a ver e ouvir a peça.
CLÁUDIO De todo coração, muito me agrada
     Ouvir que assim deseja.
     Bons cavalheiros, mais lhe ponham gume,
     Conduzam seu intento a tais prazeres.
ROS Assim o faremos, senhor.
CLÁUDIO (*puxando a procissão que sai*)
     Doce Gertrudes, deixai-nos também,
     Pois para cá mandamos Hamlet vir,
     Por que, como por acidente, possa
     Ofélia afrontar...

Saem Ofélia e Gertrudes.

ROS (*mesquinho*) Não me dão sossego! Entra e sai, começa e para, eles estão atacando por todo lado.
GUIL Você nunca fica feliz.
ROS Pegando a gente a galope... Por que *nós* não podemos ir atrás *deles*?
GUIL Que diferença faz?
ROS Eu estou indo. (*Ros se envolve na capa. Guil o ignora. Sem qualquer confiança, Ros vai até o fundo do palco. Ele olha para fora e volta rapidamente*) Ele está vindo.
GUIL O que ele está fazendo?
ROS Nada.
GUIL Ele deve estar fazendo alguma coisa.
ROS Andando.
GUIL De cabeça para baixo?
ROS Não, de pé.

GUIL Completamente nu?
ROS Todo vestido.
GUIL Vendendo maçã do amor?
ROS Não que eu tenha percebido.
GUIL Chance de você estar errado?
ROS Acho que não.

Pausa.

GUIL Eu não vejo a menor possibilidade de a gente conseguir engatar uma conversa.

Hamlet entra pelo fundo do palco e se detém, pesando os prós e os contras de pôr-se um fim. Ros e Guil o observam.

ROS Mesmo assim, acho que se pode dizer que isso foi uma oportunidade... Seria possível... abordá-lo... É, definitivamente me parece uma chance... Algo na linha de uma abordagem direta informal... homem a homem... cara a cara... Mas olha aqui, que história é essa... alguma coisa assim. Isso. Isso, parece uma daquelas de pegar com as duas mãos, eu diria... se me perguntassem. A cavalo dado só se olha quando dá para ver o branco dos olhos etc. (*ele se moveu na direção de Hamlet mas sua coragem acaba. Ele volta*) Nós estamos intimidados, esse é que é o nosso problema. Quando chega a hora nós sucumbimos à personalidade dele...

Ofélia entra, com um livro de orações, uma procissão religiosa de uma só pessoa.

HAMLET Ninfa, em tuas preces sejam lembrados todos os meus pecados.

Com a voz dele ela parou, ele a alcança.

OFÉLIA Meu bom senhor, como têm ido os dias?
HAMLET Humilde, fico grato... bem, bem, bem.

Eles somem nas coxias.

ROS É como morar num passeio público!

GUIL Muito impressionante. Sim, eu achei que a sua abordagem informal direta fosse acabar logo de uma vez com isso tudo. Se posso fazer uma sugestão — cale a boca e sente aqui. Pare de ser perverso.

ROS (*à beira das lágrimas*) Eu não vou mais tolerar isso!

Uma figura feminina, ostensivamente a rainha, entra. Ros marcha atrás dela, põe a mão sobre seus olhos e diz com uma frivolidade desesperada.

ROS Adivinha quem é?

ATOR (*aparecendo em um canto da boca do palco*) Alfred!

Ros retira as mãos, dá meia-volta. Ele estava segurando Alfred, de vestido e peruca loura. O Ator está ainda no canto da boca do palco. Ros vai até aquela saída. O Ator não se move. Ele e Ros ficam cara a cara.

ROS Com licença.

O Ator ergue o pé da boca do palco. Ros se curva para pôr a mão no chão. O Ator abaixa o pé. Ros berra e se afasta de um salto.

ATOR (*gravemente*) Eu lhe peço perdão.
GUIL (*para Ros*) O que foi que ele fez?
ATOR Eu bati o pé.
ROS A minha mão estava no chão!
GUIL Você pôs a mão embaixo do pé dele?
ROS Eu...
GUIL Para quê?
ROS Eu achei... (*agarra Guil*) Não me abandone!

Ele tenta sair correndo. Um Trágico vestido de rei entra. Ros recua, corre para a outra coxia. Dois Trágicos de capas entram. Ros tenta novamente mas outro Trágico entra, e Ros se recolhe ao centro do palco. O Ator bate pragmaticamente as mãos.

ATOR Muito bem! Nós não temos muito tempo.

GUIL O que é que vocês estão fazendo?
ATOR Ensaio de figurino. Agora, se vocês dois não se importarem de se afastar um pouco... isso... bom... (*para os Trágicos*) Todos prontos? E, pelo amor do nosso Senhor, lembrem o que estamos fazendo. (*para Ros e Guil*) Nós sempre usamos mais ou menos o mesmo figurino, e eles esquecem o que deviam ser *em* cena... Pare de cutucar o nariz, Alfred. Quando as rainhas precisam fazer isso elas fazem por um processo cerebral passado de mãe para filha... Bom. Silêncio! Vamos lá!
REI-ATOR Por trinta vezes Febo no seu carro...

O Ator dá um salto furioso.

ATOR Não, não, não! Pantomima primeiro, ó desorientada majestade! (*para Ros e Guil*) Eles estão meio sem prática, mas sempre ficam na ponta dos cascos quando chegam as mortes — revela a poesia de cada um deles.
GUIL Que bom.
ATOR Não há nada menos convincente que uma morte pouco convincente.
GUIL Eu tenho certeza.

O Ator bate palmas uma vez.

ATOR Primeiro ato — vai agora.

A pantomima. Música suave de uma flauta doce. O Rei-Ator e a Rainha-Ator se abraçam. Ela se ajoelha e faz gestos de quem se declara a ele. Ele a toma em seus braços, depondo a cabeça em seu pescoço. Ele se deita. Ela, vendo que ele dorme, sai de perto dele.

GUIL Para que serve a pantomima?
ATOR Bom, é um subterfúgio, na verdade — deixa mais ou menos compreensível a ação que se segue; você entende, nós estamos atados a uma linguagem que compensa em obscuridade o que lhe falta de estilo.

A pantomima (continuação) — entra um outro. Ele tira a coroa do Adormecido e a beija. Ele trazia uma garrafinha com um líquido. Ele derrama o veneno no ouvido do Adormecido, e sai de perto dele. O Adormecido se convulsiona heroicamente, morrendo.

ROS Quem era esse?
ATOR O irmão do rei e tio do príncipe.
GUIL Não exatamente fraternal.
ATOR Não exatamente avuncular, com o passar do tempo.

A Rainha retorna, comporta-se de forma passional ao encontrar o Rei morto. O Envenenador entra novamente, acompanhado de dois outros (os dois com capas). O Envenenador parece lamentar junto com ela. O corpo é carregado dali. O Envenenador corteja com presentes a Rainha. Ela parece ríspida por um tempo mas no fim aceita seu amor. Fim da pantomima, e nesse momento o pranto de uma mulher atormentada: Ofélia aparece, chorando aos gritos, seguida de perto por Hamlet em um estado de histeria, gritando com ela, circulando em volta dela, os dois no meio do palco.

HAMLET Basta, nada quero mais com isso; isso me enlouqueceu! (*ela cai de joelhos, chorando*) Digo que não mais teremos casamentos! (*sua voz se contém, para incluir os Trágicos, que estão congelados*) Os que já estão casados (*ele se apoia à Rainha-Ator e ao Envenenador, falando com tranquila acídia*) todos menos um hão de viver. (*sorri brevemente para eles sem alegria, e começa a se afastar, erguendo-se de novo em sua réplica final*) O resto ficará como está. (*no que ele sai, com Ofélia cambaleante ao fundo do palco, diz no ouvido dela uma rápida sentença telegráfica*) Ao convento, vai.

Ele sai. Ofélia cai de joelhos no fundo do palco, seus soluços quase inaudíveis. Um breve silêncio.

REI-ATOR Por trinta vezes Febo no seu carro...

Cláudio entra com Polônio e vai até Ofélia e a põe de pé. Os Trágicos se reanimam de um salto com as cabeças inclinadas.

CLÁUDIO Amor? Não tendem a tal seus afetos,
    Ou o que disse, conquanto confuso,
    Não era loucura. Existe sim
    Em sua alma algum lugar de choca
    Para sua melancolia, e temo

>   Haver algum perigo neste ovo.
>   E para prevenir, determinei
>   Que logo ele se vá à Inglaterra...

O que leva os três — Cláudio, Polônio, Ofélia — para fora do palco. O Ator se move, batendo palmas para chamar a atenção.

ATOR Cavalheiros! (*eles olham para ele*) Acho que não está dando. Não estamos nem perto de conseguir. (*para Guil*) O que você achou?
GUIL O que eu devia achar?
ATOR (*para os Trágicos*) Vocês não estão transmitindo!

Ros tinha começado a ir até Ofélia; ele volta.

ROS Aquilo não me pareceu amor.
GUIL Começando do zero de novo...
ATOR (*para os Trágicos*) Estava uma *desgraça*.
ROS (*para Guil*) À noite vai ser o caos.
GUIL Mantenha distância — nós somos espectadores.
ATOR Segundo ato! Posições!
GUIL Aquilo não era o fim?
ATOR E você chama aquilo de fim... com praticamente todo mundo de pé? Nossa... não mesmo — nem por cima do seu cadáver.
GUIL Como é que eu devo receber essa última?
ATOR Deitado. (*ele ri brevemente e em um segundo jamais riu em toda sua vida*) Toda arte tem um padrão — você há de saber disso, não? Os eventos devem se desenrolar até suas conclusões estéticas, morais e lógicas.
GUIL E qual é ela, nesse caso?
ATOR Nunca muda — o objetivo é aquele ponto em que todo mundo que está marcado para morrer morre.
GUIL Marcado?
ATOR Entre "merecimento" e "ironia trágica" nós temos um espaço bem grande para o nosso talento em particular. Em termos gerais, as coisas foram até onde podem ir, dentro dos limites do possível, quando as coisas ficaram tão feias quanto podem ficar, dentro dos limites do razoável.

Ele aciona um sorriso.

GUIL Quem é que decide?
ATOR (*desligando o sorriso*) Decide? Está escrito. (*ele se afasta. Guil o agarra e o vira violentamente. Sem se abalar*) Agora se você vai começar com duplos sentidos, nós vamos nos desencontrar no escuro. Eu estou me referindo à tradição oral. Por assim dizer. (*Guil o libera*) Nós somos atores trágicos, como vocês podem ver. Nós seguimos instruções — não há espaço para *escolha*. Os maus terminam mal, os bons, desafortunadamente. É isso que significa tragédia. (*dirigindo*) Posições!

Os Trágicos assumiram posições para a continuação da pantomima: o que nesse caso significa uma cena de amor, sexual e apaixonada, entre a Rainha e o Rei/Envenenador.

ATOR Já! (*os amantes começam. O Ator oferece um comentário ofegante para Ros e Guil*) Depois de matar seu irmão e cortejar sua viúva... o envenenador sobe ao trono! Aqui nós o vemos com sua rainha, dando expressão a sua paixão descontrolada! Mal sabendo ela que o homem que tem nos braços...!
ROS Ah, olha só... uma coisa... por favor! Vocês não podem fazer isso!
ATOR Por que não?
ROS Mas, por favor... quer dizer, as pessoas querem se *divertir*... elas não vêm esperando imundície sórdida e gratuita.
ATOR Você está errado — vêm, sim! Assassinato, sedução e incesto — o que é que você espera... *piadas*?
ROS Eu espero uma boa história, com começo, meio e fim.
ATOR (*para Guil*) E você?
GUIL Eu preferiria que a arte fosse um espelho da vida, se para vocês não faz diferença.
ATOR Para mim não faz a menor diferença, senhor. (*para os Amantes atracados*) Tudo bem, também não precisava se deixar levar. (*eles levantam. Para Guil*) Daqui a pouco entro eu. Luciano, sobrinho do rei! (*volta sua atenção para os Trágicos*) Em frente!

Eles se distribuem pelo palco para acomodar a próxima cena da pantomima, que consiste do próprio Ator demonstrando uma angústia excitadiça (coreografada, estiliza-

da), o que leva a uma cena passional com a Rainha (cf. "A cena do quarto", Shakespeare, Ato III, cena iv) e a uma reconstrução muito estilizada do esfaqueamento de uma figura que lembra Polônio atrás da tapeçaria (ocupando o Rei assassinado o lugar de Polônio), enquanto o próprio Ator continua com seu comentário ofegante para Ros e Guil.

ATOR Luciano, sobrinho do rei.... usurpado por seu tio e abalado pelo casamento incestuoso de sua mãe... perde a razão... levando a corte ao tumulto e à desordem enquanto se altera entre uma profunda melancolia e uma loucura sem restrições... oscilando entre humores suicidas (*faz uma pose*) e homicidas (*aqui ele mata "Polônio"*)... ele finalmente confronta a mãe em uma cena de provocativa ambiguidade... (*um abraço algo edipiano*) implora que ela se arrependa e se redima... (*ele se ergue de um salto, ainda falando*) O Rei... (*ele empurra o Rei/Envenenador para a frente*) atormentado pela culpa — perseguido pelo pavor — decide despachar seu sobrinho para a Inglaterra... e confia essa tarefa a dois sorridentes cúmplices — amigos, nobres, dois espiões... (*ele rodopiou para reunir o Rei/Envenenador aos dois Trágicos de capas; estes últimos se ajoelham e aceitam do Rei um rolo de pergaminho*) dando-lhes uma carta, que devem apresentar à corte inglesa...! E assim eles partem — a bordo de um navio... (*os dois Espiões se posicionam um de cada lado do Ator, e os três balançam em uníssono, o movimento de um barco; e então o Ator se separa deles*) e chegam... (*um dos Espiões cobre os olhos para examinar o horizonte*) e desembarcam... e se apresentam diante do rei da Inglaterra... (*ele gira nos calcanhares*) O rei da Inglaterra... (*uma mudança de adereços de cabeça cria o Rei da Inglaterra a partir do Ator que resta — ou seja, o Ator que representou o rei assassinado original*) Mas onde está o príncipe? Onde, de fato? A trama ficou mais complexa — uma reviravolta do destino pôs nas mãos deles uma carta que sela suas mortes! (*os dois Espiões apresentam sua carta; o Rei da Inglaterra lê e ordena que sejam mortos. Eles levantam enquanto o Ator arranca-lhes as capas como preparação para a execução*) Traidores cujo canhão disparou pela culatra?... Ou vítimas dos deuses?... Jamais saberemos!

Toda a pantomima foi fluida e contínua, mas agora Ros se adianta e faz que ela pare. O que faz com que Ros se adiante é o fato de que sob suas capas os dois Espiões estão usando casacos idênticos aos usados por Ros e Guil, cujos casacos agora estão cobertos por suas capas. Ros se aproxima inseguro do "seu" Espião. Ele não está entendendo direito por que os casacos são tão familiares. Ros fica perto dele, toca o casaco, pensativo...

ROS Mas veja só se não é o...! Não, espera aí, não me diga — faz muito tempo desde... onde foi? Ah, isso está me lembrando do... quando é que foi? Eu te conheço, não é? Eu nunca esqueço um rosto... (*ele olha no rosto do Espião*) Não, eu não te conheço, conheço? É, receio que você esteja equivocado. Você deve ter me confundido com outra pessoa.

Guil enquanto isso se aproximou do outro Espião, rosto fechado, pensativo.

ATOR (*para Guil*) Vocês conhecem essa peça?
GUIL Não.
ATOR Uma carnificina — oito corpos no fim das contas. Traz à tona o melhor de cada um.
GUIL (*tenso, progressivamente atordoado durante toda a pantomima e o comentário*) Seu!... O que é que *vocês* sabem da *morte*?
ATOR É o que os atores fazem melhor. Eles têm de explorar todo o talento que tenham, e o talento que têm é morrer. Eles sabem morrer de maneira heroica, cômica, irônica, lenta, repentina, repulsiva, encantadora, ou de grandes alturas. O meu próprio talento é mais geral. Eu extraio significado do melodrama, um significado que ele não contém de fato; mas ocasionalmente, desse material, escapa um exíguo raio de luz que, visto do ângulo certo, pode partir a casca da mortalidade.
ROS Eles só sabem fazer isso — morrer?
ATOR Não, não... eles matam maravilhosamente bem. Na verdade alguns deles matam ainda melhor do que morrem. O resto morre melhor do que mata. Eles são uma equipe.
ROS Quais são quais?
ATOR Nem adianta.
GUIL (*medo, agressividade*) Atores! Os mecanismos do melodrama barato! Isso não é a *morte*! (*mais tranquilo*) Vocês berram e se engasgam e tombam de joelhos, mas isso não mostra a morte a ninguém — não pega as pessoas distraídas e dispara nos ouvidos delas aquele sussurro que diz "Um dia você vai morrer". (*ele se endireita*) Vocês morrem tanto; como é que vocês esperam que eles acreditem nessas mortes?

ATOR Pelo contrário, é o único tipo em que eles acreditam. Estão condicionados. Uma vez eu tive um ator que foi condenado à morte por roubar uma ovelha — ou um cordeiro, não lembro —, aí eu consegui uma permissão para enforcá-lo no meio de uma peça — tive de mudar um pouco o enredo mas achei que ia ser impressionante, sabe... e vocês não vão acreditar mas ele *simplesmente* não foi convincente! Era impossível alguém suspender a descrença com aquilo — e ainda com a plateia gritando e jogando amendoins, a coisa toda foi uma *catástrofe*!... Ele só ficou gritando o tempo todo — completamente fora da personagem... só ficava ali gritando... Nunca mais. (*bem-humorado, ele já deu as costas para a pantomima: os dois Espiões aguardando sua execução pelas mãos do Ator*) As plateias sabem o que devem esperar, e só estão preparadas para acreditar nisso. (*para os Espiões*) Mostrem!

Os Espiões morrem algo elaborada e competentemente. A luz começou a diminuir, e some quando morrem, e quando Guil fala.

GUIL Não, não, não... vocês entenderam tudo errado... não se pode representar a morte. O *fato* da morte não tem nada a ver com a contemplação da morte acontecendo — não são os engasgos e o sangue e a queda... Não é isso que faz da morte a morte. É só um homem que deixa de reaparecer, só isso — uma hora você está vendo o sujeito, depois não está mais: essa é a única coisa real — uma saída, discreta e inesperada, um desaparecimento que ganha peso enquanto acontece, até que, finalmente, está pleno de morte.

Os dois Espiões ficam deitados, imóveis, quase invisíveis. O Ator se adianta e joga as capas dos espiões sobre seus corpos. Ros começa a bater palmas, lentamente.

Blecaute.

Um segundo de silêncio, e depois muito barulho. Gritos... "O Rei se levanta!"... "Largai a peça!"... e pedidos de "Luzes, luzes, luzes!". Quando vem a luz, depois de alguns segundos, vem como uma aurora. O palco está vazio, a não ser pela presença de duas Figuras com capas estendidas no chão aproximadamente nas posições em que estavam os dois Espiões mortos. Enquanto a luz aumenta, percebe-se que são Ros e Guil, e que estão descansando muito confortavelmente. Ros se ergue sobre os cotovelos e cobre os olhos enquanto encara a plateia. Por fim:

ROS Então ali deve ser o leste. Acho que isso a gente pode presumir.
GUIL Eu não vou presumir coisa nenhuma.
ROS Não, tudo bem. Aqui é o sol. Leste.
GUIL *(ergue os olhos)* Onde?
ROS Eu vi ele nascer.
GUIL Não... estava claro o tempo todo, sabe, e você abriu os olhos bem devagarinho. Se você estivesse virado para lá, você ia estar jurando que *lá* era o leste.
ROS *(levantando)* Você é uma pilha de preconceitos.
GUIL Eu já fui enganado.
ROS *(olhando por sobre a plateia)* Faz sentido.
GUIL Eles estão esperando para ver o que nós vamos fazer.
ROS Bom e velho leste.
GUIL Assim que nós dermos um passo eles vão cair em cima de nós por todos os lados, gritando umas ordens obscuras, fazendo comentários ridículos e confusos, bagunçando com a nossa vida daqui até o café da manhã e errando os nossos nomes.

Ros começa a protestar, mas mal abriu a boca e já...

CLÁUDIO *(fora de cena — com urgência)* Ei, Guildenstern!

Guil ainda está de bruços. Pequena pausa.

ROS e GUIL Estão atrás de você...

Guil ergue-se de um salto furioso enquanto Cláudio e Gertrudes entram. Estão algo desesperados.

CLÁUDIO Amigos, ide em busca de outro auxílio: Hamlet, insano, trucidou Polônio,
Arrastando-o do quarto da mãe.
Ide atrás dele convencê-lo a dar

O corpo a seu repouso na capela.

Eu vos demando, apressai-vos nisso.

(*enquanto ele e Gertrudes estão saindo às pressas*) Vem, Gertrudes, chamemos mais amigos por lhes dizer o que vamos fazer...

Saíram. Ros e Guil permanecem bem imóveis.

GUIL Então...
ROS Pois é...
GUIL Então, então.
ROS Pois é, pois é. (*concorda com a cabeça, com uma confiança forjada*) Ir atrás dele. (*pausa*) Et cetera.
GUIL Pois é.
ROS Então. (*pequena pausa*) Bom, é um passo na direção certa.
GUIL Você não gostava dele?
ROS Quem?
GUIL Santo Deus, espero que chorem mais por *nós*!...
ROS Bom, é um progresso, não é? Algo positivo. Ir atrás dele. (*olha em volta sem mexer os pés*) Por onde é que a gente começa...?

Dá um passo na direção das coxias e se detém.

GUIL Bom, é um passo na direção certa.
ROS Você achou? Ele podia estar em qualquer lugar.
GUIL Muito bem — você vai por aí, eu vou por aqui.
ROS Certo. (*eles caminham para lados diferentes. Ros se detém*) Não. (*Guil se detém*) Você vai por aqui — eu vou por aí.
GUIL Muito bem.

Eles marcham um na direção do outro, cruzam-se. Ros se detém.

ROS Espera um minuto. (*Guil se detém*) Acho que devíamos ficar juntos. Ele pode estar violento.
GUIL Bem lembrado. Eu vou com você.

Guil marcha até onde está Ros. Eles se voltam para a saída. Ros se detém.

ROS Não, eu é que vou com *você*.
GUIL Certo.

Eles se viram, marcham para o outro lado. Ros se detém. Guil se detém.

ROS Eu vou com *você*, pelo *meu* lado.
GUIL Muito bem.

Eles se viram novamente e cruzam o palco marchando. Ros se detém. Guil se detém.

ROS Acabou de me ocorrer. Se nós dois sairmos, ele pode aparecer *aqui*. Ia ser estúpido, não ia?
GUIL Muito bem — eu fico, você vai.
ROS Certo. (*Guil marcha até o meio do palco*) Olha só. (*Guil gira e continua marchando até onde está Ros, que começa a marchar para a boca do palco. Eles se cruzam. Ros se detém*) Acabou de me ocorrer. (*Guil se detém*) Nós devíamos ficar juntos; ele pode estar violento.
GUIL Bem lembrado. (*Guil marcha até onde está Ros. Eles ficam um momento parados em suas posições originais*) Bom, pelo menos estamos chegando a algum lugar.

Pausa.

GUIL Claro que ele pode não vir.
ROS (*desligado*) Ah, ele vem.
GUIL Nós íamos ter muito para explicar.
ROS Ele vem. (*deixa-se vagar desligado para o fundo do palco*) Não se preocupe... pode escrever o que eu digo... (*olha para fora — fica em choque.*) Ele está vindo!
GUIL O que ele está fazendo?
ROS Andando.
GUIL Sozinho?
ROS Não.
GUIL Quem está com ele?

ros O velho.
guil Andando?
ros Não.
guil Sem andar?
ros Sem.
guil Ah. Isso é uma oportunidade como nenhuma outra. (*e repentinamente se vê tomado de energia*) Ele que venha para a armadilha!
ros Que armadilha?
guil Você fica aí! Não deixe ele passar!

Ele posiciona Ros com as costas para uma das coxias, encarando a entrada de Hamlet. Guil se posiciona perto de Ros, a alguns metros de distância, de modo que passem a cobrir um lado do palco, encarando o outro. Guil solta o cinto. Ros faz o mesmo. Eles atam os dois cintos e os seguram tensos entre si. As calças de Ros caem lentamente. Hamlet entra pelo outro lado, lentamente, arrastando o corpo de Polônio. Ele entra pelo fundo do palco, faz um pequeno arco e sai pelo mesmo lado, alguns metros mais para perto da boca do palco. Ros e Guil, segurando os cintos esticados, ficam olhando para ele algo desorientados. Hamlet sai, arrastando o corpo. Eles relaxam a tensão dos cintos.

ros Essa foi por pouco.
guil Dois sujeitos não podem fazer tudo.

Eles desatam os cintos; Ros ergue as calças.

ros (*preocupado — dá alguns passos na direção da saída de Hamlet*) Ele está morto.
guil Claro que está morto.
ros (*volta-se para Guil*) Devidamente.
guil (*bravo*) A morte é a morte, não é? (*Ros fica quieto. Pausa*) Talvez ele volte por aqui. (*Ros começa a tirar o cinto*) Não, não, não!... Se nós não podemos aprender com a experiência, o que mais nos resta?

Ros desiste. Pausa.

ros Grite o nome dele.
guil Eu achava que nós já tínhamos passado por isso tudo.

ROS (*grita*) Hamlet!

GUIL Não seja ridículo.

ROS (*grita*) Lorde Hamlet! (*Hamlet entra. Ros perde um pouco o ânimo*) O que fizeste, senhor, do cadáver?

HAMLET Juntei-o ao pó, onde está em casa.

ROS Dizei-nos onde, para que o tiremos de lá, levando-o à capela.

HAMLET Não creias.

ROS Em quê?

HAMLET Que posso obedecer a ti e não a mim. E mais, que pode replicar a uma esponja, o filho de um rei?

ROS Tomais-me por esponja, senhor?

HAMLET Sim, senhor, que absorve o semblante do rei, seus prêmios, suas autoridades. Mas tais asseclas melhor servem ao rei no final. Ele os guarda, qual macaco, no canto da boca, primeiros a terem sido engolidos, para serem os últimos engolidos. Quando precisa do que descobristes, basta espremer-vos e, esponjas, novamente sereis secos.

ROS Não vos compreendo, senhor.

HAMLET O que muito me alegra: uma fala salaz não fala a um ouvido tolo.

ROS Meu senhor, deveis nos dizer onde está o cadáver e ir conosco ter com o rei.

HAMLET O corpo está com o rei, mas o rei não está com o corpo. O rei é um não--sei...

GUIL Um não-sei, meu senhor...?

HAMLET Um nada. Levai-me a ele.

Hamlet se move resoluto na direção de uma das coxias. Eles vão com ele, pastoreando. Logo antes de chegarem à saída, Hamlet, tendo aparentemente visto Cláudio se aproximar, se curva profundamente em uma longa reverência. Ros e Guil, seguindo a deixa de Hamlet, também fazem fundas reverências — uma ampla saudação cerimonial com as capas esvoaçando a seu redor. Hamlet, contudo, continua o movimento, que se transforma em uma meia-volta, e sai pelo outro lado. Ros e Guil, com a cabeça baixa, não percebem. Ninguém entra. Ros e Guil erguem sorrateiramente os olhos e percebem que estão curvados diante de nada. Cláudio entra atrás deles. Com suas primeiras palavras eles se erguem de um salto e olham surpresos de uma coxia para a outra.

CLÁUDIO Ora, o que se passa?

ROS Onde esteja o cadáver, meu senhor, dele não conseguimos descobrir.
CLÁUDIO Mas e ele, onde está?
ROS (*micro-hesitação*) Fora, senhor; detido, à vossa espera.
CLÁUDIO (*move-se*) Trazei-o a nós.

Isso tem o efeito de um soco na cara de Ros, mas apenas seus olhos o demonstram. Novamente ele hesita apenas microscopicamente. E então, com grande deliberação, ele se volta para Guil.

ROS Ei! Trazei o senhor.

Novamente há um momento insignificante em que Ros fica cheio de si e Guil, encurralado e traído. Guil abre a boca e fecha novamente. A situação é salva: Hamlet, acompanhado, é trazido exatamente quando Cláudio está saindo. Hamlet e seu Acompanhante cruzam o palco e saem, seguindo Cláudio. A luz muda para uma externa.

ROS (*prepara-se para sair*) Tudo bem, então?
GUIL (*não se move: pensativo*) E no entanto não parece ser o bastante; ter respirado coisa tão relevante. Será que isso pode ser tudo? E por que nós?... Qualquer um servia. E nós não acrescentamos nada.
ROS Foi um episódio exigente enquanto durou, mas agora eles não precisam mais de nós.
GUIL Precisam para quê?
ROS Eu não vou fingir que entendi. Francamente, não me interessa muito. Se eles não querem dizer, é problema deles. (*ele se deixa vagar até o fundo do palco, na direção da saída*) De minha parte, eu só estou feliz por ter sido a última vez em que o vimos...

E ele dá uma olhada para fora do palco e se vira para a frente, seu rosto traindo o fato de que Hamlet está ali.

GUIL Eu sabia que não tinha acabado...
ROS (*agudo*) E tem mais?!
GUIL Nós vamos levá-lo para a Inglaterra. O que ele está fazendo?

Ros vai até o fundo do palco e volta.

ROS Falando.
GUIL Sozinho? (*Ros começa a ir até lá, Guil o interrompe*) Ele está sozinho?
ROS Não, está com um soldado.
GUIL Então não está falando sozinho, não é?
ROS Não está sozinho falando... Será que nós devíamos ir?
GUIL Aonde?
ROS Qualquer lugar.
GUIL Por quê?

Ros inclina a cabeça para ouvir.

ROS E lá vem ele de novo. (*angustiado*) Eu só peço uma mudança de ares!
GUIL (*coda*) Santificados sejam vossos mares...

Hamlet entra por trás deles, conversando com um soldado armado. Ros e Guil não olham em torno.

ROS Eles vão nos deixar pendurados aqui até a morte. No mínimo. E o clima vai mudar. (*ergue os olhos*) A primavera não pode durar para sempre.
HAMLET Bom senhor, que forças são estas?
SOLDADO São da Noruega, senhor.
HAMLET Que propósito têm, senhor, se me podeis dizer?
SOLDADO Vão contra certa parte da Polônia.
HAMLET Quem as comanda, senhor?
SOLDADO O sobrinho do velho rei norueguês, Fortinbras.
ROS Nós vamos ficar com frio. O verão vai acabar.
GUIL Está outonal.
ROS (*examinando o chão*) Nenhuma folha.
GUIL Outonal — nada a ver com folhas. Tem a ver com uma certa marronzidade nas bordas do dia... O marrom está se esgueirando sobre nós, pode escrever o que eu digo... Tons ferruginosos e de tangerina do ouro enrubescendo a borda mais externa dos sentidos... escuros ocres brilhantes, sombreados calcinados e pergaminhos de terra queimada — refletindo-se sobre si próprios

e através de si próprios, filtrando a luz. Em tempos assim, talvez, coincidentemente, podem cair as folhas, em algum lugar, por ouvir dizer. Ontem estava azul, como fumaça.

ROS (*cabeça erguida, ouvindo*) Então entendi de novo.

Eles ouvem... vago som da banda dos Trágicos.

HAMLET Humilde e grato, senhor.
SOLDADO Ide com Deus, senhor.

Sai. Ros levanta rápido e vai até Hamlet.

ROS Agradar-vos-ia ir, meu senhor?
HAMLET Logo estarei contigo. Vai um pouco antes.

Hamlet se vira para olhar para o fundo do palco. Ros volta para a boca de cena. Guil olha para a frente, não se vira.

GUIL Ele está aí?
ROS Está.
GUIL Fazendo o quê?

Ros olha por cima do ombro.

ROS Falando.
GUIL Sozinho?
ROS Sozinho.

Pausa. Ros se prepara para sair.

ROS Ele *disse* que nós podemos ir. Juro por Deus.
GUIL Eu gosto de saber onde estou. Mesmo quando eu não sei onde estou, eu gosto de saber *disso*. Se nós sairmos não tem como saber.
ROS Como saber o quê?
GUIL Se um dia vamos voltar.

ROS Nós não queremos voltar.
GUIL Isso pode bem ser verdade, mas e nós queremos ir?
ROS Nós vamos estar livres.
GUIL Não sei. É o mesmo céu.
ROS Nós já chegamos até aqui. (*ele vai na direção da saída. Guil o segue*) E além disso, tudo ainda pode acontecer.

Eles saem.

Blecaute.

Terceiro ato

Abre em total escuridão. Suaves sons marinhos. Depois de vários segundos de nada, uma voz vinda do escuro...

GUIL Você está aí?
ROS Onde?
GUIL (*amargo*) Começamos bem...

Pausa.

ROS É você?
GUIL Sou.
ROS Como é que você sabe?
GUIL (*explosão*) Ah-pelo-amor-de-Deus!
ROS Então nós ainda não acabamos?
GUIL Bom, nós estamos aqui, não estamos?
ROS Estamos? Eu não estou vendo nada.
GUIL Você ainda consegue *pensar*, não consegue?
ROS Acho que sim.
GUIL Você ainda consegue *falar*.
ROS O que eu deveria dizer?
GUIL Nem se incomode. Você consegue *sentir*, não consegue?
ROS Ah, ainda há vida em mim!
GUIL O que você está sentindo?
ROS Uma perna. Isso, parece a minha perna.
GUIL E como ela está?
ROS Morta.
GUIL Morta?
ROS (*pânico*) Eu não estou sentindo nada!
GUIL Dê um beliscão!

Imediatamente ele dá um grito agudo.

ROS Desculpa.

GUIL Bom, agora ficou esclarecido.

Uma pausa mais longa: o som cresce um pouco e se identifica — o mar. Madeirame de embarcação, vento nas velas, e então os gritos dos marujos dando instruções obscuras mas inequivocamente náuticas de todas as direções, de longe e de perto. Uma lista curta:

    Cambar a bombordo!
    Amainar estais!
    Recife a sotavento, marujada!
    É você, imediato?
    Oi-lá! É você?
    Arribar!
    Manter rota!
    Sempre a barlavento!
    Força, pessoal!

Talvez curtos trechos de cânticos de marinheiros.

Içar a genoa!
Subir a bujarrona!

Quando se estabeleceu bem o fato, e mais um pouco.

ROS Nós estamos num barco. *(pausa)* Escuro, né?
GUIL Não se for noite.
ROS Não, não se for *noite*.
GUIL Escuro se for dia.

Pausa.

ROS Ah, sim, se for *dia* está escuro.
GUIL Nós devemos ter seguido rumo norte, claro.
ROS Norte, claro?
GUIL Ou seja, terra do sol da meia-noite.
ROS Norte, claro. *(sons de marujos. Uma lanterna acesa no fundo do palco — na verdade quem a acende é Hamlet. O palco se ilumina desproporcionalmente. O suficiente*

para vermos: Ros e Guil sentados na boca de cena. Vagas formas de velas etc. atrás deles) Acho que está ficando claro.

GUIL Não se for noite.

ROS Assim tão ao norte.

GUIL A não ser, claro, que estejamos fora de rota.

ROS (*pequena pausa*) A não ser claro.

A luz melhora... Lanterna? Lua?... Luz. Revelando, entre outras coisas, três grandes tonéis em que caberia uma pessoa, no convés, de pé, com tampas. Espaçados mas em linha. Por trás e por cima deles, um guarda-chuva listrado de muitas cores, em um poste cravado no convés, inclinado de forma a não podermos ver atrás dele — um daqueles trecos imensos de dois metros de diâmetro. Ainda escuro no fundo do palco. Ros e Guil ainda olhando para a frente.

ROS É, está mais claro do que estava. Vai anoitecer logo. Assim tão ao norte. (*lamentosamente*) Acho que nós vamos ter que ir dormir.

Ele boceja e se espreguiça.

GUIL Cansado?

ROS Não... Acho que eu não ia conseguir me acostumar. Dormir a noite inteira, sem ver nada de dia... Esses esquimós devem levar uma vida sossegada.

GUIL Onde?

ROS O quê?

GUIL Achei que você... (*recaída*) Eu perdi toda a capacidade de descrença. Não sei nem se ia conseguir chegar a um suave ceticismozinho.

Pausa.

ROS Bom, será que a gente devia esticar as pernas?

GUIL Eu não estou com vontade de esticar as pernas.

ROS Eu estico as suas para você, se você quiser.

GUIL Não.

ROS Nós podíamos um esticar as do outro. Aí a gente não precisava sair daqui.

GUIL (*pausa*) Não, alguém podia entrar.

ROS Entrar onde?
GUIL Aqui.
ROS Aqui fora?
GUIL No convés.

Ros examina o chão: dá um tapa.

ROS Um belo madeirame.
GUIL É, eu também gosto muito de barcos. Eu gosto de como eles são... contidos. Você não precisa se preocupar com o rumo, nem com sair do lugar — a questão nem se apresenta, porque você está em um *barco*, não é? Barco vale de pique no pega-pega... todo mundo fica quieto no lugar até a música começar... Acho que vou passar quase a vida toda a bordo de um barco.
ROS Muito saudável.

Ros inala com expectativa, exala entediado. Guil levanta e olha por sobre a plateia.

GUIL A gente se sente livre em um barco. Por algum tempo. Relativamente.
ROS E como é?
GUIL Duro.

Ros se junta a ele. Eles olham por sobre a plateia.

ROS Acho que eu vou vomitar.

Guil lambe um dedo e o ergue experimentalmente.

GUIL Do outro lado, acho. (*Ros vai até o fundo do palco: idealmente algum tipo de convés superior que se une ao convés inferior da boca do palco por alguns degraus baixos. O guarda-chuva está no convés superior. Ros se detém perto do guarda-chuva e olha atrás dele. Guil enquanto isso esteve retomando seu próprio tema — olhando por sobre a plateia...*) Livres. Para andar, falar, digredir, mas mesmo assim. Nós não fomos libertados. A nossa errância se define por uma única estrela fixa, e a nossa deriva representa meramente uma leve mudança de ângulo em relação a ela: podemos aproveitar o momento, brincar com ela enquanto passam os momentos, uma excursãozinha aqui, uma exploração ali, mas andamos em círculos e acabamos voltando a novamente encarar aquele único fato imutável — que nós, Rosencrantz e Guildenstern, levando uma carta de um rei para outro, estamos levando Hamlet para a Inglaterra.

A essa altura, Ros já voltou, andando na ponta dos pés com muito cuidado, dentes travados para não abrir a boca, chega até Guil, aponta sub-repticiamente para trás dele — e um sussurro apertado:

ROS Olha só — *ele está ali!*
GUIL (*sem surpresa*) O que ele está fazendo?
ROS Dormindo.
GUIL Bom para ele.
ROS O quê?
GUIL Ele conseguir dormir.
ROS É bom pra ele.
GUIL Agora ele nos pegou.
ROS Ele consegue dormir.
GUIL Está tudo acabado para ele.
ROS Ele nos pegou.
GUIL E nós não temos nada. (*um grito*) Eu só peço o que nos é devido!
ROS Para as almas que sofrem no mar...
GUIL Santificados sejam vossos sentidos.

Para. Pausa. Senta. Longa pausa.

ROS (*depois de se remexer inquieto, olhando em volta*) E agora?
GUIL Mas como assim?
ROS Bom, não acontece nada.
GUIL Nós estamos em um barco.
ROS Disso eu sei.
GUIL (*nervoso*) Então você está esperando o quê? (*infeliz*) Nós agimos baseados em fiapos de informações... joeirando instruções semiesquecidas que mal conseguimos separar dos nossos instintos.

Ros põe uma mão na bolsa, então as duas mãos atrás das costas, e então estende as mãos fechadas. Guil bate em uma das mãos. Ros abre e mostra uma moeda. Ele a entrega a Guil. Ele põe a mão de volta na bolsa. Então as duas mãos atrás das costas, e então estende as mãos fechadas. Guil bate em uma. Ros abre e mostra uma moeda. Ele a entrega a Guil. Repete. Repete. Guil bate em uma das mãos, muda de ideia, bate na outra, e Ros sem querer revela que está com uma moeda em cada uma das mãos.

GUIL Você estava com moedas nas duas mãos.
ROS (*envergonhado*) Estava.
GUIL Todas as vezes?
ROS Todas.
GUIL Qual o sentido disso?
ROS (*patético*) Queria te deixar feliz.

Um tempo.

GUIL Quanto ele te deu?
ROS Quem?
GUIL O rei. Ele nos deu algum dinheiro.
ROS Quanto ele te deu?
GUIL Perguntei primeiro.
ROS Eu ganhei a mesma coisa que você.
GUIL Ele não ia saber quem era quem.
ROS Quanto você ganhou?
GUIL A mesma coisa.
ROS Como é que você sabe?
GUIL Você acabou de me dizer... Como é que *você* sabe?
ROS Ele não ia saber quem era quem.
GUIL E mesmo que soubesse.
ROS E nunca soube.
GUIL Ele nem conseguia saber se estava misturando os dois.
ROS Sem misturar os dois.
GUIL (*virando furiosamente contra ele*) Por que você não diz alguma coisa original?! Não é de estranhar que estava tudo tão estagnado! Você não leva nada que eu digo um passo além — você só repete numa ordem diferente.

ros Eu não consigo pensar em nada original. Eu só sou bom como coadjuvante.
guil Eu estou cansado de determinar os rumos.
ros (*humilde*) Deve ser a sua personalidade dominante. (*quase às lágrimas*) Ah, o que é que vai ser de nós!

E Guil o consola, sem mais qualquer rispidez.

guil Não chore... está tudo bem... calma... calma, eu vou dar um jeito de tudo ficar bem.
ros Mas nós não temos nada como apoio, nós estamos por conta própria.
guil Nós estamos a caminho da Inglaterra... Estamos levando Hamlet para lá.
ros Para quê?
guil Para quê? Onde é que você andava?
ros Quando? (*pausa*) Nós não sabemos o que fazer quando chegarmos lá.
guil Nós o levamos ao rei.
ros E *ele* vai estar lá?
guil Não... o rei da Inglaterra.
ros Ele está esperando por nós?
guil Não.
ros Ele não vai saber qual é o nosso jogo. O que nós vamos *dizer*?
guil Nós temos uma carta. Você se lembra da carta.
ros Lembro?
guil Tudo está explicado na carta. Nós contamos com isso.
ros Só isso, então?
guil O quê?
ros Nós levamos Hamlet ao rei inglês, entregamos a carta — e daí?
guil Pode ter alguma coisa na carta que nos oriente mais um tempo.
ros E caso não?
guil Aí é isso — estamos acabados.
ros Sem destino?
guil Isso.

Pausa.

ros Será que é provável alguém ficar sem destino? (*pausa*) Quem é o rei da Inglaterra?

GUIL Isso depende de quando nós chegarmos lá.
ROS E você acha que ela diz o quê?
GUIL Ah... saudações. Expressões de lealdade. Favores pedidos, dúvidas relembradas. Promessas obscuras compensadas por vagas ameaças... Diplomacia. Abraços para a família.
ROS E sobre Hamlet.
GUIL Ah, *sim*.
ROS E nós — o contexto todo?
GUIL Eu diria que sim.

Pausa.

ROS Então nós temos uma carta que explica tudo.
GUIL Isso. Você está com tudo! (*Ros interpreta literalmente. Começa a bater nos bolsos etc.*) O que foi?
ROS A carta.
GUIL Está com você?
ROS (*medo crescente*) Está? (*procura alucinadamente*) Onde é que eu posso ter posto?
GUIL Você não pode ter perdido.
ROS Devo ter!
GUIL Esquisito... Eu achei que ele tinha dado para mim.

Ros olha para ele esperançosamente.

ROS Talvez tenha dado mesmo.
GUIL Mas você parecia estar certo que era *você* que não estava com ela.
ROS (*agudo*) Mas *era* eu que não estava com ela!
GUIL Mas se ele deu para mim, não havia motivo para você estar com ela para começo de conversa, e nesse caso eu não consigo entender por que esse escândalo por você *não* estar com ela.
ROS (*pausa*) Eu admito que é confuso.
GUIL Isso tudo está ficando muito desorganizado... O barco, a noite, a sensação de isolamento e incerteza... isso tudo leva a um relaxamento da concentração. Nós não podemos perder o controle. Se aprume. Agora. Ou você perdeu a carta ou nem podia perder, para começo de conversa, e nesse caso o rei nun-

ca deu a carta a você, e nesse caso ele deu para mim, e nesse caso eu teria posto a carta no meu bolso do colete, e nesse caso... (*calmamente mostrando a carta*) ela estará... aqui. (*eles sorriem um para o outro*) Nós não podemos cair numa dessas de novo.

Pausa. Ros tira delicadamente a carta das mãos dele.

ROS Agora que a gente achou, por que era que a gente estava procurando mesmo?
GUIL (*pensa*) A gente achou que tinha perdido.
ROS Mais alguma coisa?
GUIL Não.

Murchando.

ROS Agora a gente perdeu a tensão.
GUIL Que tensão?
ROS Qual foi a última coisa que eu disse antes de a gente se perder?
GUIL Isso foi quando?
ROS (*desconsolado*) Não lembro.
GUIL (*levantando de um salto*) Que zona! A gente assim não chega a lugar nenhum.
ROS (*lamentando*) Nem à Inglaterra. Eu nem acreditava mesmo.
GUIL No quê?
ROS Na Inglaterra.
GUIL Só uma conspiração de cartógrafos, você acha?
ROS Eu quero dizer que não acredito! (*mais calmo*) Não me vem nenhuma imagem. Eu tento imaginar a gente chegando, um portozinho, talvez... umas estradas... habitantes para dar orientações... cavalos na estrada... a cavalo por um dia ou quinze e daí um palácio e o rei da Inglaterra... seria a coisa mais lógica... Mas a minha cabeça continua em branco. Não. A gente está escapando do mapa.
GUIL É... Isso... (*resistindo*) Mas não dá para acreditar em nada até acontecer. E isso tudo aconteceu. Não aconteceu?
ROS Nós andamos à deriva através do tempo, agarrados a pedaços de palha. Mas para que serve um tijolo para um sujeito que está se afogando?

GUIL Não desista, a gente deve estar para chegar.
ROS Estar morto dava na mesma. Você acha que a morte podia ser um barco?
GUIL Não, não, não... A morte é... não. A morte não é. Você sabe o que quero dizer. A morte é a negação final. Não ser; não estar. Não dá para não ser em um barco.
ROS Eu já não fui de barco várias vezes.
GUIL Não, não, não... O que aconteceu foi que você não esteve em barcos.
ROS Eu queria estar morto. (*considera a queda*) Eu podia pular pela amurada. Isso ia bagunçar o coreto deles.
GUIL A não ser que eles estejam contando com isso.
ROS Permanecerei a bordo. Isso vai bagunçar o coreto deles. (*a inutilidade daquilo tudo, fúria*) Está certo! Nós não questionamos, não duvidamos. Nós representamos os nossos papéis. Mas em algum lugar deve haver um limite, e eu gostaria de deixar registrado que não tenho qualquer confiança na Inglaterra. Muito obrigado. (*pensa nisso*) E mesmo que seja verdade, vai ser a mesma zona.
GUIL Não vejo por quê.
ROS (*furioso*) Ele não vai saber do que nós estamos falando — o que é que nós vamos *dizer*?
GUIL Nós dizemos: Vossa majestade, nós chegamos!
ROS (*Rei-mente*) E quem são vocês?
GUIL Nós somos Rosencrantz e Guildenstern.
ROS (*um latido*) Nunca ouvi falar!
GUIL Bom, nós não somos ninguém especial...
ROS (*nobre e pérfido*) Qual é o jogo de vocês?
GUIL Nós temos nossas instruções...
ROS Novidade para mim...
GUIL (*irritado*) Deixa eu acabar... (*humilde*) Nós viemos da Dinamarca.
ROS O que vocês querem?
GUIL Nada — estamos entregando Hamlet.
ROS Quem é esse?
GUIL (*irritado*) *Dele* você ouviu falar...
ROS Ah, ouvi falar dele e não quero saber dessa história.
GUIL Mas...
ROS Vocês vão entrando aqui sem mais nem menos e esperam que eu acolha

tudo quanto é lunático que vocês tentam me empurrar com um monte de bobagens...
GUIL Nós temos uma carta...

Ros arranca a carta e rompe o lacre.

ROS (*eficientemente*) Sei... Sei... Bom, isso parece sustentar essa história de vocês — trata-se de uma ordem precisa do rei da Dinamarca, por diversos motivos diferentes, referentes ao bem-estar da Dinamarca e da Inglaterra também, para que, lida esta carta, sem mais delongas, eu mande cortar a cabeça de Hamlet...!

Guil arranca a carta. Ros, retomando consciência, arranca-a de novo, Guil quase consegue arrancá-la de novo. Eles leem juntos, e separados. Pausa. Eles estão bem na beirada do palco, olhando para a frente.

ROS O sol está descendo. Logo vai estar escuro.
GUIL Você acha?
ROS Eu só estava puxando conversa. (*pausa*) Nós somos *amigos* dele.
GUIL Como é que você sabe?
ROS Fostes desde jovens seus amigos etc.
GUIL Você só sabe o que eles disseram.
ROS Mas nós dependemos disso.
GUIL Bom, sim, mas também, não. (*desligado*) Vamos manter as coisas no seu devido lugar. Digamos, se você prefere, que eles vão matá-lo. Bom, ele é um homem, ele é mortal, a morte chega para todos nós, et cetera, e consequentemente ele teria morrido de qualquer maneira, mais cedo ou mais tarde. Ou, olhando para isso do ponto de vista da sociedade — ele é só um homem entre muitos, a perda ficaria dentro dos limites da razão e da conveniência. E ao mesmo tempo, o que há de tão terrível a respeito da morte? Como Sócrates já disse tão filosoficamente, já que nós não sabemos o que é a morte, é ilógico ter medo dela. Ela pode ser... muito agradável. Certamente é um alívio dos fardos da vida, e, para os dados à religião, repouso e recompensa. Ou, olhando de outra maneira — nós somos pequenos, nós não conhecemos os segredos e detalhes de tudo isso, são engrenagens e mais engre-

nagens etc. — seria presunçoso da nossa parte interferir nos desígnios do destino ou mesmo dos reis. Tudo isso dito, acho que era melhor a gente não mexer muito nisso. Reate a carta — isso... direitinho... assim — eles não vão notar o lacre rompido, presumindo que você estava cumprindo seu papel.

ROS Mas para quê?

GUIL Não me venha com lógica.

ROS Ele não fez nada para nós.

GUIL Nem com justiça.

ROS É terrível.

GUIL Mas podia ter sido pior. Eu estava começando a pensar que era.

E seu alívio vem com uma risada. Atrás deles, Hamlet aparece detrás do guarda-chuva. A luz vinha diminuindo. Levemente. Hamlet se dirige à lanterna.

ROS O estado de coisas, na minha opinião, então. Nós, Rosencrantz e Guildenstern, desde jovens seus amigos, acordados por um sujeito de pé na sela, somos convocados, e chegamos, e recebemos instruções de descobrir o que o aflige e de levá-lo à diversão, como uma peça, que infelizmente, afinal, é abandonada em meio a alguma confusão devida a certas nuances que escapam à nossa apreciação — o que, entre outros motivos, resulta em, entre outros efeitos, uma elevada, para não dizer homicida, excitação em Hamlet, que nós, por consequência disso, estamos acompanhando, para o seu próprio bem, para a Inglaterra. Muito bem. Agora estamos no controle da situação.

Hamlet apaga a lanterna com um sopro. O palco fica totalmente às escuras. O negror se dissolve em luar, sob cuja luz vemos Hamlet se aproximar dos adormecidos Ros e Guil. Ele extrai a carta e a leva para trás de seu guarda-chuva; a luz de sua lanterna brilha através do tecido, Hamlet emerge novamente com a carta, e a recoloca, e se recolhe, apagando sua lanterna com um sopro. Chega a aurora. Ros observa sua chegada — por sobre a plateia. Atrás dele há uma vista alegre. Por trás do reinclinado guarda-chuva, reclinado em uma cadeira de praia, enrolado em uma manta, lendo um livro, possivelmente fumando, senta-se Hamlet. Ros assiste à chegada da aurora, que aumenta até virar meio-dia.

ROS Eu não estou contando com nada. (*ele levanta. Guil acorda*) O estado de coisas, na minha opinião, então. Aquilo é o oeste, a não ser, é claro, que estejamos sem rumo, e nesse caso seria noite; o rei me deu a mesma coisa que deu para você, o rei deu a você a mesma coisa que deu para mim: o rei nunca me deu a carta, o rei te deu a carta, nós não sabemos o que diz a carta; nós levamos Hamlet para o rei da Inglaterra, dependendo, quem seja ele, de quando chegarmos, e entregamos a carta, que pode ou não pode dizer alguma coisa que nos oriente, e, se não, estamos acabados e sem destino, se é que eles deixam alguém sem destino. Podia ter sido pior para nós. Não acho que tenhamos perdido qualquer chance... Não que estejamos recebendo muita ajuda, também. (*ele senta novamente. Eles se estendem de bruços*) Se nós parássemos de respirar, íamos desaparecer. (*o som abafado de uma flauta doce. Eles sentam com um interesse desproporcional*) Lá vamos nós. É, mas o quê?

Eles ouvem a música.

GUIL (*empolgado*) Do meio do vácuo, finalmente, um som; estando (admita-se) em um barco, fora (admita-se) da ação, o silêncio perfeito e absoluto da úmida batida da água contra a água e o contínuo ranger do madeirame — rompe--se; dando origem simultaneamente à especulação ou à pressuposição ou à esperança de que algo esteja por acontecer; ouve-se uma flauta. Um dos marujos cerrou seus lábios em torno de uma avena, dedos e polegar controlando, digamos, os orifícios, com o que, dando-lhe alento, digamos, com a boca, ela, a flauta, discursa, como diz o ditado, música das mais eloquentes. Uma coisa assim... podia mudar o rumo dos acontecimentos. (*pausa*) Vai lá ver o que é.
ROS É alguém tocando flauta.
GUIL Vá falar com ele.
ROS E aí?
GUIL Sei lá — peça uma música.
ROS Para quê?
GUIL Rápido — antes que a gente perca o embalo.
ROS Nossa!... Alguma coisa está acontecendo. Tinha escapado completamente à minha atenção!

Ele ouve: faz que vai sair. Ouve com mais atenção. Muda de direção: Guil nem percebe. Ros anda de um lado para o outro tentando decidir de onde vem a música. Finalmente descobre a origem — contra sua vontade — no barril do meio. Não há como negar. Ele se vira para Guil que nem percebe. Ros, durante tudo isso, nunca engrena de fato um discurso articulado. Seu rosto e suas mãos indicam sua incredulidade. Ele fica parado, olhando para o barril do meio. A flauta continua tocando lá dentro. Ele chuta o barril. A flauta para. Ele salta para trás novamente na direção de Guil. A flauta recomeça. Ele se aproxima cuidadosamente do barril. Ergue a tampa. A música fica mais alta. Ele bate violentamente a tampa. A música fica mais baixa. Ele volta na direção de Guil. Mas um tambor começa, abafado. Ele congela. Ele se vira. Considera o barril da esquerda. As batidas do tambor continuam lá dentro, no compasso da flauta. Ele caminha de volta até Guil. Abre a boca para falar. Não dá tempo. Ouve-se um alaúde. Ele gira nos calcanhares para olhar para o terceiro barril. Mais instrumentos se juntam aos outros. Até que é basicamente inquestionável que dentro dos três barris, distribuídos, tocando juntos uma melodia familiar que já se fez ouvir em outras três ocasiões, estão os Trágicos. Eles seguem tocando. Ros senta ao lado de Guil. Eles ficam olhando para a frente. A música termina. Pausa.

ROS Eu achei que estava ouvindo uma banda. (*angustiado*) Plausibilidade é tudo que eu queria!
GUIL (*coda*) Cantada seja a vossa melodia...

A tampa do barril do meio se abre de um golpe e a cabeça do Ator aparece repentinamente.

ATOR Arrá! Todo mundo no mesmo barco, então! (*ele sai do barril. Sai batendo nos barris*) Sai todo mundo! (*impossivelmente, os Trágicos saem dos barris. Com seus instrumentos, mas não o carrinho. Algumas trouxas. A não ser Alfred. O Ator está animado. Para Ros*) Onde é que nós estamos?
ROS Viajando.
ATOR Claro, ainda não chegamos lá.
ROS Estamos bem a caminho Inglaterra?
ATOR Para mim vocês estão com uma cara boa. Não acho que eles sejam muito exigentes na Inglaterra. Al-l-fred!

Alfred emerge do barril do Ator.

GUIL O que vocês estão fazendo aqui?

ATOR Viajando. (*para os Trágicos*) Certo — misturem-se com o pano de fundo! (*os Trágicos estão com as fantasias da pantomima: um Rei coroado, Alfred como Rainha, o Envenenador e duas Figuras com capas. Eles se misturam. Para Guil*) Satisfeito de nos ver? (*pausa*) Vocês se saíram bem, até aqui.

GUIL E vocês?

ATOR Em desfavor. A nossa peça ofendeu o rei.

GUIL É.

ATOR Bom, ele também é marido de segundas núpcias. Falta de tato, na verdade.

ROS Mas mesmo assim, era uma peça muito boa.

ATOR Nós nem chegamos a embalar direito — estava ficando bem interessante quando interromperam. (*ergue os olhos para Hamlet*) Assim é que é bom viajar...

GUIL O que vocês estavam fazendo ali dentro?

ATOR Escondidos. (*indicando os figurinos*) Tivemos que sair correndo do jeito que estávamos.

ROS Clandestinos.

ATOR Lógico — nós não fomos pagos, devido a circunstâncias um pouquinho além do nosso controle, e todo o dinheiro que tínhamos nós perdemos apostando em coisas que não podiam dar errado. A vida é uma aposta, com chances terríveis — se fosse um jogo de azar você não entrava. Vocês sabiam que todo número dobrado é par?

ROS É?

ATOR A gente aprende alguma coisa todo dia, pagando o preço. Mas nós, saltimbancos, temos simplesmente que seguir em frente. Vocês sabem o que acontece com os atores que ficam velhos?

ROS O quê?

ATOR Nada. Eles ainda estão atuando. Surpresos, então?

GUIL O quê?

ATOR Surpresos por nos verem?

GUIL Eu sabia que não tinha acabado.

ATOR Com praticamente todo mundo de pé. O que vocês estão achando, até aqui?

GUIL Nós não temos muita coisa como apoio.

ATOR Falaram com ele?

ROS É possível.

GUIL Mas não ia fazer diferença.
ROS Mas é possível.
GUIL Inútil.
ROS É permitido.
GUIL Permitido, sim. Não temos restrições. Ninguém definiu fronteiras, ou impôs inibições. Nós, por enquanto, garantimos, ou topamos com a nossa liberação, por enquanto. Espontaneidade e capricho são a ordem do dia. Outras engrenagens estão girando mas não são problema nosso. Nós podemos respirar. Nós podemos relaxar. Podemos fazer o que quisermos e dizer o que quisermos para quem quisermos, sem restrições.
ROS Com certos limites, claro.
GUIL Certamente, com certos limites.

Hamlet vem até as luzes da boca do palco e contempla a plateia. Os outros olham mas não falam. Hamlet limpa a garganta ruidosamente e cospe na plateia. Um milissegundo depois ele bate a mão no olho e se enxuga. Volta para o fundo do palco.

ROS Uma compulsão para a introspecção filosófica é sua principal característica, se eu posso dizer assim. Não quer dizer que ele esteja louco. Não quer dizer que não esteja. Muitas vezes não quer dizer nada. O que pode ou não pode ser um tipo de loucura.
GUIL No fim tudo se resume aos sintomas. Réplicas profundas, alusões místicas, identidades trocadas, defendendo que o seu pai é a sua mãe, esse tipo de coisa; insinuações suicidas, abandono dos exercícios, perda de alegria, suspeitas de claustrofobia para nem falar de ilusões de aprisionamento; invocações de camelos, camaleões, capões, baleias, fuinhas, cerros e serras — enigmas, charadas e evasões; amnésia, paranoia, miopia; sonhos de olhos abertos, alucinações; esfaqueamento dos mais velhos, insultos contra a amante e aparições em público sem chapéu — batendo os joelhos, de meias caídas e suspirando como um menininho apaixonado, o que na idade dele é um tanto exagerado.
ROS E falar sozinho.
GUIL E falar sozinho. (*Ros e Guil se afastam ao mesmo tempo*) Bom, e onde foi que isso nos levou?
ROS Ele é que é o Ator.

GUIL A peça dele ofendeu o rei...

ROS ... ofendeu o rei...

GUIL ... que ordena a sua prisão...

ROS ... ordena a sua prisão...

GUIL ... aí ele foge para a Inglaterra...

ROS Em cujo barco encontra...

GUIL Guildenstern e Rosencrantz levando Hamlet...

ROS ... que também ofendeu o rei...

GUIL ... e matou Polônio...

ROS ... ofendeu o rei de inúmeras maneiras...

GUIL ... para a Inglaterra. (*pausa*) Parece que é isso.

Ros dá um pulo.

ROS Incidentes! Nós só temos incidentes! Santo Deus, será que é demais esperar um pouquinho de ação?!

E com esta palavra os Piratas atacam. Ou seja: barulho e gritos e correria. "Piratas." Todos que estão à vista ficam alucinados. Hamlet saca a espada e corre para a boca do palco. Guil, Ros e o Ator sacam as espadas e correm para o fundo do palco. Colisão. Hamlet volta para o fundo. Eles voltam para a boca. Colisão. E a essa altura já há pânico generalizado no fundo do palco. Todos os quatro correm para o fundo do palco com Ros, Guil e o Ator gritando:

    Até que enfim!

    Às armas!

    Piratas!

    Ali!

    Aqui!

    Na ponta da minha espada!

    Ação!

Todos os quatro chegam ao fundo, veem algo de que não gostam, hesitam, fogem desesperados para a boca de cena: Hamlet, na frente, pula para dentro do barril da esquerda. O Ator pula no barril da direita. Ros e Guil pulam no barril do meio. Todos eles fechando as tampas depois de entrarem. As luzes se reduzem totalmente enquanto o som da luta con-

tinua. *O som se reduz totalmente. As luzes voltam. O barril do meio (de Ros e Guil) não está ali. A tampa do barril da direita se levanta cuidadosamente, aparecem as cabeças de Ros e Guil. A tampa do outro barril (o de Hamlet) se levanta. Aparece a cabeça do Ator. Todos eles se veem e batem as tampas. Pausa. Tampas erguidas cuidadosamente.*

ROS (*alívio*) Eles foram embora. (*começa a sair do barril*) Essa foi por pouco. Eu nunca pensei tão rápido na minha vida.

Estão os três fora dos barris. Guil está desconfiado e nervoso. Ros, desligado. O Ator, fleumático. Percebem o barril ausente. Ros olha em volta.

ROS Cadê...?

O Ator tira o chapéu, de luto.

ATOR Mais uma vez, sós — por nossa própria conta.
GUIL (*preocupado*) Como assim? Onde ele está?
ATOR Foi-se.
GUIL Para onde?
ATOR É, foi linda de morrer a nossa sorte aqui. Se essa é a expressão correta.
ROS (*honestamente*) Morrer?
ATOR Sorte.
ROS (*falando sério*) Ele morreu?
ATOR Quem é que pode saber?
GUIL (*abalado*) Ele não vai voltar?
ATOR Difícil.
ROS Então ele morreu. Morreu no que se refere a nós.
ATOR Ou morremos nós no que se refere a ele. (*vai sentar no chão de um lado do palco*) Não é tão ruim, ou é?
GUIL (*abalado*) Mas ele não pode... nós tínhamos que... Nós temos uma *carta*... Nós vamos para a Inglaterra com uma carta para o rei...
ATOR Sim, até aí parece que está certo. Eu parabenizo vocês pela univocidade da sua situação.
GUIL Mas você não está entendendo... ela contém... nós recebemos as nossas instruções... a coisa toda não faz sentido sem ele.

ATOR Piratas podem acontecer com qualquer um. Só entreguem a carta. Eles vão mandar embaixadores da Inglaterra para explicar...
GUIL (*irritado*) Não entendo... os piratas nos deixaram sãos e salvos — calvos e cães... (*furiosamente*) Os piratas nos transformaram em alvos de cães!
ATOR (*consolador*) Calma...
GUIL (*quase às lágrimas*) Nada vai se resolver sem ele...
ATOR Calma...!
GUIL Nós precisamos de Hamlet para a nossa liberação!
ATOR Calma!
GUIL O que é que a gente vai fazer?
ATOR Isto.

Ele se afasta, deita se quiser. Ros e Guil, aparte.

ROS Salvos de novo.
GUIL Salvos para quê?

Ros suspira.

ROS O sol está se pondo. (*pausa*) Logo vai ser noite. (*pausa*) Se isso for oeste. (*pausa*) A não ser que nós estejamos...
GUIL (*grita*) Cale a boca! Cansei disso! Você acha que conversar vai servir para alguma coisa agora?
ROS (*magoado, desesperadamente puxa-saco*) Eu... eu aposto todo o nosso dinheiro que o ano em que eu nasci multiplicado por dois dá um número ímpar.
GUIL (*um suspiro*) Nã-ão.
ROS O *seu* aniversário!

Guil lhe dá um soco.

GUIL (*desmontando*) Nós viajamos para longe demais, e o nosso ritmo foi mais forte que nós; nós estamos inertemente nos movendo na direção da eternidade, sem possibilidade de sursis ou esperança ou explicação.
ROS Fique feliz — se você nem está *feliz* para que é que serve sobreviver? (*ele se anima sozinho*) Vai dar tudo certo. Acho que é só a gente ir seguindo.

GUIL Seguindo para onde?
ROS Para a Inglaterra.
GUIL A Inglaterra! *Isso* é que é um beco sem saída. E eu nunca acreditei nisso.
ROS Nós só precisamos fazer o nosso relatório e pronto. Certeza.
GUIL Eu não *acredito* nisso!... Uma praia, um porto, digamos — e nós desembarcamos e paramos alguém e dizemos, onde é que fica o rei?... E ele diz, ah, sigam aquela rua ali e peguem a primeira à esquerda e... (*furioso*) Eu não acredito em nada dessa história!
ROS Não parece muito plausível mesmo.
GUIL E mesmo se nós ficarmos frente a frente com ele, o que é que nós dizemos?
ROS Nós dizemos... chegamos!
GUIL (*Rei-mente*) E quem são vocês?
ROS Somos Guildenstern e Rosencrantz.
GUIL Quem é quem?
ROS Bom, eu sou... você é...
GUIL Qual o assunto?...
ROS Bom, nós trazíamos Hamlet — mas aí uns piratas...
GUIL Isso não faz o menor sentido. Quem são essas pessoas, o que é que eu tenho a ver com isso? Vocês me aparecem do meio do nada com uma história da carochinha...
ROS (*com a carta*) Nós temos uma carta...
GUIL (*arranca a carta, abre*) Uma carta — sim — verdade. Isso já é alguma coisa... uma carta... (*lê*) "Como a Inglaterra é fiel tributária da Dinamarca... como o amor entre elas qual palmeira deve florescer et cetera... que ao divulgarem-se esses conteúdos, sem qualquer espécie de delongas, sejam estes portadores, Rosencrantz e Guildenstern, imediatamente executados..."

Ele se assusta. Ros arranca-lhe a carta. Guil arranca-a de volta. Ros quase consegue arrancá-la de volta. Eles leem de novo e erguem os olhos. O Ator levanta e caminha até o seu barril, dá-lhe um chute e grita dentro dele.

ATOR Eles já foram — acabou tudo!

Um a um os Atores emergem, impossivelmente, do barril, e formam um círculo casualmente ameaçador em torno de Ros e Guil, que ainda estão aterrados e hipnotizados.

GUIL (*calmamente*) O nosso erro foi entrar num barco. Nós podemos andar, claro, mudar de direção, balançar para cá e para lá, mas a nossa movimentação está contida em um movimento mais amplo que nos leva tão inexoravelmente quanto o vento e as correntes...

ROS Eles pegaram a gente, não foi? Desde o começo. Quem é que podia imaginar que a gente era tão importante?

GUIL Mas por quê? Foi tudo por isso aqui? Quem é que nós somos para que tanta coisa tenha de convergir nas nossas ridículas mortes? (*angustiado, para o Ator*) Quem é que nós *somos*?

ATOR Vocês são Rosencrantz e Guildenstern. Isso basta.

GUIL Não... não basta. Ficar sabendo tão pouco — para acabar desse jeito... E ainda, no fim, não ter direito a uma explicação...

ATOR Na nossa experiência, quase tudo termina em morte.

GUIL (*medo, vingança, desprezo*) Na sua experiência?... Atores! (*ele saca uma adaga do cinto do Ator e a segura contra a garganta do Ator: o Ator recua e Guil avança, falando mais calmamente*) Eu estou falando de morte — e vocês nunca passaram por *isso*. E isso vocês não podem *representar*. Vocês morrem mil mortes casuais — sem nada daquela intensidade que arranca a vida de alguém... e sangue nenhum fica gelado em lugar algum. Porque mesmo enquanto morrem vocês sabem que vão voltar com um chapéu diferente. Mas ninguém levanta depois da *morte* — não há aplausos — só há silêncio e roupas de segunda mão, e isso é que é — morte... (*e ele enfia a lâmina até o cabo. O Ator fica com olhos imensos e terríveis, agarra o ferimento quando a lâmina é retirada: ele faz pequenos ruídos de choro e cai de joelhos, e depois despenca. Enquanto ele está morrendo, Guil, nervoso, excitado, quase histérico, volta-se para os Trágicos...*) Se nós temos um destino, então ele também tinha — e se este é o de vocês, então aquele era o dele — e se não há explicações para nós, então que não haja para ele...

Os Trágicos assistem à morte do Ator, com algum interesse. O Ator finalmente fica imóvel no chão. Um breve momento de silêncio. Então os Trágicos começam a aplaudir com legítima admiração. O Ator levanta, limpando a roupa.

ATOR (*modesto*) Ah, o que é isso, o que é isso, cavalheiros — sem exageros... foi meramente competente... (*os Trágicos ainda estão cumprimentando-o. O Ator se aproxima de Guil, que fica colado onde está, segurando a adaga*) O que você achou? (*pausa*) Sabe, é *mesmo* do tipo em que eles acreditam — é o que se espera. (*ele estende a mão para pegar a adaga. Guil lentamente põe a ponta da adaga contra a mão do Ator, e empurra... a lâmina entra no cabo. O Ator sorri, retoma a adaga*) Por um momento você pensou que eu estava... trapaceando.

Ros alivia sua tensão com uma risada alta e nervosa.

ROS Ah, muito bem! *Muito* bem! Me enganou completamente — ele não te enganou completamente?... (*bate palmas*) Bis! Bis!

ATOR (*energizado, braços abertos, o profissional*) Mortes para todas as idades e ocasiões! Mortes por suspensão, convulsão, consumpção, incisão, execução, asfixiação e subnutrição...! Carnificina como clímax, por envenenamento e aço...! Mortes duplas em duelo...! Demonstrem! (*Alfred, ainda vestido de Rainha, morre envenenado; o Ator, com a adaga, mata o "Rei" e duela com um quarto Trágico, infligindo e recebendo um ferimento; os dois outros Trágicos, os dois "Espiões" vestidos com os mesmos casacos de Ros e Guil, são apunhalados, como antes. E as luzes estão diminuindo sobre as mortes que ocorrem bem no fundo do palco. Morrendo entre moribundos — trágica, romanticamente*) Então tudo tem um fim — é lugar-comum: a luz se vai com a vida, e no inverno de nossos anos o crepúsculo vem mais cedo...

GUIL (*cansado, exausto, mas ainda à beira da impaciência; por sobre a pantomima*) Não... não... não para *nós*, não assim. Morrer não é romântico, e a morte não é um jogo que acaba logo... A morte não é nada... a morte não é... É a ausência de presença, nada mais... o infinito tempo de não mais voltar... uma lacuna que não se vê, e quando o vento passa por ela, ele não faz barulho...

A luz sumiu no fundo do palco. Apenas Guil e Ros estão visíveis quando as palmas de Ros hesitam e se calam. Pequena pausa.

ROS Acabou, então, não é? (*sem resposta, olha para a frente*) O sol está se pondo. Ou a terra está nascendo, como quer a teoria mais recente. (*pequena pausa*) Não que faça muita diferença. (*pausa*) Qual era o assunto mesmo? Começou quando? (*pausa, sem resposta*) A gente não podia ficar quietinho no nosso lugar? Quer dizer, ninguém vai aparecer para arrastar a gente daqui... Eles vão ter é que esperar. Nós ainda somos jovens... em forma... nós temos anos pela frente... (*pausa. Sem resposta. Um grito*) Nós não fizemos nada errado! Nós não fizemos mal a ninguém. Fizemos?

GUIL Eu não lembro.

Ros se controla.

ROS Tudo bem, então. Eu não me importo. Para mim chega. Para te dizer a verdade, eu estou aliviado.

E ele desaparece de vista. Guil não percebe.

GUIL Os nossos nomes gritados em uma certa aurora... uma mensagem... uma convocação... deve ter havido um momento, um começo, em que podíamos ter dito — não. Mas de alguma maneira nós perdemos. (*ele olha em volta e vê que está sozinho*) Rosen...? Guil...? (*ele se conforma*) Bom, da próxima vez nós já vamos saber. Estou aqui, e agora...

Ele some. Imediatamente o palco todo se ilumina, revelando, no fundo, distribuídos mais ou menos nas posições que antes ocupavam os Trágicos, o quadro da corte e dos cadáveres que é a cena final de Hamlet. Ou seja: o Rei, a Rainha, Laertes e Hamlet todos mortos. Horácio segura Hamlet. Fortinbras está lá. Assim como dois Embaixadores da Inglaterra.

EMBAIXADOR Visão mais lúgubre;
    E da Inglaterra chego agora tarde.
    Não vive mais quem deve nos ouvir
    Dizer-lhe que seu mando foi cumprido,
    Que Rosencrantz e Guildenstern morreram.
    Onde nossos agradecimentos?

HORÁCIO Não virão desta boca, tivesse vida para agradecer: pois nunca ordenou a morte deles. Mas se chegais em hora tão sangrenta, tu da Polônia e tu da Inglaterra, determinai então que esses corpos sejam expostos em palco elevado; e ao mundo insciente eu narrarei como isso aconteceu, e ouvireis de atos vis, sangrentos e carnais, de mortes e sentenças do acaso, causadas por astúcia e provocadas, e, como consequência, intenções que caem na cabeça do inventor: tudo isso posso vero relatar.

Mas durante a fala acima a peça se apaga, tomada pelo escuro e pela música.

O HAMLET DE DOGG, O MACBETH DE CAHOOT

Introdução

A vírgula que divide *O Hamlet de Dogg, o Macbeth de Cahoot* também serve para unir duas peças que têm elementos em comum: a primeira mal é uma peça sem a segunda, que não pode ser representada sem a primeira.
O Hamlet de Dogg é a fusão de duas peças que eu tinha escrito para Ed Berman e Inter-Action; especificamente, *Dogg's our pet*, que inaugurou o Almost Free Theatre no Soho em dezembro de 1971, e *The Dogg's troupe 15-minute Hamlet*, que foi escrita (ou na verdade editada) para ser encenada em um ônibus de dois andares.
O Hamlet de Dogg deriva de um trecho das investigações filosóficas de Wittgenstein. Imagine a seguinte cena. Um homem está construindo uma plataforma usando pedaços de madeira de tamanhos e formatos diferentes. Esses pedaços são arremessados para ele por um segundo homem, um de cada vez, à medida que ele pede. Um observador percebe que cada vez que o primeiro homem grita "Tábua!" o outro lhe joga uma madeira longa e achatada. Então ele grita "Placa!" e recebe uma madeira de formato diferente. Isso acontece algumas vezes. Há um momento em que ele grita "Bloco!" e recebe um terceiro tipo de madeira. Por fim um grito de "Cubo!" gera um quarto tipo de peça. Um observador provavelmente concluiria que as diferentes palavras descrevem diferentes formatos e tamanhos das peças. Mas essa não é a única interpretação possível. Suponha, por exemplo, que o arremessador saiba de antemão de que peças o construtor precisa, e em que ordem. Nesse caso não haveria necessidade de o construtor nomear as peças de que precisa, mas apenas de indicar quando está pronto para a próxima. Então os gritos poderiam ser traduzidos assim:

Tábua = Pronto   Bloco = Próxima
Placa = Já   Cubo = Obrigado

Em uma situação como essa, o observador teria feito uma pressuposição falsa, mas o fato de que ele, por um lado, e os operários, por outro, estão usando línguas diferentes não precisa estar aparente para nenhum dos envolvidos. Mais ainda, seria igualmente possível que os dois operários também não compartilhassem uma mesma língua; e se a vida deles consistisse apenas em construir plataformas dessa maneira não haveria razão para descobrirem que cada um estava usando uma língua desconhecida pelo outro. Esse feliz estado de coisas, claro, continuaria apenas enquanto, por mera coincidência, cada enunciado de um deles fizesse sentido (ainda que não o mesmo sentido) para o outro.

O que me atraía era a possibilidade de escrever uma peça que tivesse de ensinar ao público a língua em que estava escrita. O texto atual é uma modesta tentativa de fazer isso: acho que seria possível ter ido muito mais longe.

O Macbeth de Cahoot é dedicada ao dramaturgo tcheco-eslovaco Pavel Kohout. Durante a última década da "normalização" que se seguiu à queda de Dubcek, milhares de tcheco-eslovacos foram impedidos de seguir suas carreiras. Entre eles estão muitos escritores e atores.

Durante uma breve visita a Praga em 1977 eu encontrei Kohout e Pavel Landovsky, um ator conhecido que estava banido das artes cênicas desde que tinha desagradado as autoridades. (Era Landovsky quem dirigia o carro naquele fatídico dia de janeiro de 1977 quando a polícia parou a ele e seus amigos e apreendeu as primeiras cópias conhecidas do que ficou famoso como Carta 77.) Uma noite Landovsky me levou para os bastidores de um dos teatros em que tinha feito algumas de suas melhores apresentações. Naquele momento acontecia uma apresentação, e sua sensação de violenta frustração é difícil de descrever.

Um ano depois Kohout me escreveu: "Como você sabe, muitas pessoas do meio teatral tcheco não têm permissão para trabalhar com teatro nos últimos anos. Sendo eu um dos que não podem viver sem teatro, estava buscando uma possibilidade de fazer teatro apesar das circunstâncias. Agora fico contente em poder lhe dizer que em alguns dias — depois de oito semanas de ensaios — haverá a inauguração de um Teatro de Sala de Estar, com nada menos que *Macbeth*.

"O que é um TSE? Um grupo a domicílio. Todo mundo que queira ter *Macbeth* em casa com dois grandes atores tchecos proibidos, Pavel Landovsky e Vlasta Chramostova, pode convidar os amigos e nos chamar. Cinco pessoas vão chegar, com uma maleta.

"Pavel Landovsky e Vlasta Chramostova estrelam como Macbeth e lady Macbeth, um conhecido, e proibido, cantor jovem, Vlastimil Tresnak, canta o papel de Malcolm e faz a música, uma moça, que não pôde estudar teatro, Tereza Kohoutova, por acaso minha filha, faz os papéis menores e lê as rubricas; e o último homem... eu!... lê e representa um pouco os outros papéis, em nome de seu grande colega.

"Acho que ele não se incomodaria com isso, funciona e promete ser não apenas uma solução para nossa situação mas também um interessante evento teatral. Eu adaptei a peça, claro, mas tenho certeza de que mesmo assim continua sendo *Macbeth*!"

A carta foi escrita em junho, e em agosto veio um pós-escrito: *"Macbeth* já está sendo apresentada em apartamentos de Praga".

O Macbeth de Cahoot foi inspirada por esses eventos. No entanto, Cahoot não é Kohout, e este *Macbeth* necessariamente truncadíssimo não pretende ser uma representação justa da elegante versão de uma hora e quinze feita por Kohout.

Tom Stoppard
agosto de 1980

O HAMLET DE DOGG

O Hamlet de Dogg é dedicada ao Professor Dogg
e à Dogg's Troupe of Inter-Action

A primeira encenação de *O Hamlet de Dogg, o Macbeth de Cahoot* foi no Arts Centre da Universidade de Warwick, Coventry, em 21 de maio de 1979, com a BARC, British American Repertory Company. O elenco da BARC era:

John Challis
Alison Frazer
Ben Gotlieb
Peter Grayer
Davis Hall
Louis Haslar
Ruth Hunt
Stanley McGeagh
Stephen D. Newman
John Straub
Alan Thompson
Sarah Venable
Gilbert Vernon

Direção   Ed Berman
Cenografia Norman Coates

A peça estreou para uma temporada no Collegiate Theatre, Londres, em 30 de julho de 1979.

Personagens

BAKER
ABEL
CHARLIE
EASY
DOGG
LADY
FOX MAJOR
SENHORA DOGG
SHAKESPEARE
HAMLET
HORÁCIO
CLÁUDIO
GERTRUDES
POLÔNIO
OFÉLIA
LAERTES
FANTASMA
BERNARDO
FRANCISCO
COVEIRO
OSRIC
FORTINBRÁS

Traduções da língua "Dogg" aparecem entre colchetes quando isso parece necessário.

Palco vazio.

BAKER *(dos bastidores)* Tijolo! [*Aqui!] *(uma bola de futebol é jogada das coxias à esquerda para as coxias à direita. Baker, recebendo a bola)* Cubo! [*Obrigado!]

Abel, dos bastidores, joga uma mochila para a esquerda do palco. Abel entra. Ele é um estudante com calções de flanela cinzenta, um blazer, boné da escola etc., que carrega uma mochila. Ele larga a mochila no centro do palco e recolhe a outra, que coloca junto da sua. Abel sai pela direita e volta com um microfone e um pedestal que coloca na boca do palco. O microfone tem um botão de liga-desliga.

ABEL *(no microfone)* Neve, neve... pum — deus — trogo... [*Teste, teste... um — dois — três...] *(ele percebe que o microfone está desligado. Tenta mexer na chave algumas vezes e fala de novo no microfone)* Pum — deus — trogo — frincha pote... [*Um — dois — três — quatro — cinco...] *(o microfone ainda está desligado. Abel chama alguém que está nos bastidores)* Arenque sacerdoto! [*O microfone não está funcionando!]

Pausa. Baker entra pelo mesmo lado. Ele também é um estudante vestido de maneira semelhante.

BAKER Hein? [*Hein?]
ABEL Arenque sacerdoto.
BAKER Arenque?
ABEL Sacerdoto.

Baker vai até o microfone; larga a mochila no centro do palco enquanto isso.

BAKER Pum — deus — trogo... *(o microfone não funciona. Baker xinga)* Triciclo!

Baker sai para os bastidores. Pausa. Os alto-falantes chiam.

ABEL Placa? [*Beleza?]

BAKER (*gritando de fora do palco, indistintamente*) Placa!
ABEL (*falando no microfone*) Pum, deus, trogo, frincha, pote. (*o microfone funciona. Abel, gritando para Baker, com um sinal de positivo*) Placa! [*Beleza!]

Atrás de Abel, Charlie, outro estudante, entra de costas, saltitando: a metade visível de duas pessoas que jogam uma bola de uma para outra. Charlie está de vestido, mas com os calções, os sapatos e as meias de um estudante, e sem peruca.

CHARLIE Tijolo!... Tijolo! [*Aqui!... Aqui!]

Jogam-lhe uma bola das coxias. Abel arranca a bola de Charlie.

ABEL Cubo! [*Obrigado!]
VOZ (*dos bastidores*) Tijolo! [*Aqui!]

Charlie tenta pegar a bola mas Abel não o deixa ficar com ela.

CHARLIE Chefia! [*Filho da puta!] (*Abel joga a bola para a pessoa invisível das coxias — não para onde está Baker*) Chefia margarido! [*Filho da puta desgraçado!]
ABEL Tarde! [*Vai se ferrar!]
CHARLIE (*muito ofendido*) Chefia baunilho! [*Filho da puta nojento!]
ABEL (*fazendo um V de vitória para Charlie*) Tarde! (*Abel, saltitando para fora do palco, pede a bola nas coxias*) Tijolo! [*Aqui!]

A bola é jogada para Abel, por cima da cabeça de Charlie. Dogg, o diretor, de capelo e beca, entra pelo outro lado, e quando a bola chega a Abel, Dogg a arranca dele.

DOGG Cubo! [*Obrigado!] Pax! [*Safado!]

Dogg dá um peteleco na orelha de Abel e vai saindo com a bola.

ABEL (*respeitosamente, para Dogg*) Retardado, otário? [*Que horas são, senhor?]
DOGG (*virando-se para ele*) Hein?
ABEL Retardado porcalhão, otário? [*Pode me dizer as horas por favor, senhor?]

Dogg tira um relógio do bolso do colete e o examina.

DOGG Trogo podre. [*Três e meia.]
ABEL Cubo, otário. [*Obrigado, senhor.]
DOGG Vertical alcachofra quase Leamington Spa? [*Você viu o caminhão do Leamington Spa?]
ABEL Alcachofra, otário? [*Caminhão, senhor?]
CHARLIE Leamington Spa, otário? [*Leamington Spa, senhor?]
DOGG Verticais? [*Viram?]
ABEL (*sacudindo a cabeça*) Tonto, otário. [*Não, senhor.]
CHARLIE (*sacudindo a cabeça*) Tonto, otário. [*Não, senhor.]
DOGG (*saindo de novo*) Tsc. Tsc. [*Tsc. Tsc.] Merda. [*Até mais.]
ABEL e CHARLIE Merda, otário. [*Até mais, senhor.]

Dogg sai com a bola. Baker entra. Ele olha para o relógio de pulso.

BAKER Trogo podre. [*Três e meia.]

Há agora três mochilas no centro do palco. Baker vai até uma delas e extrai um pacote de sanduíches. Abel e Charlie fazem a mesma coisa. Os três meninos se acomodam e começam a examinar seus sanduíches.

ABEL (*olhando para os sanduíches*) Pelicano. [*Requeijão.] (*para Baker*) Até pique? [*De que é o seu?]
BAKER (*olhando para seu sanduíche*) Malva. [*Presunto.]
ABEL (*para Charlie*) Até pique? [*De que é o seu?]
CHARLIE (*olhando para seu sanduíche*) Ratoeira. [*Ovo.]
ABEL (*para Charlie*) Assume pum pelicano francamente pum ratoeira? [*Troca um de requeijão por um de ovo?]
CHARLIE (*dando amigavelmente de ombros*) Placa. [*Beleza.]

Abel e Charlie trocam cada um meio sanduíche.

BAKER (*para Abel*) Assume pum malva francamente pum pelicano?
ABEL Malva? Tonto!

BAKER Chefia!
ABEL Tarde!

Baker se abana com o boné e faz um comentário sobre o calor.

BAKER Tarde! Uff... guidão mal enseba bituca. [*Comentário sobre o calor.]
CHARLIE (*concordando com ele*) Bituca provavelmente enseba pesaroso.
ABEL Verdade mesmo. [*Precisa mais sal.]
CHARLIE Ahn?
ABEL (*estendendo a mão*) Verdade mesmo. (*Charlie tira um saleiro da mochila. Charlie passa o sal para Abel*) Cubo. [*Obrigado.] (*ele põe mais sal no sanduíche e então oferece o sal a Baker*) Verdade mesmo? [*Mais sal?]
BAKER (*aceitando*) Cubo. [*Obrigado.]

Baker usa o sal e o larga a seu lado. Charlie estende a mão para Baker.

CHARLIE Tijolo. [*Aqui.]

Baker passa a Charlie o seu saleiro. Eles comem os sanduíches. A explicação para o trecho seguinte do diálogo é que Abel e Baker, que daqui a pouco têm de atuar em uma peça na escola, que vai ser representada em sua língua original — inglês[17] —, começam a ensaiar suas falas.

ABEL (*repentinamente*) Quem está aí?
BAKER Não, responde primeiro.
ABEL Longa vida ao rei. Vai para a cama.
BAKER Por este alívio te agradeço.

Abel levanta.

ABEL Surgiu a coisa novamente hoje?

Baker levanta ao lado dele.

---

17 Português, para fins de tradução.

BAKER Calma, para: parece que retorna.
ABEL Não parece o rei?

Eles não estão nem remotamente representando, apenas pronunciando as falas, monotonamente.

BAKER Pelos céus comando, fala!
ABEL (*apontando para a esquerda*) Está aqui.
BAKER (*apontando para a direita, cruzando-se desajeitados seus braços*) Está aqui.
ABEL Foi-se.
BAKER Mas olha, o manto rubro...

Ele se atrapalhou. Pausa.

ABEL (*tentando ajudá-lo*) Cingida — caminha...

Abel e Baker nem sempre estruturam corretamente suas sentenças.

BAKER (*balança a cabeça e xinga baixinho, para si próprio*) Triciclo! (*Baker tira do bolso seu script. Ele dá uma olhada e vê onde errou*) Aurora!... Aurora cingida por rubro manto — caminha por sobre o orvalho daquele alto cerro oriental.
ABEL Comuniquemos o que vimos aqui hoje ao (*indicando com a mão que Hamlet bate pouco acima de sua cintura*) jovem Hamlet... Placa? [*Beleza?] Bloco. [*O próximo.]

Baker sacode a cabeça e senta.

BAKER (*sacode a cabeça*) Tonto! [*Não!]

Charlie, sem qualquer motivo, está cantando a melodia de "My way". Ele não sabe a letra toda do terceiro verso. Baker se junta a ele no quarto verso fazendo uma segunda voz.

CHARLIE (*canta*) Mingau sem querubim contudo afim horrendo parque.
   Mujique andando assim contradição bombom de charque
   Menina vem lará lará-ri-rá gritando ovo.

Monstrengo avoengo satisfez ovo...

Abel vaia para demonstrar sua opinião. Enquanto a música vai morrendo, ouve-se a chegada de um caminhão. Os três meninos levantam e guardam os papéis dos sanduíches etc. e ficam olhando ansiosos na direção do caminhão.

BAKER Alcachofra. [*Caminhão.] (*Baker se adianta, olhando para as coxias, e começa a dar instruções para o caminhão — que aparentemente está vindo de ré em sua direção — com gestos expressivos*) Chucrute... chucrute... pouco... ônix pouco... [*Esquerda... esquerda... direita... tudo para a direita...] Lencinho... lencinho... placa! [*Reto... reto... beleza!]

Ouve-se o motorista do caminhão, Easy, batendo a porta da cabine e então ele entra. Está vestido com um macacão branco e um boné de tecido e carrega um tapete vermelho enrolado e uma caixa de bandeirinhas em palitos. Larga essas coisas.

EASY Buxton's — blocos, coisa e tal.
ABEL Ahn?
EASY Buxton's, entregas, de Leamington Spa. Eu estou com um carregamento de blocos e coisa e tal aqui. Vou precisar de uma ajudinha.

Pausa. Os meninos o olham sem entender.

ABEL Ahn?
EASY Eu vou precisar de uma mãozinha, já que eu estou sozinho, já que o meu camarada ficou preso por causa de um temporal lá na A412 perto de Rickmansworth — um negócio bizarro... do nada, um raio ziguezagueou direto pelo focinho perfurado da máscara de Mickey Mouse que ele estava usando. Ele estava entregando cinco máscaras dessas na festinha das crianças da pesquisa bacteriológica — entrando no clima — quando, shazam!... Foi um momento eletrizante, deixou o nariz dele com mais jeito de Pato Donald e as orelhas que nem se tivessem saído de uma torradeira. Ele falando era igual um relógio cuco dando meio-dia. (*Easy narra a história com considerável empolgação, mas para sua decepção ela não causa qualquer efeito, claro, por não ser compreendida*) Certo então, meninos. Onde que é pra pôr?

Outra longa pausa. Baker dá um passo na direção de Easy, satisfeito por ter uma boa ideia.

BAKER Pelos céus te ordeno que fale!

Pausa.

EASY E você é quem?
BAKER (*encorajador*) William Shakespeare.
EASY (*para Abel*) Retardado, ele?
BAKER (*olhando para seu relógio*) Trogo-táxi.
EASY Bem que eu estava achando. (*olhando para Charlie*) Vocês todos são meio esquisitinhos, então? Cadê o mandachuva?

Dogg entra ríspido.

DOGG Merda! [*Boa tarde!]
MENINOS Merda, otário! [*Boa tarde, senhor!]
EASY Tarde, chefia. [Isso significa, em Dogg, *Vai se ferrar, seu filho da puta.]

Dogg agarra Easy pelo colarinho de maneira ameaçadora.

DOGG Reloginho marzipã! [*Cuidado com a língua!] (*Dogg pega um papel que contém uma planta do que deve ser construído no palco. Trata-se de uma folha bem grande e a escada e a parede que devem ser construídas já podem ser vistas nela. Dogg examina o papel brevemente e então começa a posicionar os meninos*) Abel...
ABEL Placa, otário! [*Sim, senhor!]
DOGG (*apontando para o caminhão*) Travessa caramelo.
ABEL Placa, otário.

Abel vai até o caminhão.

DOGG Baker... (*Baker presta atenção*) Tijolo. [*Aqui.]

Ele posiciona Baker próximo das coxias, ao lado do caminhão.

BAKER Placa, otário.
DOGG Cubo. [*Obrigado.] (*para Charlie*) Charlie.
CHARLIE Placa, otário.
DOGG Tijolo. (*ele posiciona Charlie alinhado com Baker e o caminhão. Easy fica perto de Charlie no lugar em que será construída a escada. Para Baker e Charlie*) Tábuas? [*Prontos?]
BAKER e CHARLIE Tábuas, otário. [*Prontos, senhor.]
DOGG (*gritando para Abel*) Tábua?
ABEL (*fora de cena*) Tábua, otário.

Dogg dá a folha para Easy, que a examina atentamente. Easy põe a folha no bolso.

DOGG (*gritando alto para Abel — berra*) Tábua!

Para surpresa e alívio de Easy, uma tábua é arremessada para Baker, que a apanha, passa para Charlie, que a apanha, e passa para Easy, que a coloca no palco. Dogg sorri, olha encorajador para Easy.

EASY (*desconfiado, grita*) Tábua! (*para sua surpresa e alívio uma segunda tábua é jogada para o palco e passada até ele da mesma maneira. Ele a coloca no lugar*) Tábua! (*uma terceira tábua é jogada para o palco e posicionada como antes. Dogg sai, satisfeito. Nota: Easy vai construir uma plataforma, usando "tábuas", "placas", "blocos" e "cubos", de modo que a plataforma tenha degraus, com os degraus no fundo do palco. Grita confiante*) Tábua! (*jogam um bloco em vez de uma tábua. Quando o bloco chega a Easy, ele o devolve para Charlie, que o devolve para Baker, que se vira e o coloca no chão, no fundo do palco. Enquanto Baker está no fundo do palco, Easy repetiu seu pedido*) Tábua!! (*um segundo bloco é jogado direto para os braços de Charlie. Charlie o passa para Easy, que o devolve a Charlie, que o leva para o fundo do palco para ficar com o primeiro bloco. Easy grita*) Tábua!!! (*uma tábua é jogada direto para ele e ele a coloca agradecido no chão com as outras três. Easy dá mais uma olhada na planta e a coloca novamente no bolso. Ele grita*) Placa! (*Baker e Charlie retomaram suas posições. Uma placa é jogada, apanhada por Baker, passada para Charlie, passada para Easy, que a coloca em cima das tábuas. Easy grita*) Placa! (*uma segunda placa é jogada e passada para Easy, que a posiciona. Uma terceira placa também chega a Easy da mesma maneira. Ele precisa de quatro para sua construção. Grita) Placa! (um bloco é jogado para Baker, passado para Charlie, passado para Easy, que, impaciente, o devolve para Charlie, que o devolve para Baker, que o leva para o fundo do palco. Easy grita) Placa!

Outro bloco é jogado, direto para Charlie, que o passa para Easy, que o devolve a Charlie, que vai com ele até o fundo do palco e o coloca no chão.

ABEL *(entra sorrindo)* Placa?
EASY Tonto!
ABEL Tonto?
EASY Otário! Placa.

Abel sai e um segundo depois outro bloco vem voando para Easy, que o segura, arremessa furiosamente contra Baker e Charlie, que o seguram e o põem no chão. Easy sai para as coxias. De sua mochila Abel tira um pequeno rádio transistorizado que então liga. Ele dá sorte e pega sua música favorita, na metade da primeira estrofe, que já ouvimos. Charlie canta.

EASY *(fora de cena)* Merda.
ABEL *(educado, fora de cena)* Merda, otário.

Ouve-se o som de um tabefe e um grito agudo de Abel. Easy reentra carregando uma placa. Dogg agora reentra com uma bandeja de lacinhos de lapela. Ele larga a bandeja e apanha a caixa de bandeiras.

DOGG *(chamando Abel fora de cena)* Abel!
ABEL Placa, otário.
DOGG Tijolo. *(Abel entra, segurando a orelha e olhando magoado para Easy. Dogg começa a entregar as bandeirinhas, começando por Abel, que, ao receber sua bandeira, volta para os bastidores. Dogg entrega bandeiras para Baker, Charlie e alguns membros do público, contando as bandeiras enquanto entrega)* Pum, deus, trogo, frincha, pote, cesta, frete, muito, nojo, tom, como, besta...

Easy, que posicionou a placa e está olhando Dogg, dá um passo na direção dele.

EASY Como?

Dogg acha que isso foi uma correção.

DOGG Besta.
EASY Como??
DOGG Besta!
EASY Como??

Dogg irritado faz uma recontagem, alto, e vê que estava certo...

DOGG Pum, deus, trogo, frincha, pote, cesta, frete, muito, nojo, tom, como, *besta*!
EASY Ah!
DOGG (*murchando*) Pax! (*Dogg então passa a se concentrar nos laços de lapela. Easy espera ganhar um. Para Easy*) Tonto!

Dá um lacinho a Charlie.

CHARLIE Cubo, otário.
DOGG Bloco [*Próximo.]

Baker se apresenta e recebe seu lacinho.

BAKER Cubo, otário.
DOGG (*grita, para Abel*) Bloco! Abel!

Abel vem e recebe seu lacinho. Abel está segurando a orelha magoado, olhando para Easy.

ABEL Cubo, otário.

Abel se recolhe de volta ao caminhão. Dogg olha ansioso para Easy.

DOGG Placa? [*Beleza?]
EASY Bloco.
DOGG Placa.
EASY Bloco.
DOGG Placa.

Ele obviamente espera que Easy continue o trabalho. Easy reexamina a planta, que põe de novo no bolso, e, agitado, chama Abel.

EASY Bloco! (*para sua surpresa e alívio um bloco é jogado para o palco. A essa altura Charlie, que tinha desligado o rádio cheio de culpa assim que Dogg entrou, já voltou a sua posição de recebedor, assim como Baker. O bloco é passado de mão em mão até Easy, que o posiciona sobre as placas. Ele grita*) Bloco! (*uma tábua chega voando. Baker a segura e passa para Charlie, que, contudo, antevê a reação de Easy e a leva de volta para o fundo do palco, para ficar com os blocos que estão no chão. Easy berra*) Bloco!

Outra placa chega e Baker, nada menos sagaz, a leva para o fundo do palco. Easy sai a passos firmes na direção de Abel.

CHARLIE Retardado, ele?
BAKER Retardado, ele?... Trogo-táxi — marmelada. [*Marmelada denota prazer e aprovação.]
EASY (*fora de cena*) Grandissíssimo pateta!
ABEL Otário?

A isso se segue novo grito de dor de Abel. Charlie ligou novamente o rádio. O rádio emite os conhecidos "bips" da hora certa. Baker verifica seu relógio.

RÁDIO Xeque zurro quase fora. [*Esses são os resultados do futebol.]

Charlie tira um bilhete de loteria da mochila e começa a verificar. O ritmo da linguagem que sai do rádio é familiar, adequado às vitórias de times da casa, de visitantes, e empates. Esta é uma tradução dos números:

    Zero = pacas   3 = trogo
    1 = pum   4 = frincha
    2 = deus   5 = pote

Além disso, "Vidro" e "Lampião" correspondem a "City" e "United". Assim, o resultado "Hadoque Vidro pacas, Hadoque Lampião trogo" seria lido com as inflexões adequadas a, digamos, "Manchester City zero, Manchester United três" — uma vitória dos visitantes. O rádio começa dizendo "Pum Oblongo" com a inflexão de "Primeira divisão".

RÁDIO Pum oblongo, Cachorrada pacas, Flange deus; Cabra deus, Manta Vidro pacas; Válvula Vidro deus, Bolsinha deus; Hadoque Vidro pacas, Hadoque Lampião trogo; Susto pacas, Piquenique pote...

Charlie com isso solta um assovio — uma goleada de cinco a zero em cima do time da casa. Enquanto isso, Easy reentra carregando uma grande pilha de blocos, seguido de Abel, mancando, que carrega uma pilha semelhante. Easy larga seus blocos. Ele percebe o rádio e Charlie verificando a loteria. Easy saca um bilhete de loteria e um lápis antes de perceber que não consegue entender patavinas do que diz o rádio.

EASY (*desorientado*) Posso te perguntar uma coisa? Que banda de rádio é essa?

Enquanto isso, Baker começou a fazer uma parede bem-feita com os blocos e as placas que até agora foram trazidos. Agora fica claro que alguns dos blocos têm letras aparentemente aleatórias impressas. Easy, depois de guardar seu bilhete de loteria, acrescenta blocos aos degraus. Abel soltou sua carga de blocos perto de Baker e agora sai mancando do palco, de volta ao caminhão. Dogg entra.

DOGG (*para Easy*) Velho tapado. [*Tapete vermelho.]

Easy agarra Dogg pelo colarinho.

EASY Cuidado com a língua!

Dogg se solta, surpreso.

DOGG (*para Easy*) Tarde — velho tapado?
BAKER (*para Dogg*) Tijolo, otário. [*Aqui, senhor.]
DOGG Ah. Cubo.

Baker aponta para o tapete. Dogg desenrola o tapete vermelho para fazer um caminho do microfone até as coxias. Charlie desligou o rádio quando Dogg entrou e agora Baker se junta a ele na construção da parede. Easy completou aquele nível da escada, e a parede está pronta. Baker e Charlie não estão mais à vista porque ergueram a parede por trás e agora ela os oculta. Isso deixa Easy aparentemente sozinho diante da parede. Ele ainda não percebeu as letras, que dizem:

>   ALHO
>
>   TEM
>
>   EGO
>
>   GDD

Easy tira a planta do bolso e a examina novamente. Dogg percebe a parede. Ele olha para Easy. Easy olha para a parede. Easy olha para Dogg. Easy sorri. Dogg dá um leve tabefe no rosto de Easy. Easy abre a boca para reclamar. Dogg lhe dá um tapa forte no outro lado do rosto e faz com que Easy caia por cima da parede, que se desintegra. Dogg tira a folha de papel do bolso de Easy e olha cuidadosamente para ela. Easy se ergue. Charlie e Baker voltam para suas posições de recebedores. Dogg devolve o papel para Easy.

EASY Ei, qual é a sua?
DOGG Cubo. [*Obrigado.]
EASY Ahn?
DOGG Cubo. (*então ele grita para Abel*) Cubo! Abel! (*um cubo é jogado para Baker, passado para Charlie, passado para Easy, que o coloca em seu lugar. Dogg, para Charlie, para Baker*) Placa?
EASY Cubo.
DOGG Placa.
CHARLIE e BAKER Cubo, otário!
EASY (*com veneno*) Otário! (*Dogg fica satisfeito e sorri. Easy está completamente perdido. Dogg sai satisfeito*) Cubo! (*outro cubo segue a mesma rota*) Cubo!

Uma placa chega pelo ar e Baker e Charlie a seguram juntos. Eles imediatamente a levam para o fundo do palco e a colocam no chão para formar a base de uma parede reconstruída. Começam a reconstruir a parede. Enquanto isso, Easy vai até Abel e assim que sai de cena vem o som de uma pancada e um grito de Abel. Abel entra, mancando, segurando a orelha e esfregando o traseiro.

EASY (*dos bastidores*) Cubo!

Um cubo chega voando por cima de Abel, que, surpreso, agarra o cubo e o coloca na escada. Isso fica acontecendo repetidamente enquanto Baker e Charlie reconstroem a parede.

Abel, contudo, faz uma torre com os cubos em vez de posicioná-los para fazer um novo nível. Depois de sete cubos, no todo, Easy entra e vê a cambaleante torre de cubos e consegue evitar a queda no último instante. Baker e Charlie, enquanto isso, sumiram de vista por terem reconstruído o muro que agora diz:

 DEDO
 TEM
 GALHO G

Dogg entra, carregando uma mesinha com troféus de prata cobertos por um pedaço de veludo. Ele vai até o microfone e o testa.

DOGG Pum, deus, trogo... (*o microfone não está funcionando. Dogg, para Baker*) Arenque sacerdoto.
BAKER Arenque, otário?
DOGG Sacerdoto. (*Baker vai até o microfone e liga o botão*) Pum, deus, trogo... Sapatilha. [*Excelente.]

O microfone está funcionando. Enquanto isso, Easy dispôs corretamente os cubos de modo que agora constituem uma segunda camada de degraus. Falta um cubo, contudo. Abel volta ao caminhão.

EASY Falta um cubo.
DOGG (*para Easy*) Tijolo?
EASY Cubo!
DOGG Tijolo.
EASY Cubo! (*um cubo vem voando do caminhão e Easy o agarra e então a escada fica pronta. Dogg se vira para sair, vê a nova parede com sua mensagem e olha para Easy. Easy olha para a parede. Ele olha para Dogg*) Pax! (*Dogg o arremessa para cima da parede, que se desintegra. Dogg sai. Charlie e Baker começam a remontar as peças da parede. Easy grita para Dogg*) Grosso! [*Flores]

Charlie, Baker e Easy estão basicamente alinhados ao lado do tapete. Dogg ressurge imediatamente com um buquê embrulhado em papel celofane e atado por uma fita vermelha. É importante que ele seja chamativo porque aparece na segunda metade da peça. Ele entrega as flores a Charlie. Ouve-se uma marcha. Charlie dá o buquê a Baker, que o entrega a Easy, que o mete nas mãos de Dogg quando ele está saindo. Dogg retorna furioso e devolve as flores para Easy, que as entrega a Abel, que está entrando. Abel as entrega a Charlie, que as perde enquanto reconstrói a parede. Easy sai e volta com um tampo para a plataforma. Charlie e Baker, agora com ajuda de Abel, reconstroem a parede e então tiram suas bandeirinhas do bolso e começam a acenar com elas. Easy, infeliz, se junta a eles. Uma Senhora entra seguida por um Dogg de sorriso amarelo. A música soa, as bandeiras balançam. A Senhora chega ao microfone. A música para e ela está pronta para começar seu discurso que está escrito em um elegante cartão que segura com a mão enluvada.

SENHORA (*simpática*) Pragas, pústulas, bolhas, crioulos, polacos, cucarachos... (*como alguém que dissesse Sua Excelência, senhoras e senhores, meninos e meninas...*) Fato triste, pirralhos choramingas vômito penico fedido, cuspe; adulto tonto calhorda; meia nojenta ranho molhadinho, pelota, carrapato; chique espirra, pinto esmirra, bloco lira, pira esporro, pega peste pinta pele, praga, cadeado, busca parado, tarado, calado; cheira mola, chupa cola, banco esfola; ...francamente não bolero criança. Mens sana in corpore sano.

Aplausos. A Senhora desce da plataforma com auxílio de Dogg. Eles param ao lado da mesa. Dogg levanta o veludo e revela os troféus escolares.

DOGG (*entregando os prêmios escolares, lê*) Pijaminha panqueca, sol-levante — Fox Major.

Fox entra, vindo da esquerda da plateia, sobe os degraus para o palco e recebe seu prêmio. Ele aperta a mão de uma sorridente Senhora.

FOX Cubo, história. [*Obrigado, senhora.]

Fox sai para a direita da plateia.

DOGG Como Grimsby primata qual, sol-levante — Fox Major.

*Fox, ainda na parte da frente da plateia, se vira e se espreme desajeitado entre duas fileiras de assentos. Enquanto passa por cima das pernas da plateia, ele educadamente exclama "Prataria" [*Perdão], chega ao palco e recebe seu prêmio como antes.*

DOGG Abotoadura cruz vazia... Polichinelo aloprado... Fogo de poodle... Perna melão luminária... selo rebolado pélvico... risadinha... pérgulas fuligem roxa... bem aguilhão duplo... elegante freneticamente... tomadas... Fox Major.

Dogg vinha pondo todos esses troféus em cima do veludo que antes os cobria, e que agora colocou na plataforma que Easy construiu. Fox dá um gritinho quando ouve seu nome e vai correndo para o palco como antes, mas pega a mesa, que agora está quase vazia, e sai triunfante pela esquerda do palco. Durante toda essa apresentação, Abel, Baker e Charlie ficaram balançando as bandeirinhas toda vez que Fox chegava ao palco, mas seus rostos revelam insatisfação e tédio.

DOGG Praticamente... Omelete, ceroula Dinamarca. [*E agora... Omelete, príncipe da Dinamarca.]
SENHORA DOGG (*corrigindo-o*) Hamlet...
DOGG Hamlet, ceroula Dinamarca, lobisomem William Shakespeare. (*para a senhora Dogg*) Grosso?
SENHORA DOGG Grosso... grosso... grosso? [*Flores?] (*ela olha para os meninos, que não têm ideia de onde elas foram parar. A senhora Dogg se afasta e entrega à Senhora seu lacinho de lapela, com uma pequena reverência. Para a Senhora*) Hérnia, rim supurado, catinga furúnculo francamente gangrenado sovaco pingando vermes...
SENHORA (*ativa e encantadora*) Foda-se o clube do pudim!

Música. Dogg, a senhora Dogg e a Senhora começam a sair, passando pela parede. A Senhora percebe a mensagem na parede, que diz:

GAGO

DE

MOTEL HD

Ela toma um susto, mas continua bravamente sua caminhada. Dogg lança olhares mortais para Easy. Assim que a Senhora e a senhora Dogg saem do palco, Dogg faz meia-volta e vai com passo firme até Easy. Easy olha para Dogg. Dogg olha para a parede. Easy obedientemente se atira contra a parede, que se desintegra. Dogg sai. Easy se levanta. Ele grita furioso para Dogg.

EASY Tratante! Vagabundo pustulento!

Abel, Baker e Charlie também estão ressentidos com Dogg e todas as falas seguintes deles, como as de Easy, são insultos que se referem a Dogg, ainda que não necessariamente gritados para ele.

BAKER Pax! Quina estacionamento!
EASY Monstrinho metido seboso!
CHARLIE Chefia margarido!
EASY Sádico! Fascista!
ABEL Peixe! Tarde!
EASY Cê-dê-efe filho de uma puta! Lunático!
ABEL Abacate castelo sofá, Dogg!
EASY Arranco o couro desse bosta, ah se não arranco!
ABEL (*falando com Easy a respeito de Dogg*) Abacate castelo fumaça charuto.
EASY (*para Abel*) Isso mesmo!... Espera pra ver se eu não dou um chute naquela bunda!
BAKER (*para Easy*) Quina bolsa de gelo!
EASY (*para Baker*) Isso mesmo!
CHARLIE Chefia margarido!
BAKER Placa, otário, tonto, otário...
EASY Otário de quatro costados! Merdinha alucinado!
CHARLIE Margarido baunilho!
EASY Chefia! Quina alagada! Fazer estudamento com a carapax dele — que Dois me ajude!... Placa.
BAKER Tapado velho.
EASY Placa. Retardado porcalhão?
BAKER Retardado porcalhão? Frincha besta. [*4:12.]
EASY Como?
BAKER Besta.
EASY Cubo. (*durante isso tudo, Abel, Baker e Charlie ficaram reconstruindo a parede, e Easy estava enrolando o tapete vermelho. Agora Easy começa a recolher todas as bandeiras começando pelas três que foram dadas a Abel, Baker e Charlie, que eles jogaram no chão revoltados. Ele recolhe as bandeiras da plateia, conta e agradece a cada vez, "Cubo", enquanto o faz*) Pum, deus, trogo, frincha, pote, cesta, frete, muito, nojo, tom, como, besta!

Abel, Baker e Charlie terminam a parede e com isso sumiram de vista. Easy se dirige à saída, quando ouvimos.

BAKER (*detrás de uma tela e apontando para o microfone*) Arenque.

Easy volta e pega o microfone. Antes de sair...

EASY Hamlet ceroula Dinamarca. Lobisomem William Shakespeare.

A parede diz:
O HAMLET
DE DOGG

A luz muda e há uma fanfarra de trompetes, e Dogg entra agora vestido para participar do Hamlet de 15 minutos. Ele sobe na plataforma, de onde fala o prólogo ao Hamlet, e então sai. Isso deixa a parede e a escada para serem usadas como os muros e as fortificações de Elsinore. No fundo do palco, à esquerda e à direita, há duas telas dobráveis. A tela que fica à esquerda do palco tem um pino no alto, que permite que recortes de um sol, uma lua e uma coroa sejam acionados como ponteiros e mostrados para a plateia. Do lado que dá para o palco, projeta-se um recorte bidimensional do túmulo que será de Ofélia.

PRÓLOGO

Entra Shakespeare, faz uma reverência.

SHAKESPEARE Por este alívio, muito grato.
    Embora nascido aqui, e assim criado,
    É um costume mais honrado na desobediência
    Que no cumprimento
    Bem.
    Há algo de podre no reino da Dinamarca.
    Ser ou não ser, eis a questão.
    Há mais coisas entre o céu e a terra
    Do que sonha nossa vã filosofia...
    Há uma divindade que forma nossos fins,
    Por mais que os possamos esboçar

Conquanto seja loucura, há nela seu método.
Devo ser cruel apenas para ser bondoso;
Erguer, por assim dizer, um espelho para a natureza.
Uma figura mais dolorosa que furiosa.
(*a Senhora na plateia grita "Marmelada"*)
A dama protesta demais.
O gato mia e o cão[18] terá seu dia!
(*faz uma reverência e sai. Fim do prólogo*)

As muralhas de um castelo. Vento e trovão. Entram dois Guardas: Bernardo/Marcelo e Francisco/Horácio. Os Guardas são representados por Abel e Baker, respectivamente. Estão vestidos para uma típica montagem shakespeariana, a não ser por usarem calças curtas. Guardas na plataforma.

BERNARDO Quem está aí?
FRANCISCO Não, responde primeiro.
BERNARDO Vida longa ao rei. Vai para a cama.
FRANCISCO Por este alívio, muito grato.
BERNARDO Como, apareceu o monstro novamente hoje?
FRANCISCO Calma, cuidado: olha que surge novamente!
BERNARDO Não parece o rei?
FRANCISCO Pelos céus ordeno, fala!
BERNARDO (*aponta e olha para a esquerda*) Está aqui.
FRANCISCO (*aponta e olha para a direita*) Está aqui.
BERNARDO (*olha para a direita*) Foi-se.
FRANCISCO Mas olha, aurora cingindo um manto rubro
       Caminha por sobre o orvalho daquele monte a oriente.

Quando se ouve "Mas olha" o recorte de um sol aparece por cima da tela da esquerda do palco, e desce neste momento.

BERNARDO Transmitamos o que vimos hoje
       Ao jovem Hamlet.

---

18 [*Dogg] (N. T.)

Saem. Fim da cena.

Uma sala de governo dentro do castelo. Um recorte de uma coroa aparece sobre a tela da esquerda do palco.
Som de trompetes. Entram Cláudio e Gertrudes, que é representada pela senhora Dogg.

CLÁUDIO Embora de Hamlet, nosso caro irmão, esteja
    Clara a lembrança da morte
    (*entra Hamlet, representado por Fox Major*)
    Nossa outrora irmã, hoje rainha
    Tomamos por esposa.
    Mas agora, amigo Hamlet, e meu filho...
HAMLET Um pouco mais que filho e menos que fiel.
    (*saem Cláudio e Gertrudes*)
    Ah, que pudesse esta carne sólida demais se derreter!
    Que tenha tido de chegar a isto — apenas dois meses da morte!
    Que amava tanto minha mãe: Fragilidade, teu nome é mulher!
    Casada com meu tio, irmão de meu pai.
    As carnes assadas do velório, frias, servidas
    Nas mesas das bodas.

A coroa desce em sua dobradiça. Horácio entra correndo.

HORÁCIO Senhor, acho que o vi ontem à noite...
    O rei, vosso pai — na plataforma em que estávamos
    De vigia.
HAMLET É muito estranho.
HORÁCIO Armado, senhor...
    Uma figura mais de dor que de fúria.
HAMLET O espírito de meu pai pegando em armas? Tudo não está bem.
    Quisera fosse noite!

A lua sobe na dobradiça. Saem para o parapeito. Fim da cena.

As amuradas do castelo, à noite. Barulho de celebrações, canhões, fogos de artifício. Horácio e Hamlet aparecem na plataforma construída por Easy.

HAMLET O rei desperta nesta noite e festeja,
  Embora nascido aqui, e assim criado,
  É um costume mais honrado na desobediência
  Que no cumprimento.

Barulho de vento.

HORÁCIO Olha, senhor, lá vem. (*aponta*)

Entra o Fantasma sobre a parede construída com os blocos.

HAMLET Anjos e ministros da graça nos defendam!
  Há algo de podre no reino da Dinamarca!
  Oh, pobre fantasma.
FANTASMA Sou o espírito de teu pai.
  Vinga este assassinato horrendo e crudelíssimo.
HAMLET Assassinato?
FANTASMA A serpente que ferroou a vida de teu pai
  Hoje porta sua coroa.
HAMLET Ah, minh'alma profética? Meu tio?
(*sai o Fantasma. Para Horácio*)
  Há muito mais coisas entre o céu e a terra
  Do que sonha nossa vã filosofia.
  (*sai Horácio*)
  Daqui por diante será adequado
  Adotar uma excêntrica disposição.
  O tempo está desconjuntado. Ah, desprezo amaldiçoado
  De ter eu jamais nascido por fazê-lo consertado!

Sai Hamlet. A lua desce na dobradiça. Fim da cena.

Uma sala no castelo. A coroa sobe. Som de trompetes que leva a uma música de flauta e cravo. Entra Polônio; Ofélia vem correndo. Ofélia, é claro, é representada por Charlie.

POLÔNIO Diz, Ofélia, o que te aflige?

OFÉLIA Senhor, enquanto cerzia em minha alcova,
  Lorde Hamlet, com seu colete todo desatado;
  Sem chapéu na cabeça, pálido como sua camisa,
  Joelhos batendo, e com um olhar tão desgraçado
  Apresenta-se a mim.
POLÔNIO Louco por teu amor?
  Achei a causa mesma da loucura de Hamlet.
  (*entra Hamlet, sai Ofélia*)
  Vede como triste vem o infeliz em sua leitura.
  O que leis, senhor?
HAMLET Palavras, palavras, palavras.
POLÔNIO Conquanto seja loucura, há nela método.
HAMLET Eu só estou louco nor-noroeste: quando o vento
  Vem do sul, diferencio uma serra de mão
  de um cerro.

Fecha violentamente o livro e o enfia no peito de Polônio.

POLÔNIO Os atores chegaram, senhor. (*sai*)
HAMLET Ouviremos uma peça amanhã.
  Ouvi dizer que criaturas culpadas assistindo ao teatro
  Pela mesma astúcia da encenação
  Já foram tão intimamente atingidas que imediatas
  Proclamaram seus malfeitos.
  Farei que estes atores representem algo
  Semelhante ao assassinato de meu pai para meu tio.
  Se ele apenas descorar, sei minha rota.
  A peça é o que sei
  Que pegará a consciência do rei.
  (*pausa*)
  Ser ou não ser
  (*põe a adaga, tirada da manga, contra o coração. Entram Cláudio e Ofélia*)
  eis a questão.
OFÉLIA Meu senhor...
HAMLET Vai-te a um convento!

Saem Ofélia e Hamlet.

CLÁUDIO Amor? Seus fatos não se inclinam a tanto
   Há algo em sua alma
   Em que se empoleira sua melancolia para chocar.
   Ele há de ir logo à Inglaterra.

Sai Cláudio. Fim da cena.

Um saguão do castelo. Toque de trompetes. Entram Hamlet e Ofélia, Marcelo e Horácio rindo, Cláudio e Gertrudes. Os titeriteiros aparecem sobre a tela do lado esquerdo do palco.

HAMLET (*para os titeriteiros*) Digam as falas, voz peço, como eu as pronuncio; saltitantes sobre a língua. Ergam, por assim dizer, um espelho para a natureza. (*todos sentam para assistir ao espetáculo de bonecos. Música para a mascarada. Para Gertrudes*) Madame, o que achais da peça?
GERTRUDES A dama protesta demais, me parece.
HAMLET Ele o envenena no jardim de sua propriedade. Logo vereis como o assassino obtém o amor da esposa de Gonzago. (*Cláudio se levanta*) O rei se ergue! (*a música para, começa um burburinho*) Que foi? Assustado com fogos falsos?

Sai Cláudio.

TODOS Interrompei a peça.

Os bonecos desaparecem, a coroa desaparece.

HAMLET Luzes! Luzes! Luzes! Eu aposto mil libras na palavra do fantasma!

Saem todos exceto Polônio.

POLÔNIO (*de pé, a um canto*) Ele está indo à alcova de sua mãe. Detrás da tapeçaria me ocultarei para ouvir o processo.

Fim da cena.

O apartamento da rainha. Polônio está de pé junto da tela da direita do palco e puxa uma cortina detrás dela. Música de alaúde. Entram Hamlet e Gertrudes.

HAMLET Mas mãe, o que aconteceu?
GERTRUDES Hamlet, ofendeste demais a teu pai.
HAMLET Mãe, vós ofendestes demais a meu pai.

Ele a segura.

GERTRUDES O que queres fazer? Não me queres matar? Socorro! Socorro!
POLÔNIO (*atrás da tapeçaria*) Socorro!
HAMLET Como assim? Um rato? (*esfaqueia Polônio*) Morto por um ducado, morto!
GERTRUDES Ai de mim, o que fizeste?
HAMLET Não. Não sei.
GERTRUDES Meu Deus, enlouqueceu.
HAMLET Devo ser cruel apenas por ser bom. Boa noite, mãe.

Sai Hamlet arrastando Polônio. Sai Gertrudes, suspirando. A tapeçaria volta a seu lugar por meio de sua dobradiça. Fim da cena.

Outra sala do castelo. Toque de trompetes. A coroa sobe na dobradiça. Entram Cláudio e Hamlet.

CLÁUDIO Mas, Hamlet, onde está Polônio?
HAMLET Na ceia. (*escondendo desajeitado a espada*)
CLÁUDIO Hamlet, este ato deve te expulsar daqui.
    Portanto prepara-te.
    Tudo leva à Inglaterra.
    (*sai Hamlet*)
    E Inglaterra, se me tens algum amor
    Não podes com frieza se negar,
    A pôr um fim imediato a Hamlet!

Sai Cláudio. A coroa desce. Fim da cena.

Estamos em pleno mar. Música marinha. Surge uma vela sobre a tela da esquerda do palco. Entra Hamlet na plataforma, ondulante como se estivesse no convés de um navio. Ele limpa os olhos, e fica enjoado. Termina a música marinha. Sai Hamlet, cobrindo a boca com a mão.

Ainda outra sala do castelo. Toque de trompetes. Entram Cláudio e Laertes.

LAERTES Onde está meu pai?
CLÁUDIO Morto.

Entra Ofélia em um transe alucinado, suspirando e carregando um buquê de flores embrulhado em celofane, com uma fita vermelha. Música de alaúde.

OFÉLIA Eles o levaram de rosto nu no caixão.
  (*depois de sua primeira fala, ela dá uma flor para Laertes*)
  Lá larirá, lá larirá.
  (*depois da segunda, ela enfia o buquê no estômago de Cláudio. Trata-se, é claro, do buquê desaparecido da cerimônia dos discursos*)
  E em sua cova choveram lágrimas tantas...

No meio de sua terceira fala, ela some por trás da tela da esquerda do palco e se detém. Cláudio e Laertes espiam pelo canto por onde ela sumiu e ela sai correndo pelo outro, por trás deles.

LAERTES Ah, calor, seca meu cérebro... Ah, doce irmã,
  (*Ofélia vai ao chão. Ela apanha uma flor que foi jogada de trás da tela da direita do palco*)
  Estivesses em teu pleno juízo, e quisesses tu convencer pela vingança,
  Não serias mais persuasiva.
CLÁUDIO E onde jaz a ofensa, caia o grande machado.

Saem Cláudio e Laertes. Ofélia se senta para alcançar a lápide que faz girar para ficar escondida. Um sino dobra quatro vezes. Fim da cena.

Um cemitério. Entram o Coveiro e Hamlet.

HAMLET Antes que estivéssemos dois dias ao largo, um pirata de disposição muito aguerrida nos perseguiu. No confronto eu abordei tal nau. No mesmo instante eles se afastaram da nossa; de modo que me tornei seu prisioneiro. Eles me trataram como ladrões de misericórdia.
COVEIRO Quem é que constrói melhor que o pedreiro, o armador ou o carpinteiro?
HAMLET Quem faz túmulos. As casas que faz duram até o dia do juízo. (*o Coveiro dá um crânio a Hamlet*) De quem era?
COVEIRO Este mesmo crânio, senhor, foi o de Yorick, o bobo do rei.
HAMLET Ah, pobre Yorick. (*devolve o crânio ao Coveiro*) Mas, silêncio... Lá vem Laertes. (*se recolhe a um canto*)

Entra Laertes.

LAERTES Que outra cerimônia?
    Deitai-a na terra,
    Que brotem violetas. Eu te digo, padre azedo...
    (*entram Cláudio e Gertrudes*)
    Um anjo mensageiro minha irmã será
    Quanto tu te estenderes aos berros.
HAMLET (*escondido atrás da plataforma de tijolos*) Como assim, a bela Ofélia?
LAERTES Ah, tripla dor. Detende um pouco a terra,
    Por que possa uma vez mais tê-la em meus braços.
HAMLET (*reentrando na área de encenação*) Quem é que tanta ênfase dá a sua dor?
    Sou eu, Hamlet, o dinamarquês!
LAERTES Que o diabo leve tua alma.

Eles lutam.

HAMLET Remove tua mão!

Cláudio e Gertrudes os separam.

CLÁUDIO e GERTRUDES Hamlet! Hamlet!
HAMLET Eu amei Ofélia. O que farás tu por ela?
GERTRUDES Ah, ele está louco. Laertes!

Saem Cláudio, Gertrudes e Laertes.

HAMLET O gato mia, e o cão terá seu dia!

Sai. Fim da cena.

Um saguão do castelo. Toque de trompetes, a coroa sobe na dobradiça. Entra Hamlet.

HAMLET Há uma divindade que conforma nossos fins, por mais que os esbocemos a contento. Mas tu não imaginarias como vai mal o que circula em meu peito. Mas não importa. Desafiamos os augúrios. Há uma providência especial na queda de um pardal. Se for já, não há de ser; se não houver de ser, será já; se não for já, no entanto haverá de vir. A prontidão é tudo. (*Laertes entra com Osric, trazendo espadas, seguidos de Cláudio e Gertrudes com taças*) Vamos, senhor!
LAERTES Vamos, meu senhor.

Fanfarra de trompetes. Eles sacam as espadas e duelam.

HAMLET Um.
LAERTES Não.
HAMLET Juiz?
OSRIC Um toque, um toque muito claro.
CLÁUDIO Esperem, quero um gole.
    Hamlet, esta pérola é tua, à tua saúde.
    (*derruba a pérola na taça*)
    Dai-lhe a taça.
GERTRUDES A rainha brinda a tua fortuna, Hamlet.
CLÁUDIO Gertrudes, não bebas!
GERTRUDES Beberei, meu senhor. (*bebe*)
LAERTES Meu senhor, agora o atingirei.
    Toma, agora!

Eles lutam em combate físico e duelam.

CLÁUDIO Separai-os, estão empolgados.
Sangram ambas as partes.

Osric e Cláudio os separam.

LAERTES Sou morto com justiça, por minha própria trapaça. (*cai*)
GERTRUDES A bebida! A bebida! Fui envenenada! (*morre*)
HAMLET Trapaça! Atrás dela.

Entra Fortinbras.

LAERTES Aqui, Hamlet. Hamlet, estás morto.
Olha, aqui me estendo para jamais me reerguer.
O rei, a culpa é do rei.
HAMLET A ponta envenenada também?
Então, veneno, faz o que deves. (*mata Cláudio*)

A coroa desce na dobradiça.

LAERTES Troca comigo teu perdão, nobre Ha... m... (*morre*)
HAMLET Sigo-te.
Não posso viver para ouvir as novas de Inglaterra.
O resto é silêncio. (*morre*)
HORÁCIO Boa noite, doce príncipe,
E que revoadas de anjos te levem cantando a teu repouso.
(*vira-se, dando as costas para a plateia*)
Vai, ordena que os soldados disparem.

Ouvem-se quatro tiros nos bastidores. Todos se erguem, fazem uma reverência e saem. Fim.

O BIS

Aparecem placas dizendo "bis" sobre as duas telas. Toque de trompetes, a coroa sobe. Entram Cláudio e Gertrudes.

CLÁUDIO Nossa outrora irmã, hoje rainha,
    (*entra Hamlet*)
    Tomamos por esposa.

A coroa desce.

HAMLET Que tenha tido de chegar a isto!

Saem Cláudio e Gertrudes. Ruído de vento. A lua sobe. Entra Horácio no alto.

HORÁCIO Senhor, acho que o vi ontem à noite...
    O rei, vosso pai.
HAMLET Anjos e ministros da graça nos defendam!
    (*sai, correndo, durante o resto da fala*)
    Há algo de podre no reino da Dinamarca!

Entra o Fantasma, no alto.

FANTASMA Sou o espírito de teu pai.
    A serpente que ferroou a vida de teu pai
    (*entra Hamlet, no alto*)
    Hoje porta sua coroa.
HAMLET Ah, minh'alma profética!
    Daqui por diante será adequado
    Adotar uma excêntrica disposição.

A lua desce. Saem. Curto toque de trompetes. Entra Polônio, correndo. A coroa sobe.

POLÔNIO Olha como vem triste o miserável.

Sai Polônio, correndo. Entra Hamlet.

HAMLET Ouvi dizer que criaturas culpadas assistindo ao teatro
    Pela mesma astúcia da encenação foram atingidas.
    (*entram Cláudio, Gertrudes, Ofélia, Marcelo e Horácio rindo. Todos sentam para assistir a uma peça imaginária, os bonecos aparecem sobre a tela*)

Se ele apenas descorar, sei minha rota.
(*música de mascarada. Cláudio entra*)
O rei se ergue!
TODOS Interrompei a peça.

Saem todos, exceto Gertrudes e Hamlet. A coroa desce.

HAMLET Eu aposto mil libras na palavra do fantasma!
(*entra Polônio, vai para trás da tapeçaria. Curto toque de trompetes*)
Mãe, vós ofendestes demais a meu pai.
GERTRUDES Socorro!
POLÔNIO Socorro!
HAMLET (*esfaqueia Polônio*) Morto por um ducado, morto!

Polônio cai morto nas coxias. Saem Gertrudes e Hamlet. Curto toque de trompetes. Entra Cláudio, seguido por Hamlet.

CLÁUDIO Hamlet, este ato deve te expulsar daqui. (*sai Hamlet*) Um fim imediato a Hamlet!

Sai Cláudio. Entra Ofélia, vai ao chão. Se ergue e puxa a lápide para se esconder. O sino dobra duas vezes.
Entram o Coveiro e Hamlet.

HAMLET Um pirata de disposição nos perseguiu. De modo que me tornei seu prisioneiro. (*toma o crânio do Coveiro*)
Ah, pobre Yorick — mas, silêncio (*devolve o crânio ao Coveiro*)
Sou eu,
Hamlet, o dinamarquês!

Sai o Coveiro. Entra Laertes.

LAERTES Que o diabo leve tua alma.

Eles lutam, e se separam. Entra Osric entre eles com espadas. Eles sacam as espadas. A coroa se levanta. Entram Cláudio e Gertrudes com copas.

HAMLET Vamos, senhor!

Laertes e Hamlet lutam.

OSRIC Um toque, um toque muito claro.
CLÁUDIO Dai-lhe a taça. Gertrudes, não bebas!
GERTRUDES Fui envenenada! (*morre*)
LAERTES Hamlet, estás morto! (*morre*)
HAMLET Então, veneno, faz o que deves. (*mata Cláudio. A coroa desce na dobradiça*)
   O resto é silêncio. (*morre*)

Dois tiros nos bastidores. Fim.

Os atores se levantam para receber os aplausos. Enquanto isso acontece, Easy entra assoviando, ergue o tampo dos degraus, retira um cubo e sai com ele. Os atores se retiram.

EASY (*para o público*) Cubo...

   Sai andando.

O MACBETH DE CAHOOT

O Macbeth de Cahoot é dedicada ao dramaturgo tcheco-eslovaco Pavel Kohout.

Personagens

MACBETH
LADY MACBETH
BANQUO
MACDUFF
ROSS
DUNCAN
MALCOLM
PRIMEIRA BRUXA
SEGUNDA BRUXA
TERCEIRA BRUXA
PRIMEIRO ASSASSINO
SEGUNDO ASSASSINO
LENNOX
MENSAGEIRO
CAHOOT
INSPETOR
ANFITRIÃ
EASY
POLICIAL

Convidados, Vozes, Voz de uma criança

O *Macbeth* abreviado não foi organizado para um número específico de atores. Idealmente seria representado sem muito acúmulo de papéis, mas pode ser representado com um mínimo de três atores e duas atrizes. Nas montagens tchecas, Kohout distribuía os papéis da seguinte maneira (eu não usei Donalbain, o Capitão Ferido, a esposa de Macduff, nem um segundo mensageiro):

PRIMEIRO ATOR   Macbeth
SEGUNDO ATOR   Duncan, Banquo, Macduff, Primeiro Assassino, Mensageiro
TERCEIRO ATOR   Ross, Malcolm, Segundo Assassino, Terceira Bruxa
PRIMEIRA ATRIZ   Segunda Bruxa, Criada
SEGUNDA ATRIZ   Lady Macbeth, Primeira Bruxa

A ação se passa na sala de estar de um apartamento.
Trovão e relâmpagos. Três Bruxas com uma iluminação mínima.

PRIMEIRA BRUXA Quando teremos nossa reunião? Com chuva, com relâmpago ou trovão?
SEGUNDA BRUXA Quando acabar-se a confusão, quando a luta for ganha e perdida.
TERCEIRA BRUXA Isso será ainda neste dia.
PRIMEIRA BRUXA E onde seria?
SEGUNDA BRUXA Na campina fria.
TERCEIRA BRUXA Para lá encontrarmos Macbeth.
TODAS Belo é feio e feio é belo. Pairam na neblina, no ar imundo.

Quatro batidas de tambor.

TERCEIRA BRUXA Um tambor! Um tambor! Macbeth se aproxima.

Entram Macbeth e Banquo.

MACBETH Nunca vi dia tão belo e tão feio.
BANQUO A que distância fica Forres? Quem são essas, tão murchas e tão agrestes em seus trajes, que não parecem habitantes deste mundo, e contudo nele estão?
MACBETH Fala, se podes! O que és tu?

As bruxas cercam Macbeth.

PRIMEIRA BRUXA Louvem todos a Macbeth! Louvemos-te, ó barão de Glamis!
SEGUNDA BRUXA Louvem todos a Macbeth! Louvemos-te, ó barão de Cawdor!
TERCEIRA BRUXA Louvem todos a Macbeth, que daqui para a frente será rei!
BANQUO Falai então comigo, que não temo nem imploro vossos favores nem vosso ódio.
TERCEIRA BRUXA Tu terás reis, conquanto não o sejas. Então louvem todos a Macbeth e Banquo!
PRIMEIRA BRUXA Banquo e Macbeth, todos louvem!

As bruxas desaparecem.

MACBETH Fiqueis, imperfeitas vozes! Dizei-me mais!
BANQUO Para onde terão sumido?

As luzes sobem para revelar uma sala de estar.

MACBETH Sumiram no ar; queria que tivessem ficado!
BANQUO Estavam aquelas coisas aqui assim como falamos? Ou acaso comemos da raiz insana, que aprisiona o juízo?
MACBETH Vossos filhos serão reis.
BANQUO Vós sereis rei.
MACBETH E barão de Cawdor também, não era isso?
BANQUO Com estes mesmos verso e melodia. (*entra Ross*) Quem está aí?
ROSS O rei recebeu contente, Macbeth, as notícias de teu sucesso. Enviam-me para que te transmita os agradecimentos de nosso mestre real; e como honra ainda maior, ele me pediu que te chamasse, em seu nome, barão de Cawdor.
BANQUO Como! Pode o demônio dizer a verdade?
MACBETH O barão de Cawdor está vivo. Por que me vestes em alheias vestes?
ROSS Quem era o barão vive ainda; mas traições capitais, confessas e provadas, fizeram-no cair.

Ross entrega a Macbeth uma corrente e um selo, que eram de Cawdor.

MACBETH (*à parte*) Glamis, e barão de Cawdor! O maior fica para trás. Duas verdades são narradas como felizes prólogos à ereção do tema imperial... Eu vos agradeço, cavalheiros.
ROSS Meu valoroso Cawdor!

Saem Ross e Banquo.

MACBETH (*aparte*) Estrelas, escondei vossas claridades, que a luz não veja minhas negras e ocultas vontades.

Sai Macbeth. Tambores. Entra lady Macbeth lendo uma carta.

LADY MACBETH (*lendo sozinha em voz alta*) "Enquanto ainda era presa de tal encanto, chegam missivas do rei, que me louvavam todas, 'barão de Cawdor'; título pelo qual, anteriormente, saudaram-me tais estranhas irmãs, e com cuja posse me acenaram no futuro, com 'Salve, rei que serás'. Isso vi por bem comunicar-te, minha mais cara parceira de grandeza, por que possas não perder o gozo que te é devido por ignorares a grandeza que te é prometida. Guarda junto ao coração, e adeus." Glamis tu és, e Cawdor; e serás o que te prometeram. E contudo temo tua natureza: ela é plena em demasia do leite da bondade humana para tomar a via mais chegada. Corre para cá, por que possa verter meus espíritos em teu ouvido, e fustigar com o brio de minha língua tudo que te barra o dourado acesso com que fortuna e o metafísico auxílio parecem ter te coroado. (*entra o Primeiro Mensageiro*) Que me dizes?

MENSAGEIRO O rei cá vem hoje à noite.

LADY MACBETH És louco de dizê-lo! Não está com ele teu mestre?

MENSAGEIRO Vem chegando nosso barão; um de meus camaradas o ultrapassou.

LADY MACBETH Ele traz grandes notícias. (*sai o Primeiro Mensageiro*) O próprio corvo enrouquece, que crocita a fatal entrada de Duncan sob meu teto. Vinde, espíritos que zelam pelos pensamentos mortais, assexualizai-me aqui e preenchei-me, da coroa aos pés, rasourada da mais dura crueldade. (*entra Macbeth*) Grande Glamis, valoroso Cawdor! Maior que todos graças às loas todas daqui por diante!

Eles se abraçam.

MACBETH Duncan cá vem hoje à noite.

LADY MACBETH E quando sai daqui?

MACBETH Amanhã, pelo que pretende.

LADY MACBETH Ah, nunca veja o sol esse amanhã! Mostra-te como a flor inocente, mas sê a serpente sob ela. (*ouvem-se vozes nos bastidores*) Ele, que chega, deve ser atendido...

MACBETH Falaremos mais.

Ele vai até a porta à direita do palco. Duncan está se aproximando, acompanhado de Banquo e Ross, e por dois Penetras, policiais uniformizados, que começam a investigar os atores e a plateia com suas lanternas antes de sumir nas coxias.

DUNCAN Este castelo é um pouso agradável; o ar ligeira e docemente recomenda-se a nossos delicados sentidos. (*Lady Macbeth vai até ele*) Eis aqui nossa honrada anfitriã... (*Lady Macbeth faz uma reverência*) Onde está o barão de Cawdor?

MACBETH (*voltando da porta*) Um seu criado.

Macbeth dá um passo à frente e faz uma reverência.

DUNCAN (*para lady Macbeth*) Bela e nobre anfitriã, nesta noite somos vossos hóspedes. Dai-me vossa mão.

Lady Macbeth o leva dali, seguido de Ross e Banquo. Macbeth fica.

MACBETH Se fosse feito, quando fosse, então seria bom se feito rápido. Ele está aqui em dupla confiança: primeiro, como seja eu seu parente e seu súdito, ambas firmezas contra o ato; então, como seu anfitrião, que deveria para seus assassinos fechar a porta, e não portar eu mesmo a faca. Não tenho esporas com que açular os flancos de minhas intenções, mas apenas uma ambição de pernas longas, que salta mais do que pode e cai sobre o outro. (*entra lady Macbeth*) E então? O que me dizes? Acaso perguntou ele por mim?

LADY MACBETH Não sabeis que sim?

MACBETH Não daremos seguimento a esse plano.

LADY MACBETH E vivas como um covarde a teus próprios olhos, deixando "Não ouso" à espera do "Faria", como o pobre gato do adágio? Mas aparafusa tua coragem ao ponto de ataque e não haveremos de falhar. Quando Duncan estiver dormindo... O que não poderemos eu e vós fazer com um desprotegido Duncan?

Banquo se aproxima.

MACBETH (*dos bastidores*) Quem está aí?

Macbeth vai encontrá-lo na janela, lady Macbeth atrás dele.

BANQUO (*da janela*) Um amigo. Com que então, senhor, ainda não descansais? O rei está deitado. Sonhei ontem à noite com as três irmãs. A vós mostraram algo da verdade.

MACBETH Não penso nelas. Descansai bem então.
BANQUO Obrigado, senhor; desejo-vos o mesmo.

Macbeth fecha as persianas.

MACBETH Será isto uma adaga, que vejo diante de mim, cabo virado para minha mão? Vem, deixa que te agarre... Não te pego e contudo ainda te vejo! (*soa um sino*) Vou, e está feito; o sino me convida. Não ouças, Duncan, este sino interno, que leva ao paraíso, ou ao inferno.

Sai Macbeth. Sons de corujas e grilos. Entra lady Macbeth, segurando uma taça.

LADY MACBETH O que os fez embriagados, a mim me fez forte; as portas estão abertas, e os satisfeitos valetes riem-se de sua tarefa aos roncos; eu droguei suas bebidas. (*coruja e grilos*) Deixei prontas suas adagas. Não fosse ter ele lembrado meu pai, dormindo, teria feito eu. (*entra Macbeth carregando duas adagas manchadas de sangue*) Meu marido!
MACBETH Fiz o que tinha de ser feito. Não ouviste um ruído?
LADY MACBETH Ouço gritar a coruja e chorarem os grilos.

Ouve-se uma sirene de polícia que se aproxima da casa. Durante o diálogo que se segue o carro chega e ouvem-se bater as portas do carro.

MACBETH Um houve que riu dormindo, e um gritou "Assassinato!". Um gritou "Deus nos abençoe!" e "Amém", o outro. (*a sirene para*) Como se me tivesse visto com estas mãos de carrasco.
LADY MACBETH Não medite tanto nisso. Esses atos não devem ser considerados dessa maneira; assim, ficaremos loucos.
MACBETH Achei ter ouvido uma voz gritar "Basta de sono! Macbeth assassina o sono"... (*batidas rispidas*) Vêm de onde essas batidas? (*batidas rispidas*) O que há comigo se todo ruído me aterra?
LADY MACBETH Minhas mãos são de tua cor; mas me envergonha portar um coração tão alvo. Retiremo-nos a nosso quarto.
MACBETH Acorda Duncan com tuas batidas! (*batidas rispidas*) Quisera eu pudesses!

Saem. As batidas continuam. Uma porta, fora do palco, abre e fecha. A porta que dá para a sala se abre e entra o Inspetor, numa sala vazia. Ele parece surpreso por se ver onde está. Afeta uma polidez sarcástica.

INSPETOR Ah... perdão... Por acaso aqui é o Teatro Nacional?

Uma mulher, a Anfitriã, se aproxima vindo da plateia.

ANFITRIÃ Não.

INSPETOR Não? Espera um minuto — eu posso ter me enganado... será a Nacional Academia de Drama e Artes, ou, como se diz, NADA?... Não? Estou completamente desorientado. Eu devo ter me enrolado em algum lugar. (*ele está andando pela sala, olhando para as paredes e para o teto*) Teste, teste — um, dois, três... (*para o teto. Em outras palavras, a sala está grampeada*) Será a casa da Ópera Ligeira da Boêmia?

ANFITRIÃ É a *minha* casa.

INSPETOR (*surpreso*) A senhora mora aqui?

ANFITRIÃ Moro.

INSPETOR A senhora não acha algo inconveniente ter um bando de narcisistas exibidos projetando suas vozes por aqui?... E isso é só a plateia. Quer dizer, quem é que quer se ver cercado toda noite por uma multidão de bronquíticos elegantes dizendo "Não acho que seja tão boa quanto a última dele", e esperando usar seu toalete quando quiserem? Pra nem falar de se colocar à mercê de qualquer fulano, sicrano ou Bertolt que não consegue universalizar a nossa condição sem bagunçar com toda a disposição da sua mobília. Não sei por que a senhora tolera isso tudo. A senhora tem os seus direitos. (*fuçando por ali ele levanta uma toalhinha de mesa, revelando um telefone*) A senhora tem até um telefone. Posso ver que não estamos na parte de baixo do monturo social. O que a senhora faz?

ANFITRIÃ Eu sou artista.

INSPETOR (*animado*) Bom, não é a primeira vez que eu me engano. Esse telefone é prático? (*para o teto, novamente*) Seis sete oito um um. (*ele põe o telefone no gancho*) É, se a senhora tivesse um pingo de orgulho da sua casa, a senhora não iria aceitar lotar o seu estar sem pensar. (*o telefone toca na mão dele. Ele atende*) Seis sete oito um um? Com toda a clareza. O senhor procura quem?

(*ele olha em volta*) Tem um senhor Cambew aqui? (*ao telefone*) Que Cambew? Cambew desligo? (*ele tira o telefone da orelha e olha feio para o aparelho*) Nem disse tchau. O que foi que aconteceu com a tradição de bons modos aristocráticos desse país? (*ele desliga o telefone exatamente quando "Macbeth" e "lady Macbeth" voltam à sala*) Quem é você, cara de porco?

"MACBETH" Landovsky.

INSPETOR O ator?

"MACBETH" O varredor de chão em uma fábrica de caldeiras.

INSPETOR Esse mesmo. Eu sou um grande fã seu, sabe. Sigo a sua carreira há anos.

"MACBETH" Eu não trabalho há anos.

INSPETOR Do que o senhor está falando?... Eu vi a sua última temporada — a minha esposa estava comigo...

"MACBETH" Não deve ter sido eu.

INSPETOR Mas *era* o senhor... O senhor estava com uma aparência ótima — uma voz excelente... Onde é que o senhor esteve no ano passado?

"MACBETH" Eu estava vendendo jornais na...

INSPETOR (*triunfante*) ... na banquinha do terminal de trem, e o senhor estava maravilhoso! Eu disse à minha esposa, esse é Landovsky — o ator — ele não é excelente?! Que personagem! Uma voz maravilhosa! "Tomoteujornal!"... Vinha daqui assim (*ele soca o peito*) — nenhuma tensão, cada silabazinha com o seu valor... Ai, ai, ai... Então agora o senhor está varrendo chão, né? Eu lembro do senhor das antigas. Lembro desde quando o senhor era vigia noturno no pátio da construtora, e antes disso ainda, quando o senhor empurrava carrinhos no necrotério, e antes *disso* ainda quando o senhor era o fabricante de botões no *Peer Gynt*... Pra falar a verdade, Pavel, você teve uma carreirazinha bem esquisita — claro que não é da minha conta, mas... você sabe *o que você quer*? A minha opinião é que o público está totalmente confuso quanto às suas intenções. Era aqui que você achava que tudo ia dar quando começou tão corajosamente há tantos anos? Eu me lembro de você no seu primeiro trabalho. Você era um mensageiro — nos correios, seria...?

"MACBETH" *Antônio e Cleópatra.*

INSPETOR Isso!... Está vendo?... Até eu estou totalmente confuso. Mas me diga, Pavel, por que você desistiu de tudo? Você era uma estrela! Eu vi o seu Hamlet, o seu Stanley Kowalsky... Eu vi o seu Romeu com aquela moça — uma menina ótima, o que foi que aconteceu com *ela*? Ah, meu Deus, não me conte!... Será que você podia me dar um autógrafo, não é pra mim, é pra minha filha...

"LADY MACBETH" Acho que não — na última vez em que eu assinei alguma coisa eu fiquei sem trabalhar por dois anos.

INSPETOR Mas não venha botar a culpa em *nós* se os papéis pararam de aparecer. Talvez você tenha sofrido de superexposição.

"LADY MACBETH" Eu estava trabalhando em um restaurante na época.

INSPETOR (*imperturbável*) Então! É isso, viu? O público é meio esquisito com essas coisas, eles não querem se vestir e arranjar uma babá pra acabar descobrindo que pagaram uma boa grana pra ver *Hedda Gabler* representada por uma garçonete. Eu estou começando a entender por que a plateia de vocês se resume ao seu círculo de conhecidos. (*para a plateia*) Não se mexam. Quer dizer, faz você pensar, não faz? "Hoje à noite Macbeth será representado pelo senhor Landovsky que na última temporada foi um grande sucesso na banquinha de jornais do terminal de trens e agora está lavando o chão da fábrica de caldeiras número três. O papel de lady Macbeth está nas competentes mãos da Vera, da Colher Suja"... Parece uma noite dura.

As palavras "noite dura" funcionam como deixa para a entrada de um ator, representando Macduff. Entra Macduff.

MACDUFF Ah, horror, horror, horror! A confusão acaba de criar sua obra-prima.

INSPETOR Qual é o *seu* problema, querido? Não venha me dizer que encontrou um cadáver — eu venho até esse lugar pra ser levado pra longe, não pra ver um reflexo da banalidade da minha própria vida. Por que você não sai e entra de novo. Eu saio do caminho. Essa poltrona está ocupada?

ANFITRIÃ Eu receio que o espetáculo não seja aberto para o público em geral.

Entram "Ross", "Banquo", "Malcom", mas ninguém atua.

INSPETOR Era de esperar mesmo. Isso seria atuar sem permissão — atuar sem permissão!... Nem dá pra acreditar que eu vou inventando essas coisas enquanto falo.... Muito bem!... Perdão pela interrupção. (*ele se senta. Pausa*) Quando vocês estiverem prontos.

A Anfitriã se retira. Os atores continuam parados no palco, nada dispostos a colaborar, seguindo o exemplo de "Macbeth". O Inspetor levanta da poltrona e se aproxima de "Macbeth".

INSPETOR Agora escute, seu imbecil filho de uma puta; é melhor você esquecer essa ideia de que existe um *Macbeth* especial que vocês fazem quando eu não estou, e um outro *Macbeth* pra quando eu *estou* por perto, que não vale a pena fazer. Vocês só têm um *Macbeth*. Porque essa festa aqui é minha, e não tem outra. É o que a gente chama de sistema mono*party*dário; uma espécie de monofesta. Eu sou a cereja do seu bolo, o açúcar do seu tanque de gasolina e o ventinho no seu pescoço. Então vamos todo mundo ser bonzinho aqui, porque se eu sair no meio da peça, eu levo a peça comigo. (*ele volta para sua poltrona e diz simpático para a plateia*) Mil perdões pela interrupção.

Ele senta. "Macbeth" ainda não quer colaborar. "Ross" toma a iniciativa. Ele fala baixinho com "Banquo", que sai para fazer novamente sua entrada. "Lady Macbeth" vai para trás da tela na esquerda do palco.

ROSS O rei sai daqui hoje?

Pausa.

MACBETH Sai, foi o que marcou.

A atuação é ligeira e casual.

ROSS A noite foi estranha.
MACBETH Foi uma noite dura.

Macduff entra, como antes.

MACDUFF Ah, horror, horror, horror! A confusão agora criou sua obra-prima. O mais sacrílego dos assassínios lacerou o templo consagrado do Senhor e de lá roubou a vida residente.
MACBETH O que dizeis? A vida? Falais de Sua Majestade?

BANQUO Tocai o sino de alerta. Morte e traição.
LADY MACBETH O que acontece, falai, falai!
MACDUFF Ah, doce dama, não deveis ouvir o que posso dizer. (*soam os sinos do alerta*) Nosso mestre real foi morto.
LADY MACBETH Terrível! Como? Em nossa casa!
ROSS Crudelíssimo ato, onde quer que seja.
MACBETH (*entra com as adagas ensanguentadas*) Tivera eu morrido apenas uma hora antes dessa ocasião, teria vivido tempos bentos; afastando-me deste instante, nada haverá de sério na mortalidade. Tudo são brinquedos; nomeada e graça estão mortas, o vinho da vida escorreu, e agora apenas da borra se gaba esta adega.

Entra Malcolm.

MALCOLM O que está errado?
MACBETH Vós estais, e não sabeis.
MACDUFF Vosso nobre pai foi morto.
MALCOLM Quem o fez?
MACBETH Seus valetes, ao que parece, fizeram-no: seus rostos e suas mãos estavam todos condecorados com seu sangue: e também estas adagas que ainda sujas encontramos sobre seus travesseiros; ah, e no entanto ainda me arrependo de minha fúria, por tê-los matado.
MALCOLM Por que fizeste isso?
LADY MACBETH (*desmaiando*) Levai-me daqui, ah!
MACBETH Cuidem da senhora!
MACDUFF Cuidem da senhora!

Lady Macbeth está sendo levada dali.

MACBETH Preparemo-nos todos virilmente e nos encontremos no saguão.

Todos, menos Malcolm, saem.

MALCOLM (*aparte*) Mostrar uma dor que não se sente é ofício de que o falso fácil se desincumbe. Vou-me à Inglaterra. Esta lança mortal que foi lançada ainda não pousou; e nossa via mais breve é evitar o alvo. Portanto, a cavalo.

Sai.

MACDUFF Malcolm e Donalbain, os dois filhos do rei, fugiram escondidos, o que sobre eles projeta a suspeita do feito.
ROSS Então é mais que provável que caiba a coroa a Macbeth?
MACDUFF Já foi nomeado e seguiu para Scone, para a investidura.

Fanfarra. Eles saem do palco. Macbeth, com uma capa, coroa-se sozinho de pé sobre a tela.

O Inspetor aplaude e avança até a luz.

INSPETOR Muito bom. Muito bom! É tão bom ter uma peça com um final feliz pra variar. (*outros atores vêm ao palco todo iluminado. Para "lady Macbeth"*) Querida, você estava maravilhosa.
"LADY MACBETH" Eu não sou sua querida.
INSPETOR Eu sei, e também não estava maravilhosa, mas, em Roma, *parlezvous* como os nativos. Na verdade eu achei que você estava melhor no rádio.
"LADY MACBETH" Eu nunca estive no rádio.
INSPETOR No meu, esteve. (*para todo o público o Inspetor diz*) Por favor, não saiam do prédio. Vocês podem usar o banheiro, mas deixem a porta aberta. (*para "Macbeth"*) Impressionante! Incrível! Absolutamente meia-boca.
"MACBETH" Você estava uma desgraça!
INSPETOR Olha aqui, só porque eu não ri alto não quer dizer que eu não estava gostando. (*para a Anfitriã*) A senhora era quem?
ANFITRIÃ Eu não estou envolvida.
INSPETOR Ah, está sim, até aqui, ó. Está muito claro pra mim que este apartamento está sendo usado pra entreter cavalheiros. Existe uma lei contra isso, a senhora sabe.
ANFITRIÃ Eu não acho que *Macbeth* seja o que a lei pretendia barrar.
INSPETOR E quem é que pode dizer o que a lei pretendia? As palavras podem ser amigas ou inimigas, dependendo de quem é que arremessa o livro, então cuidado com o que fala. (*ele passa um dedo pela mobília*) Olha só isso! Um nojo! Se isso aqui não é uma casa suja eu nunca vi uma casa suja, e olha que eu vi. Eu mandei vigiarem isso aqui, sabe.

ANFITRIÃ Eu sei.

INSPETOR Eles se entregaram, né?

ANFITRIÃ Foi basicamente o uniforme, e a postura, um de cada lado da porta.

INSPETOR Minha equipezinha. Boris e Maurice.

ANFITRIÃ Um olhava os documentos de todo mundo e o outro anotava os nomes.

INSPETOR Isso mesmo, um deles sabe ler e o outro sabe escrever. É por isso que nós andamos em trios... Eu tenho que ficar de olho nesses meus intelectuais.

"MACDUFF" Olha aqui, o que é que você quer com a gente?

INSPETOR Eu quero saber quem compareceu hoje à noite.

Ele olha para uma lista de nomes em seu caderno e lança um olhar para a plateia.

ANFITRIÃ São todos meus amigos pessoais.

INSPETOR Vamos dar uma olhada em quem está por aqui. (*olhando para a lista*) Três foguistas, dois operários, um chapa de caminhoneiro, porteiros, garis, um jardineiro, pintor e decorador, uma diarista, dois garçons, peão de fazenda... Parece que a senhora resolveu o problema da plateia operária. Se não tiver nenhuma pegadinha nessa história, eu vou pedir que a senhora seja declarada uma heroína da revolução. Quer dizer, da contrarrevolução. Não, eu estou mentindo, eu quero dizer da "normalização"... É, eu sei. Quem será aquele calejado filho da terra?

O Inspetor aponta sua lanterna para pessoas diferentes da plateia.

ANFITRIÃ (*olhando para a plateia*) Medievalista... professor de filosofia... pintor...

INSPETOR E decorador?

ANFITRIÃ Não... professor... estudante... estudante... advogado de defesa... Ministro da saúde do governo provisório...

INSPETOR O que ele está fazendo agora?

ANFITRIÃ Ele tem empregos provisórios.

INSPETOR Ah, bom, eu devo dizer que uma coluna de artilharia é uma grande niveladora social. E o advogado de defesa?

ANFITRIÃ Está varrendo ruas agora.

INSPETOR Viu? Uns desceram, mas outros subiram. Muito justo. Bom, eu vou lhe dizer uma coisa. Eu não quero passar o dia inteiro colhendo depoimentos.

Pra falar bem a verdade, não paga a pena com uma máxima de três anos e eu sei que vocês todos andam numa maré meio ruim — perdendo emprego, os filhos reprovando na escola, cartas que não chegam, carteiras de motorista recolhidas, passaportes indefinidamente adiados — e nada preto no branco. É como se o sistema tivesse vontade própria; então por que é que vocês não dão uma chance ao sistema, e eu dou uma pra vocês? Eu fiquei bem feliz de pegar vocês antes de vocês fecharem. Se eu puder fazer só uma criticazinha insignificante... Shakespeare — ou o velho Bill, como nós da polícia dizemos — não é uma escolha muito popular com o meu chefe, graças à sua popularidade com o público, ou, como nós da polícia dizemos, a ralé. O fato é que quando se trata de um escritor universal e atemporal como Shakespeare, há uma forte sensação de que ele pode estar cuspindo nos olhos do espectador quando devia estar limitando as suas ideias lá a Verona — se metendo só com os "chiques". Sabe como? Sem querer, claro. Ele não sabia que estava fazendo isso, pelo menos a gente não pode provar que ele sabia, que é o que deixa o chefe tão cheio de preconceito contra ele. O chefe diz que ia preferir que vocês se erguessem e dissessem "Não tem liberdade neste país", aí não tem nada nas entrelinhas e todo mundo sabe onde está. Vocês juntam o pessoal de vocês e a gente junta o nosso pessoal e quando tudo acabar um de nós está no poder e vocês estão na cadeia. Isso é que é liberdade de ação. Mas o que a gente não gosta de ver é um bando de gente saidinha dizendo que são só Júlio César ou Coriolano ou Macbeth. Senão a gente vai ter que começar a tratar essas pessoas que nem a gente trata as que dizem que são Napoleão. Sacou?

"MACBETH" Nós obedecemos à lei e não pedimos mais nada de vocês.

INSPETOR Lei? Eu tenho o código penal tatuado no meu apito, Landovsky, e fala bastante de você lá. Seção 98, subversão — qualquer um que atue movido por hostilidade pelo estado... Seção 100, sublevação — qualquer um que atue movido por hostilidade pelo estado... Eu podia meter vocês no xadrez só por atuarem — e a sentença é em dobro pra grupos organizados, uma acusação que eu posso meter no Robinson Crusoe e no amigo dele quando eu quiser. Então não venha me falar de lei.

"MACBETH" Nós estamos protegidos pela Constituição...

INSPETOR Santo Deus, e a gente chama vocês de intelectuais. Pessoalmente, eu não aguento ler aquilo. Ninguém fala daquele jeito, então não é razoável esperar que as pessoas vivam daquele jeito. No meu ponto de vista, a vida se passa extraoficialmente. É humana demais pra palavra escrita, ela acontece em figuras... metáforas... Alguns anos atrás vocês estavam com a faca e o queijo, mas quando alguém deu a mão vocês quiseram ladrar quando a caravana passava e puxaram o tapete de vocês, e agora vocês estão na lanterna dos afogados... Quer dizer, é tudo fato. Metaforicamente falando. Descreve o que aconteceu com vocês de um jeito que qualquer um pode entender.

Banquo, daqui por diante Cahoot, uiva como um cão, late, cai, calado, de quatro.

INSPETOR Senta! Junto, cachorrinho! Como é que ele chama?
"MACBETH" Cahoot
INSPETOR O parasita social e difamador do estado?
CAHOOT Escritor.
INSPETOR Esse mesmo. O senhor é um grande favorito na delegacia, sabia? A gente está pensando em lhe oferecer um posto de escritor residente por uns anos; quatro, se o senhor for membro de uma escola reconhecida, uma acusação que eu posso meter em um chimpanzé com uma caixa de tijolinhos do alfabeto. (*sorri*) O senhor gostaria de dar um depoimento?
CAHOOT "Agora tens tudo: rei, Cawdor, Glamis, como prometeram as estranhas irmãs..."
INSPETOR Tenha a bondade de deixar a família da minha esposa de fora disso.
CAHOOT "... e temo que tenhas agido da forma mais vil por isso tudo..."
INSPETOR Bem... mal... qual é qual? Ei, já viramos duas bruxas, eu e você. Mais uma e já podemos fazer a peça aqui mesmo.
CAHOOT "... e contudo foi dito que isso não restará em tua posteridade..."
INSPETOR Se você acha que pode dar uma banana pra lei da calúnia e difamação citando versos brancos para mim, Cahoot, você vai dar de cara com o que a gente chama de justiça poética: o que quer dizer que a gente te deixa na linha nem que tenha que te cortar um ou dois pés. Você sabe tão bem quanto eu que esse espetáculo de vocês vai contra o espírito da normalização. Quando a gente limpa os estábulos, Cahoot, é de esperar que a sujeira vá toda pro esgoto, e não que ela volte pras baias. (*para todos, indiscriminadamente*) Pra mim, a culpa disso tudo é do esporte e da religião, sabe. Uns joguinhos olímpicos aqui, uma visitinha papal ali, e de repente vocês acham

que podem se aproveitar dessa sua liberdade... teatro amador, grupos organizados, comitês de tudo quanto é tipo... Escutem, eu já prendi mais comitês (*para "Banquo"*) do que você já comeu ração na vida. Eu prendi o Comitê de Defesa dos Injustamente Perseguidos por ter dito que eu perseguia o Comitê Pró-Livre Expressão, que eu prendi por ter dito que ela não existia — então se eu descobrir que isso aqui é um espetáculo beneficente pra arrecadar fundos pra Liga de Defesa dos Cães vocês vão sentir o peso da minha mão na coleira de vocês e eu não dou a mínima se o Dínamo de Moscou joga em casa contra o Vaticano na copa da UEFA. (*"Banquo" rosna*) Qual é o problema dele?

"MACBETH" Ele virou uma não pessoa.

INSPETOR Ah, foi é? Bom, cá entre nós, entre três paredes e, especialmente, um teto, ladrar e não morder caracteriza agitação subversiva. Não vou deixar ele fazer sujeira no sistema, isso sem falar das calçadas, só porque ele está com uma crise de identidade.

"MACBETH" O seu sistema bem que precisava de uns anticorpos. Se vocês têm medo do risco de infecção por uma ideia fora de controle, na primeira vez que uma delas entrar, vai acabar com o sistema de vocês como se fosse um bacilo mal-intencionado. Lembre da última vez.

INSPETOR (*pausa*) Sim. Bom, muito leite já foi derramado pelo Código Penal desde aquele tempo. As coisas estão se normalizando direitinho. Imagino que este lugar vá voltar ao normal em cinco minutos... Ahn? Cachorrinho bonzinho! Bom, como será que está o tempo lá fora?... (*começa a se mover*) Por favor, saiam todos de maneira organizada, e não mostrem a língua pro policial na saída. (*o telefone toca. Ele atende... ouve, desliga*) Nublado, com possibilidade de chuva.

Sai. Ele vai embora. Ouve-se o carro de polícia partir com a sirene ligada.

CAHOOT Que caia!

A representação continua do Terceiro ato, Cena um. Saem todos exceto Cahoot.

BANQUO Agora tens tudo: rei, Cawdor, Glamis, como prometeram as estranhas mulheres; e temo que tenhas agido da forma mais vil por isso. E contudo foi dito que não restará em tua posteridade, mas que serei eu raiz e pai de muitos reis. Se delas vier verdade, como sobre ti, Macbeth, reluzem suas falas, por que, pela precisão que em ti se verificou, (*Macbeth entra*) não podem elas ser também meus oráculos? Mas me calo. Basta.

MACBETH Hoje à noite teremos um jantar solene, senhor, e hei de requerer vossa presença. Cavalgas hoje à tarde?
BANQUO Sim, meu bom senhor.
MACBETH Não faltes a nosso banquete.
BANQUO Meu senhor, não faltarei.

Sai Banquo.

MACBETH Nossos receios de Banquo calam fundo; e na realeza de sua estirpe reina o que se há de temer. Ele primeiro censurou as irmãs quando a mim deram nome de rei, e pediu que lhe falassem. Então, quais profetas, sobre minha cabeça plantaram uma coroa sem frutos e em minhas mãos colocaram um cetro estéril, que dali será estorquido por mão alinear, sem que me suceda um filho. Se for assim, pela prole de Banquo empenhei minha mente, por eles matei eu o gracioso Duncan. Antes disso, vem, fortuna, para o campo e me leva ao ataque pela fala! (*Macbeth move a tela para revelar dois assassinos*) Não foi ainda ontem que falamos?

Diminuem as luzes.

PRIMEIRO ASSASSINO Foi, com o favor de Vossa Alteza.
MACBETH Bem, então, pensastes em minhas falas? Sabeis que era ele em tempos passados que vos tolhia tanto a fortuna, que pensáveis que era nossa inocente pessoa.
PRIMEIRO ASSASSINO Destes-nos a saber.
MACBETH Dei. Estais tão convertidos, a ponto de rezar por esse bom homem e sua prole, cuja mão pesada vos curvou para a cova, e para sempre cerceou a vossa?
SEGUNDO ASSASSINO Sou um, meu senhor, a quem os vis golpes e tapas do mundo tanto incensaram que pouco me importa o que faça para ferir o mundo.
PRIMEIRO ASSASSINO E eu, outro, tão exausto por desastres, maltratado pela fortu-

na, que posso apostar toda minha vida em qualquer chance de consertá-la ou de dela me livrar.

MACBETH Sabeis ambos que Banquo foi vosso inimigo.

ASSASSINOS Verdade, meu senhor.

MACBETH E também meu, e conquanto eu pudesse por singela força varrê-lo de diante de meus olhos e colocar tal feito na conta de minha vontade, não devo fazê-lo.

SEGUNDO ASSASSINO Faremos nós, meu senhor, o que ordenares.

PRIMEIRO ASSASSINO Estamos decididos, meu senhor.

Vinha-se ouvindo o caminhão de Easy, que estacionava na frente da casa. Os assassinos vão até a janela e abrem as persianas. Macbeth sai, dizendo.

MACBETH (*aparte*) Concluiu-se! Banquo, se no céu vai o voo de tua alma se concluir, hoje é a noite para se descobrir.

Os assassinos tomam posição para matar Banquo. Easy aparece na janela e diz:

EASY Buxtons... Quase Leamington Spa. (*os assassinos ficam surpresos ao vê-lo. Easy desaparece da janela: eles olham para fora para vê-lo, mas enquanto isso Easy entrou na sala*) Bolacha.

PRIMEIRO ASSASSINO Mas quem te disse que te unirás a nós?

EASY Buxtons.

Pausa.

SEGUNDO ASSASSINO (*desconfiado*) Ele não precisa de nossa desconfiança, visto que transmite nossas ordens e o que devemos fazer com precisas diretrizes.

EASY Ahn?

PRIMEIRO ASSASSINO Então fica conosco; o oeste ainda cintila rajado do dia. Agora o atrasado viajor espora o passo para ganhar a taberna em tempo; e perto aproxima-se o objeto de nossa vigia.

Pausa.

EASY Ahn?
BANQUO (*dos bastidores*) Uma luz aqui, hei!
SEGUNDO ASSASSINO Então é ele.

Entra Banquo pela janela.

PRIMEIRO ASSASSINO De pé!
BANQUO Haverá chuva nesta noite.
PRIMEIRO ASSASSINO Que caia!

Os dois assassinos atacam Banquo.

BANQUO Ah, traição!

Ele sai correndo do palco perseguido pelos dois assassinos. Easy continua ali, com uma expressão confusa. A Anfitriã aparece novamente, da plateia.

EASY Buxtons... bolacha... quase Leamington Spa...

A Anfitriã o leva para os bastidores. Luz e música para o banquete de Macbeth. Macbeth entra com lady Macbeth e convidados.

MACBETH Sabeis vossos graus, sentai-vos. Primeiro e por último nossas cordiais boas-vindas.
CONVIDADOS Obrigado, Sua Majestade.
MACBETH Quanto a nossa pessoa, vamos nos misturar com a sociedade e fazer o papel do humilde anfitrião. (*os convidados trouxeram seus próprios banquinhos e taças. Lady Macbeth entra da mesma maneira. O Primeiro Assassino entra com Easy, e ficam na lateral do palco*) Sede amplos no gáudio. Logo beberemos uma rodada a toda a mesa. (*ele vê o Primeiro Assassino e vai até ele*) Há sangue em teu rosto!
PRIMEIRO ASSASSINO É de Banquo, então.
MACBETH Deste conta dele?
PRIMEIRO ASSASSINO Meu senhor, sua garganta está aberta; isso fiz eu por ele.
MACBETH Obrigado por isso. Vai-te daqui! Amanhã voltamos a te dar ouvidos.

Sai o Primeiro Assassino, seguido por Easy. Durante a cena Easy fica pairando pelas bordas, vendo se alguém olha para ele. Suas entradas e saídas coincidem com as do Fantasma de Banquo, que é invisível, e ele só surge na linha de visão de Macbeth. Macbeth faz o melhor para ignorá-lo.

LADY MACBETH Meu nobre senhor, não vos animais.

MACBETH Doce lembradora! Que a boa digestão siga o apetite, e a boa saúde aos dois!

ROSS Vossa Alteza poderia se sentar.

MACBETH Aqui teríamos agora a honra de nosso país acomodada, estivesse apenas presente a agraciada pessoa de Banquo.

ROSS Sua ausência, senhor, inculpa sua promessa. Agradará a Vossa Alteza nos agraciar com sua nobre companhia? Há aqui um lugar reservado.

Easy entra pela porta da direita do palco.

MACBETH Onde?

ROSS Aqui, meu bom senhor. O que comove Vossa Alteza?

MACBETH Qual de vós fez isto?

ROSS O quê, meu bom senhor?

MACBETH Não podes dizer que fui eu; jamais balances teus cachos sangrentos diante de mim.

ROSS Cavalheiros, de pé. Sua Alteza não está bem.

LADY MACBETH Sentai-vos, valorosos amigos. Meu senhor muitas vezes fica assim; o ataque é momentâneo; um pensamento e ele novamente estará bem. (*ela vai até Macbeth*) Sois um homem?

MACBETH Sim, e corajoso, que ousa olhar o que poderia aterrorizar o demônio.

LADY MACBETH Até parece! Por que essas caras? No final de tudo, olhas apenas para um banco.

Easy aparece na janela.

MACBETH Olha ali, peço-te! Contempla! Olha! Ah!

Ele aponta, mas Easy perdeu a coragem, e desaparece exatamente quando ela se vira.

LADY MACBETH Como assim, desmasculinizado pela loucura?
MACBETH Se aqui estou, eu o vi. Isso é mais estranho que um tal assassinato.
LADY MACBETH Meu valoroso senhor, vossos nobres amigos sentem vossa falta.
MACBETH Esquecia. (*ele se recupera um pouco*) Não vos espanteis comigo, meus valorosíssimos amigos: tenho uma estranha enfermidade, que nada é para os que me conhecem. Que caibam a todos amor e saúde. Então vou me sentar. Dai-me um pouco de vinho; enchei bem! Bebo à alegria de todos a esta mesa, e a nosso caro amigo Banquo, cuja falta sentimos. Quisera eu que ele aqui estivesse! A todos — e a ele — nossa sede, e a todos a de todos.
CONVIDADOS É nosso dever e nosso desejo!

Contudo, Easy tenta novamente, reaparecendo diante dos olhos de Macbeth acima da tela da direita do palco.

MACBETH Vai-te, e some de meus olhos! (*Easy some de seus olhos*) Que a terra te esconda! Teus ossos não têm medula, teu sangue é frio.
LADY MACBETH Pensai nisso, bons pares do reino, apenas como algo de costume; nada mais é que isso; apenas estraga o prazer de nosso tempo.

Easy aparece novamente à janela.

MACBETH Some, sombra horrenda! Imitação irreal, some! (*ele fecha as persianas. Novamente se recupera*) Ora, então; desaparecido aquilo, sou de novo um homem. Por favor ficai sentados.
LADY MACBETH (*à parte, para Macbeth*) Deslocaste a alegria, rompeste os festejos com admirabilíssima desordem. (*para os convidados*) Imediatamente, boa noite. Não espereis a ordem de vossa ida; ide imediatamente.

Os convidados se levantam e saem.

ROSS Boa noite, e que saúde melhor aguarde Sua Majestade!
LADY MACBETH Uma boa noite a todos!

As luzes diminuem.

MACBETH Pede sempre sangue, dizem; sangue pede sangue. Já se viram pedras móveis e árvores falarem; e pronto me vou — até as estranhas irmãs. Mais hão de falar; pois agora me determino a saber pelos piores meios o pior.

Trovão e relâmpago. Três bruxas.

BRUXAS Dobra, dobra, encerra a obra,
  Arde o fogo e queima a sobra.
PRIMEIRA BRUXA Minha mão está coçando:
  Algo mau se aproximando.

Entra Macbeth.

MACBETH Com que então, secretas, negras e noturnas megeras! O que fazeis?
BRUXAS Um ato sem nome.
MACBETH Eu vos conjuro, pelo que professais, como quer que o saibais, respondei-me...
PRIMEIRA BRUXA Diz se preferes ouvir de nossas bocas ou de nossos mestres.
MACBETH Chamai-os. Quero vê-los.

As "Aparições" da peça de Shakespeare aqui se traduzem em vozes, amplificadas e vindas de diferentes partes do auditório. Evidentemente Macbeth consegue ver a "Aparição" de que surge cada voz. Trovão.

PRIMEIRA VOZ Macbeth, Macbeth, Macduff inspira medo!
  Cuidado! Mas já basta, vou-me cedo.
MACBETH O que quer que sejas, por teus bons avisos, obrigado; tocaste bem as cordas de meu receio.
SEGUNDA VOZ Mabeth, Macbeth, Macbeth!
MACBETH Tivesse três ouvidos eu te ouviria.
SEGUNDA VOZ Sê duro, firme e sanguinário e ri
  Dos outros homens, pois ninguém nascido
  De mulher há de ferir Macbeth.
MACBETH Então viva Macduff; por que te haveria de temer? (*trovão. Saem as bruxas*)
  O que é isso que se ergue como a prole de um rei, e porta no cenho infantil
  o círculo e o topo da nobreza?

VOZ DE CRIANÇA Toma o porte do leão, altivo e sem receio
De quem teme ou quem conspira em vosso meio;
Macbeth só poderá se ver vencido
Quando a Dunsinane a floresta de Birnam tiver ido
Para lutar contra ele.
MACBETH Isso nunca acontecerá. Quem pode urgir a floresta, pedir que a árvore desafixe sua raiz terrenal? E contudo meu coração soluça por saber uma só coisa...
BRUXAS (*dos bastidores*) Não busques saber mais.
Mostra os olhos seus e pranteia seu coração;
Vinde como sombras, sombras partirão.
MACBETH Onde estão? Sumiram! Que esta hora perniciosa viva para sempre amaldiçoada no calendário. Entra, quem espera.

Entra Lennox.

LENNOX Qual é o desejo de vossa graça?
MACBETH Vistes as estranhas irmãs?
LENNOX Não, meu senhor.

Easy passa pela janela.

MACBETH Quem foi que passou?
LENNOX São dois ou três, meu senhor, que vos trazem novas de que Macduff fugiu para a Inglaterra.
MACBETH Fugiu para a Inglaterra?

Easy entra timidamente.

EASY Bosta... Bosta... Buxton's bolacha... alcachofra quase Leamington Spa... [*Tarde... tarde... Buxton's blocos e aquele... caminhão de Leamington Spa...]
"MACBETH" Como? (*luz geral. Outros, mas não Malcolm ou Macduff, se aproximam, por curiosidade.* "Macbeth" diz para a "Anfitriã") Quem é esse sujeitinho dos infernos?
ANFITRIÃ (*para Easy*) Quem é o senhor?

Easy está com sua prancheta, que agora estende.

EASY Buxton's bolacha.
ANFITRIÃ Não assinem nada.
EASY Cobertor sobe metido se temporada trava, depois buraquinho rufando leves A412 sutis Rickmansworth — cortado horrendo aquela água gelo, ziguezágueos — espirra trimestral treinadores enquanto Mickey Mouse fungo — xícara — evidentemente bibelôs quarentena só se colete bacteriológico desmorona cano — funga aí caixa-postal mas shazam!!!! Até plataformas — dândi avuncular Pato Donald muito embora revistas novinhas! [*Tradução, ver página 549]

Pausa.

"MACBETH" Ahn?

Easy saca um livro de frases e começa a folhear.

EASY (*triunfante*) Ah!

Ele passa o livro para a Anfitriã, indicando o que ela deve ler. Ela examina a página.

ANFITRIÃ Ele está dizendo que o seu postilhão foi atingido por um relâmpago.
EASY Chapéu cabide dedal cuco porco saída otário!
"MACBETH" Como?
EASY Otário!
"MACBETH" Como?
EASY Cuco porco saída como. (*concordando animado com a cabeça*) Bolacha direitinho Buxton's.

A Anfitriã folheia o livro.

ANFITRIÃ Bolacha.
EASY Bolacha.
ANFITRIÃ Lenha ou madeira.

EASY Lenha ou madeira — direitinho Buxton's.
ANFITRIÃ Eu lamento muito isso tudo...
EASY Certo. Lenha ou madeira — direitinho Buxton's. Eu lamento muito isso tudo. (*ele abre as persianas para revelar seu caminhão*) Tornozelo aí alcachofra — quase Leamington Spa.
LENNOX Ah. Ele está com um caminhão aí fora.
ANFITRIÃ Um caminhão cheio de madeira ou lenha.
EASY Eu lamento muito isso tudo.
ANFITRIÃ Não precisa.
EASY Não precisa.
LENNOX Ah, mas então você fala a nossa língua!
EASY Ah, mas então você fala a nossa língua.
"MACBETH" Não — nós falamos!
EASY Nós falamos.
LENNOX Retardado ele?
EASY Pote grude-trogo.

Saem todos. Entram Malcolm e Macduff.

MALCOLM Busquemos alguma sombra desolada, para lá chorarmos até esvaziarem-se nossos peitos.
MACDUFF Busquemos antes suster a espada mortal; e como bons homens montar nosso direito natal decaído. A cada nova manhã uivam novas viúvas, novos órfãos choram, dores novas estapeiam a face do céu, por que ressoe como se caísse com a Escócia, e gritasse como uma sílaba de pranto.
MALCOLM Esse tirano, cujo nome basta para nos encher de bolhas a língua, um dia foi considerado honesto.
MACDUFF Sangra, sangra, pobre terra!

Ouve-se uma sirene de polícia à distância.

MALCOLM Ela chora, sangra, e a cada novo dia acrescenta-se um lanho a suas chagas.
MACDUFF Ah, Escócia, Escócia! Ah, nação miserável, com um tirano sem título, de cetro sangrento, quando hás de ver novamente teus dias de integridade. Olha quem vem lá.

A sirene para.

MALCOLM De minha terra; e contudo não o conheço.

O carro de polícia vinha uivando enquanto voltava. O Inspetor entra.

MACDUFF Está a Escócia como esteve?

INSPETOR *Och aye*! Estar fazendo um belo dum McLuar, e vocês, seus sangrentos McEstúpidos, devem de achar que eu nascer ontem. (*ele desiste da imitação: para a plateia*)... Fiquem onde estão e ninguém usa o banheiro... (*Cahoot entra*) McCahoot! Onde é que se meteu o McLandovsky?

Easy entra, a Anfitriã vem atrás dele.

EASY Bosta, otário... [*Boa tarde, senhor...]
INSPETOR Quem é você, retardado?

O Inspetor o agarra. Easy solta um ganido e olha para o relógio.

EASY Bicha sebosa! [*Vinte para as ui!] Reloginho marzipã! [*Cuidado aí!]
INSPETOR Como?
ANFITRIÃ Ele não entende o senhor.
INSPETOR Que língua é essa que ele está falando?
ANFITRIÃ No momento nós não temos certeza se é uma língua ou uma condição clínica.
EASY (*magoado*) Quina estacionamento! (*oferecendo a prancheta*) Bolacha — Buxton's quase Leamington Spa.
ANFITRIÃ Ele está entregando madeira e quer que alguém assine pra ele.
EASY ... madeira e quer que alguém assine pra ele.
INSPETOR Madeira?
ANFITRIÃ Ele está com uma alcachofra de duas toneladas ali fora.
INSPETOR Como???
ANFITRIÃ Quer dizer, caminhão.

Cahoot dá um tapinha no ombro de Easy.

CAHOOT Bosta... [*Boa tarde...]
EASY (*distraído*) Bosta... (*aí ele vê de quem se trata*) Cahoot! Gerânios!? [*Tudo bem!?]
CAHOOT Sapatilha. Gerânios? [*Excelente. E você?]
EASY Sapatilha.
CAHOOT Subindo bolacha? [*Trouxe os blocos?]
EASY Placa. [*Sim.]
CAHOOT Quase Leamington Spa? [*De Leamington Spa?]
EASY Placa, otário. Até alcachofra. [*Sim, senhor. Eu vim de caminhão.]
CAHOOT Cubo [*Obrigado.]

Ele assina a prancheta.

EASY Cubo, otário. [*Obrigado, senhor.]
INSPETOR Só um minutinho. Que merda é essa que vocês estão falando?
CAHOOT Tarde, chefia!
INSPETOR Tarde. Quem é o seu amigo?
ANFITRIÃ Ele é o entregador de bolachas.
INSPETOR Bom, e por que ele não pode dizer isso?
CAHOOTH Ele só sabe falar Dogg.
INSPETOR Como?
CAHOOTH Dogg.
INSPETOR Dogg?
CAHOOTH Nunca ouviu falar?
INSPETOR Onde foi que você aprendeu isso?
CAHOOTH Você não aprende Dogg. Você pega.

Easy percebe a presença de "Malcolm".

EASY Bosta. [*Boa tarde.]
"MALCOLM" Merda... Gerânios?
EASY Sapatilha. Gerânios?
"MALCOLM" Sapatilha... cubo...
EASY (*para Cahoot*) Cobertor sobe metido se temporada trava, depois buraquinho rufando leves A412 sutis Rickmansworth.

"MALCOLM" Rickmansworth.

"MACDUFF" (*para "Malcolm", indo para a porta*) Ele vai precisar de uma mãozinha...

EASY Placa.

"MALCOLM" (*saindo*) ... com as bolachas...

EASY Cortado horrendo aquela água gelo, ziguezágueos.

CAHOOT O chapa dele foi atingido por um relâmpago.

ANFITRIÃ Shazam...

EASY Placa.

CAHOOTH (*entrega a planta a Easy*) Albatroz. [*A planta.] (*para Easy*) Easy! Tijolo...

EASY Placa, otário.

CAHOOT Tijolo.

Ele posiciona Easy para construir uma escada.

EASY Tijolo? [*Aqui?]

CAHOOT Bolacha. Aqui.

EASY Cubo, otário. [*Obrigado, senhor.]

CAHOOT e ANFITRIÃ Sapatilha [*Excelente.]

INSPETOR Posso lembrar aos senhores que nós a princípio estamos em um período de normalização aqui?

ANFITRIÃ Por favor, saia do palco. O quinto ato vai começar.

INSPETOR Verdade? Eu devo avisá-los que tudo que vocês disserem será registrado e reproduzido no seu julgamento.

ANFITRIÃ Bicicletas! Placa? [*Beleza?] (*para o Inspetor*) Placa. Sapatilha!

Cahoot e a Anfitriã saem. Ficam o Inspetor e Easy.

INSPETOR Como? Sapatilha?

EASY Como, otário? [*Onze, senhor?]

INSPETOR Sapatilha!

EASY Placa, otário.

INSPETOR (*desistindo*) Merda...

EASY (*entusiasmado*) Bosta, otário! [*Boa tarde, senhor!]

INSPETOR Certo — agora chega! (*para o teto*) Cambew! (*para a plateia*) Ponham as mãos na cabeça. Ponham... plaquê manos — per capita... nix toiletto!

O telefone toca. Easy atende, passa para o Inspetor.

EASY Cambew.

INSPETOR (*ao telefone*) Você pegou tudo mesmo? O som ficou bom? Atuando movidos por hostilidade pela república. Dez anos no mínimo. Eu quero todas as palavrinhas bem gravadas.

Lady Macbeth entra com uma vela acesa.

LADY MACBETH Chapéu, margarido pau! Chapéu, então ui! Pum, deus: aros maldizer meus currais! Pavõezinhos medianos! Escocês ardente otário, ardente! Fogueira nula pijaminha?

O telefone toca. O Inspetor atende.

INSPETOR (*ao telefone: pausa*) E como é que eu vou saber? Mas se isso aqui não é liberdade de expressão, eu não sei mais o que poderia ser.

Desliga.

LADY MACBETH (*lavando as mãos com o ar*) Cinza-amante grudadinho. Bastantes ônibus adeuses Arábia urticária sorvete mofado freira. Ah ah ah... [*Ainda o cheiro do sangue. Nem todos os perfumes da Arábia perfumariam esta pequena mão...]

Ela sai.

INSPETOR (*para Easy*) Ela está inventando isso tudo. Vocês devem achar que eu sou...

Mas Easy está como que iluminado pelo reconhecimento.

EASY ... Ah... Macbeth!

Som de canhão. Fumaça. Macbeth, armado, aparece na amurada.

MACBETH Pano de chão jamais pulôver!... Críquete croquete. Tais bolachas Birnam brindes Dunsinane!... Rabo de arraia oboé Malcolm? Arrevesado janeloso?! [*Não me tragam mais notícias. Que venham todos. Até que a floresta de Birnam chegue a Dunsinane. O que é o menino Malcolm? Não nasceu de uma mulher?]

O telefone toca. O Inspetor o agarra.

INSPETOR (*ao telefone*) Como? Não... Arrevesado janeloso, acho... espera um pouco...
MACBETH Manietado seus escambos gritam inane! Mamadeira bolachas Birnam trincam Dunsinane! [*Não temerei a morte e o banimento! Até que a floresta de Birnam venha a Dunsinane!]

A traseira do caminhão se abre, revelando Malcolm e outros dentro dele, descarregando os blocos etc. O Inspetor vê — fala ao walkie-talkie.

INSPETOR Chamem o chefe. Chamem o chefe!

Um ou dois — Ross, Lennox — devem descer do caminhão para formar uma corrente humana para os blocos e placas etc. passarem de Macduff, dentro do caminhão, para Easy, que constrói a escada.

MALCOLM (*para Macduff, que está no caminhão com ele*) Malabaristas bolacha logo mobiliada? [*Que floresta é esta diante de nós?]
INSPETOR (*falando ao walkie-talkie*) Wilco Zebra câmbio!
MACDUFF Pecado bolacha Birnam, otário. [*A floresta de Birnam, senhor.]
INSPETOR Green Panteras Casal 20 desligo.
MALCOLM Estado nivela filigranas pretejando a cintilar... [*Que cada soldado pode um galho...]
INSPETOR Easy Dogg![19]
EASY (*para o Inspetor*) Placa, otário?
MALCOLM Frita alface negação! [*E use como camuflagem!]

19 Frase que soa como "Calma, cachorro". (N. T.)

Macduff e outros saltam do caminhão; blocos começam a correr na direção de Easy, que constrói a escada. Lady Macbeth berra e chora dos bastidores. Entra um Mensageiro.

MENSAGEIRO Otário! Margarina distraída! [*Senhor, a rainha morreu!]
MACBETH Dominós et dominós et dominós, papoulinhas históricas engraxadas, extrai barbatanas borbulhantes lavanda cadinho... [*Amanhã e amanhã e amanhã, arrasta-se esse passo mesquinho de um dia a outro até a última sílaba do tempo registrado...]
INSPETOR (*ao telefone*) Isso, chefe! Acho que está tudo mais ou menos sob controle, chefe...

É mentira. A escada está crescendo, Macbeth continua seu solilóquio, em Dogg: tambores e canhões... e...

MACDUFF Tanques baralhos, tarantelas! [*Fazei falar todos nossos trompetes!]

Soam os trompetes. E um mensageiro entra correndo em busca de Macbeth.

MENSAGEIRO Aparvalhoado otário! [*Gracioso senhor!]
MACBETH Tarantela! [*Fala!]
MENSAGEIRO Cenotáfio paga Birnam frita prevalecendo bolachas voluntárias! [*Enquanto eu montava guarda no topo do morro olhei para Birnam e de pronto pensei ter visto a floresta se mover.]
MACBETH Quinas pirulitos! [*Mentiroso e escravo!]

O Mensageiro se retira. Durante todo o trecho anterior, Easy esteve pedindo, e recebendo, na ordem correta, quatro tábuas, três placas, cinco blocos e nove cubos; usando sem querer as palavras corretas. Enquanto isso, Macduff confrontou Macbeth.

MACDUFF Espiral, triciclo, espiral! [*Volta, cão do inferno, volta!]
MACBETH Vigas bolacha Birnam saltita Dunsinane, frita forro flunfa arrevesado janeloso, enrustidamente oblongo! Vários macadames chacoalhando tão camerlengos. Pirado, Macduff! Manteiga frita bane perda escondidinha... Luva natalina! [*Conquanto a floresta de Birnam tenha vindo a Dunsinane, e tu, que te me opões, não seja nascido de mulher, eu ainda hei de tentar.

Diante de meu corpo disponho meu belicoso escudo. Ataca, Macduff; e maldito seja quem primeito gritar "Basta, chega!".]
INSPETOR (*interrompe*) Muito bem! Podem parar com isso!

O Inspetor sobe na plataforma já terminada.

INSPETOR Obrigado. Obrigado! Obrigado! Vermes! Pragas podres — pulhas! Cadeia, queridos. Odeio esse povo feio. É a vida, revido! Fraturo essas fuças e quebro essas caras, posso pôr os grossos em cana e sanar o que é insano. Caio em cima dos otários como um carro de cimento.

Cahoot aplaude.

CAHOOT Sapatilha. Marmelada. Grosso?

Aplauso generalizado.

EASY Grossão, otário!
INSPETOR Boris! Maurice!

Dois policiais entram e param para receber placas que lhes são arremessadas da porta.

MACDUFF Espiral, triciclo, espiral!
INSPETOR Placa!

Agora placas cinza são arremessadas e apanhadas por Boris e Maurice, que constroem um muro que atravessa o proscênio enquanto Macbeth e Macduff lutam e Macbeth é morto. O telefone toca. Easy atende.

EASY Ah, merda, história!

Enquanto Easy fala ao telefone, o Inspetor comanda a construção do muro, com a ajuda de Boris e Maurice, os policiais; e Malcolm sobe na plataforma, tirando a coroa do cadáver de Macbeth, e finalmente colocando-a em sua própria cabeça.

MALCOLM Flunfa risível um cretino porco horrendo.
EASY Fascista cretino porco mas uma da tarde. Placa?
MALCOLM Prefiro conceder mouros avaros et factótum depois.
EASY Rozzers. Gendarmes... Ralé!
MALCOLM Centro rótula se parcialmente podadores roseira.
EASY Imbecil. Tijolo mas também tábuas. Placa.
MALCOLM Gracioso laxante. [*Carniceiro assassinado.]
EASY Peixe bastardo. Chute na bunda se Dogg quiser. Espera só. Normalização.
MALCOLM Vivei nariz histérico cataplasma.
EASY Dobra, dobra, encerra a obra.
MALCOM Alabastro, ralé ominosa, lua cretonne
    Uivo cinza treliça pistola mocho em Scone.
    [*Assim, graças a todos de todo e a cada um,
    Que convidamos a nossa coroação em Scone.]

Fanfarra.

EASY (*sobre a fanfarra*) Dobra, dobra. Dobra, dobra, encerra a obra. Não. Shakespeare. (*silêncio*) Bom, foi uma semaninha esquisita. Mas eu devo estar de volta na terça.

Glossário de alguns radicais Dogg

ALCACHOFRA: caminhão
ARENQUE: microfone
ASSUME: troca
ATÉ: de que
BAUNILHO: nojento
BOSTA: boa tarde
BLOCO: próximo
CHEFIA: filho da puta
CHUCRUTE: esquerda
CUBO: obrigado
FRANCAMENTE: por
GROSSO: flores
HISTÓRIA: senhora
LENCINHO: reto
MALVA: presunto
MARGARIDO: desgraçado
MARMELADA: denota prazer e aprovação
MARZIPÃ: língua
MESMO: sal
MERDA: até mais
NEVE: teste
ÔNIX: tudo
OTÁRIO: senhor
PAX: safado
PELICANO: requeijão
PIQUE: o seu
PLACA: beleza
PODRE: e meia (horas)
PORCALHÃO: por favor
POUCO: direita
PRATARIA: perdão
QUASE: (provindo) de
RATOEIRA: ovo

RELOGINHO: cuidado!
RETARDADO: que horas são
SACERDOTO: não funciona
SAPATILHA: excelente
TÁBUA: pronto
TAPADO: vermelho
TARDE: vá se ferrar
TIJOLO: aqui
TONTO: não
TRICICLO: #@$!
VELHO: tapete
VERDADE: falta, precisa
VERTICAL: viu?

Numerais

0. Pacas
1. Pum
2. Deus
3. Trogo
4. Frincha
5. Pote
6. Cesta
7. Frete
8. Muito
9. Nojo
10. Tom
11. Como
12. Besta

Sobre o autor

Tom Stoppard nasceu em 1937, na Tchecoslováquia. Ainda adolescente, começou a escrever peças para o rádio e, a partir de 1960, iniciou carreira no teatro, que lhe rendeu inúmeros prêmios, inclusive quatro Tonys. Já recebeu também um Oscar pelo roteiro de *Shakespeare apaixonado* e o Leão de Ouro do Festival de Veneza, ao dirigir a adaptação de sua peça *Rosencrantz e Guildenstern morreram*.

ESTA OBRA FOI COMPOSTA POR ACOMTE EM DANTE E
IMPRESSA PELA GEOGRÁFICA EM OFSETE SOBRE PAPEL
PÓLEN SOFT DA SUZANO PAPEL E CELULOSE PARA A
EDITORA SCHWARCZ EM OUTUBRO DE 2011